HISTOIRE DE LA CIVILISATION FRANÇAISE

XVIIe-XXe siècle

HISTOIRE DE LA CIVILISATION FRANÇAISE

Tome 1, Georges DUBY, Robert MANDROU, *Moyen Age-XVIe siècle (de 1515 à 1789)*
Tome 2, Robert MANDROU (et Jean-François SIRENELLI pour la période de 1940 à 1982), *XVIIe-XXe siècle (de 1790 à 1982)*

Georges DUBY

Professeur d'histoire à l'Université d'Aix, il a occupé la chaire d'histoire des sociétés médiévales au Collège de France. Depuis sa thèse sur *La Société aux XIe et XIIe siècles dans la région mâconnaise*, Georges Duby a publié ouvrages et articles sur l'économie rurale et les mentalités médiévales, dont une suite de trois livres sur la culture intellectuelle et artistique de l'Europe occidentale au Moyen Age. Il a dirigé une monumentale *Histoire de la France rurale*, une *Histoire de la France urbaine* et l'*Histoire de la vie privée*. Sur le monde médiéval, il a fait paraître *Le Chevalier, la Femme et le Prêtre* et *Guillaume le Maréchal*.

Robert MANDROU

Directeur d'études à l'École des Hautes Études en sciences sociales, professeur à l'Université de Paris X, professeur invité en de nombreuses universités européennes et nord-américaines, Robert Mandrou a été un spécialiste de l'histoire de la France du XVIIe siècle à laquelle il a consacré des livres neufs et pénétrants dont une *Introduction à la France moderne. Essai de psychologie historique* et un *Louis XIV en son temps*, qui fait autorité.

Jean-François SIRINELLI

Docteur ès lettres, professeur à l'Université de Lille III. Il s'intéresse tout particulièrement à l'histoire politique et intellectuelle de la France du XXe siècle. Sa thèse d'État, parue chez Fayard, a pour titre *Khâgneux et normaliens des années vingt. Histoire politique d'une génération d'intellectuels, 1919-1945*. Il a participé à la nouvelle édition de l'*Histoire de la civilisation française* de Georges Duby et Robert Mandrou. Dans la collection U, il a publié, avec Pascal Ory, *Les Intellectuels en France, de l'Affaire Dreyfus à nos jours*. Il appartient au comité de rédaction de *Vingtième siècle. Revue d'histoire*.

© Armand Colin Éditeur, 1984.

GEORGES DUBY, ROBERT MANDROU

HISTOIRE DE LA CIVILISATION FRANÇAISE

XVIIe-XXe siècle

avec la participation de
JEAN-FRANÇOIS SIRINELLI

ARMAND COLIN

Sommaire du tome 2 : XVIIe-XXe SIÈCLE

La première partie de l'*Histoire de la civilisation française*, le Moyen Âge, est due à Georges Duby ; la deuxième, la France moderne (XVe-XVIIIe siècles) et la troisième, la France contemporaine (XIXe-XXe siècles) à Robert Mandrou ; le dernier chapitre (1940-1982) a été rédigé par Jean-François Sirinelli.

SECONDE PARTIE

La France moderne
(suite)

CHAPITRE IX

La « France catholique » et l'homme moderne

Comparaison n'est pas raison, disait déjà Montaigne, toujours avisé ; pourtant, sans abuser du procédé, si nous considérons l'ensemble des années 1600-1660, où s'est « faite » la France moderne, comme la formation d'un être humain, nous pouvons désigner cette période vivante, encombrante, sous l'image de l'adolescence : batailleuse, glorieusement puissante et sûre d'elle-même, proliférant dans toutes les directions, avec un bonheur au moins égal à celui du siècle précédent, en fait bien plus riche que le second XVIIe des années 1660-1690, où la diversité a reculé devant les choix imposés, sinon nécessaires ; cette adolescence est terriblement conquérante, au milieu des drames sociaux et religieux qu'elle a vécus et qui sont sa crise de croissance. A tous égards, c'est le XVIIe le plus riche, le plus vivant : relégué dans l'ombre dans un demi-effacement, par Versailles, le Roi-Soleil et les grands classiques qui ont fait oublier les réussites et l'exubérante richesse de ces années où la France, moins épuisée que ne le disaient Sully et Barthélemy Laffemas, reprend son souffle un instant et retrouve, dans des tonalités nouvelles, dans un style plus assuré, l'élan créateur du XVIe, sa passion religieuse et sa curiosité scientifique, et son amour des belles images, des beaux bâtiments. C'est la France riche à la fois en saints personnages qui rendent à l'Église catholique un prestige que les guerres et les polémiques avaient fort émoussé, et aussi en héros cornéliens, amoureux de gloire à moins que ce ne soit de vérités scientifiques, la France accueillante, où, sans caisse des pensions, sans Colbert ni Chapelain, les savants du monde entier se donnent rendez-vous à Paris, place Royale, chez le Père Mersenne, ou chez Étienne Pascal... Étonnante richesse qui se résumerait presque dans ces années 1636-1637, où, à l'heure même où l'Espagnol envahit à nouveau la France et de Corbie menace Paris, Corneille fait jouer *Le Cid* et Descartes publie son *Discours de la Méthode pour bien conduire sa raison et chercher la vérité dans les sciences,* où Saint-Cyran, directeur de conscience à Port-Royal, se heurte au cardinal de Richelieu, qui, peu après, le fera emprisonner : obscurs débuts de cette extraordinaire aventure janséniste, qui échauffa tout Paris pendant plus de vingt ans. Toute cette vie multiple et ardente, sur un fond de décor inquiétant : troubles incessants ou presque (en dépit de la poigne solide de Richelieu et des roueries du Mazarin), révoltes parlementaires et nobiliaires, assemblées et guerres protestantes, et pardessus tout, l'agitation plus générale et largement méconnue des mouvements populaires urbains et ruraux : endémiques révoltes des « nu-pieds », des « croquants », incessantes malgré les commissaires départis dans les provinces, ces intendants plus abhorrés des anciens magistrats que des petites gens. Dans ce premier demi-siècle, la France demeure une terre de grands contrastes et d'admirables réussites, dans ces deux domaines qui commandent encore la vie civilisée, comme aux siècles précédents : l'art et la religion.

1. Contrastes du premier XVIIe siècle

Époque troublée, et troublante : même sur le plan politique où l'oscillation pendulaire, de l'ordre au désordre, suivant les régences et les rois, donne l'impression d'un ballet mal réglé et d'un pouvoir sans consistance ; ces crises politiques reflètent, avec légèreté et précision, les mouvements de fond, qui perturbent l'ordre social, et dont l'étude n'est pas encore aussi avancée que celle de la journée des dupes ; enfin elles portent aussi la marque d'un branle-bas intellectuel qui est autre chose que le prolongement du XVIe siècle : la querelle du Cid, par exemple, en témoigne.

Nobles et robins

Comme dans ces bons traités, hérités de l'antiquité avide de théorie politique, par l'intermédiaire de Bodin et de quelques autres, l'ordre suit le désordre en France pendant soixante ans : les deux premiers Bourbons ont connu le bonheur d'avoir, tardivement, un héritier masculin, le malheur de mourir jeunes encore ; de là les régences après 1610, et après 1643, où des reines, nées hors de nos frontières, et laissées négligemment étrangères aux affaires et à leur nouvelle patrie, ont eu à gouverner tout un peuple indocile de grands seigneurs, de robins ravis de l'aubaine et prêts à se jouer de tous les conseils de régence. Agitation qu'une main solide, Richelieu, ou habile, Mazarin, peut réduire assez vite. Mais pendant des années, tous ceux que l'autorité royale réussira peu à peu à mettre au silence avec quelque rigueur souvent, comme Henri IV et Biron, Richelieu et tous les Cinq-Mars, de Thou, Chalais, Montmorency... tous ceux-là en ont pris à leur aise : nobles, qui reçoivent signal et exemple de l'entourage royal lui-même, au temps d'un Condé : sous Louis XIII, la reine mère elle-même joue la rébellion contre son fils, et Gaston d'Orléans, frère du roi, contre le cardinal ; nobles aspirant à la fois à tirer profit de la faiblesse royale, à extorquer fonds et pensions, jusqu'à épuisement du trésor de Sully ou plus tard des rentrées fiscales, et à s'imposer dans les conseils de gouvernement où les rois ne les appellent plus depuis longtemps ; provinces appelées à la révolte (purement nobiliaire, s'entend), complots au Louvre même et Paris assiégé, les rébellions de la noblesse sont assez dangereuses, puisque Mazarin fuit devant elles ; puisque Condé n'ose plus rentrer en France après sa défaite (1652) et se réfugie en Espagne jusqu'en 1659. Sans parler des méfaits que ces agitations comportent partout où passent leurs troupes : « Les Compagnies de M. de Canillac et Dienne n'ont pas moins commis de pilleries dans la montagne que celle du baron de Saillans dans la plaine », déclare un témoin à Aurillac en 1643[1].

1. Texte cité par Porchnev, *Soulèvements populaires,* p. 681.

A côté des nobles et, au plus fort de la Fronde de concert avec la noblesse, les robins, surtout les parlementaires de Paris. Officiers de justice du plus haut rang, chargés de conserver les lois du royaume et de dire le droit selon elles, les parlementaires ne sont pas moins dangereux ; surtout lorsqu'à leur tête se trouve un personnage aussi ambitieux que Gondi, en 1648-1652 : le Parlement de Paris, comme tous les parlements de France, enregistre les nouvelles lois et ordonnances, avant de les mettre en application, et possède le droit de faire remontrance, voire de refuser l'enregistrement au roi — ce qui n'a en soi rien d'outrecuidant, car les lois doivent être harmonisées entre elles, ne peuvent s'additionner simplement, et il est nécessaire de réaliser ce travail avant de dire le droit. Le Parlement de Paris est donc une Cour de Justice, mais il utilise ces droits de remontrance et d'enregistrement pour prétendre contrôler et limiter l'autorité royale : arguant d'une ressemblance simplement nominale avec le Parlement de Londres, qui est une assemblée représentative de la nation anglaise (mauvaise représentation peut-être, mais il n'importe), donc une assemblée politique, les parlementaires parisiens voudraient jouer aussi un rôle politique, en utilisant les armes judiciaires dont ils disposent. Déjà au XVIe siècle, ces prétentions ont pu s'affirmer pendant les troubles ; mais Catherine de Médicis convoquait les États généraux, représentation plus réelle du pays ; en outre les parlementaires comme les nobles furent mis au pas par Henri IV, qui imposa, non sans peine, l'enregistrement de l'édit de Nantes, par exemple. La hardiesse des parlementaires s'accrut à la fois de ce que les États généraux ne furent plus convoqués après 1614, de la stabilité acquise par l'hérédité des charges institutionnalisée en 1604 par la « paulette » ; enfin de l'exemple anglais des grands troubles que provoque la lutte entre Parlement et Royauté, en 1628, et surtout à partir de 1644, — à quoi Paris est fort attentif. Acquérir un pouvoir de contrôle régulier, incontesté, ce but des parlementaires n'est jamais atteint ; et comme pour la noblesse, plus rapidement même, parce que ces juristes ont au fond d'eux-mêmes, pétris de droit romain qu'ils sont, le sens de l'État, et que l'illégalité leur pèse non moins que leur manquent les petits pains de Gonesse, – dès que le souverain parle assez haut, chacun rentre dans le rang, à sa place et reprend sa tâche.

A cette agitation robine, point de vrais remèdes pour des raisons assez claires : le désordre des finances royales en premier lieu. Le roi (ou la reine régente) aurait un bon moyen de se débarrasser des parlementaires : c'est de les remplacer ; mais, comme tous officiers, ils ont acheté leurs charges ; il faudrait donc les leur rembourser. Et la monarchie française, toujours besogneuse, sans le sou, souvent même proche de la banqueroute, n'envisage guère une telle opération qui coûterait cher. Le déficit chronique (sauf quelques rares périodes : Sully, les dix premières années de Colbert, une partie du ministère Fleury) des finances publiques sous la monarchie tient à quelques grandes causes qu'il suffit d'énumérer : l'absence de comptabilité totale, malgré la Chambre des Comptes ; l'ampleur des dépenses, toujours réglées sans souci des recettes : les guerres surtout, la Cour et les bâtiments plus tard ; l'incohérence du système fiscal, qui ne porte que sur une partie de la population, et, livré aux fermiers, est très inégal à travers le royaume (gabelles, tailles...) ; enfin la bonne volonté inépuisable de la bourgeoisie, qui souscrit aux emprunts, accepte les banqueroutes, et comble le déficit.

Protestants

Perturbateurs encore, au moins pendant la première période de désordres, les protestants : moins par désir de reprendre la lutte terminée en 1598, que par crainte des menées catholiques et pour les prévenir, tant il est vrai qu'à chaque assemblée du clergé (en principe tous les cinq ans), les évêques réclament avec constance l'abolition de l'édit de Nantes et le rétablissement de l'unité catholique et ne cessent de le faire jusqu'en 1685 ; excitées par quelques menées nobles dans la famille des Rohan-Sully notamment, les villes-forteresses protestantes comme Montauban et La

Rochelle prennent les armes, lorsque Luynes se rend dans le Midi en 1620, pour rétablir le catholicisme en Béarn et surtout lorsque Richelieu se décide à la lutte pour leur enlever les privilèges militaires de l'édit : l'acharnement avec lequel Jean Guiton et les Rochelais ont soutenu le fameux siège de 1628 exprime la crainte éprouvée par les protestants de se voir privés de la totalité des droits qui leur avaient été reconnus trente ans plus tôt et l'amère déception causée par ce reniement de la parole donnée alors par Henri IV. Cependant une fois la paix d'Alais octroyée en 1629, les protestants, privés de places fortes, d'armées et de moyens d'agitation, ont fait retraite : silence de quarante ans, jusqu'aux environs de 1670, qui est d'abord une soumission politique totale (que Mazarin a reconnue), mais qui cache peut-être un renouvellement social important dans les rangs des réformés : le recul définitif des nobles relayés par les bourgeoisies urbaines, et sans doute aussi par les campagnes, au long des routes qui relient Genève aux grands centres protestants, Poitiers et La Rochelle, Montauban, Cahors, Agen... ; ce recueillement cache sans doute quelque assoupissement de la ferveur après les lourdes épreuves des années 1620-1630, et en attendant le terrible réveil de 1670-1685.

Marchands

Cependant les insurrections parisiennes de 1648 et 1649 passent le cadre d'une révolte parlementaire, même soutenue par les crocheteurs du coadjuteur ; la bourgeoisie parisienne s'en est mêlée et les innombrables mazarinades révèlent que marchands drapiers et artisans suivent le mouvement. De même que le long siège de La Rochelle n'est pas la simple fanatique résistance des huguenots exaspérés jusqu'à faire appel à l'Anglais : La Rochelle est aussi à l'époque une des plus riches villes de France, de ces ports atlantiques qui ont tiré le plus grand parti du commerce et de l'argent espagnols, comme Saint-Malo, Nantes, Bordeaux et Bayonne ; grande ville fastueuse, autant que l'évêché voisin de Luçon pouvait paraître crotté à un ambitieux. En ce début du XVIIe siècle, la société française ressent le plein effet du bouleversement social et économique qu'a provoqué le long XVIe siècle, et son flot ininterrompu d'argent et d'affaires ; de façon nullement paradoxale, c'est au moment où le Potosi et toutes les grandes sources américaines commencent à se tarir, où l'argent américain est de plus en plus relayé par le billon, la monnaie noire et par le crédit, dans ces années 1620-1640, que les conséquences sociales de la hausse des prix, de l'inflation se font sentir : la bourgeoisie enrichie construit, meuble, se fait « portraiturer » en beau costume de drap noir à rabat blanc discret, en perruque poudrée, multiplie les donations et les fondations pieuses, qui, à l'article de la mort, peuvent aider à faire passer quelques entorses à l'interdiction d'usure ; la bourgeoisie mène le grand train que la noblesse ne peut plus soutenir, à l'époque où déjà celle-ci vient en ville, songe à s'y fixer et trouve sous ses yeux ce faste bourgeois sans précédent. Rien de plus significatif des sentiments nobles que les « couloirs » des États Généraux de 1614 : il est question sans cesse de roturiers, vilains, du respect qui se perd pour les maîtres ; ce que traduisent des échanges fréquents de bastonnades et coups de plat d'épée, des rencontres inciviles. En séance, l'ordre de la noblesse proteste contre les achats de terres nobles par les bourgeois des villes, contre l'abus des lettres de noblesse vendues généreusement par la royauté, et surtout contre l'activité des faussaires. Ces activités coupables des rois ou des aigrefins n'ont pas cessé pour autant. Le long XVIe siècle a été une belle époque à cet égard, et les échos en sont nombreux : dans son *Journal des guerres civiles,* Dubuisson Aubenay note encore en 1648 : « Le nommé Des Jardins faussaire, et ayant vendu plusieurs lettres d'anoblissement, et pour 50 000 écus, à ce qu'on dit »[1].

Autre signe de la poussée de cette bourgeoisie marchande, qui piétine toutes les plates-bandes : après avoir fourni les cadres de la noblesse de robe, elle écrase celle-ci par l'exubérance de son luxe ; et ces nouveaux nobles de

1. *Journal,* I, p. 94.

protester à leur manière, qui n'est pas l'épée à la main, mais par de bons règlements dûment enregistrés qui défendent les préséances sociales ; ainsi le Parlement de Dijon, en 1625 : « Défenses à toute personne de prendre la qualité de noble sans autorisation expresse... ; de donner la qualité de dame aux femmes de marchands, procureurs, notaires et huissiers, à celles-ci de le souffrir, sous peine de cent livres d'amende et trois cent pour récidive... aux avocats et médecins et à leurs femmes de porter des robes et des coiffures de soie ou de satin. » De même les lois « somptuaires » de l'époque interdisent ou réglementent, avec un acharnement qui révèle leur inefficacité, le port et l'usage de tissus à fil d'or et d'argent : ce qui présente le double intérêt de définir, comme ci-dessus pour soie et satin, les signes extérieurs de la hiérarchie sociale et, pour l'or et l'argent, de limiter la thésaurisation, cette concurrente redoutable de la circulation monétaire. De même interdit-on la fabrication de vaisselle d'argent, ou la récupère-t-on pour des fins monétaires...

Sans doute retrouvons-nous marchands et robins d'accord contre Mazarin en 1648 ; mais la fiscalité mazarine y est pour quelque chose, et représente un provisoire dérivatif à des conflits qui passent au second plan par moments ; la fiscalité, autre plaie du temps, et qui se cumule à la campagne ; les bourgeois, qui ont des rentes converties, qui voient s'augmenter la taille et ressusciter la taxe des « Aisés », ne sont pas contents. Mais que dire des campagnards qui supportent, et le poids des tailles ajoutées par le roi, et les incessantes réclamations des agents seigneuriaux, chargés par la noblesse de faire « rendre » aux droits le plus possible. Collecteurs de droits traqués eux-mêmes par leurs maîtres, qui ne trouvent jamais leurs revenus suffisants, au point de vendre les terres, à moins qu'ensevelis sous les dettes, le « décret », la saisie, n'interviennent : c'est sur ces ruines nobiliaires que la bourgeoisie s'installe de plus en plus comme propriétaire foncière[1], pendant tout le XVIIe siècle.

1. Marc BLOCH, *Caractères originaux,* chap. V. VI ; — Roupnel, *op. cit.*, 3e partie.

Révoltes populaires

Ainsi s'alourdissent les charges, partie en raison de la grande politique, celle de Concini, Richelieu ou Mazarin, partie en raison des transformations sociales ; d'autant plus lourdes peut-être que la facilité antérieure a été plus grande ; dans tout l'Ouest français, précédemment inondé d'argent et d'affaires, les révoltes urbaines et rurales sont plus fréquentes et plus violentes qu'ailleurs. Mais l'agitation est attestée partout : contre les gabeleurs, les collecteurs exécrés de tous les droits, les aides, les tailles, l'émeute populaire est une réaction agressive, que les bourgeois et parfois même les magistrats ne se soucient pas toujours d'endiguer, par crainte des mauvais coups peut-être, mais aussi par une inavouable solidarité avec ces justiciers aux colères d'autant plus redoutables que les femmes souvent mènent l'affaire, pour protéger les derniers douzains du ménage. Porchnev, l'historien russe déjà cité de ces mouvements populaires de 1623 à 1643, recherche les signes d'une lutte des classes ; ce qui ne va pas sans mal, car la conscience de classe à l'époque parle assez peu ; mais l'ouvrage donne de bonnes descriptions des mouvements ; ainsi les citations extraites des papiers du chancelier Séguier conservés à Leningrad, rassemblées à la fin de l'ouvrage, sont précieuses pour représenter ce rôle des femmes ; à Montpellier en 1645 : « La taxc qu'on a fait pour les artisans à cause de l'heureux avènement à la couronne a donné lieu à une émotion populaire, qui a commencé par les femmes et suivy avec beaucoup de chaleur par leurs marys ». A quoi répond pour une paroisse rurale : « Il y a une communauté de l'eslection de Figeac qui a faict quelques assemblées avec armes. Mais c'est une paroisse misérable qui est accoustumée à semblables émotions... Et il y avait plus de femmes armées que d'hommes en ceste assemblée[1]. » Autre exemple, les complicités bourgeoises ; un intendant se plaint (alors qu'en d'autres occasions il peut avoir à se féliciter de l'aide apportée par

1. Porchnev, p. 702, et B. N., Mss, Nv.fds fs, 18 432, f° 231.

quelques bourgeois à contenir la fureur populaire) : « Or bien que vraysemblablement il fust au pouvoir des magistrats populaires de nostre dicte ville d'étouffer la sédition naissante qui d'ordinaire à ses commencements faibles et débiles, si est ce toutesfois que soit par laschete, ou par connivence, ou tous les deux ensemble, ils ont veu les bras croisez exécuter à leurs yeux tout ce que la violence, la rage et la fureur inspire à une populace qui se laisse transporter aux premiers mouvements[1]. ». La ville entraîne parfois et alimente la révolte paysanne : dans ces provinces pauvres comme le Limousin, le Rouergue, où la révolte se prolonge d'année en année entre 1636 et 1643, la ville qui a été animée par l'essor commercial et qui souffre plus que le plat pays de son ralentissement, donne l'exemple et encourage à la rébellion la campagne : « Et il serait nécessaire pour le service du Roy de faire un exemple notable de la ville de Villefranche en punissant les principaux habitants et officiers, qui sont cause de la sédition, qui l'ont fait subsister pendant dix mois... et pour tous les croquants de la campagne qui sont de misérables paisants qui n'ont failly que par l'exemple de ceux de Villefranche[2]. »

Villefranche-de-Rouergue semble bien cependant avoir été une exception ; la crise atteignant dans ces régions de l'Ouest intérieur comme en Normandie une acuité que l'Est (ravagé, il est vrai, par les soudards de la guerre de Trente Ans) et le Bassin parisien ne semblent pas avoir connue. Ce qu'illustrent au mieux les textes de Porchnev et bien d'autres, c'est l'impuissance des autorités en face de mouvements sporadiques, insaisissables malgré tous les efforts, impossibles à réprimer si ce n'est après ravage fait : agents royaux malmenés, maisons incendiées, routes coupées et interdites ; rien sans doute d'une guérilla continue et organisée ; mais, au gré de paniques, de « peurs » plus fréquentes que jamais, des flambées de colère, des émeutes de villages dont les animateurs disparaissent dans la forêt

1. B. N., Mss, fds fs, 18 938, f° 10 (Normandie 1640), *Cf.* aussi Porchnev, p. 644 et 672.

2. B. N., Mss, Nv. fds, fs 18432, f° 247.

prochaine — puis le silence et le calme, pour des mois ou quelques semaines. « Les crocans continuans et mesme augmentans de plus en plus leurs vols, bruslemens, meurtres et assemblées dans la forêt de Verg, mons. de Bourdeille notre gouverneur battit aux champs... On visita la forest... mais [on] ne trouva point d'ennemis à combattre... »[1]. Les pires années de ces insurrections de misère, de ces meurtrières révoltes de « croquans » et « nu-pieds » sont apparemment celles de la fin du règne de Louis XIII, où les calamités de la guerre dans l'Est et le Nord se sont ajoutées aux calamités agricoles un peu partout : déjà 1630-1632 sont marquées par de lourdes famines ; puis 1637-1638, dans une bonne partie de la Francc ; à partir de là et jusqu'à la Fronde, il n'y a plus de calme pour les intendants et officiers qui ont charge de maintenir la paix dans les campagnes. Dans ces années difficiles, la grande politique du cardinal aux prises avec les Habsbourg se trouve freinée, alourdie par les désordres de l'intérieur.

Révoltes paysannes endémiques, révoltes populaires urbaines sont le fait d'un petit peuple mal connu et qui ne peut faire entendre sa voix. Malgré cette solidarité (relative) des villes et des campagnes en face de la fiscalité encombrante, le grand contraste subsiste entre villes enrichies et campagnes hors du circuit de l'enrichissement : entre le plat pays aux prises avec sa médiocrité alourdie par les exigences royales et seigneuriales, et les villes sustentées depuis un siècle par les trafics accélérés avec les nouveaux mondes, nourries d'échanges culturels comme de trafics commerciaux, lancées à la conquête et à l'exploitation de nouveaux marchés et lieux de rencontre des « hommes sçavans » de ce temps.

Essor urbain et vie intellectuelle

Le premier XVIIe siècle annonce le XVIIIe par la féconde et débordante activité de la bourgeoisie, qui construit, autant et plus que la noblesse, dans Paris, aux abords de la place

1. *Livre de raison,* Pierre DE BESSOT (1609-1652), Paris, 1893, p. 23.

Royale et dans ce quartier du Marais qui n'est pas plus aristocratique que bourgeois : le style de cette création architecturale, c'est l'hôtel particulier, fer à cheval autour d'une cour intérieure, isolé de la rue, qui allie toutes les ressources du temps pour la réception et les commodités, avec son double agencement de pièces, côté cour et côté jardin ; l'hôtel, décoré d'une façade à fronton, orné avec sobriété de stucs et rehaussé de l'alternance des briques rouges et de la pierre blanche ou grise des carrières calcaires de Montmartre est le modèle de toute l'architecture urbaine jusqu'au XIXe siècle. Bâtiment fait pour recevoir une nombreuse compagnie, et conçu pour la réception plus que pour le confort de ses habitants, l'hôtel du XVIIe est aussi l'objet d'une décoration intérieure importante ; marchands et robins se reconnaissent alors le mérite de vies bien remplies et de carrières heureusement réussies ; ils multiplient les meubles et leur fierté s'étale sur ces portraits en buste et en pied, commandés à Paris aux plus grands maîtres, Philippe de Champaigne, Le Brun : belles images pleines de dignité, la perruque soignée, étalée sur un grand col blanc, qui détache la tête d'une grande robe noire, aux plis nombreux, aux amples manches d'où émergent des manchettes, blanches encore, aux plissés et tuyautés de dentelles fines, soigneusement ordonnés, et la main, ouverte en un geste large d'avocat plaidant ou fermée sur le petit carnet tenu du bout des doigts fins et soignés. Tout respire dans ces portraits richesse et satisfaction de soi.

Marchands, financiers et robins sont tous gens à qui le métier laisse les loisirs et le goût de lire, d'apprendre, de recevoir des amis qui aiment aussi la lecture et la discussion : les villes, surchargées de tailles, agitées des passions parlementaires ou nobiliaires, sont aussi déjà des centres de vie intellectuelle et artistique, à laquelle la haute société participe d'enthousiasme ; vie étonnamment variée, grâce au latin qui véhicule les pensées d'un bout de l'Europe à l'autre ; grâce à la liberté des voyages, des échanges, à travers cette même Europe pourtant si diverse : chez le Père Mersenne aux Minimes de la place Royale, ou à Nevers, cette petite ville des bords de Loire, où il enseigne quelques années, Italiens et Flamands se retrouvent, au débotté d'un pénible voyage, mais dans l'allègre cordialité des savants qui s'estiment et viennent discuter de mathématiques comme de morale, de musique ou de théologie : « personnes célèbres par leur savoir et par l'amour qu'ils portent aux belles lettres » et simples curieux, assez fiers d'être admis en ces doctes assemblées, se retrouvent, au jour dit, chez les frères Dupuy, chez Théophraste Renaudot, chez Étienne Pascal à Rouen ou à Paris. Si l'on en croit Fontenelle, historien de l'Académie royale des Sciences (fondée en 1666), la maison de Mersenne est l'établissement le plus réputé dans le genre : « Il y a déjà plus de cinquante ans que ceux qui étaient à Paris se voyaient chez le P. Mersenne, qui, étant ami des plus habiles gens de l'Europe, se faisait un plaisir d'être le lieu de leur commerce. MM. Gassendi, Descartes, Hobbes, Roberval, les deux Pascal père et fils, Blondel et quelques autres, s'assemblent chez lui. Il leur proposait des problèmes de Mathématique, ou les priait de faire quelques expériences par rapport à de certaines vues, et jamais on n'avait cultivé avec plus de soin les Sciences qui naissent de l'union de la Géométrie et de la Physique », comme le prouve la *Correspondance de Mersenne,* éditée par J. Tannery et R. Pintard. Plus tard, entre août 1633 et septembre 1642, 355 conférences, plus réglées, organisées à jour fixe, ont lieu chez Théophraste Renaudot[1]. Ouvertes « à tout bon esprit qui venait conférer en public de toutes les matières de physique, morale, et autres disciplines », ces doctes assemblées ne rassemblent pas les seuls grands noms du temps : Mersenne, Peiresc, Gassendi, Descartes ou le jeune Pascal. Aussi bien les discussions tournent-elles parfois en petits discours de médiocre intérêt. L'assiduité et la presse qui les marquent montrent assez cependant leur intérêt pour cette société savante du temps, qui rassemble clercs et laïcs, Harlay, archevêque de Rouen, Antoine Godeau, évêque de Grasse, et Gassendi, Jean Morin,

1. Publiées d'ailleurs sous le titre *Première, deuxième... Centurie des questions traitées des conférences du bureau d'adresses.*

Jacques Sirmond et Naudé, « que l'on peut nommer sans flatterie une Bibliothèque vivante », Louis Mauduit, Hugues Grotius, résident de Suède... Ces groupes d'amis ne s'entendent pas toujours assurément : Mersenne reçoit l'amitié de Descartes et de Gassendi à la fois ; mais ils correspondent sans cesse pour s'informer et poursuivre les discussions que proposent ouvrages et conférences. Le monde savant, avant Colbert, s'organise et rayonne sur toute cette bourgeoisie fortement intellectualisée des grandes et petites villes... les sociétés savantes ont ainsi un cortège d'amateurs savants.

Hommes et dames de bonne volonté se retrouvent encore, plus nombreux peut-être parce que la discussion est moins ardue, dans ces salons nouveaux, qui abritent les émules de Mme de Rambouillet, cette Romaine à Paris : amateurs de beau langage et de politesse raffinée, disciples de Vaugelas, sinon de Malherbe, se rassemblent dans les ruelles tendues de bleu ou de vert, pour faire admirer ces costumes riches de rubans et de plumes qui sont au goût du jour, pour parler galanterie et coquetterie dans un langage aux circonlocutions rapidement abusives — les *Précieuses ridicules* de Molière sont de 1659 ; c'est là jeu d'une société qui se veut raffinée contre la rudesse des courtisans : la vie précieuse est un aspect de la vie urbaine, presque une mode, qui a régenté le vêtement et le langage avec un bonheur inégal selon les rencontres, et surtout un phénomène parisien, accompagné d'une littérature abondante : *L'Astrée,* les romans des Scudéry, *Le Grand Cyrus,* Voiture et Scarron, et les nombreux : Défense du royaume de coquetterie, Loix de la galanterie, Amitiés tendres, Loteries d'Amour, Nouvelles des précieuses prudes. Toute cette production littéraire ne doit pas faire illusion ; pour l'essentiel, elle annonce et prépare, à sa façon, la Cour très policée de Louis XIV.

Modèles espagnols

Cette vie littéraire et scientifique est marquée par les modèles étrangers, toujours : le XVIIe siècle continue à cet égard le XVIe, mais les lignes de force ont changé. Alors qu'au siècle précédent, c'est l'Allemagne et surtout l'Italie qui dominent les échanges, le premier XVIIe est placé sous le signe de l'influence espagnole. L'Italie ne perd point son rang et reste un modèle artistique : Poussin passe sa vie à Rome et les modèles antiques gardent un prestige que n'a pas Rembrandt ; mais l'Espagne de Philippe IV, du siècle d'or, envahit tout : du poids de son prestige économique et du faix de ses très féconds romanciers et hommes de théâtre. Calderon, Cervantes et Lope de Vega arrivent à Rouen et La Rochelle dans les cales des bateaux venant de Séville : truculents conteurs qui découvrent aux Français étonnés cette Espagne magnifique encore et déjà miséreuse, monde de passions violentes, où l'honneur et l'amour mènent grand train, monde de picaros et d'hidalgos, de montreurs de chiens, de prestidigitateurs, de bergers crapuleux illustrés par Cervantes lui-même dans son *Dialogue des chiens* ; c'est l'Espagne miraculaire de Velasquez et Murillo. L'Allemagne s'efface alors, déchirée par la guerre, ravagée par les troupes voraces de Wallenstein et de Tilly, sans contact direct après le sac des provinces rhénanes, des pays bourguignons et de la Comté ; c'est le long silence de l'Est et du Nord (où Pays-Bas et Hollandais ne cessent de se guerroyer qu'en 1621), malgré leurs réveils tardifs : la Lorraine, ardent pays de Contre-Réforme, très catholique au temps de Georges de La Tour ; la Bourgogne qui retrouve après 1650 une vie théâtrale populaire : Dijon, ville de bateleurs, dont l'art direct a servi de modèle à Molière et a réjoui des générations de Bourguignons rieurs[1]. Mais cette prédominance des échanges avec les pays méridionaux, accusée encore par l'activité des ordres religieux les plus expansifs à l'époque, Capucins et Jésuites, fait que la vie culturelle la plus intense se déplace vers l'intérieur et l'Ouest : Lyon n'a plus le prestige du siècle passé, alors que Paris, servi par la politique royale, l'Académie de Richelieu et les rencontres savantes, accroît son rôle ; de même, Rouen de Corneille, Nevers du Père Bredeau et toutes ces villes de l'Ouest, où les jésuites,

1. G. ROUPNEL, *op. cit.*, réédition 1955, Introduction.

réinstallés après 1603, construisent activement sous la direction du Père Martellange, coadjuteur temporel et architecte de l'ordre.

Tableau tout en contrastes ? de ces contrastes, que certains ont baptisés baroques — ces quelques pages ne sont que rapide évocation ; manquent encore bien des traits, des continuités qu'il faut se borner à évoquer d'un mot : le goût persistant des lettres antiques et la pratique acharnée des bûchers de sorcières, ces hécatombes de Franche-Comté, du Labourd et de Lorraine ; l'habitude des jeux des sociétés, anagrammes, petits vers et chansons légères, et en même temps, et chez les mêmes hommes, la passion des disputes théologiques... les saints et les héros, comme au XVIe siècle sont humanistes et mystiques à la fois ; mais maintenant déjà moins nettement confondus que cent ans plus tôt.

2. Les saints du renouveau catholique

De 1590 à 1640, la ferveur religieuse de la France urbaine semble avoir monté de plusieurs degrés — si l'on peut comparer fièvre et ferveur — comme si, les armes n'ayant pu trancher un conflit douloureux pour tous, les consciences s'en étaient remises à la persuasion et surtout à l'exemple, pour démontrer la supériorité du catholicisme. Chacun se sentant responsable du sort commun, chacun s'examinant avec soin et projetant une reconquête gigantesque, œuvre de tous et non plus des seuls jésuites... Le temps des armes est passé, celui des colloques de conciliation aussi : Henri IV s'y est essayé une fois encore et sans succès auprès de ses compagnons d'armes : la ferveur catholique s'emploie à d'autres tâches : prêcher, enseigner, réformer... C'est bien le moment décisif de la Contre-Réforme.

Fondations

Chacun y donne le meilleur de soi et de ses biens : cette volonté s'exprime d'abord en ces nombreuses fondations, créations de couvents, donations pour la construction d'églises, pour l'ornement de chapelles ; sans parler des frais qu'entraînent les entrées en religion qui sont légion, et en un temps où toute candidate à un ordre fournit un capital important... Au moment où les Parisiens s'étonnent de voir les établissements religieux se multiplier dans les rues de leur ville, nul doute que bourgeois et nobles ont ainsi consacré à la gloire de Dieu des millions de livres, et des maisons par dizaines facilement transformées en couvents, inlassablement, jusqu'aux difficiles années 1660 au moins. Ce mouvement de fonds et de biens est connu surtout par les exclamations des contemporains : huit couvents rue Saint-Antoine, certaine année ! Mais les archives en détiennent le secret provisoire.

Cette volonté s'exprime encore, tout naturellement, par une vie spirituelle que les écrits et les témoignages rendent facilement présente : renouveau mieux connu que le précédent (car les écrits spirituels sont de lecture plus aisée que les minutes de notaire), il a attiré l'attention et l'admiration pleine de sollicitude de nombreux chercheurs [1], habiles à en décrire toutes les nuances : de François de Sales à Condren et Bérulle ; lointains échos de Thérèse d'Avila et Jean de la Croix, ces grands mystiques espagnols du siècle passé, devenus maîtres à penser et à prier de cette nouvelle génération ; commentaires inspirés de saint Augustin toujours vivant, chez Bérulle notamment...

La vie religieuse nouvelle bénéficie donc du support économique solide fourni par le long XVIe siècle et d'une floraison étonnante de tempéraments mystiques, doués à un très haut degré d'une finesse admirable de pensée et de sens pratique, administrateurs et organisateurs ; de là cette atmosphère surtendue de grandes méditations et de nobles entreprises, dans l'entourage de Mme Acarie, de l'abbé Olier ; de là ces créations durables, qui ont poursuivi, longtemps après la disparition de leurs fondateurs, une grande carrière religieuse ; la variété des initiatives, sinon

1. Du plus célèbre, Henri BRÉMOND, *L'Histoire littéraire du sentiment religieux en France*, 8 vol., Paris, 1928, au plus récent, Louis COGNET, *La Spiritualité française* au XVIIe siècle, Paris, 1949.

des intentions, exprime la richesse humaine de ce renouvellement.

Itinéraires spirituels

Outre les jésuites envahissants, que de grands noms et d'ordres actifs ! Avant même les créations du siècle, la vie religieuse est animée par l'exceptionnelle présence de quelques groupes autour de Mme Acarie, de Bérulle, et d'un ordre, les Capucins. Le cardinal de Bérulle, grand théologien et grand voyageur, est allé dans ces pays méditerranéens peu contaminés par le protestantisme pour tirer parti de leur expérience ; en Espagne, où il a négocié pendant des mois pour persuader quelques carmélites de Thérèse d'Avila de passer les Pyrénées et de venir dans cette France qui, aux yeux espagnols, est (déjà) le pays de l'Antéchrist ; en Italie également, où il admire à Rome l'Oratoire de Philippe de Néri, qu'il amène en France aussi (en 1611). Bérulle, grand disputeur en face de Condren et de saint François de Sales, (auteur heureux d'une grande formule, qui résume assez bien la foi sereine de l'homme, sinon de son époque, dont la grande pensée est la Rédemption : « Dieu nous a confiés nous-mêmes à nous-mêmes »), est une grande figure de ce catholicisme sûr de lui, prouvant sa vitalité par ses fondations, par sa démarche... En face de tels pionniers, un ordre qui connaît la plus grande popularité, les Capucins de l'autre saint François, celui de l'Italie marchande : habitués depuis longtemps à la prédication urbaine, les Capucins, bien plus que les Jésuites, entraînent les foules, avec une habileté parfois forcée, imposant une nouvelle image de leur saint patron, plus dramatique et moins souriante, le saint François de Zurbaran. Jusqu'à la fin du siècle, ils ont gardé un prestige qui doit beaucoup à leur art de la prédication ; témoin ce texte provincial de 1691 : « Le R. P. Honoré, religieux capucin, accompagné du père Nicolas, et autres religieux du même ordre a fait une très belle mission à Marmande, qui a commencé le mois de novembre 1691... A quatre heures du soir, le père

Honoré faisait un sermon ; en de certaines occasions, il se mettait la corde au col, faisant amende honorable pour les pescheurs qu'il faisait crier tout haut pardon et miséricorde. Presque tout le monde pleurait... Il y avait une foule de gens incroyable qui y accouraient de toutes parts »[1]. Ils ont su aussi garder l'oreille populaire par la prédication des thèmes les plus traditionnels, comme la croisade chère au Père Joseph, et à bien d'autres : « Le samedy 6 janvier 1646, jour des Roys, l'après disnée, au sermon du père Georges capucin, qui nous dit que les roys de France devaient subjuguer tout le monde... et il concluait que, en cette année 1646, le Turc devait être dépossédé et chassé de Constantinople... »[2]. Sachant enfin inspirer d'un bout de l'Europe à l'autre, de l'Italie du Caravage à la Lorraine de Georges de La Tour, la même peinture tournée vers la contemplation mystique : *Adoration des bergers,* cette belle rencontre de deux amis de l'ordre.

Ainsi dans les toutes premières années du siècle, alors que les Jésuites commencent à peine à se réinstaller (ils rentrent en 1603), la vie religieuse quotidienne se voit stimulée par l'enthousiasme prédicant de ces Capucins et des François de Sales, Bérulle, Canfeld, Coton, Condren... C'est le moment où François de Sales publie ses conseils et exercices agréables pour parvenir à cet amour parfait qui est le but de toute vie chrétienne : 1608, *Introduction à la vie dévote,* bréviaire fleuri et de lecture facile, qui mène doucement à la contemplation de Dieu ; « petite voie », disent d'aucuns, qui visent des chemins plus difficiles et qui regardent vers l'Espagne ; petite voie non négligeable cependant, accordant à la créature une attention et une dignité qui représentent une réconciliation de l'élan humaniste avec la foi catholique ; les prédicateurs ne s'y trompent pas qui traitent volontiers de « la connaissance que nous avons de Dieu dans ses créatures ».

Au-delà de ce premier itinéraire spirituel, l'époque est encore celle de grands mystiques : saint François de Sales

1. Fontainemarie, *Livre de raison,* Agen, 1889, p. 39.
2. Ormesson, I, p. 341.

écrit, après l'*Introduction,* le *Traité de l'amour de Dieu* (1616) ; au-delà de la vie dévote, le Carmel et ses ascèses redoutables ; ces partisans de la vie « suréminente » sont en grandes discussions avec les bérulliens. Ces âmes de feu, qui réforment Montmartre et se réjouissent de l'audace d'Angélique Arnauld à Port-Royal, bien avant l'entrée de Saint-Cyran dans ce couvent qui était ni plus ni moins mondain que les autres, rêvent fondations, oraisons et « vie en Dieu », et forment, de Jeanne de Chantal à M. Vincent, la génération la plus mystique que la France ait connue.

Autre trait de l'atmosphère religieuse : au lendemain des guerres civiles, le haut clergé passe outre à ses préventions gallicanes et, en 1615, reçoit les décrets du concile de Trente, que les parlements se refusent à accepter. De cet accueil, c'est-à-dire de cette volonté de réforme, date pour l'Église de France une révolution sensible, des formes du culte ; dans un sens rigoriste, où la fantaisie médiévale, qui a prêté le flanc aux critiques protestantes, n'a plus sa place ; la liberté d'allures de l'office, au cours duquel, au moment du sermon, les fidèles intervenaient, sollicités ou non par leur curé, est dès lors considérée comme malséante ; de même, les fêtes de détente, par lesquelles le clergé consentait deux ou trois fois l'an à transformer l'église en un lieu de rires et de jeux, qui leur paraissaient sans doute fort innocents. La plus célèbre de ces fêtes médiévales dans l'Église est encore condamnée en termes très horrifiés à la fin du siècle par un théologien : « Les ecclésiastiques paraissaient les uns avec des masques, les autres en habits de femmes, de gens infâmes ou d'histrions... ils y dansaient dans le chœur, ils y chantaient des chansons dissolues, ils y mangeaient de la chair grasse jusques sur l'autel... [1] » Sorte d'épuration contre les libertés médiévales, sur le plan de laquelle se peut placer encore la révision discrète des listes et des vertus des saints, qui avaient proliféré autrefois : c'est l'œuvre des bénédictins de Saint-Maur et de nombreux chapitres diocésains ; ainsi le culte se fait plus hiératique, la cérémonie de la messe moins familiale, moins proche du

1. J.-B.THIERS, *Traité des Jeux...*, p. 440.

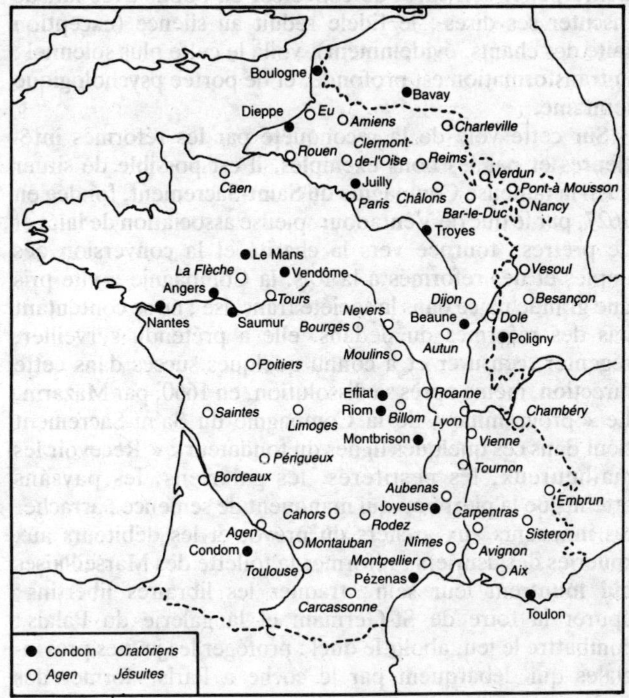

1. Grands collèges vers 1640.

Oratoire et Société de Jésus ont rivalisé d'émulation, à travers la France entière, pour fournir à la bourgeoisie et à la noblesse cet instrument de culture, le collège que les bouleversements du XVIe siècle rendaient chaque jour plus nécessaire. Ce réseau « secondaire », peut paraître lâche : il faudrait le compléter avec les académies protestantes, Sedan, Saumur, La Rochelle, etc., — bien d'autres collèges, jésuites notamment, de moindre importance, Quimper, Rennes, Cambrai, Orléans, Aurillac..., — mentionner encore le collège jésuite à Québec fondé en 1635 ; mais tenir compte surtout de l'énorme effort matériel et humain (construction, formation de maîtres) qu'il représente. Effort qui sera continué : comparer à la carte des collèges à la fin du XVIIIe, p. 172.

paroissien moyen, qui perd peu à peu le droit (coutumier) d'interpeller son curé, de converser en public avec lui, de discuter ses dires : le fidèle réduit au silence (exception faite des chants, évidemment), voilà le culte plus solennel ; la transformation est profonde, et de portée psychologique lointaine.

Sur cette voie de la reconquête par les réformes intérieures et par les bons exemples, il est possible de situer aussi la fameuse Compagnie du Saint-Sacrement, fondée en 1627, par le duc de Ventadour, pieuse association de laïcs et de prêtres ; tournée vers la charité et la conversion des impies et des réformés à la fois, la Compagnie a vite pris une grande place dans la société française ; ne se contentant pas des réformes du dedans, elle a prétendu surveiller, régenter, censurer et a connu quelques succès dans cette direction, même après sa dissolution, en 1660, par Mazarin. Le « programme » de la Compagnie du Saint-Sacrement tient dans ces quelques lignes du fondateur : « Recevoir les malheureux, les pestiférés, les galériens, les paysans atteints de la pierre ou qui manquent de semence ; arracher les innocents aux archers du prévôt et les débiteurs aux roueries des usuriers ; réformer la toilette des Marseillaises qui montrent leur sein ; traquer les libraires libertins ; épurer la foire de St-Germain et la galerie du Palais ; combattre le jeu, abolir le duel ; protéger les jeunes provinciales qui débarquent par le coche à Paris ; former des maîtres pour les petites écoles ; poursuivre les juifs, les protestants, les illuminés... » Saint-Sacrement, ou Cabale des dévots, au temps de Tartuffe et de Dom Juan, c'est le même état d'âme, et les mêmes hommes, dont le tour d'esprit a inquiété rapidement tous les milieux ; Inquisition laïque, sans les pouvoirs ni les garanties de celle-ci, la Compagnie du Saint-Sacrement trahit une tentation cléricale, refusée par les Français du XVIIe siècle (et pas seulement par Mazarin qui a cédé aux nombreuses plaintes, dont il était saisi). Aussi bien, de toutes les fondations de l'époque, ce fut la seule à être ainsi discutée, puis rejetée.

Ordres nouveaux

Car toutes ces grandes âmes, de la douce et tendre « très chère Philothée » à qui s'adresse l'*Introduction à la vie dévote,* jusqu'à Louise de Marillac, ont été capables, non seulement de grands élans et de vibrants écrits inspirés, mais aussi de belles fondations, qui s'ajoutent aux ordres médiévaux encore vivants : ceux-ci, qu'elles se contentent de réformer dans leur droit chemin, restent voués aux intentions de leurs fondateurs ; tandis que pour la formation des prêtres et pour la charité, se multiplient les initiatives. Les ordres charitables de M. Vincent sont bien connus : Filles de la Charité (1633), avec Louise de Marillac, Salpêtrière, Enfants trouvés (1638), autant de témoignages, s'il en était besoin, de la misère des temps (et de l'effacement des institutions médiévales d'assistance) ; viennent ensuite les ordres féminins voués à la contemplation, Carmel et Visitandines (dès 1610, le Carmel de Paris, fondé en 1603, a essaimé à Pontoise, Dijon, Tours, Rouen, Bordeaux, Châlons)[1] ; et surtout les ordres enseignants destinés à assurer la formation du bas clergé : même M. Vincent, qu'obsédait la misère partout rencontrée, étalée au grand jour, s'en est préoccupé, et a fondé loin de ses habituels soucis l'ordre de Saint-Lazare (1632) ; Olier, ami et disciple de Bérulle, curé de Saint-Sulpice, fonde dans sa paroisse, qu'il a réformée, une école pour jeunes prêtres, la Compagnie de Saint-Sulpice (1650). Mais, dans ce domainc enseignant, la plus grande création du temps a été celle de Bérulle, l'Oratoire « importé » d'Italie en 1611 : destinés à l'origine à jouer le rôle des séminaires réclamés par le concile de Trente, comme les lazaristes et sulpiciens, les établissements oratoriens ont très vite admis des jeunes gens qui ne se destinent pas à la prêtrise ; dans les années

1. Les quelques titres ci-dessus ne sont pas une énumération : les ordres nouveaux sont trop nombreux, surtout les ordres féminins : Recolettes, Capucines, Ursulines, Bénédictines du Calvaire, Dames du refuge, Bénédictines de l'Adoration perpétuelle du Saint-Sacrement. etc.

1640, leur succès de pédagogues, soucieux d'enseigner les humanités, mais aussi l'histoire (et l'histoire postérieure à l'antiquité) et les sciences physiques (ouvertes aux leçons de choses), est grand dans la région parisienne notamment où ils sont déjà les rivaux des jésuites. Les oratoriens sont les premiers à enseigner les rudiments en français, et non en latin : avant Port-Royal. Et cette réforme explique en partie leur succès. La rivalité scolaire se double de divergences théologiques : les oratoriens, fidèles augustiniens en bons disciples de Bérulle qu'ils sont, vite tentés après 1640 par la dialectique de Port-Royal. Ils apprécient également Descartes... plus de raisons qu'il n'en est besoin pour creuser un fossé que les jésuites n'ont aucune envie de combler. Mais par cette orientation même, l'Oratoire s'est détourné de la formation des jeunes prêtres. A vrai dire, et en dépit de quelques initiatives, locales par surcroît, la réforme intellectuelle du bas clergé n'a pu être menée à bien : un séminaire par diocèse, ce programme ambitieux proposé par le concile de Trente, n'est pas à la portée d'un clergé où la commande continue à sévir, où le cumul des bénéfices et le jeu des faveurs royales continuent à encourager — à côté des grands élans mystiques — les confortables carrières où la piété n'a qu'une place bien maigre ; où enfin la misère du bas clergé ne soutient guère les vocations ordinaires ; sans parler du manque de cadres enseignants, malgré les Facultés de Théologie dont l'enseignement n'est pas adapté aux exigences propres à l'apostolat en pays de mission, comme nous dirions aujourd'hui.

Jésuites

Cependant, à mesure que le siècle s'avance, la primauté des Jésuites dans ce renouveau catholique s'affirme sans conteste ; aile marchante de la reconquête, la Compagnie s'installe partout : dans les villes, même les plus méfiantes, auprès des princes et de la grande noblesse, auprès du roi lui-même ; l'immense succès de cet ordre, qui construit sans cesse, multiplie les maisons professes, les collèges, aide à la gestion des paroisses urbaines, a parfois jeté quelque ombre sur les activités des autres ordres ; l'appui des autorités, de Henri IV lui-même dès le début du siècle, la hardiesse avec laquelle les pères enseignants dans les collèges ont christianisé l'héritage antique des humanistes — sans craindre de jeter le dédain sur le Moyen Age gothique — sont de grands éléments de ce succès. Charles Perrault, lors de la Querelle des anciens et des modernes à la fin du siècle, a souligné cet ostracisme scolaire, dont la portée artistique est très grande : « Il y a eu des hommes payez et gagez pour faire entrer profondément [l'antiquité] dans l'esprit des jeunes gens, qu'on a mis sous leur conduite ; des hommes qui, revêtus de longues robes noires, et le bonnet carré en teste, leur ont proposé les ouvrages des anciens non seulement comme les plus belles choses du monde, mais comme l'idée même du beau, et cela avec des couronnes toutes prestes, s'ils parvenaient à imiter ces divins modèles »[1]. De même le succès de la Compagnie a été servi par l'art avec lequel est pratiquée la direction de conscience, ce jeu subtil de la nuance qui permet de ne pas froisser, de ne pas choquer par trop de rigueur les âmes scrupuleuses : le riche, dont l'Évangile parle en termes si sévères qu'ils peuvent inquiéter ces bons bourgeois enrichis dans le négoce, n'a pas été criminel devant Dieu pour sa bonne chère, ni même pour le luxe de ses habits ou de sa maison ; il n'est criminel que pour sa dureté envers les pauvres...

Propos plaisants à entendre. Mais la cérémonie dominicale « retouchée » par les bons pères est aussi une fête, agréable à voir ; grands constructeurs, les Jésuites font réaliser par leurs architectes de vastes églises en un seul vaisseau large, simplement complété par des chapelles latérales juxtaposées, vaisseau en pleine lumière grâce à une ou deux coupoles et de grandes baies : l'église nouvelle est faite pour recevoir des fidèles qui lisent et viennent à la messe avec leur missel ; l'autel, placé en plein éclairage, est fait pour être regardé, admiré. Car, à cette disposition « théâtrale », s'ajoute la richesse de l'ornementation :

1. PERRAULT, *Parallèle des anciens et des modernes,* t. II, Préface.

façades à l'antique, superpositions de hauts frontons portés par des colonnades de styles dorien ou corinthien ; intérieurs pourvus de décors en marbres, en ors, en peintures : tables de communion, chapelles annexes ; partout la joie des yeux est appelée — sans crainte de la surcharge. De même signification est sans doute l'introduction dans la musique religieuse de morceaux presque profanes : les saluts donnent dans l'opéra et les chanteuses y tiennent une grande place ; après leur tour de chant, elles font la quête. Mais cette nouveauté n'est pas propre aux jésuites. Architecture aérée, décoration luxueuse ont amené à parler d'un « style jésuite » : l'expression et la chose elle-même ont été récemment contestées par des historiens proches de la Compagnie [1]... C'est là l'expression plastique d'une conception nouvelle de la vie religieuse : la Compagnie la veut aimable, attrayante pour ce monde de nobles dames, de bourgeois enrichis, auxquels vont tous ses soins : c'est la rançon de la reconquête ?

Ce faisant, actifs et présents partout, se mêlant à la vie mondaine et à la vie scientifique, participant aux académies et aux débats de « philosophie » mieux que tous autres, puissants à la Sorbonne et maîtres de la rue Saint-Antoine, les Jésuites apparaissent cependant surtout soucieux de travailler pour la haute bourgeoisie et la noblesse, au risque de s'exposer au mécontentement populaire des petites gens qui s'étonnent et s'indignent de leurs constructions, de leurs activités débordantes. Deux témoignages de style différent méritent d'être cités : au Puy, en 1634, exclamation d'un bourgeois indigné : « Ah que l'on maudit et maudiront à l'advenir ceux qui les ont ycy établis... car ils sont insatiables et ne sont jamais contans des biens de ce monde. » A Paris, en 1643, d'Ormesson raconte dans son *Journal :* « Le Jeudy 23 avril, je fus entendre le sermon du père de Lingendes, jésuite. J'entretins auparavant le père Lombard, qui me dit comme cette haine populaire continuait contre eux et qu'ils n'osaient quasi aller par les rues [2]. » En

1. Cf. Pierre Moisy, *Les Églises des jésuites de l'ancienne assistance de France,* Rome, 1958.

2. Ormesson, *Journal,* I, p. 33.

dépit de quoi, et de quelques échecs d'ordre temporel, la Compagnie connaît, lors du premier centenaire de sa fondation en 1640, une prospérité inégalée dans le royaume de France : au moment même où va commencer la querelle avec les jansénistes, qui est d'un autre temps[1].

3. Les héros de 1636

En décembre 1636, Pierre Corneille fait jouer *Le Cid,* tragi-comédie ; quelques mois plus tard, paraît en librairie le *Discours de la méthode pour bien conduire sa raison et chercher la vérité dans les sciences,* de René Descartes : deux ouvrages, deux personnages hors du rang, c'est sûr, qui cependant témoignent à leur façon pour leur temps, et en complètent l'image. La France catholique de Louis XIII, la France du vœu royal de 1638, honore donc aussi d'autres valeurs : le héros cornélien, qui est aussi le héros des autres tragiques et tragi-comédiens de ce temps ; et le savant qui s'entend à l'astronomie et aux mathématiques, à l'astrologie et à la musique.

Corneille

Corneille, mettant sur la scène les amours contrariées de Rodrigue et de Chimène, exalte un vieil idéal français, l'idéal chevaleresque. Hérité du Moyen Age, ce héros, qui affronte de très grands dangers, et sait renoncer à tout, et même à l'amour, est un noble chevalier : il porte le flambeau, qu'a transmis en dernier lieu François Ier, roi de France, auréolé d'une réputation d'autant plus flatteuse qu'elle est due à une légende complaisante (Pavie, *tout est*

1. Les grands noms de cette époque-ci ont alors disparu. François de Sales mort en 1622, Bérulle en 1629, Mme Acarie dès 1618, Jeanne de Chantal en 1641, Condren en 1641 ; restent Olier, absorbé dans sa paroisse de Saint-Sulpice, et M. Vincent (qui meurt en 1660), en dehors du débat.

perdu fors l'honneur, « mot historique »). Le Cid, ce héros au grand cœur, qui aime son père, son roi et Chimène, a beau être d'Espagne, terre d'honneur, le noble de France se reconnaît en lui, s'y admire, persuadé sans doute qu'il pratique les mêmes vertus : courage jusqu'à l'aveuglement, dévouement sans limite, abnégation... Corneille a bien lu les récits des légendes espagnoles ; de même que Cervantès où Don Quichotte impose à Sancho de taire une retraite qu'il estime déshonorante. Et il a ajouté, par une malice que Richelieu a peu appréciée, ce duel pour lequel depuis dix ans la noblesse lutte contre le cardinal : le droit au duel en 1636, c'est le droit de manifester ces hautes vertus et ce sens de l'honneur qui font les âmes nobles. D'Artagnan, le vrai ou celui de Dumas, peu importe, défend, en pratiquant le duel au Pré aux Clercs, cette haute opinion de soi que nourrit sur son compte ce corps privilégié, dont les privilèges s'amenuisent et dont la bonne conscience reste le dernier refuge. Une langue de feu, par-dessus tout cela (« A moi comte... » comme, plus tard, le célèbre « qu'il mourût » d'Horace) : voilà le prestige du héros cornélien assez visible.

Ce cœur généreux, qui ne badine pas avec l'honneur et qui n'hésite pas à braver l'autorité (Camille dans *Horace*) et la société tout entière, comme Polyeucte martyr, n'est pas le monopole de Corneille, ni même de ses quatre grandes tragédies : aussi prompt aux effusions lyriques où l'honneur revient à chaque pas, qu'au rire sans contrainte des dénouements heureux, il se retrouve partout : à la scène et dans le roman, pétri d'orgueil (dans l'*Astrée* d'Honoré d'Urfé déjà, en 1627), avide de grandeur au prix de quelques violences et de ces grands combats dont nul ne se lasse... Avec un bon retard sur l'Angleterre élisabéthaine, la France se met au théâtre, et y place ces actions mêlées de rires et de larmes, cette brutalité qui reflète trop bien les mœurs de la Cour et des châteaux : c'est le Corneille d'avant *Le Cid,* comédies mêlées *(Galerie du Palais, Place Royale),* et d'après 1643, *Don Sanche d'Aragon ;* mais aussi tous les tragédiens du temps, Benserade, Rotrou, traitant des Cléopâtre, des Auguste et Rodogune dans ce style tragi-comique qui est le vrai style de l'époque. A l'image de cette société tourmentée, passionnée de grandeur et avide de fortes joies, les planches retentissent de grands coups d'épée : le méchant et le grand cœur succombent cependant qu' « Harlequin par ses saults gascades et boufoneries fait voir aux mélancoliques qu'il sait le moyen de les faire rire à ventre déboutonné »[1]. Enfin l'antiquité de Corneille et Benserade est surtout un cadre, apprécié parce qu'il fournit l'éloignement, le dépaysement tragique, qui atténue la violence de ces cœurs passionnés auxquels la *Religieuse portugaise* va faire écho une dizaine d'années plus tard : toute une époque s'est reconnue dans ces cris passionnés : « ... J'ay perdu ma réputation, je me suis exposée à la fureur de mes parens, à la sévérité des lois de ce Païs contre les Religieuses, et à vostre ingratitude, qui me paraist le plus grand de tous les malheurs... » ; et plus loin encore : « Hélas ! j'ay souffert vos mépris ; j'eusse supporté votre haine et toute la jalousie que m'eust donné l'attachement que vous eussiez pu avoir pour une autre ; j'aurais eu au moins quelque passion à combattre... »

Mêmes héros, mêmes assauts de générosité dans la littérature romanesque : celle des « Précieuses », de Scarron et Voiture, des mêmes Benserade et Rotrou, petits romans qui viennent à la mode, et se vendent aussi bien que les gros livres de théologie, les publications scientifiques des Gassendi, Mersenne et Descartes : à tel point que les libraires de la rue Saint-Jacques en viennent à acheter aux auteurs leurs manuscrits pour quelques centaines de livres. Rotrou, en 1636, vend quatre tragédies 750 livres ; trente ans plus tard, Molière vend son *Tartuffe* 2 000 ; au siècle suivant, un écrivain avisé en affaires pourra faire fortune : Voltaire. Roman comique, Pédant joué, Loterie d'amour, Amitié tendre, autant de bonnes lectures pour ces publics nouveaux et nombreux de robins et de marchands, de nobles et de roturiers pour qui la lecture est un délassement et une leçon à la fois ; l'homme généreux, bien né, au cœur à tout le moins bien accroché, l'homme qui aime la vie, ses joies et

1. A. D., Loire, B, 231.

ses risques, triomphe dans cette littérature nouvelle : le théâtre et le roman relaient la poésie lyrique du siècle précédent, ce jeu de Cour galante ; alors que le théâtre est jeu d'une société entière, et le roman aussi à sa façon.

Descartes

Autres maîtres du risque généreux et de l'aventure : les savants à la recherche de vérités solides ; c'est Galilée qui se soumet à la censure romaine, et qui ne parvient pas à se déprendre de sa « découverte » ; c'est évidemment Descartes, soldat voyageur qui se passionne pour toutes les sciences, décide un beau jour de se mettre à l'anatomie et y consacre des mois à La Haye, disséquant et reconstruisant cette mécanique du corps humain, encore si mystérieuse ; l'homme qui s'est aussi donné le temps de réfléchir sur sa recherche, pour en faire part à ses amis, les autres savants avec lesquels il correspond, confronte et discute depuis des années, leur offrant ainsi par une attention précieuse, en tête de trois petits traités : *Géométrie, Dioptrique, Météores,* cette courte introduction qu'est le *Discours de la méthode.* Pour tout ce monde savant, c'est un itinéraire intellectuel dont un Mersenne connaissait déjà les étapes, et les règles. Mais Descartes apparaît alors comme le plus généreux de tous : l'homme qui a osé mettre en doute le monde qui l'entoure, et soi, et Dieu ; vite délivré de ce doute, mais un moment perdu dans la forêt, sans boussole et sans autre moyen d'en sortir que de marcher toujours dans la même direction, sans se retourner ; bonnes règles, que l'apprenti philosophe ressasse encore aujourd'hui (« ne recevoir jamais aucune chose pour vraie... »), mais qui ne peuvent faire oublier l'audace inouïe du point de départ.

Ayant tout perdu jusqu'au cogito sauveur, Descartes retrouve tout : la morale de son pays et de ses contemporains, s'attachant à ne pas les troubler inutilement, préférant poursuivre ses pérégrinations, séjourner en Hollande pour s'assurer la tranquillité d'esprit nécessaire au travail scientifique : « fournir aux frais des expériences dont il aurait besoin et du reste empêcher que son loisir ne lui fût ôté par l'importunité de personne » ; Dieu ensuite, le Dieu de la religion traditionnelle, donc catholique, dont la vérité est démontrée par les arguments scolastiques, sans chercher plus loin : « puisque je connaissais quelques perfections que je n'avais point, je n'étais pas le seul être qui existât (j'userai, s'il vous plaît, ici librement des mots de l'École), mais qu'il fallait de nécessité qu'il y en ait quelque autre de plus parfait »[1]. Aussi bien les *Méditations métaphysiques* (ce fondement d'une métaphysique nécessaire sans doute, et si bien séparée de la science) ne se lisent-elles plus beaucoup aujourd'hui...

Mais Descartes se place au cœur du mouvement scientifique de son temps avec la *Méthode* et les *Regulae ;* il n'est pas un précurseur, et il a peiné, comme Mersenne et Gassendi et tant d'autres, sur la physique, les mathématiques et l'anatomie ; il le reconnaît sans fard : « La dernière et plus prochaine cause des passions de l'âme n'est autre que l'agitation dont les esprits meuvent la petite glande qui est au milieu du cerveau »[2] ; mais Descartes est cette merveilleuse intelligence de son temps et de ceux qui l'entourent, l'homme qui a su définir cette méthode modèle, grâce à laquelle le monde doit pouvoir être compris et enfin connu, ce chemin qui permettra de sortir des indécisions, des doutes, des indéfinies possibilités du XVIe siècle ; c'est la grande formule cartésienne : « Ces longues chaînes de raisons toutes simples et faciles dont les géomètres ont coutume de se servir pour parvenir à leurs plus difficiles démonstrations, m'avaient donné occasion de m'imaginer que toutes les choses qui peuvent tomber sous la connaissance des hommes s'entresuivent en même façon »[3]. Il est bien possible que Descartes ne soit pas aussi perspicace que Mersenne et Gassendi, ces maîtres du Mécanisme ; mais il est important aussi que Pierre Gassendi et Descartes aient été en bonne querelle scientifique pen-

1. *Discours de la méthode,* éd. Génie de la France, p. 35.
2. *Traité des passions,* éd. Génie de la France, p. 103.
3. *Traité des passions,* éd. Génie de la France, p. 103.

dant des années, parce que les expériences de Gassendi embarrassent Descartes physicien et anatomiste, au système bâti trop vite, et trop loin de l'expérimentation prudente. Il n'en reste pas moins que le philosophe, proclamant la valeur universelle de la méthode mathématique, donne à ses contemporains l'arme qui consacre le recul définitif du naturalisme sentimental du XVIe siècle et qui annonce la nouvelle science : avec sa précision et son souci de clarté démonstrative, ce que l'on appelle alors « l'esprit de plan ». En fait le jeune Pascal se livrant à ses recherches mathématiques, expérimentant la pression atmosphérique au Puy-de-Dôme, démontrant à Rouen devant un public passionné l'existence du vide, est la vivante illustration de cet esprit scientifique, qui vient de trouver ses règles sans lesquelles aucune science ne pouvait se constituer. Mais cette passion scientifique est une passion de beaux esprits, purement spéculative ; pas encore de prolongements techniques, ni même l'idée que ces prolongements soient possibles : Denis Papin et sa marmite est de ce siècle, de la génération postérieure à Descartes (où cependant le *Journal des Savants* publie déjà des notices sur les machines, de temps en temps). Mais les premières machines à vapeur sont de la fin du XVIIIe siècle. C'est la passion de connaître pour connaître, et non pour agir.

Que cette rigueur systématique, tout comme l'audace première du doute méthodique, ait pu troubler des consciences scrupuleuses, c'est sûr ; cependant Descartes, resté bon catholique jusqu'à sa mort, a subi surtout des attaques individuelles ; les Jésuites se contentent d'écarter ses ouvrages de leurs collèges jusqu'à sa mort... Après, il en va autrement.

Libertins érudits

Mais dans ce monde savant des années 1620 à 1640, d'autres ont appliqué de longues chaînes de raison, assaisonnées de gros bon sens, aux choses de la foi ; affrontant le risque de confronter leur science et leur foi, sans oser dire tout haut que, dans le cas de contradiction, ils sacrifient la seconde à la première : ce sont les libertins érudits, ces disciples de Padoue, que Mersenne croyait légion à Paris (il avance, horrifié, le chiffre de 50 000) ; curieuse engeance qui a troublé les nuits de Pascal, et qui a vécu cachée, sans bruit, craignant le scandale et ses redoutables conséquences. Sauf quelques cas exceptionnels, dont la carrière finit sur le bûcher, comme ce Jules César Vanini dont parle Moreri : « J.C. Vanini fut bruslé à Toulouse le 19 avril 1619... il était natif de Naples, enseignant l'athéisme en France au commencement du XVIIe siècle, et en aiant été convaincu à Toulouse, il y fust condamné à mort. On dit que comme on lui commanda de faire amande honorable et demander pardon à Dieu, au Roi, et à la Justice, il répondit qu'il ne croiait pas qu'il y eust un Dieu, qu'il n'avait jamais offensé le Roi, et que pour la justice il la donnait au Diable... » D'aucuns ont voulu en voir partout — ils se sont si bien cachés — et ont mis dans le même sac agnostique, Naudé et Gassendi, Bouchard, Patin, Cyrano et Descartes lui-même, baptisé philosophe au masque ; remplissant parfaitement leurs devoirs de chrétiens *more majorum*[1], ils ne se livrent à personne ; mais entre eux, par petits groupes d'amis sûrs, se réunissent en quelque cabaret écarté, chez l'un ou chez l'autre et discutent des grands problèmes qui sont à la fois gibier de philosophe et de théologien ; sans rien publier, si ce n'est d'anonyme, ou de très discrètement novateur, comme l'*Apologie pour les grands hommes soupçonnés de magie,* de Naudé (1625) ; impossibles à mettre au jour, malgré tant de soupçons des contemporains, et le pari de Pascal, — jusqu'au jour (à la fin du siècle dernier) où un érudit découvre des confessions révélatrices (de J.J. Bouchard), mais encore fort discutables. Ce sont de tout petits cénacles, selon toute vraisemblance, car rechercher ou former des disciples, c'est risquer le bûcher, à quoi personne ne tient ; sorte d'avant-garde athéiste dans un monde où la science et la foi vont bientôt s'affronter à visage découvert.

1. R. PINTARD, *Le Libertinage érudit dans la première moitié du XVIIe siècle,* p. 125.

Mais dans ces années au milieu du siècle, le débat n'est pas encore ouvert : plus le temps passe, plus la passion des sciences se répand dans le public bourgeois et noble ; les femmes s'en mêlent, les greniers et les chambres mêmes sont encombrés de lunettes au moyen desquelles chacun s'ingénie à scruter le ciel, et à y lire l'astronomie ; les *Femmes Savantes* en sont l'écho amusé. Mais, en matière de foi, la prudence prévaut. *La Gazette* de Renaudot signalant, en 1650, un miracle (le sang sorti d'un arbre coupé le jour de l'Annonciation, sanction de l'impiété d'un bûcheron qui a osé travailler en ce saint jour) commente : « De laquelle merveille j'ai creu devoir informer le public estimant qu'il est également blasmable de donner créances aux premiers bruits que le peuple sème des miracles et les passer sans preuves pour articles de foy, comme font plusieurs superstitieux, que de les négliger quand ils se trouvent accompagnés de preuves solennelles faites par l'authorité de l'Église ». Certes sur les saints et les miracles, les protestants avaient tant dit, qu'il est permis à bon droit de les considérer comme la cause de cette prudence générale. Le grand débat entre une science qui se fortifie à peine et la foi est pour la fin du siècle seulement. Pascal lui-même n'a pas eu le temps d'en traiter, lui que ce problème hantait : « Quand l'Écriture même nous présente quelque passage dont le premier sens littéral se trouve contraire à ce que les sens ou la raison reconnaissent avec certitude, il ne faut pas entreprendre de les désavouer en cette rencontre pour les soumettre à l'autorité de ce sens apparent de l'Écriture, mais il faut interpréter l'Écriture, et y chercher un autre sens qui s'accorde avec cette vérité sensible ; parce que la parole de Dieu étant infaillible dans les faits mêmes, et le rapport des sens et de la raison agissant dans leur étendue étant certain aussi, il faut que ces deux vérités s'accordent »[1]. D'où ce curieux silence, en partie dû à Descartes lui-même, imposant avec la même autorité, pour une trentaine d'années, sa métaphysique avec sa physique.

1. *Dix-huitième lettre provinciale.*

4. Les jansénistes

Autre raison de ce silence, raison non cartésienne, même pas philosophique : c'est l'ampleur du débat théologique et moral suscité par les jansénistes et les jésuites[1] pendant presque trente ans (1643-1668), qui nous mène de *La Fréquente Communion* d'Arnauld à la paix de l'Église : débat religieux, qui a des aspects politiques et sociaux multiples, où le roi et Rome, la Sorbonne et le Parlement de Paris, les curés des paroisses, les nonnes de Port-Royal et les fidèles, solitaires des Granges ou simples bourgeois de Saint-Germain-l'Auxerrois, ont joué leur rôle. La capitale entière s'y est passionnée, puis les villes de province sont gagnées, et c'est la vie de l'Église de France qui est marquée pour plus d'un siècle ; lorsqu'au début du XIXe siècle disparaissent les derniers des jansénistes, leur nom est encore synonyme d'austérité et de grandeur d'âme : dans *Le Rouge et le Noir,* l'abbé Pirard, janséniste, supérieur du séminaire de Besançon, nous est peint aussi sympathique que l'abbé de Frilair, de la Congrégation, peut être noirci.

« La Fréquente Communion » et « L'Augustinus »

Le point de départ de ce grand débat janséniste est *La Fréquente Communion* d'Antoine Arnauld en 1643. Non pas que Saint-Cyran et Jansen n'importent pas à la cause ; mais le second est mort en 1638 et son livre, l'*Augustinus,* qui a été publié en 1640, n'a pas fait grand bruit sur le moment : gros ouvrage de théologie, à lire dans son latin d'école, bourré de citations et de commentaires de saint Augustin et de saint Paul. (Les quelques autres publications inspirées par l'esprit janséniste avant 1643 n'ont pas provo-

1. Cette longue lutte à l'intérieur de l'Église avec les jésuites a valu jusqu'à nos jours aux jansénistes des condamnations virulentes : M. Préclin dans son livre d'initiation aux études historiques (Clio) tranche : « Saint-Cyran, saint manqué, cerveau confus et extravagant... Doctrine aberrante... » Dans le meilleur des cas, c'est « l'hérésie janséniste », cf. R. MOUSNIER, collection Crouzet.

qué non plus de grands remous : c'est le cas du traité de Séguenot, *La Virginité,* en 1638.) Et le premier, Saint-Cyran, mort cette même année 1643, s'est fait connaître à Paris dans des milieux encore étroits pendant les années trente : directeur de conscience à Port-Royal, il a attiré auprès de ce couvent des Parisiens avides de vie austère, les solitaires, qui se réunissent à partir de 1637 à côté du monastère dans la vallée de Chevreuse ; il n'a pas craint de critiquer vertement certaines opérations politiques de Richelieu qui offensaient la morale chrétienne ; ce qui lui aurait valu son long séjour à la Bastille (de 1638 à 1643) : mais, malgré la présence de la famille Arnauld dans et autour de Port-Royal, malgré la sévérité de Saint-Cyran, la vie religieuse parisienne n'a pas encore été touchée lorsque paraît *La Fréquente,* comme on dit alors. En quelques mois, Jésuites directement visés par ce petit traité (qui démontrait de façon nuancée, aidé de toutes les autorités de l'Église, que la communion, acte religieux si important, ne se devait pratiquer plusieurs fois par semaine sans préparation adéquate) et amis du nouveau théologien portent le débat devant la conscience commune. Cet ouvrage qui « charma la fleur de l'école et de la jeunesse », selon le mot de Bossuet, est le manifeste d'une conception du catholicisme, morale autant que doctrinale, qui rencontre très vite un assentiment extraordinaire : ce dont les Jésuites eux-mêmes ont été les premiers responsables, si l'on en croit des témoins peu suspects. Olivier d'Ormesson constate : « M. Talon dit que chacun trouvait mauvais que les Jésuites prissent à tâche de réfuter ce livre, par la bouche du Père Nouet, qui lui imputait quantité de fausses opinions dont il ne parlait point du tout ; qu'ils se faisaient grand tort »[1]. Ainsi vont sermons et discussions, tentatives en Sorbonne, où les éclats sont fréquents, et simples prêches qui traitent avec âpreté des pratiques courantes, et de la prédestination...

1. Ormesson, *op. cit.*, I, 112. Il ajoute quelques lignes plus loin : « J'avais acheté et lu ce livre *[La Fréquente Communion]* et n'y avais rien vu que de très bon. »

Car le débat se situe sur deux plans, qui sont en question tant que durent les querelles : le dogme, ou plutôt certains points du dogme, où les jansénistes, qui se disent et se veulent catholiques, ne s'avisent pas de remettre tout en question ; et la morale, c'est-à-dire la pratique catholique ; deux plans étroitement liés évidemment, mais sur lesquels les positions des Jésuites sont très différentes, parlant volontiers de l' « hérésie » nouvelle, mais plus discrets sur la question morale ; cependant que pour les jansénistes il s'agit surtout de « sentir Dieu d'une façon particulière ». La doctrine de Port-Royal, c'est l'Augustinus qui l'a formulée : saint Augustin repensé par Jansen, c'est-à-dire une idée mystique de la grâce et de la prédestination, aux frontières du protestantisme assurément ; et les Pères de la rue Saint-Antoine ne se font pas faute de crier « au calvinisme rebouilli ». Le fond de l'affaire — et par quoi les nonnes de Port-Royal sont jansénistes avant l'arrivée de Saint-Cyran au monastère — c'est l'humilité profonde du fidèle abîmé devant Dieu, qui n'est rien et qui ne compte pas devant la grâce divine, devant les mérites de Jésus sur la croix : grâce irrésistible et prédestination s'enchaînant ensuite... Moyennant quoi, les jansénistes ne renient rien de la Tradition, ne contestent ni les sacrements, ni les miracles ; manifestent une tendresse particulière pour Bernard de Clairvaux, protecteur de Port-Royal qui fut en son temps parfois en difficultés avec la papauté ; proclament hautement leur amour pour la Vierge, mère de Jésus, et leur attachement à l'Église romaine ; tout au plus regrettent-ils l'Église des premiers siècles. Beaucoup d'orthodoxie en tout cela..., mais la jauge en l'affaire n'est pas une balance où l'on met du bon d'un côté, du mauvais de l'autre. De même les positions jansénistes ne sont pas non plus tirées vers un rationalisme quelconque. Les jansénistes sont gens trop inquiets, trop convaincus de la présence de Dieu, à tous moments de notre vie (fort éloignés de Bérulle) : Ainsi — sans parler de Pascal et du miracle de la sainte Épine — un janséniste de petit parage commente à la fin du siècle une sécheresse vaincue par les prières : « Tous les peuples attribuèrent avec raison un tel changement à l'intercession de sainte Geneviève, dont on descendit et porta la châsse en procession dans Paris... ces réflexions nous affermirent tous dans la créance de cette grande vérité, attestée par l'Écriture, que c'est de la main de Dieu irrité contre nos péchés que partent tous les fléaux differens qui nous affligent ; comme c'est la même main du seigneur fléchi par nos larmes qui répand sur nous ses divines libéralités[1]. » De l'AUGUSTINUS épluché ligne après ligne, les Jésuites ont bien vite tiré quelques passages, finalement condensés dans les fameuses cinq propositions dont il a été débattu jusqu'au XVIIIe siècle : les Jésuites prétendant faire condamner toute la secte sur cinq formules « tirées » de l'*Augustinus* selon son esprit, mais non à la lettre, cinq formules du type « Le Christ n'est pas mort pour tous les hommes » — alors que les Jansénistes ont sans cesse prétendu que ces phrases, dont ils peuvent parfaitement accepter la condamnation, ne se trouvent pas textuelles dans l'*Augustinus*... Débat sans fin, et sans accord possible.

Port-Royal et « Les Provinciales »

Pour l'histoire sociale de la France, c'est la morale janséniste qui importe le plus : fruit amer et vivifiant de cette doctrine, elle est le fondement de toute morale, comme il a été souvent remarqué depuis ; la prédestination, qui implique la liberté de Dieu, entraîne aussi celle de l'homme, qui ne choisit pas le bien pour la récompense promise, mais de façon gratuite pour lui-même. Alors que les Jésuites accusent Port-Royal d'encourager les libertins : qu'importe notre façon de vivre, puisque si nous avons la grâce nous serons sauvés, quelle que soit notre vie ; les jansénistes affirment au contraire la seule valeur de l'acte qui n'est pas un marchandage, qui n'est pas lié à la peur du gendarme céleste... Port-Royal admet certes les œuvres, mais en elles-mêmes, et non comme un échange de bons

1. Du Fossé, *Mémoires*, p. 437.

procédés, où la vie éternelle se débiterait au rythme des bonnes actions quotidiennes[1]. Cette exigence morale, la « revalorisation » qui s'ensuit des actes religieux, vus avec un sens du sacré incontestable, font à la fois la difficulté du jansénisme, dont l'audience n'a pu être que de gens assez cultivés pour entrer dans des raisonnements ardus, et son succès triomphal auprès de la bourgeoisie parisienne instruite, accoutumée à ces arguties de théologiens ; au cœur de cette bourgeoisie, Port-Royal a recruté avec plein succès parmi les parlementaires, qui sont depuis longtemps hostiles aux Jésuites et s'offusquent volontiers du laxisme dans lequel la direction de conscience jésuite est tombée, en particulier auprès des grands et de la Royauté elle-même, au temps d'Anne d'Autriche et de Louis XIV jeune homme. L'acharnement de la Compagnie, alors que leurs faciles victoires s'accumulent (la Sorbonne, Rome et le roi sont pour eux, le pape condamne les cinq propositions dès 1653, les *Provinciales* sont livrées au bourreau en 1660, les religieuses de Port-Royal sont dispersées en 1664...), a fait le reste, rendant les solitaires et leurs amis sympathiques même aux indifférents.

Port-Royal est ainsi l'ennemi à abattre, pour les Jésuites, au moins jusqu'à la paix de 1668, avant les protestants qui ont pris le relais de persécution après cette date. Les succès jansénistes ont atteint une ampleur trop grande, insupportable à cette Compagnie qui s'est fait un devoir de diriger les classes dirigeantes, alors que celles-ci se tournent vers la vallée de Chevreuse ou le couvent parisien, lisant, dévorant *La Fréquente Communion,* puis les *Provinciales,* et quantité de petits ouvrages écrits dans l'ombre de Port-Royal pour soutenir ses positions : réfutations alertes de toutes les thèses jésuites, appuyées sur de grandes connaissances théologiques et une foi inébranlable dans la valeur de leur cause. Ainsi les jésuites, maîtres de Rome, prônent l'infaillibilité pontificale : déjà au concile de Trente, cette thèse

1. Ce qui rappelle Calvin à certains égards et annonce Kant de la *Raison pratique,* janséniste laïque, avec la loi morale au fond de son cœur.

avait été repoussée. Les pères ne s'y tiennent pas moins. Mais les jansénistes connaissent un pape qui s'est déclaré faillible (2e Chamillarde) : « Il est infaillible au contraire que les papes peuvent se tromper, et faillir dans leurs jugemens. On en a que trop de preuves, et en voicy une qui doit vous convaincre, et que vous ne pouvez moins rejetter puisqu'elle vient des mesmes Papes que vous croyez infaillibles. Lisez le quatrième chapitre du premier livre des Dialogues de St Grégoire. Pourquoi vous estonnez vous que nous soyons trompés nous qui sommes des hommes ? Avez-vous oublié que David, qui avait l'esprit de Prophétie, ayant cru la déposition d'un faux témoin, rendit un jugement injuste contre le fils de Jonatas ? » Cependant les pesantes réponses des disciples de Loyola et de Molina restent sur les rayons des libraires : l'esprit semble aux Parisiens ne souffler que d'un côté, et les *Lettres à M. de Montalte* paraissent le dernier mot de la théologie. Autres succès des jansénistes : les Solitaires et les Petites Écoles ; ceux qui abandonnent charges et honneurs, au faîte d'une carrière, famille et vie mondaine, pour faire retraite à Port-Royal, donnent un exemple étonnant de détachement ; lorsque ces mêmes grands esprits se chargent d'éducation, ouvrent les Petites Écoles, enseignent à merveille et en français (reprenant à leur compte, plus largement, la grande audace des Oratoriens, bien fructueuse dans un système scolaire où le latin était tout et servait même à apprendre à lire et écrire), forment Jean Racine et quelques autres honnêtes hommes, parfaitement rompus aux agréments et bienséances de la vie, attirent dans ces Écoles des dizaines de jeunes élèves, qui désertent le collège de Clermont, la Compagnie de Jésus trouve une raison supplémentaire, mineure mais nullement négligeable, de combattre la secte.

Au moment où le jeune Pascal, à la demande d'Arnauld écrit les *Provinciales,* presque toute la robe parisienne est gagnée, une bonne partie de la bourgeoisie marchande, une part du bas clergé ; et même quelques nobles anciens frondeurs, comme la duchesse de Longueville ; bonne occasion d'accuser Port-Royal de complot politique, le vice qui lui manque encore. De Paris le mouvement gagne la province, de grandes villes comme Rouen, Orléans, Toulouse, d'autres plus modestes comme Pamiers et Beauvais : évêques, curés s'en mêlent, vieux gallicans et jeunes abbés qui trouvent chacun à leur façon un aliment spirituel dans cette grande dispute. L'action des curés a été importante ; les témoignages en sont nombreux : « Il fut établi vicaire d'une paroisse de Rouen, nommé Saint Etienne des Cordeliers... il y fit connaître l'Évangile qui était alors fort ignoré...[1]. »

L'exaltation religieuse ainsi répandue à travers la France s'est trouvée alors accrue : par le miracle de la sainte Épine, en mars 1656, où la nièce de Pascal apporte la preuve de l'assistance divine à la bonne cause ; puis par l'énorme succès de l'éloquence pascalienne pourfendant la casuistique avec une verve effrayante ; Pascal ne recule pas devant la violence de l'expression : « Jésuites gens sans paroles, sans foi, sans honneur, sans vérité, doubles de cœur, doubles de langue... » ; il ne craint pas d'en appelcr à Dieu lui-même : « Si mes lettres sont condamnées à Rome, ce que j'y condamne est condamné au ciel[2] » ; enfin par la persécution : le formulaire imposé de façon très administrative à l'ensemble du clergé, pour condamner les cinq propositions, s'est avéré très vite le meilleur moyen de diffuser la mauvaise doctrine à travers la France. Comment cette condamnation n'aurait-elle pas excité au moins la curiosité : « Je soussigné me soumets à la Constitution apostolique d'Innocent X Souverain Pontife, donnée le 31e jour de may de l'an 1653, — et à celle d'Alexandre VII, son successeur, donnée le 26 octobre 1656, et regrette et condamne sincèrement les cinq propositions extraites du livre de Cornelius Jansenius, intitulé Augustinus, dans le propre sens du même auteur, comme le siège apostolique les a condamnées par les mêmes Constitutions. Je le jure ainsi. Dieu me soit en aide et les Saints Évangiles. » Enfin et surtout les sévices ont créé la sympathie ; les Messieurs

1. Du Fossé, p. 331.
2. PASCAL, dans l'édition de la Pléiade, p. 791 et 810.

jetés à la Bastille comme M. de Saci qui a conseillé de ne pas signer, privé des sacrements comme un criminel de droit commun ; les douze principales religieuses de Port-Royal, Angélique de Saint-Jean en tête, dispersées dans des couvents sûrs de Paris, et supportant leur exil avec une telle simplicité d'âme qu'elles ébranlent celles qui devaient les ramener dans le droit chemin : elles doivent être rendues à leur maison...

Port-Royal est alors au plus haut de sa gloire. Paris murmure contre le despotisme royal et, dans ces années 1661-1668, où le jeune roi paraît triomphant face à l'Europe, la capitale est prête à prendre parti pour les martyrs, victimes de l'arbitraire royal et de M. de Préfixe. Et une fois la paix signée en 1668, grâce à l'habileté diplomatique de Lionne, qui à Rome joue les Jésuites et obtient cette signature avec réserves, qui satisfait aux scrupules de la conscience janséniste, une fois même le grand Arnauld reçu par le roi, la « secte » n'en reste pas moins vivante dans tout le royaume, au moins dans les villes ; forte de l'appui de curés citadins dans le bas clergé, forte de l'adhésion d'une vingtaine d'évêques ; forte des sympathies acquises dans certains ordres, Oratoriens, Bénédictins de Saint-Maur. Exalté par de douloureux combats, ce grand moment de la pensée catholique française, devenu proche parent du gallicanisme dans sa lutte contre l'ultramontanisme jésuite, emplit le monde urbain français de ses exemples et de ses propos, déborde même au-delà des frontières sur les Pays-Bas et l'Italie. A l'instant où la vie scientifique à l'étranger l'emporte sur celle de la France avec Huyghens et Newton, où la littérature se réduit à un exercice de cour, le jansénisme des années 1660, exigence morale supérieure et forme nouvelle du refus traditionnel de l'ultramontanisme[1], attire à lui une élite qui parle haut et exprime un moment de la conscience française.

1. Pascal des *Provinciales* : « L'Inquisition et la Société (de Jésus), les deux fléaux de la vérité... »

ORIENTATION BIBLIOGRAPHIQUE

J.-P. BABELON, *Henri IV,* 1982.

Victor L. TAPIÉ, *La France de Richelieu et de Louis XIII,* 1952 (et 1967).

Michel CARMONA, *Richelieu,* 1983.

Henri BREMOND, *Histoire littéraire du sentiment religieux en France,* t. 2 à 9, 1928 (nouvelle édition 1966-1968).

Émile MÂLE, *L'Art religieux du XVIIe siècle,* 1932 (nouvelle édition 1984).

Louis COGNET, *La Spiritualité française au XVIe siècle,* 1949.

Jean ORCIBAL, *Saint-Cyran et le jansénisme,* 1962.

Léon BRUNSCHVICG, *Descartes et Pascal, lecteurs de Montaigne,* 1942.

Paul BÉNICHOU, *Morales du grand siècle,* 1948.

René PINTARD, *Le Libertinage érudit dans la première moitié du XVIIe siècle,* 1943.

Lucien GOLDMANN, *Le Dieu caché,* 1955.

[illegible]

[illegible] 1931 [illegible]
Victor L. Tapié, *La France de Richelieu et de Louis XIII*, 1952 [illegible]
Michel [illegible], 1954 [illegible]
Henri Bremond, *Histoire littéraire du sentiment religieux en France* [illegible] 1928 (nouvelle édition [illegible]).
Émile Mâle, *L'Art religieux* [illegible] 1932 (nouvelle édition, 1951).
Louis Cognet, *La Spiritualité moderne* [illegible] 1966 [illegible]
Jean Orcibal, *Saint-Cyran et le jansénisme*, 1961 [illegible]
Jean Rousset [illegible]
Paul Bénichou, *Morales du grand siècle*, 1948.
René Pintard, *Le Libertinage érudit* [illegible] 1943.
Lucien Goldmann, *Le Dieu caché*, 1955 [illegible]

[illegible]

CHAPITRE X

L'époque classique : « le siècle de Louis XIV »

A partir de 1660, la France et la civilisation française semblent, à en croire certains, s'absorber en une personne : Louis XIV, en un lieu : Versailles ; le roi et le cadre créé à la mesure de la monarchie, telle que le fils de Louis XIII se la représentait : ce sens de la grandeur monarchique, grâce auquel Voltaire, dans les années 1750, s'est autorisé à célébrer le siècle de Louis XIV avec d'autant plus d'ardeur qu'il y trouve l'occasion de dénigrer le successeur, ce Louis XV qui n'apprécic pas les vrais talents... Le mot est resté, il a même fait fortune, puisqu'il est volontiers appliqué maintenant à Auguste, Périclès, Léon X, autres grands bâtisseurs, amoureux de gloire monumentale, soucieux de laisser à la postérité le souvenir de leur pouvoir ; autres grands politiques, et Louis XIV est bien de cette lignée.

Cependant ce « grand siècle » a été tellement vanté, glorifié par des générations d'écrivains et d'historiens aux tendresses monarchistes qu'il est devenu difficile d'en prendre une mesure exacte : il est vrai que le roi lui-même, à l'image de ses prédécesseurs, Louis XI ou Henri IV, a eu soin de sa réputation : ses *Mémoires,* une histoire du règne écrite à grands frais pour chanter les exploits du règne — sans parler des journaux, *La Gazette de France, Le Mercure, La Muse historique* – en sont le témoignage. Ainsi ce monarque a été magnifié jusque dans ses échecs, jusque dans les défaites militaires redoublées et les misères effrayantes de la fin, où le roi, accablé de deuils familiaux, attaqué par l'Europe entière, tient tête, et, l'orage passé, entame une nouvelle politique, la veille de sa mort. Mais 1709-1713, ces années représentent le paroxysme de la crise ; cependant déjà le début du règne a connu la misère des mauvaises récoltes accumulées et de la stagnation commerciale, contre laquelle Colbert a lutté jusqu'à sa mort. Ainsi les fastes du règne coïncident avec une crise économique : de 1664 à 1680, Colbert distribue cadeaux et pensions aux artistes et savants de l'Europe entière, Louis XIV est victorieux des Espagnols, des Impériaux, sinon des Hollandais : le roi de France « était alors en Europe comme un seul roi », craint et admiré à la fois, bientôt imité par l'Europe, dans les Cours allemandes et à Londres, près de Charles II d'Angleterre. Mais voilà qu'après 1680, lorsque reprend vie le commerce mondial et que les courtisans s'installent à Versailles, se réveillent ces forces d'opposition à l'absolutisme, que le grand roi n'est pas arrivé à annihiler : audaces des cartésiens condamnés, cris des protestants martyrs et hardiesses des jansénistes, un moment apaisés, — sans parler de la violente réaction qui suit sa mort et la retraite de Mme de Maintenon, cette conseillère des jours sombres et de la vieillesse morose et malheureuse.

Sans paradoxe, on peut dire que ce siècle de Louis XIV n'est pas plus long que celui de Léon X : une vingtaine d'années ; puis déjà la primauté lui échappe, son emprise est contestée. L'époque du classicisme français, c'est le beau temps des fêtes de Versailles où Racine et Molière sont à l'honneur, où le roi impose à la Cour et à la Ville un style de vie, compassé et ordonné, aux passions contenues, retenues ; l'époque classique est un moment de mise en ordre, sinon de mise au pas : du foisonnement passionnant de l'époque précédente, le roi supprime, fait rentrer sous terre tout ce qui ne sert pas la monarchie — les scandales jansénistes et les agitations nobiliaires ; même l'art et la science sont dirigés : Colbert réorganise l'Académie française de Richelieu, ce précurseur, crée une Académie des Beaux-Arts qui doit définir l'art officiel, une Académie des Sciences pour laquelle Colbert est le plus généreux : aider les savants, leur fournir les moyens de leurs expériences et recherches est un beau programme, même si le fondateur pense surtout, ce faisant, à sa propre gloire. Le roi dirige, organise, contrôle : ferme la moitié des imprimeries parisiennes, et fait surveiller les autres par le lieutenant de police. Direction rigoureuse, qui est une amputation manquée : après 1685, et surtout après 1700, les condamnés, réduits au silence pendant quelques dizaines d'années, se portent bien et reprennent leur place dans la vie française.

1. Les temps difficiles (1660-1680)

Pendant cette vingtaine d'années, la partie de la vie économique française liée au commerce mondial subit, comme celui-ci, une contradiction due, dans une large mesure, à la raréfaction des espèces monétaires : l'Amérique ralentit sa production jusqu'à fournir d'infimes quantités, la thésaurisation fait le reste qui suit l'enchérissement des métaux précieux. Cette contraction économique signifie baisse des prix, ralentissement des activités commerçantes, puis artisanales : progressivement le marasme urbain se généralise et finit par atteindre même les finances publiques. Après 1680, s'esquisse assez rapidement une reprise du grand commerce, qui, après des hauts et des bas, des fluctuations de faible durée, s'affirme pleinement au milieu du siècle suivant. Cependant il semble que la participation française à cette reprise soit médiocre, sinon faible ; bien des signes le montreraient : la poursuite sans frein des métaux précieux, l'interdiction de dorer les calèches, le recensement de « l'argenterie dans les Églises au-delà de celle qui est nécessaire pour la décence du service divin », et ainsi de suite. Ce renouveau commercial des vingt dernières années du siècle, stimulé par l'essor anglais après la fondation de la Banque d'Angleterre, puis par les premières livraisons des orpailleurs brésiliens a été comme contrarié en France par la surcharge fiscale et économique des guerres quasi continuelles et par les très grandes famines qui pèsent de tout leur poids, surtout en 1693-1695 et en 1709 ; enfin par l'exode des commerçants et artisans protestants, qui entraîne pertes de bras, ruptures de relations, interruptions de courants d'échanges : un mal nou-

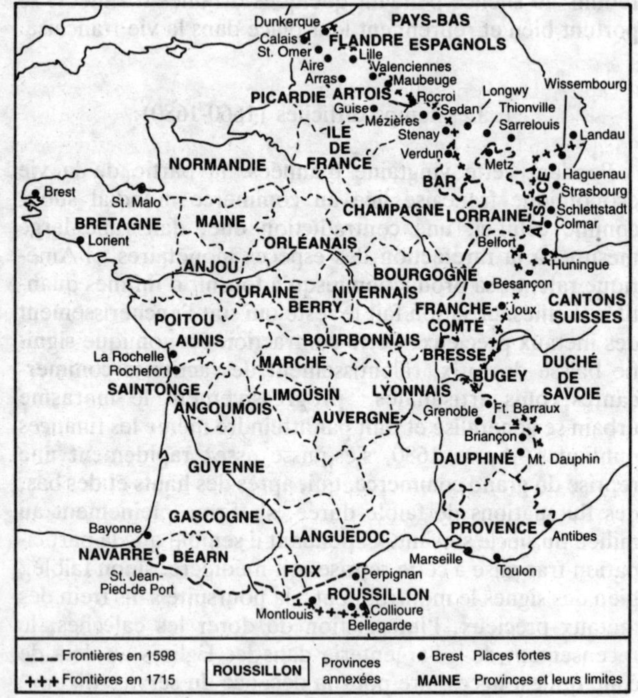

2. AGRANDISSEMENTS TERRITORIAUX AU XVIIe SIÈCLE

La prépondérance politique et militaire du roi Très-Chrétien : 1648, 1659, 1668, 1679… Tous les dix ans le royaume de France s'agrandit, se rapproche de ses fameuses « frontières naturelles ».

veau s'ajoutant à d'autres, plus classiques, et, selon toute vraisemblance, moins lourds dans les décennies précédentes qu'en cette deuxième partie du règne de Louis XIV.

Le colbertisme

C'est dans le premier contexte économique que se situe la politique mercantiliste de Colbert, parfois nommée colbertisme. En fait le grand ministre a eu une action financière et économique aux multiples aspects : sans réformer une fiscalité oppressive, il s'est essayé à régulariser les rentrées d'impôts, à améliorer le système de la ferme, sans atteindre évidemment l'équité ; enfin à alléger les charges paysannes : trésoriers, fermiers de l'impôt, surveillés, condamnés même, après Fouquet qui n'avait pas été plus mauvais, ni plus malhonnête surintendant des finances que ses prédécesseurs. Tous ces efforts pour améliorer les recettes n'ont pas produit les effets attendus, à la fois parce que le système d'affermer l'impôt ne permet guère de contrôle efficace et parce que le poids toujours croissant des dépenses l'a emporté : pendant quelques années (de 1664 à 1672), le ministre diligent a pu gérer les caisses royales sans recourir aux expédients traditionnels : emprunts sur les bonnes villes, conversions de rentes, ventes de charges et offices, voire manipulations monétaires ; puis vaincu par le roi prodigue et par les vices du système fiscal et financier, il est revenu comme ses prédécesseurs à l'emprunt et aux créations d'offices ; après lui les finances publiques se sont ressenties encore plus, à mesure que les années sinistres s'écoulaient, du marasme créé par les famines et les guerres.

D'autre part Colbert a pendant vingt ans stimulé cette vie économique défaillante, pour accroître les exportations, et donc les rentrées de métaux précieux : programme lourd, création de manufactures, réformes des corporations, encouragements, subventions aux compagnies de commerce, et notamment aux compagnies coloniales qui reçoivent le monopole exclusif du trafic avec les Antilles, le

Canada, la Guinée. Laffemas et Richelieu s'y étaient déjà essayés avant lui, et dans le même esprit : ce mercantilisme est alors une vieille doctrine économique, fille du XVIe siècle espagnol ; elle place au premier rang des préoccupations ce drainage, de l'extérieur vers la France, des métaux précieux, si facile dans les années 1550 à 1600. Colbert a sans doute mis plus d'acharnement que ses devanciers à suivre ces plans ; il a essayé de tirer parti des expériences malheureuses de Richelieu, dont les compagnies n'ont pas eu grand succès ; il a aussi vu grand, jusqu'à regarder du côté des biens d'Église, à projeter un retard des vœux monastiques dans l'espoir de diminuer le recrutement de ces communautés peu productives ; il a pensé surtout organiser le commerce extérieur, limiter les achats à des denrées de faible valeur, produits agricoles, bois — pour vendre au contraire des tissus, des tapis, des glaces, des porcelaines, produits de luxe fabriqués dans des ateliers dûment contrôlés, ou dans les manufactures nouvelles, implantées à travers la France selon les aptitudes locales : armes à Tulle, tapisseries à Aubusson... Colbert s'y est dépensé sans compter, avec une ténacité qui n'a pas souvent trouvé d'échos dans le public : *Lettres, Instructions, Mémoires* du ministre, en partie publiés, témoignent de son ardeur. Il a eu la malchance de mettre sur pied une grande machine, un siècle trop tard ; d'avoir cherché à drainer vers la France les métaux espagnols, qui étaient toujours censés couler à flots de Séville à Lisbonne, à un moment où ces métaux se font rares, où l'Espagne découvre sa pauvreté, les galions rentrant presque vides. (Autres témoins de cette idée devenue très courante à l'époque : les diplomates français qui imposent à l'Espagne 500 000 écus d'or pour dot de Marie-Thérèse, somme énorme. C'est pourquoi Mazarin passe pour un Machiavel préparant la guerre de succession). Cette logique mercantiliste, qui se concevait au temps de Philippe II, ne pouvait réussir : cet échec à lui seul ne suffit sans doute pas à expliquer tous les insuccès de Colbert ; on voit bien que ses appels aux bonnes villes, pour coopérer au lancement d'une nouvelle compagnie, sont sans écho : la famine de 1662, l'épidémie, le logement de gens de guerre, que de bonnes raisons pour refuser les 10 ou 20000 livres sollicitées ; au moment où les Hollandais, puissamment aidés il est vrai par leur banque d'Amsterdam, se font les rouliers des mers, s'imposent dans toutes les colonies, et transforment Amsterdam en entrepôt européen, les bourgeois de France, les nobles, à qui Colbert fait accorder le droit de grand commerce sans dérogeance, ne se lancent pas à la conquête des routes maritimes : Saint-Domingue progresse, le trafic des Antilles s'affermit... Mais c'est sans commune mesure avec les espérances du ministre, attaché à une conception dépassée. Vauban à la fin du siècle l'a compris ; il écrit dans sa *Dixme royale :* « Ce n'est pas la grande quantité d'or et d'argent qui font les grandes et véritables richesses d'un État... la vraie richesse d'un royaume consiste dans l'abondance des denrées dont l'usage est si nécessaire au soutien de la vie des hommes, qu'ils ne sauraient s'en passer »[1].

Rapports sociaux

Les difficultés économiques ont-elles exercé une pression sur les rapports sociaux ? Il ne semble pas qu'un déterminisme étroit lie les unes aux autres, à cette époque. Les chroniques du temps fournissent en abondance comme au début du siècle, leur lot de témoignages sur les rivalités qui opposent la noblesse de sang aux classes montantes, robe et bourgeoisie marchande ; qui dressent face à face robins entre eux à l'entrée d'un tribunal, contestations de préséances, et parfois pis encore, avec une brutalité qui laisse loin derrière elle les jeux de scène de Molière sur les mêmes thèmes, et dont il faut donner un exemple entre cent : « M. Antoine Ducup, juge mage au sénéchal de Lauragais contre M. Jean Faure, avocat au Parlement de Toulouse, qui lui a donné un coup d'épée dans le ventre, parce qu'il lui reprochait de ne pas le saluer »[2]. Dans ce domaine, le plus

1. *Dixme royale,* éd. Coornaert, p. 25.
2. AD., Aude, B, 2506.

grand mouvement a été dû aux révisions et contrôles entrepris par les bureaux de Colbert pour fixer les titres et quartiers de noblesse : cette épuration qui a duré une bonne dizaine d'années, en dépit de la célérité exigée par le roi, est par le fait l'aboutissement d'une protestation aussi vieille que le siècle contre les anoblissements et la facilité avec laquelle les roturiers grossissaient les rangs nobles depuis si longtemps. La noblesse de robe, les ordres de décoration, tout passe au crible, à la grande satisfaction de ceux qui ne se sont pas faufilés indûment en ces bonnes compagnies : « L'on parla, avec M. de Sourdis, de la cérémonie qui s'estait faite le matin aux Cordeliers pour la réception de plusieurs Chevaliers de St Michel, que l'on remet en honneur, y recevant des personnes de condition... on réduit le nombre des chevaliers à cent, et l'on oste la canaille »[1]. Le passage dans la noblesse devient dès lors plus difficile — et les recensements de Colbert, avec tant de grincements de dents et tant de roture remise à sa place, préludent à la formation de cette caste, qu'est devenue la noblesse dans les dernières décennies de l'ancien régime, un siècle plus tard.

Cette stagnation économique a certes connu des bénéficiaires : regrattiers, spéculateurs sur le blé rare, dont les profits ne sont pas négligeables. Mais ceux qui tirent le meilleur parti de ce malaise sont encore ceux qui ont profité des embarras des finances publiques : le déficit chronique va s'accentuant jusqu'à toucher la catastrophe lorsqu'à la fin du règne les revenus sont mangés plusieurs années à l'avance — pour le plus grand bonheur des trésoriers, banquiers et fermiers, grands comme Samuel Bernard, et petits commis de l'épargne ; carrières dangereuses et somptueuses fortunes néanmoins ; les financiers s'enrichissent sans vergogne dans des opérations complexes, qui tournent un instant au profit du roi et finalement au leur. Tout Paris parle périodiquement de ces fortunes extraordinaires ; un simple commis de l'épargne peut mourir en laissant 5 millions de livres à ses héritiers, et des pierreries à distribuer

1. ORMESSON, *op. cit.*, II, 345.

pour éviter les poursuites... Autres favorisés, à côté des quatre mille financiers auxquels Colbert voulait faire rendre gorge, les acheteurs d'offices royaux : multipliés par tous les moyens, divisés par semestre et par trimestre, les offices ne sont pas toujours des fonctions dérisoires, comme celle de maître juré crieur d'enterrement. Dans bien des métiers, leur rôle est important, et des fortunes confortables se consolident là, dans une discrétion de bon aloi, qui ne comporte pas les gros profits, non plus que les risques des financiers.

Touchons de près cette richesse solide : un architecte juré expert, qui garde en même temps une entreprise en bâtiments, meurt en 1706, laissant à sa veuve deux maisons de bonne allure, l'une à Paris qui compte huit pièces, écurie et cour : un petit hôtel ; l'autre à la campagne, à Épinay-sur-Seine, est plus petite : c'est une maison d'été[1]. Dans l'une et l'autre maison, nous découvrons tous les signes de l'opulence : tapisseries murales, dans chaque pièce (sauf la cuisine), « faisant le tour », — ce sont des tapisseries de Flandre ou de Bergame, « vieilles » à Épinay, et plus fraîches à Paris ; sans parler des portières, 39 aunes ici et 31 là ; ensuite les miroirs, qui comptent plus que les meubles en « chesne », bois de noyer ou de poirier : chaque grande pièce, salle ou chambre, en possède, qui sont désignés comme le premier ornement et décrits avec soin (16 pouces, 26 pouces de glace, cadre...) ; enfin l'argenterie, soigneusement distinguée des ustensiles d'étain sonnant, et de la faïence décorative, poinçonnée sur chaque article, flambeaux, fourchettes et cuillers... Épinay, qui a quelques miroirs, mais point d'argenterie, est une réserve de bois, de fagots, et surtout de vin : « 9 demy muids et deux demy equeres de vin rouge du cru dud. Épinay de la présente année. » Le détail de l'inventaire nous donne l'image d'une vie aussi confortable que les arts ménagers du temps le permettent : l'ameublement de la maison parisienne est évalué au total à 2 568 livres, celui d'Épinay à 698 ; sur quoi

1. Ceci, d'après son inventaire après décès, choisi entre tant d'autres : Maître Nicolas Liévain, AN, Y, 17 620.

l'argenterie (sans compter les « ustensiles d'hôte d'étain sonnant ») est comptée pour 763 livres. Et cette impression serait à compléter en y comprenant le contenu des bibliothèques, les voitures et chevaux à l'écurie, – qui ne sont pas toujours « sous poil blanc et hors d'âge », comme celui de notre architecte juré, – les voyages de Paris à Épinay à la belle saison, sortes de vacances prises à deux pas de la ville, dans un cadre rural. Cette existence bourgeoise semble bien une vie économe, où le grand souci a été de se meubler, de s'équiper ; très différente donc dans son cadre et surtout dans son train de celle de Versailles et de la Cour, où, dans un décor d'une autre ampleur, chacun dépense sans compter : la Ville et la Cour, l'opposition n'est pas seulement de théâtre.

2. Le roi : Versailles

La grande pensée du règne – l'expression peut bien être employée pour un roi, qui a pu changer de méthode, mais n'a jamais un seul jour, pendant les cinquante-quatre ans de son règne personnel, perdu le souci de sa gloire – a été de faire de la monarchie française une sorte de modèle pour l'Europe entière, sinon pour le monde (n'a-t-il pas reçu des Siamois à Versailles ?) ; tâche bien préparée par les cardinaux ministres (pour ne pas chercher plus avant), par Richelieu, qui ordonna de raser les châteaux forts et qui organisa les commissions d'intendants, et par Mazarin, dont la diplomatie obtint en Westphalie, en 1648, la reconnaissance du français comme langue diplomatique. Cette monarchie « absolue » va subsister intacte, dans ses institutions et tous ses rouages jusqu'à la fin du XVIIIe siècle, tant Louis XIV a su persuader contemporains et postérité qu'il n'était pas possible de faire mieux que lui, sa Cour et ses Conseils ; mieux que son château surtout, ce grand œuvre royal auquel il fait encore travailler dans ses dernières années, cet orgueilleux témoin du pouvoir et de l'ordre établi par ce roi qui mérite bien l'épitaphe qu'est l'exorde de Massillon face à sa dépouille mortelle : le « plus illustre des rois de la Chrétienté ».

Colbert et les Intendants

La fortune de Louis XIV a été d'abord l'heureuse rencontre de ce roi, qui aime son métier, « ne relâchant rien de son application » jusqu'au dernier jour, administrateur par goût et volonté, avec le ministre, homme de travail et de méthode, moins habile gouvernant que bourreau de labeur, bourgeois tout dévoué à l'idéal monarchique. Le roi jaloux de son autorité, et le ministre accablé de charges plus que de titres ont pendant vingt ans modelé le visage de la monarchie et connu dans les années 1664-1668, où toutes les réorganisations sont en chantier, l'exaltation des grands créateurs : reformant les ministères et les conseils, restaurant l'autorité royale dans les provinces, surveillant et dirigeant un clergé divisé, passionné par la polémique janséniste, délimitant noblesse et bourgeoisie... avec une hardiesse et une sévérité qui ont frappé les contemporains des trois ordres. La bourgeoisie parisienne, encore frondeuse au début du règne, entraînée par la dispute religieuse, n'apprécie guère les accès d'autorité du jeune roi ; on se passe en 1666 ces méchants vers :

> « Ce roy de gloire environné
> Plus sage que César plus vaillant qu'Alexandre
> On dit que Dieu nous l'a donné.
> Hélas ! s'il voulait le reprendre ! »

Le procès de Fouquet tourne dans l'opinion à l'avantage de ce dernier. Les jansénistes ne sont pas les derniers à dénoncer la tyrannie du roi despote. Mais ils ne prêchent pas le tyrannicide. Et dans la noblesse même, certains qui n'ont pas la plume de Saint-Simon, s'indignent et s'indigneront longtemps ; lorsque le roi prétend soumettre la noblesse à l'impôt, lorsque les manifestations de servilité sont excessives. Ainsi le chevalier de Quincy, relatant l'inauguration de la statue équestre du roi, sur la place Louis-le-Grand, le 13 août 1699, où prévôts, échevins saluaient la statue « jusque sur le col de leurs chevaux » note : « Il me parut que cette cérémonie tenait un peu du nabuchodonosorisme »[1].

1. QUINCY. *Mémoires,* p. 118.

Louis XIV veut être obéi dans son royaume : prétention fort naturelle, nous semble-t-il, mais tâche immense à laquelle Colbert s'est usé, jusqu'à mourir à la peine ; et il est difficile d'assurer qu'en 1715 le but soit atteint. Les progrès, si l'on compare aux temps troublés qui précèdent, aux mauvais souvenirs de la Fronde, aux faiblesses de Mazarin obligé de ruser dans Paris même, sont incontestables, et pourtant fort limités. Pour le gouvernement, il est clair que Louis XIV a mis au point une machine bien huilée : les conseils réunis au jour dit, bien fixes dans leurs attributions, les ministres dotés d'un personnel important (à la fin du règne il y a plus de neuf cents « secrétaires du roi » à Versailles), chargés chacun d'une tâche très délimitée, toujours à la disposition du souverain qui se fait « rendre compte directement », cela représente une autre méthode de gouvernement que celle d'un François Ier, par exemple, cet autre grand roi, qui n'eut pas un Colbert auprès de lui. Et lorsque le maître qui dirige cette machine est Louis XIV, qui ne passe pas de journée sans penser aux affaires, « informé de tout », « recevant et lisant les dépêches », les bureaux, cette esquisse d'une administration moderne, donnent leur plein rendement ; les ministres travaillent et gouvernent... Avec Louis XV indolent et Louis XVI indifférent, il en ira autrement.

De même le roi se fait plus présent dans les provinces, grâce aux intendants : fonctionnaires et non pas officiers, fixés dans une circonscription administrative, la généralité, et toujours dotés de pleins pouvoirs — justice, police et finances (selon leur titre), les intendants sont en droit les maîtres de toute l'administration, capables de casser les procès, de réviser les impositions, d'édicter des règlements ; la plupart du temps anciens maîtres des requêtes au Grand Conseil, ces nouveaux représentants du roi — assistés de sous-ordres, qu'ils recrutent eux-mêmes : les subdélégués — sont de remarquables agents de centralisation. Or, dès le début du XVIIIe siècle, avant même la mort du roi, les intendants se bornent à des fonctions économiques, enregistrant les mouvements des prix et des denrées, statisticiens de la monarchie qui vont s'essayer à réformer, mais dans le domaine économique essentiellement : ce qui signifie dans une large mesure un échec, qui n'a rien d'étonnant. Déjà au temps de Richelieu les intendants et leurs missions, alors temporaires, avaient provoqué un tollé assez fort pour que Mazarin accorde, au début de son ministère, leur suppression. Chargés de tout contrôler et redresser, les intendants gênent les magistrats et les financiers, dont ils viennent superviser les actes : gens du pays, bien installés dans leurs charges, dont ils tirent parfois plus de fierté que de profit, loyaux serviteurs du roi, mais habitués à une indépendance totale qui leur permet de protéger, plus ou moins consciemment, les intérêts de leur classe tout autant que l'intérêt général, tous ces officiers, juges de présidiaux, trésoriers et élus, supportent mal et le contrôle et les décisions des intendants ; l'échec de la centralisation administrative a été d'abord la lutte de deux personnels, où le plus ancien, le plus solidement assis dans les provinces, l'emporte à l'usure, plus que de lutte violente. Encore que les mots et les gestes d'impatience n'aient pas manqué : ainsi à Toulouse en 1643, « un nommé Landes, trésorier de France, au milieu d'une place publique de la ville, où il y avait un grand nombre de personnes de qualité et de la populace… dict qu'il ne fallait point payer la surcharge des tailles, qu'il ne fallait point souffrir les intendans dans la province d'autant qu'ils estaient cause de toutes les surcharges, et estaient des vouleurs »[1]. L'échec des intendants, c'est aussi la lutte inégale menée contre la diversité administrative de la France : à quoi Colbert, en bon administrateur, aurait peut-être mis bon ordre, lui qui a organisé les cinq grandes fermes autour de Paris et qui, un beau jour, a voulu unifier la pratique de la régale dans tous les diocèses du royaume et qui a fait réviser tous les codes de justice. Mais le roi, fidèle à une tradition qui remonte aux Capétiens et fait de la France une mosaïque de provinces plus qu'un royaume unifié, n'est pas allé jusque-là : chartes, privilèges urbains et provinciaux, droits locaux maintenus dans les provinces à mesure de leur annexion, il ne les

1. B. N., Mss, fds, fs, 17 296, 65.

révoque pas plus qu'il ne touche à ceux des pays annexés sous son règne. Le principe en est fort compréhensible : les provinces nouvellement intégrées à la France royale ce transfert plus supportable dès lors que leurs traditions et droits ne sont pas sensiblement modifiés[1]. Tout conspire ainsi à entraver cet effort de centralisation que les intendants représentent dans leurs généralités : la superposition des circonscriptions administratives, la pratique du droit coutumier dans le Nord et du droit écrit dans le Midi (avec l'énorme marge d'incertitude à travers le Massif central, pour le plus grand profit de provinces comme l'Auvergne), le maintien même de justices seigneuriales encore puissantes (un seigneur haut justicier sous Louis XIV use encore de droit de vie et de mort...), la variété enfin des régimes fiscaux. Le roi a superposé un rouage à plusieurs autres, mais n'a pas eu la tranquille audace des constituants un siècle plus tard. Sans doute s'est-il mieux fait entendre que ses prédécesseurs, s'est-il plus soucié de savoir ce qui se passait (« écoutant mes moindres sujets »), et bien des torts ont pu être réparés aux Grands Jours d'Auvergne, pour quelques années. Mais il n'a pu aller plus loin.

Le clergé

Les efforts du souverain pour accroître l'emprise de la royauté sur le clergé vont dans le même sens : le concordat de Bologne accordant au roi la nomination des évêques, abbés, était déjà généreux. Louis XIV, imbu du caractère divin de son autorité, a voulu un peu plus. De grande piété, même au temps de La Vallière et autres Montespan (d'Ormesson raconte en ses *Mémoires* un jeûne fort édifiant en 1665), très soucieux de ses devoirs d'état, Louis XIV ne néglige d'ailleurs aucune de ses obligations ecclésiastiques,

1. La Troisième République n'a pas agi autrement, lorsqu'elle a décidé, lors de la récupération de l'Alsace et de la Moselle après la Première Guerre mondiale, d'y maintenir les lois en vigueur sous le régime allemand, touchant les églises et les écoles.

touchant les écrouelles au moins autant que ses prédécesseurs ; il félicite Bossuet qui de la *Politique tirée des propres paroles de l'Écriture sainte* fait une théorie de la monarchie de droit divin. En plein débat avec Rome à propos de ces évêchés méridionaux, dont la régale spirituelle et temporelle échappe à l'administration royale, Louis XIV obtient du clergé, par la bouche du même Bossuet, la belle formule : « Nous sommes si étroitement attachés à votre Majesté que rien ne peut nous en séparer », puis la déclaration de 1682, enseignée comme loi de l'État, pendant une dizaine d'années... L'accord avec Rome, en 1694, met fin à ce triomphe gallican ; et Louis XIV, mieux conseillé par les confesseurs jésuites et Mme de Maintenon, n'est pas plus maître de l'Église de France que ses prédécesseurs : mais le sens de la tentative est clair.

Les guerres

Toutes ces entreprises sont donc si bien bornées qu'il n'est pas aventureux de l'avancer : la gloire de Louis XIV a été essentiellement servie par ces deux folies de grandeur, dont il se serait repenti à l'heure de sa mort, les guerres et les bâtiments, et qu'il n'a en fait cessé de pratiquer pendant plus de cinquante ans..., guerre en dentelles et coups de main sans péril du début, pays envahi et gouvernement acculé aux mesures de désespoir en 1708-1712. Louis XIV n'a pas craint, à plusieurs reprises, de lutter contre l'Europe entière ; son règne n'a pas peu contribué à faire coïncider le royaume de France avec les limites de la France linguistique, surtout si l'on prend en compte les acquisitions de 1659 ; et pourtant, quelle que soit la gloire du roi dans ces combats, il n'a pas toujours été victorieux : dès 1672, c'est l'échec de Hollande ; à la fin de la succession d'Espagne, en 1713, Louis XIV, ce monarque de droit divin, admet le droit acquis par la nation anglaise en 1688, de choisir son roi, de préférer Guillaume d'Orange à Jacques II ; de même que le droit des grands d'Espagne à choisir le successeur de Charles II : première ébauche d'un principe de droit international appelé à une belle carrière, le droit des peuples à disposer d'eux-mêmes. Cependant de réunions triomphantes en guerres interminables et ruineuses, Louis XIV reste ce roi « non seulement contemplé, mais admiré du monde entier » en dépit de tout : parce qu'il tient le devant de la scène pendant un demi-siècle ; peut-être aussi parce qu'aucun échec ne le rebute : après 1713, dans ses deux dernières années, ne prépare-t-il pas une politique toute nouvelle, transformant complètement son système d'alliances, et annonçant une revanche éclatante des humiliations dues à l'Angleterre ? L'Europe après lui a senti un vide et s'est donné vingt-cinq ans de paix.

Le souvenir de ces guerres s'est conservé, entretenu même, si l'on pense au souvenir demeuré vivant jusqu'au XXe siècle de l'incendie du Palatinat par les troupes de Louvois ; les gains territoriaux sont là, Comté et Strasbourg, et morceaux de Flandre peu à peu grignotée qui montrent l'importance de ces conflits armés. Mais les bâtiments témoignent aussi : Versailles il est vrai (pour s'en tenir au monument essentiel), n'est pas seulement l'expression plastique et architecturale du prestige royal ; c'est aussi le cadre d'une vie nouvelle, où noblesse, bourgeoisie des ministères, petit peuple domestique se rencontrent chaque jour : relations sociales d'autrefois et étiquette, vie de présentation et, au-delà des grilles, vie urbaine nouvelle dans cette ville qui se crée de toutes pièces autour du château, et pour lui ; Louis XIV a donné au gouvernement français plus qu'un décor, un style nouveau, dans ce cadre éloigné de Paris, mais proche néanmoins ; car Paris est présent par ses artistes, ses artisans, ses fournisseurs indispensables à la vie de Cour, participants ou plutôt témoins impavides, silencieux, de la décrépitude des nobles et de l'insolence des financiers : silencieux pour un temps...

Le château

Le château a son histoire, longue, assez bien connue, dont l'essentiel peut se ramener à ceci : au départ, l'admiration envieuse conçue par le roi pour le petit château —

italianisant comme un château Renaissance, mais ouvrant sa façade symétrique sur un superbe jardin de Le Nôtre — de Vaux-le-Vicomte ; Fouquet emprisonné, Louis XIV récupère les maîtres d'œuvre, Le Vau et Le Nôtre — Mansart intervient plus tard — et il fait travailler, dès 1661, à transformer le pavillon de chasse, modeste, de son père : petit bâtiment, briques rouges sur pierres blanches, dans un décor de forêts marécageuses, gorgées d'eau et riches en gibier... Le roi, qui dispose de Saint-Germain, du Louvre, de Fontainebleau, etc.. semble bien avoir voulu d'abord créer un cadre de fêtes ; son château, c'est en premier lieu le lieu de réjouissances de la Cour, dans les premières années : dès 1664, toute la Cour est installée à Versailles, pour prendre part aux fêtes données sous le titre : *Plaisirs de l'île enchantée.* Puis il pense à une résidence, et donc peu à peu au séjour, qui ferait de Versailles le cadre nouveau et définitif du règne, où la fête, bien ordonnée suivant l'étiquette et le bon plaisir royal, serait quotidienne. Une dizaine d'années de préparatifs, de constructions adaptées aux bâtiments primitifs qui sont conservés et à partir de 1682, le roi et la Cour viennent s'y installer, alors même que les travaux sont loin d'être terminés. Pour cela Colbert, qui nous a laissé ses comptes, a dû niveler, drainer, transporter la pierre et le marbre, employer jusqu'à trente mille hommes, et dépenser des centaines de millions. Sans parler de centaines d'hommes tués ou blessés : en 1668, « une femme qui avait perdu son fils d'une chute pendant qu'il travaillait aux machines de Versailles,... présenta un placet blanc... dit des injures au roy, l'appelant putassier, roy machiniste, tyran et mille autres sottises », raconte d'Ormesson[1]. Ainsi le château, par le jeu des remaniements, des retouches sur les plans, se trouve avoir l'aspect d'un hôtel parisien gigantesque, avec ses cours intérieures, ses bâtiments en équerre, ses communs rejetés au-delà de la place ; cependant que la longue façade sur les jardins, les salles de réceptions, de jeux, de musique évoquent directement la vie de représentation, qui est celle de Louis XIV ;

1. ORMESSON, *Journal,* II, P. 552.

la réception et l'ordonnance des cérémonies, en plein air ou à l'intérieur, commandent les perspectives des jardins, du grand canal, ou simplement de la Galerie des glaces ; c'est le cadre nécessaire d'une activité qui déplace journellement plusieurs milliers de personnes (personnel domestique non compris). Encore que certains contemporains, esprits chagrins ou adversaires hargneux, aient pu se donner l'air de n'y pas croire : les anonymes *Mémoires et réflexions sur les principaux événements du règne de Louis XIV* commentent avec aigreur : « dépenser en Bâtimens aussi mal connus que peu utiles au Public, et en fontaines qui en s'éloignant de la nature à force d'être magnifiques, sont devenues ridicules. »

Dès le temps des divertissements et plaisirs, Le Brun et ses compagnons ont mené activement la décoration : les commandes royales veulent perpétuer dans le marbre et le bronze le souvenir de doux moments — Cupidons, Amours ailés, Amours triomphants. A mesure que le palais allonge sa façade, que l'horizon se dégage au long des allées symétriques, Le Brun doit fournir à tout, multiplier peintures, fresques et sculptures, comme pour peupler ces grandes surfaces, couper les vastes perspectives : le règne raconté en allégories, le roi figuré en Apollon, en Alexandre, tant de Psyché, de Mars, d'Hercule et de Vénus, mythologie familière et symbolique à la fois. Cette abondance ornementale a-t-elle frappé les contemporains ? Elle est faite pour éblouir. Les descriptions admiratives ne pullulent pas ; il est vrai que beaucoup apprécient encore surtout les thèmes : « une si prodigieuse quantité de toute sorte d'ouvrages de toutes les diverses parties de la peinture, je veux dire l'histoire, le portrait, le paysage, les mers, les fleurs, les fruits », dit M. de Rou visitant une exposition royale en 1667[1]. Les grandes glaces de la Galerie sont un luxe encore plus grand : en un temps où la fabrication d'une

1. Rou, *Mémoires,* II, 18 ; le laconisme reste, il est vrai, la règle du temps : « Je fus après le disner voir les peintures à fresque de M. Mignard dans la voute du dosme du val de grace : elles sont très belles. » *(Journal* d'Ormesson, II, 403.)

glace de 4 mètres carrés vaut 20 000 salaires horaires[1] de manœuvre, donc une fortune, les glaces de Versailles peuvent bien représenter la plus grande magnificence. Pour la postérité, les images fugaces des eaux et des glaces importent moins que cette gloire à l'antique, dont le roi a voulu s'entourer. Colbert, pensionnant et accablant de commandes les artistes de l'Europe entière, fondant les académies de peinture, sculpture et musique, où il attire Français et étrangers, les Tubi, van der Meulen, etc., directeur des Lettres et des Arts, a laissé des textes importants sur cette inspiration de l'antiquité, qui prolonge celle de la Renaissance, mais la codifie, en fait le canon exclusif de l'art français ; il écrit au directeur de l'Académie de France à Rome, fondée en 1666 et ancêtre de notre École de Rome : « Faites travailler diligemment aux termes, vases et généralement à tout ce que je vous ai ordonné ; mais prenez bien garde que les sculpteurs copient purement l'Antiquité, sans y rien adjouter »[2]. Ce qui signifie un sensible appauvrissement ; c'est tout l'art flamand, de Rubens à Rembrandt, déconsidéré dans le cadre de Versailles ; mais non à Paris, et moins encore à Lille ou Amiens, en fréquents contacts avec les Pays-Bas. Et il ne craint pas dans une autre lettre de recommander des mesures prises avec la plus grande exactitude pour que la reproduction soit absolument identique au modèle. Pour Versailles, et par Versailles, l'académisme, ce culte exclusif de l'antique — si exclusif que le gothique n'a jamais encore été aussi vigoureusement maudit que par les compagnons et disciples de Le Brun — est né et s'est maintenu pendant plus d'un siècle... grâce au prestige même de l'ensemble louis-quatorzien.

Décor magnifique, avec sa Galerie longue de soixante-dix mètres, ses bassins et ses grandes eaux, cadre rêvé par le roi qui veut en imposer à Pierre le Grand comme au grand Turc, Versailles est plus que cela. Loin de Paris, de ses

1. FOURASTIÉ, *Machinisme et Bien-être*, p. 127-128.
2. Correspondance des directeurs de l'Académie de France à Rome, lettre du 1er février 1680.

frondeurs et de sa « populace », c'est une société bien ordonnée, où Colbert, ce faquin qui s'est chargé de réviser et contrôler les titres nobiliaires, a mis chacun à sa place : princes du sang, nobles bien titrés, admis aux cérémonies quotidiennes, présentés au roi, selon la formule ; mais aussi robins et secrétaires des ailes des Ministres, et l'innombrable domesticité du palais et de la ville nouvelle.

Le personnel de la Cour

Les ailes du château, avancées vers la ville, sont occupées par un peuple nombreux de gratte-papiers, conseillers, greffiers, secrétaires royaux, bourgeois et robins mêlés : ce sont les représentants de la puissance politique, de l'État ; redoutables dans leur domaine, conscients de tenir en main l'appareil du gouvernement, d'assurer la vie administrative du royaume ; non pas arrogants ou ambitieux — comme le sont facilement nobles et grands personnages d'Église, ce que Louis XIV n'aurait pu supporter, — mais travailleurs, dévoués au roi, et à lui seul, redoutés des courtisans (Mme de Sévigné terrorisée par Colbert), acharnés à travailler au progrès de cette autorité monarchique, dont ils sont les meilleurs serviteurs ; au demeurant témoins lointains et discrets de la vie de Cour proprement dite ; le roi récompense leur zèle par des charges, par des titres de noblesse, parcimonieusement distribués maintenant et considérés comme le plus grand honneur.

Un autre monde encore : les quelque dix mille domestiques employés au service du château, auxquels sont à joindre ceux des nobles fixés dans la ville nouvelle, peu à peu, au cours du règne ; cochers, valets de pied, marmitons et soubrettes, jardiniers et sommeliers ; c'est tout un petit personnel qui, mieux encore que les secrétaires des ministres, assure la liaison nécessaire avec Paris ; la capitale fournit meubles, costumes, tissus, puisque Versailles n'a pas — et n'a jamais eu — les industries nécessaires à l'aménagement, à l'entretien du palais et de ses habitants : tout un trafic à sens unique se fait ainsi par l'intermédiaire de cette domesticité, qui connaît tout de la vie de Cour, colporte faits et gestes, transmet à la ville, capitale dépossédée, les nouvelles de toute espèce... Ce que Louis XIV n'ignore pas, qui reproche un jour à Philippe V sa paresse : « Ne vous figurez pas que l'opinion l'ignore ; elle est mieux renseignée que quiconque ; et si vous faites faire vos lettres, elle le sait avant moi ». Grâce à quoi, entre le roi et l'opinion, il n'y a pas d'obstacle : ce que Louis XIV pourrait vouloir cacher — Mme de Montespan ou Samuel Bernard — la ville en est informée et rapidement, sans avoir besoin de la *Gazette d'Amsterdam,* cette implacable feuille puritaine et républicaine, qui accueille tous les méchants ragots de Versailles ; mais en sens inverse, de la ville au roi, il n'y a pas communication. Ce qui se passe dans le pays, ce que le commun pense de lui, le roi n'en sait pas grand-chose ; ce que les dépêches des intendants, zélés mais soucieux de leur carrière, ce que les rapports de La Reynie pour Paris veulent bien dire. Vauban, Saint-Simon l'ont constaté pour la fin du règne au moins ; un écran masque tout, sans parler de la vanité royale : la Cour, c'est l'arbre qui cache la forêt.

Le roi n'ignore certes pas les femmes de chambre, qu'il salue fort poliment, chacun le sait ; ni ses ministres et conseillers qu'il reçoit, écoute, dirige ; mais son entourage ordinaire est fait de cette noblesse présentée, selon l'expression courante et mauvaise, car ce n'est point là son trait essentiel : mieux vaudrait dire entretenue, ce qui signifie bien plus. Louis XIV a dans une certaine mesure admiré l'étiquette espagnole, ses hommages d'une déférence outrancière ; et il a voulu auprès de lui quelques milliers de nobles, qui constituent les acteurs de premier plan et les figurants d'une cérémonie perpétuelle, réglée comme un ballet ou une pièce à très grand spectacle. Le roi, au centre de la Cour, se donne un spectacle des plus grands noms de France, attentifs à ses moindres gestes, à ses moindres désirs. La noblesse turbulente, tapageuse et dangereuse pour l'autorité royale, jusque dans les années 1650, la voilà en 1680 domestiquée, disposée en files ou en petits groupes suivant les cérémonies, occupée du monarque et de ses gestes à longueur de journée. Un siècle plus tôt, les têtes les plus chaudes prenaient les armes et menaient guerre sur guerre entre le roi ; à la fin du XVIIe siècle, le plus exalté des grands prend sa plume et exhale en longs discours sa rancœur. Belle réussite de celui qui a su attirer près de lui ces quatre à cinq mille figurants ; il a besoin d'eux, ils ont besoin de lui : fêtes incessantes, agréables sans nul doute pendant au moins vingt ans ; cérémonies quotidiennes, du lever aux réceptions d'ambassadeurs, aux présentations de princes étrangers, qui flattent hôtes et invités. Mais les nobles ainsi attirés ont trouvé auprès du roi ce qui leur fait défaut depuis des décennies : la richesse des pensions, des charges reçues pour ordre, des bénéfices ecclésiastiques reçus en commende, des dots pour les filles et des brevets d'officiers pour les fils. Lorsque Henri IV avait voulu se débarrasser de Mayenne et consorts, il les avait chargés d'or et renvoyés sur leurs terres ; ainsi dès 1610, sinon avant, les complots reprirent. Louis XIV reçoit le rebelle Condé, mais il l'installe auprès de lui (au moins une partie de l'année) ; le gain est évident. Pour les nobles aussi ; combien auraient pu, sans la générosité royale, soutenir le train de vie qu'implique Versailles : un hôtel sur place, car Paris est trop loin pour se rendre au château, même une fois par jour ; un carrosse et une écurie, la domesticité que supposent maison et équipage ; la garde-robe selon le goût du jour, les fantaisies des maîtresses, les bals costumés, « tous les petits rubans » et « canons » qui coûtent fort cher. Malgré toute la générosité royale, la noblesse qui fait vivre en grande partie les métiers de luxe parisiens paie mal, est toujours endettée ; la bourgeoisie d'affaires s'en plaint amèrement : « La noblesse met souvent sa grandeur, non point à servir le roi comme elle devrait faire dans ses armées ; mais à dépenser en toute manière... Selon moi, un noble est un homme capable de contracter de grosses dettes par sa mauvaise conduite, et incapable d'en paîer aucune. On croit même que qui paie déroge... »[1]. A part les princes

1. B. N., Mss, 21 730, 156. Cf. Don Juan et M. Dimanche.

du sang, d'ailleurs logés au château, à part les plus grandes familles comme les Condé, peu de nobles peuvent par leurs seules ressources assurer ce train de vie : le roi y pourvoit donc à condition que l'on soit là, que l'on se fasse voir ; les charges de Cour multipliées, chambellans, échansons... vont aux plus assidus, comme les meilleurs postes dans l'armée, et ainsi de suite ; le monarque distribue généreusement, avec ce rien de mépris sans doute que Mme de Sévigné aperçut, lorsqu'elle écrit : « ce qu'il jette ».

Voici la haute noblesse, entretenue par le roi à ne rien faire, à ne pas comploter surtout, asservie à la personne royale, enfermée dans une cage dorée, mais enfermée : quelques milliers de courtisans pour qui Versailles est le bout du monde, pour qui tout l'art consiste à se faire voir, obtenir une faveur, avoir la chance de présenter au roi sa chemise ou son verre de vin ; pour qui l'ambition est de faire partie des intimes, des deux cents à trois cents qui assistent au grand lever, des cinquante qui sont du petit coucher. Vie d'interminables présentations, de lentes patiences, jeux de société et longues attentes à contempler le roi mangeant pendant des heures ; vie de puissantes intrigues, où les sourires et les politesses sont l'école de la diplomatie. Empanachés, en grande tenue dès le matin, inondés de parfum sur leur crasse, — car le temps des ablutions est restreint dans l'étiquette du palais — les nobles de Cour vivent de la seule présence royale. Témoins les petits marquis de Molière, cruel et admirable peintre de son temps : « Moi, pourvu que je puisse être au petit couché »[1]. Vie humiliante, à nos yeux et aux yeux de certains contemporains : Mme de Sévigné subit le système mais s'en évade le plus possible ; ne parlons pas de Saint-Simon, ou de la princesse palatine, dont les indignations sont bien connues ; certains nobles, habitués à la vie des camps, restés fidèles à l'idéal militaire de la noblesse, se sont refusés à la vie de Versailles : « Tu ne sais pas encore qu'un courtisan est un véritable caméléon... Le courtisan rampe, par coutume, aux pieds des ministres et des favoris ;

1. *Le Misanthrope,* II, V.

il tombe servilement. Faux dans ses caresses, ingrat après le succès, il court après la faveur... »[1] ; la noblesse présentée oubliant l'honneur et la gloire des combats, et cet idéal militaire médiéval qui lui a valu sa place privilégiée à la tête de la société, place alors son ambition dans le service quotidien de Cour, les intrigues et les distractions « mondaines » ; à tout le moins peut-on dire qu'hostile depuis toujours au travail, manuel ou autre, soucieuse de ne pas déroger, elle accepte pour but les fêtes et les plaisirs d'une prison dorée.

Les fêtes. Le théâtre

Peut-être ces fleurs expliquent-elles l'attrait de la Cour pendant les vingt premières années. Au temps de Lulli, Molière et Racine, au temps de ce jeune roi, ivre de sa gloire, de ses succès amoureux, de ses victoires militaires, la vie à la Cour n'a pas manqué des plus brillants attraits : nobles oisifs, le roi réussit à les faire insouciants, sans autre préoccupation que celle de plaire et de briller dans ces grandes fêtes que le roi fait monter pour célébrer les traités de paix triomphants, les événements marquants de sa vie familiale. Lorsqu'au début de 1669 le roi veut fêter avec la Cour la paix d'Aix-la-Chapelle, il offre à ses invités pour 100 000 livres (ce qui est une fortune aujourd'hui) : collations dans les jardins, théâtre de verdure (ballet de Lulli et *Monsieur de Pourceaugnac)* ; puis souper, feux d'artifice et grandes eaux ; et bal fort tard dans la nuit...

Louis XIV dans ce domaine, comme dans celui des arts plastiques, a fixé le goût pour un siècle : et avec plus d'originalité que pour la peinture ou la sculpture ; Chapelain et sa caisse des Lettres, Lulli surintendant de la musique royale l'ont aidé à acclimater à Versailles les représentations théâtrales (ballet, opéra et comédie), qui font l'ossature des fêtes, avec les jeux et les bals. Au temps de François Ier, la chasse à courre, les grandes randonnées,

1. QUINCY, *Mémoires,* p. 178.

les tournois et combats simulés formaient l'essentiel des distractions de l'entourage royal ; par la suite, sous Henri III, on joue le ballet pour le roi au Louvre, et Henri IV fait venir d'Italie, pour Marie de Médicis, musiciens et chanteurs. Mais, en donnant une si grande place au théâtre, Louis XIV accepte pour la vie de Cour le goût de la ville, c'est-à-dire de Paris, où dans les années 1640-1660, sous l'influence de cet homme cultivé qu'est Mazarin, les Parisiens ont adopté deux spectacles : d'une part, les danses et ballets, simples mises en scène de vieilles danses, bourrées, pavanes et voltes conduites par une vielle et un violon « masqués et habillés en ballet »[1], ou bien compositions plus travaillées aux pas variés : *Les Rues de Paris, Les Fées des forêts de Saint-Germain, Les Effets de la Nature ;* d'autre part, l'opéra italien, dont le succès est très grand à partir de 1647-1648 : comédies chantées dans des décors aux grandes machineries, complétées de ballets, souvent d'entrées en scène ; en 1647, l'*Orfeo* de Rossi (Orphée et Eurydice) surprend et enchante certains, déçoit d'autres spectateurs... Mais l'opéra conquiert sa place, à côté du théâtre parlé de Corneille et des autres ; dans les années 1669-1670, le répertoire parisien est encombré : Mairet fait jouer sept pièces (*Silvie, Sidonie,* etc.), Rotrou vingt, Boisrobert six, Pierre Corneille vingt-quatre, Thomas Corneille seize.

Le goût de la ville devient donc celui de la Cour, accommodé à la volonté du roi : Corneille, Molière jusqu'à sa mort (1674), Racine jusqu'à *Phèdre* (1677) travaillent pour Versailles, protégés, pensionnés, choyés par Louis XIV, un moment libéral. Les audaces de Molière — Tartuffe, Dom Juan — sont bien connues et la protection du roi a seule sauvé l'artiste des pires condamnations, si grandes sont ses hardiesses ; les deux pièces, avec leurs fins *ex machina,* posent de grands problèmes : Dom Juan, bien avant Figaro, dit de dures vérités aux nobles (IV, 6) et fait

1. DUBUISSON-AUBENAY, *Journal des guerres civiles*, I, 234 : 12 mars 1650.

parler un libertin sur scène : « Je crois que deux et deux sont quatre... » Mais plus que la tragédie et la comédie, c'est le ballet et la comédie-ballet qui ont eu le plus grand succès à la Cour : Molière et Corneille peuplent certaines pièces d'intermèdes, d'entrées dansées, qui coupent le rythme de la comédie... pour plaire à la mode. Le maître des fêtes à Versailles est Lulli, ce génie fécond qui enchante une génération de courtisans et le roi en premier, heureux de danser le ballet travesti en Apollon, paré en soleil ; ou d'inaugurer les danses nouvelles, menuet et gavotte. Attaché au service royal à partir de 1661, Lulli a écrit ballets et opéras mis en scène avec un grand luxe de costumes et de décors : spectacle autant que musique, encore que Lulli ait apporté tous ses soins à l'orchestration de sa musique de théâtre. Dans ces réussites théâtrales des années 1660 à 1680, applaudies à Paris et à la Cour, s'exprime sans doute l'idéal classique, longuement décrit par le théoricien Boileau, idéal de sensibilité contenue, de passions domptées que, pour une part, le roi impose à ce « monde mal léché » qu'est encore sa noblesse. La communion théâtrale est cependant beaucoup plus : le « frisson sacré » du spectateur, uni un instant à l'acteur qui joue pour lui, c'est une grande école de goût et de finesse, qui prépare la délicatesse du XVIIIe siècle, de Marivaux à Rameau qui doivent tant au grand roi.

Aussi bien ces fêtes, ces divertissements théâtraux ont-ils conquis très vite les contemporains, éblouis par les marbres et les glaces du palais, mais charmés par les ballets et les comédies : ambassadeurs étrangers conviés par le roi avec quelque ostentation, courtisans riant et applaudissant après lui, avec discipline, princes étrangers surtout ; Voltaire le constate en 1750 dans son *Siècle ;* ni la colonnade du Louvre, ni Fontainebleau ne comptent plus ; et l'ambition la plus commune est de créer un petit Versailles à l'autre bout de l'Europe. Charles II d'Angleterre peuple sa cour de Français, exige un maître de musique qui vienne de Paris, demande à Le Nôtre des plans pour ses jardins ; et de même les princes allemands, en attendant Frédéric II et Potsdam, fondent une Académie des Sciences et des Beaux-Arts, construisent, pensionnent, font jouer Molière traduit... ; le style de vie institué à Versailles exerce un charme.

Malgré les dragonnades et la révocation et Port-Royal rasé, malgré l'incendie du Palatinat et les ravages en Hollande, malgré les impôts sans cesse plus lourds, avec la « capitation » et le « dixième » qui s'ajoutent à la fin du règne, malgré la tristesse des défaites et des famines, malgré la « vieille guenon » comme dit la Palatine, le roi est resté Louis le Grand, parce qu'il est le roi de Versailles.

3. Les refus

Le concours d'une noblesse se ruant à la servitude, l'applaudissement envieux des princes étrangers, de leurs ambassadeurs, l'afflux des artistes et des savants chantant la gloire de ce mécène inégalé, ce concert de louanges ne peuvent faire oublier les limites du système : beaucoup de Français, réfugiés à l'étranger ou témoins silencieux, ne participent pas à cette émulation dans la flatterie ; d'aucuns pensent, comme cet anonyme d'Utrecht, que cette monarchie est inspirée du despotisme asiatique : « imitateur des rois d'Asie, le seul esclavage lui plaît »[1]. Alors que les libraires sont surveillés, les imprimeries fermées, le silence des opposants se comprend face au zèle des autorités. Mais surtout, la politique religieuse a dressé contre le roi toute une partie de l'opinion : jansénistes et protestants, tour à tour pourchassés, maltraités, nouveaux martyrs jetés sur les routes de l'Europe, traqués comme des criminels ; cependant que, d'autre part, s'est poursuivie dans le silence cette recherche scientifique et philosophique dans laquelle les contemporains de Descartes s'étaient engagés si hardiment : progression du cartésianisme, méthode et doctrine,

1. L. M. D. L. F., *Mémoires et réflexions sur les principaux événements du règne de Louis XIV*, Rotterdam, 1717, p. 193.

et progression plus générale, de ce que l'on appelle communément les lumières.

La révocation de l'édit de Nantes

C'est la persécution des protestants qui a fait le plus de bruit en Europe ; qui a valu au roi les haines les plus tenaces de la part des Français exilés en Hollande et ailleurs, et mal adaptés à leur patrie d'adoption ; qui lui a valu aussi, en dépit des protestations indignées, la secrète reconnaissance des princes allemands, hôtes heureux de ces huguenots français.

La révocation de l'édit de Nantes en 1685 a été le dernier acte d'une politique persévérante de brimades et poursuites qui a commencé avec le règne personnel, ou peu s'en faut. La contrainte exercée sur les protestants indésirables a pris plusieurs aspects, de plus en plus sévères : la discussion théologique, c'est-à-dire la persuasion, pratiquement abandonnée, sauf pour de hauts personnages comme M. de Turenne, entrepris par Bossuet ; la conversion financière, monnayée selon le barème de Pélisson et sa caisse, fixant des tarifs inégaux suivant la qualité sociale du converti, ne pouvait être un moyen sérieux de réduire l'hérésie ; ces deux méthodes ont été supplantées par des pressions plus efficaces : limitations apportées à l'exercice du culte, au fonctionnement des écoles et académies protestantes (Sedan, Saumur notamment) par une interprétation étroite du texte de 1598 ; puis mesures civiles qui sont des brimades, interdisant (en 1679) aux protestants l'exercice de certaines professions, celle de libraire, par exemple. Ainsi les réformés se voient interdire de célébrer leurs enterrements après six heures le matin et avant six heures le soir ; le nombre, la durée des synodes sont réglementés avec une sévérité sans cesse croissante. En même temps la vie quotidienne devient d'année en année plus difficile, tant les métiers interdits se font nombreux ; la compétence des chambres mi-parties, instituées en 1598, diminue aussi : dans de nombreuses villes du Midi, où les protestants sont en majorité, les départs n'ont pas attendu 1685 : de petites expéditions discrètes annoncent le grand exode.

Dès avant la révocation, les persécutions légales ont pris un tour plus odieux encore, avec la conversion des jeunes, et les « dragonnades » : prêtant aux enfants rencontrés dans les rues des sentiments catholiques sur un signe de croix fait au passage d'une procession ou d'une bannière, les autorités de police les font saisir, les placent dans des couvents, où ils sont élevés dans la religion catholique... aux frais de leurs parents. En premier lieu, seuls les enfants de plus de quatorze ans purent être l'objet de ces sollicitudes, mais la limite d'âge s'abaisse à douze, puis sept ans. Pendant les lourdes années 1680-1686, dans des villes comme Nîmes ou Montauban, plus de saute-ruisseaux, pas d'enfants jouant ou flânant : les parents les élèvent, soigneusement enfermés dans le jardin de la maison, ne les sortent qu'en leur compagnie et prennent soin de bien fermer les portes... Heureux encore si ces portes restent closes : c'est au même moment que des intendants zélés, sans ordre de Versailles, ont mis la main sur la meilleure méthode : le logement des dragons. Cette triste obligation du logement des gens de guerre, à laquelle les citadins, craignant pour leur mobilier, leur cave et leurs filles, s'efforçaient toujours d'échapper, devient alors un moyen d'extorquer des conversions : les rendements obtenus sont extraordinaires suscitant l'admiration de Louvois à la réception de brillants rapports, où les transfuges sont chiffrés par dizaines de milliers ; aussi bien, en 1683, un intendant du Poitou se plaint de ne plus savoir où placer les troupes dont il dispose pour cette basse besogne, car la conversion précède le logement dès que celui-ci est annoncé.

Le 18 octobre 1685, Louis XIV signe à Fontainebleau l'édit portant révocation du texte signé à Nantes par son grand-père après quarante ans de guerre, persuadé, a-t-on avancé, qu'il n'y a plus de protestants en France ; ce qu'aurait peut-être pu faire croire l'addition des chiffres étonnants fournis par les intendants dragonneurs et les comptes de Pélisson... Trop d'articles dans l'édit de Fontainebleau traitent du sort des sujets royaux restés protestants pour qu'il soit possible de faire de cet acte un simple procès-verbal de liquidation. Par contre, Louis XIV semble bien persuadé, selon les termes du préambule, de la nécessité de rétablir l'unité religieuse du royaume, tâche que s'étaient fixée Henri IV et Louis XIII, et que seuls la guerre étrangère et le manque de temps ont empêché de réaliser. L'édit de Fontainebleau est une mesure de combat destinée à contraindre les derniers protestants à embrasser la religion catholique : il achève l'œuvre de réduction progressive et multiforme entreprise pendant les vingt années précédentes ; d'une rigueur, qui ne laisse place à aucune autre solution que la disparition de l'hérésie pour un siècle (jusqu'en 1787, le protestantisme n'a plus d'existence légale), l'édit de Fontainebleau en interdit le culte, expulse les pasteurs hors du royaume, ferme les écoles et défend aux fidèles de quitter le pays (moyennant les galères pour les hommes, la confiscation de corps et de biens pour les femmes)[1]. Des milliers de protestants (deux cent mille à quatre cent mille selon les évaluations) choisirent ce risque et cette solution, malgré les troupes surveillant les villes frontières et malgré les rigueurs de l'exil. Vauban, qui, comme tant d'autres (et notamment Arnauld et les jansénistes toujours soucieux de se bien distinguer des réformés), approuve sur le moment la révocation, aperçoit bien vite l'ampleur du mouvement : utilisant les relais que constituent spontanément les villes protestantes de l'Alsace, Mulhouse, Colmar et Strasbourg (où la révocation ne s'applique pas), profitant de la proximité des Pays-Bas pour les huguenots de Normandie et de Paris, prenant la mer, de Nantes, La Rochelle et Bordeaux, les bourgeois des grandes places protestantes abandonnent leur patrie, préférant l'exil à l'abandon de leur foi ; tisserands de Nîmes, armateurs de La Rochelle, denteliers du Puy, drapiers rouennais réalisent discrètement une partie de leurs biens, transfèrent des fonds à leurs relations à l'étranger, s'il se peut, doublent leurs vêtements de pièces d'or,

1. Article 10 de l'édit.

s'encombrent encore des plans de machines à tisser, des adresses de leurs correspondants, et par familles entières, quittent leur ville et leur maison, voyageant la nuit, cachés pendant le jour, jusqu'aux frontières.

Accueillis avec chaleur au-delà, appelés à Genève, à Berlin, à La Haye, à Cassel et à Hanovre, cette véritable élite, qui a conscience d'échapper à un enfer, apporte dans ces villes et ailleurs, avec une foi rigoriste, et des compétences multiples de commerçants, d'artisans, d'avocats, d'enseignants, sa langue, ses habitudes de pensée, exigeantes et logiciennes, ses goûts français : faisant la fortune du Brandebourg et de tant d'autres petites principautés allemandes.

Le Désert cévenol

Tous ne partent pas, néanmoins : dans bien des villes et campagnes du Sud-Ouest et du Languedoc, ceux qui n'ont pas pu, faute de moyens matériels, faute de relations, et pour cent dramatiques raisons, partir hors de France ont subi la loi : convertis et torturés dans leur conscience, les uns ont apporté quelques perturbations dans les paroisses, nouveaux catholiques qui n'ont pas perdu un instant les habitudes de libre discussion et d'indépendance de leur première religion ; très vite les évêques vont se plaindre de ces ouailles indociles. D'autres ont choisi une voie encore plus difficile : pratiquant ouvertement le catholicisme, respectant ses obligations et ses rites, mais secrètement relaps, conspirant en petits cercles familiaux et mêlant – au prix de scrupules sans fin – deux cultes et deux fois. Certains enfin, les moins nombreux peut-être, qui ont quelque bien au soleil, dans la montagne voisine de Valence, Tournon ou Nîmes, se réfugient dans les villages où ils retrouvent, ici et là, les petits groupes ruraux amenés au protestantisme par les pasteurs, au gré de leurs voyages, de Genève à Pau, Poitiers ou Bordeaux : maigres communautés sans éclat jusqu'alors, et qui prennent de l'importance après 1685 ; fortifiés à la fois par ces déplacements et par la tranquillité qu'assure la montagne sans routes, sans bonnes voies d'accès pour les agents royaux, ces refuges de l'intérieur constituent une nouvelle étape de l'essaimage protestant ; et elle n'est pas négligeable, puisqu'elle marque encore aujourd'hui la carte religieuse de la France, de Génolhac et Sommières au Chambon-sur-Lignon. Nouvelle époque héroïque pour les protestants de France, c'est le moment du Désert ; dans la haute montagne, au pied du Mézenc et de l'Aigoual, les voilà qui se rassemblent autour de nouveaux pasteurs revenus clandestinement de Genève ; se déplaçant par groupes prudents, voyageant des nuits entières pour participer aux assemblées, les fidèles créent dans ces réunions toujours menacées une atmosphère de piété exaltée par les dangers, qui explique les prises d'armes de la fin du règne : lorsque le roi, sur des dénonciations bien informées de 1702-1703, décide de pourchasser les protestants du Désert, et d'y employer les dragons, le haut pays cévenol devient le lieu d'une guérilla, où les paysans-Camisards, maîtres d'un pays sauvage, sans accès, sans villes importantes, résistent victorieusement aux troupes royales, et même plus tard au maréchal de Villars. A la fin du règne, et après la paix d'Utrecht, les Camisards tiennent toujours le haut pays, sauvant par leur lutte acharnée le droit des protestants à conserver leur place dans la communauté nationale.

Les jansénistes

Autres révoltés, autres victimes que la politique royale n'a pu complètement réduire, et qui, à la fin du règne comme au début, se dressent contre l'absolutisme monarchique, les jansénistes. Laissés en paix depuis 1668, où Hugues de Lionne a obtenu l'accord de Rome même, jusqu'aux premières années du XVIIIe siècle, les amis de Port-Royal n'en ont pas moins continué leur carrière de réformateurs catholiques. Le couvent lui-même a perdu dans la première bataille le droit de former des novices ; peu à peu, les effectifs s'amenuisent ; la maison des Champs perd cet éclat de petite capitale spirituelle, dont il rayonnait dans les années 1650 : les solitaires de la grande génération, Nicole, Lancelot, Hamon, disparus, ne sont pas remplacés ; les petites écoles ont moins de maîtres et d'élèves ; le grand Arnauld quitte Paris, malgré son retour en grâce, et séjourne de longues années aux Pays-Bas où le jansénisme est vivant autour de Louvain, où Jansen et Saint-Cyran ont été étudiants, et à Ypres, dont Jansen a été l'évêque. Ce que la « secte » perd en éclat en raison de l'arrêt des polémiques et de la mort, elle semble bien l'avoir gagné en extension : le clergé urbain est conquis dans beaucoup de villes, grandes et petites ; les ouvrages publiés de 1643 à 1660 sont toujours lus et la théologie difficile des Messieurs continue à fournir le pain spirituel de la bourgeoisie parlementaire ; mais sous le calme apparent, qui donne l'impression d'un groupe religieux en perte de rayonnement parce que les grands éclats de voix d'Arnauld et de Pascal ont cessé, les adversaires de 1650 sont toujours face à face : jansénistes mal résignés au silence, jésuites nullement satisfaits de leur défaite en 1668. A la première occasion, — non pas les *Réflexions morales* de Quesnel, trop habiles, mais le *Cas de conscience* du curé de Notre-Dame du Port (à Clermont), la polémique et la persécution renaissent. Le curé auvergnat a bonnement affirmé que les jansénistes signent le formulaire avec l'intime conviction que les cinq propositions ne sont pas dans l'*Augustinus :* ce qu'Arnauld avait dit et répété vingt fois quarante ans plus tôt. Mais le *Cas de conscience* avoue l'imposture diplomatique de 1668, et l'occasion trop belle est aussitôt exploitée.

Sans trop se soucier de ses scrupules gallicans, Louis XIV en appelle à Rome de l'indiscipline janséniste et obtient (sans autre peine que les longs délais de réflexion, rédaction et transmission, coutumiers à la Curie romaine) en 1708, la bulle *Vineam Domini,* première condamnation des religieuses et de tous ceux qui, approuvant le *Cas,* se mettent dans la situation de désobéir à l'Église et au roi : les vingt-deux dernières religieuses sont transportées à tous les bouts du royaume, tout heureuses d'ailleurs de cette persécution renouvelée de 1664, et qui prouve à leurs yeux la justice de leur cause. Mais cette déportation de personnes aussi âgées que vénérées provoque dans Paris un sursaut d'indignation : curés en chaires et paroissiens dans leurs rencontres émus comme les Parisiens de 1660, désapprouvent avec force et se retrouvent bientôt à Port-Royal des Champs le dimanche, dans la grande maison vide devenue un lieu de pèlerinage au milieu des bois : longues promenades dans le jardin où Nicole et les grands solitaires ont devisé, prières dans la chapelle du couvent, évocations vite passionnées de la mère Angélique, de Pascal... Devant ce remue-ménage, ces défilés interminables de carrosses à travers la campagne au Sud de Versailles, les prêches violents des curés parisiens et rouennais, qui lui sont rapportés, le roi, exaspéré, accumule d'année en année les mesures les plus aptes à provoquer l'indignation des Parisiens en général et à exalter la foi des jansénistes : les bâtiments, puis la chapelle elle-même, sont détruits pierre à pierre ; et lorsque les jansénistes se réunissent dans le petit cimetière attenant au couvent, où reposent Racine, Pascal et bien d'autres, les tombes à leur tour sont détruites et les ossements rassemblés dans une fosse commune au village voisin de Saint-Lambert.

Pour en finir, Louis XIV obtient en 1713 une nouvelle bulle, la fameuse *Unigenitus*, condamnation détaillée des écrits et de la doctrine jansénistes, de Jansen à Quesnel. Mais le vieux roi connaît alors dans les deux années suivantes la force du mouvement religieux dont il souhaite la disparition, et qui, à son tour comme les protestants lui tient tête, et fait front : quinze évêques, et à leur tête le cardinal de Noailles, archevêque de Paris, refusent de recevoir la bulle dans leur diocèse, arguant à la fois de l'intervention du pape dans les affaires françaises, contraire aux traditions gallicanes que le roi défendait avec acharnement trente ans plus tôt, et des réserves que leur inspire le fond même du débat, c'est-à-dire la définition de l'« hérésie ». Le Parlement de Paris emboîte le pas, janséniste de cœur et défenseur traditionnel du gallicanisme ; il envisage un moment de refuser l'enregistrement de la bulle, puis se soumet à la volonté royale, sous réserve d'une approbation par le clergé de France... Devant la fermeté des évêques et de Noailles, le roi se décide enfin à convoquer un concile national, conformément aux traditions gallicanes invoquées par les adversaires de la bulle : la réunion prévue pour septembre 1715 n'eut pas lieu ; à la mort du roi, les quelques centaines de jansénistes embastillés sortent de prison, des jésuites les y remplacent ; le régent abandonne le projet de concile : la lutte n'est pas terminée entre gallicans et ultramontains, jansénistes et jésuites.

Les cartésiens

Enfin, moins bruyants, moins glorieusement persécutés, — mais non moins dangereux sans doute aux yeux des autorités — les disciples de Descartes : c'est sous son nom, sous cette étiquette de cartésiens, que les rationalistes sont dès lors connus. Il est vrai qu'ils ont été plus discrets que les jansénistes, et moins encombrants que les protestants, puisque Descartes n'a pas pris de positions hérétiques, et *a fortiori* de positions antireligieuses : aussi bien, jusqu'à sa mort, rien n'a été entrepris contre ce grand voyageur qui a préféré le libre climat hollandais, puis la protection de la reine Christine au séjour parisien ; mais après 1650 tout change ; les Jésuites qui se sont contentés dans la période précédente de l'écarter discrètement de leur enseignement, suscitent les condamnations : en 1671 solennellement, la Sorbonne porte un blâme général sur tous ses écrits ; et peu après, les Oratoriens et quelques congrégations qui enseignent Descartes doivent se soumettre à cette sévère décision. C'est pourtant le moment même où de grands disciples, l'oratorien Malebranche et le hollandais Spinoza, reprennent les méditations cartésiennes et les poussent, chacun à leur façon, dans le sens de leur logique profonde : Malebranche, psychologue et mystique, Spinoza, rationaliste panthéiste[1]. Cependant la philosophie cartésienne,

1. MALEBRANCHE, *Recherche de la vérité* (1674), auteur d'une trop célèbre formule : « Il vaut mieux renoncer à tout qu'à la raison » ; — SPINOZA, *Tractatus theologico-politicus* (1670).

officiellement interdite ou non, est l'objet d'un véritable engouement, dans ces mêmes années, de la part de l'opinion parisienne au moins : comme l'astronomie et la physique, la philosophie, étudiée avec ces sciences, passionne ; on prend des « leçons de cartésianisme » ; M. Rohault, en 1664, en fait presque un métier, enseignant en petites assemblées, hors des écoles évidemment, « la philosophie de Descartes, les expériences de la pierre d'aimant et tous ces différents effets »[1]. Arnauld, consulté à propos de la condamnation qui prohibe tout ce qui n'est pas physique d'Aristote, plaide à plusieurs reprises la bonne foi de Descartes, séparant avec la plus grande netteté science et mystères de la religion : « Car les manières philosophiques d'accorder nos mystères avec les opinions de physique ne sont point de foy ». La rigueur des condamnations a pu sans doute limiter, endiguer cette ardeur à philosopher : elle a contribué aussi, malgré les avances de Colbert, malgré les générosités de l'Académie des Sciences, fondée en 1666, à tenir à l'écart de la France les grands noms du temps : Spinoza reste à Amsterdam, Newton poursuit à Cambridge ses recherches mathématiques, Leibniz en Allemagne les siennes ; Huyghens qui est venu en France, s'enfuit en 1685... La science encouragée, la philosophie interdite ; la première vivote, malgré l'Observatoire et l'Académie ; la seconde vit, malgré la condamnation.

Le meilleur témoignage qui puisse être invoqué de cette postérité cartésienne, c'est l'indéniable et imposante progression de l'esprit critique dans les villes, jusque dans ces redoutables affaires de foi[2], les plus délicates, celles où la Sorbonne, l'archevêque de Paris, la Compagnie de Jésus, le roi en son conseil, autorité civile et ecclésiastique à la fois,

1. ORMESSON, *op. cit.*, II, 146.

2. Et, à plus forte raison, dans les autres ; un homme de guerre racontant un siège de l'époque : « On commença à la bombarder, et à y jeter des boulets rouges. La plupart des bombes crevaient en l'air, ce que les bourgeois regardaient comme un miracle, et nous, que les bombes ne valaient rien. »

exercent une vigilante surveillance. Il est clair que dans les années 1670-1680 le monde des savants, hommes de science et de philosophie, inséparables, a déteint sur le commun des mortels : tel abbé traitant de certaines pratiques pseudo-miraculaires déclare : « Les moines de... ceignent les femmes grosses d'une ceinture de Sainte Marguerite dont ils ne sauraient dire l'histoire sans s'exposer à la risée du monde sçavant... » Plus nette encore que ces exclamations échappées à quelque esprit pervers, est la disparition des procès de sorcellerie, ce grand fait juridique et social de la fin du XVIIe siècle ; encore fréquents, et même sensationnels dans les années 1630, où vivaient et raisonnaient Mersenne, Gassendi et Descartes — petits procès à la sauvette et à la douzaine, sans barguigner, en Franche-Comté, en Lorraine, ou bien grands événements provinciaux, Gaufridy à Aix, Urbain Grandier à Loudun, Barbe Buvée à Auxonne, — les poursuites cessent entre 1672 et 1682 : 1672, date à laquelle le Parlement de Rouen aux prises avec trente-quatre sorciers de Carentan, promis au pire sort, se voit dessaisi par le roi, qui casse les procédures et fait pratiquement arrêter le procès, malgré les protestations indignées des juges ; 1682, où dans l'ordonnance souvent citée contre les devins, empoisonneurs et autres magiciens, le roi décide de n'admettre de procès qu'aux vrais sorciers... Les plaintes qui viennent ensuite devant les tribunaux sont des plaintes en diffamation : « Il m'a appelée sorcière. » Malgré quelques résistances, magistrats et administration semblent bien avoir admis que la sorcellerie n'est point tellement fréquente. Ce qui n'est pas le fruit, la vertu extraordinaire d'un acte royal, mais le résultat d'une longue évolution des esprits : la diffusion de constatations médicales, — car depuis bien longtemps les médecins décrivaient les névroses des suspectes de sorcellerie et de leurs dénonciatrices ; et la reconnaissance d'une mentalité de suspicion automatique dont les ravages avaient été immenses. En 1641, Cyrano de Bergerac avait déjà protesté contre l' « inhumanité » des procès ; en 1660, un libraire lyonnais publie la traduction française de l'ouvrage consacré par un jésuite rhénan aux procès[1], où la logique formelle, dans laquelle se mouvaient juges, avocats et accusés, se trouve démontée avec une rigueur sans failles, qui a pu s'imposer, même aux plus prévenus, aux plus entêtés des juges et des suspects. Ainsi sans que la possession démoniaque soit niée, la sorcellerie sort de la vie quotidienne, de la mentalité des juges sinon de leurs justiciables ; du moins d'une grande partie de ceux-ci[2].

Audace plus grande encore, en 1678 un Oratorien, Richard Simon, publie une *Histoire critique du Vieux Testament.* Armé d'une connaissance érudite très poussée de la Bible, R. Simon applique au Livre saint les méthodes par lesquelles depuis deux siècles les textes de l'antiquité païenne se trouvaient mis au net ; il a fait une analyse de philologue et d'historien et donne dans son livre, qui a fait frémir, ses conclusions[3] : ainsi diminue-t-il la part de Moïse dans la rédaction du Pentateuque et quelques audaces, pour l'époque, du même ordre. Le livre mis au pilon, l'auteur exclu de l'Oratoire, la démarche, qui fonde l'exégèse biblique en France, condamnée, le scandale a cependant été grand. Richard Simon a poursuivi ses travaux historiques et philologiques dans le silence de longues années ; mais sa première œuvre est un grand témoignage de l'esprit du temps.

Après 1680, alors que la main royale s'alourdit, la pensée critique poursuit ses conquêtes ; philosophie et sciences intéressent un public toujours plus nombreux, les découvertes scientifiques encourageant les audaces philosophiques. Toute une vie de petits groupes « sçavans », dans

1. Titre : *Advis aux criminalistes sur les abus qui se glissent dans les procès de sorcelerie. Dédiés aux magistrats d'Allemagne. Livre très nécessaire en ce temps icy, à tous Juges, Conseillers, Confesseurs (tant des Juges que des Criminels), inquisiteurs, prédicateurs, advocats et même aux Médecins.* Par le P. N. S. J. Théologien Romain, imprimé en latin pour la seconde fois à Francfort en l'année 1632, et mis en français par J.-B. de Villedor.

2. Sur cette question, voir notre analyse, *Magistrats et sorciers en France au XVIIe siècle,* Paris, 1968.

3. Le *Discours sur l'Histoire Universelle,* de Bossuet (1681), est presque tout entier une réfutation éloquente de R. Simon.

les académies officielles et en dehors, rappelle par son atmosphère d'enquêtes passionnées (sur le méridien et sa longueur, la Terre et la place de la planète dans le monde) la grande époque de 1630. Des cercles réputés se forment ; le grand Condé est entouré jusqu'à sa mort d'un cénacle nombreux de savants au langage d'autant plus libre que la protection est sûre. Car trop de précautions sont nécessaires encore : la Hollande, terre d'asile à tout ce qui, dans la France esclave, soupire après la liberté[1], est au cœur de cette vie scientifique européenne ; les traités, dans lesquels s'affrontent cartésiens, partisans des tourbillons[2], et newtoniens, s'impriment à Amsterdam ou à La Haye. Puis viennent en France les livres audacieux, que jamais les libraires parisiens ne pourraient prendre en charge, et qui commentent Richard Simon, ou qui polémiquent sur l'exode protestant comme sur la pluralité des mondes, malgré les saisies et malgré la surveillance exercée sur la poste : « J'ai découvert, écrit un bourgeois, bien des choses touchant le commerce des livres de Hollande, et si je ne le sçavais aussi certainement que je le sçay, j'aurais peine à croire la grande quantité de livres, qui s'envoient journellement à Paris et aux environs. Ce négoce ruine entièrement celuy des livres de Paris »[3]. Tous ces livres et toute cette philosophie atteignent Lille, Amiens et Paris ; et ce trafic représente bien la préfiguration de l'activité déployée au long du XVIIIᵉ siècle... Le plus important, le plus significatif des ouvrages diffusés d'Amsterdam à la fin du règne est sans doute le fameux *Dictionnaire historique et critique* (1697) de Pierre Bayle, ce fils de pasteur, réfugié dès 1685, vrai philosophe au sens XVIIIᵉ du mot, par sa patience à attaquer par petits coups subtils les autorités les plus vénérées, à distiller discrètement un scepticisme, quasi universel, par sa foi dans la raison raisonnante.

1. Expression de Jurieu dans le titre d'un libelle publié à Amsterdam en 1689.
2. Vieilles habitudes d'écoles : pour certains cartésiens, Descartes a pris la place d'Aristote, il est aussi intouchable qu'Aristote l'a été pendant les siècles précédents.
3. B. N., Mss, fds fs, 21 743, 132.

Opposition profonde : la science déjà conquérante, en France et hors de France, la philosophie rationaliste l'accompagnant ; l'une et l'autre pénètrent des milieux toujours plus larges, conquièrent un public plus important d'année en année : bourgeois et robins, dans les villes et jusqu'à Versailles ; à l'heure même où la monarchie de droit divin, cet idéal politico-religieux, reçoit sa plus belle illustration, ce grand roi qui se veut le maître souverain, dans ce château unique au monde. Louis XIV et Versailles, est-ce bien l'épanouissement de l'idée monarchique, selon l'image traditionnelle ? Ou bien le chant du cygne ?

ORIENTATION BIBLIOGRAPHIQUE

Roland MOUSNIER, *Les Institutions de la France sous la monarchie absolue,* 2 vol., 1974-1980.

Denis RICHET, *La France moderne, l'esprit des institutions,* 1973.

Robert MANDROU, *Louis XIV en son temps,* 1973.

Pierre GOUBERT, *Louis XIV et vingt millions de Français,* 1966.

André CORVISIER, *L'Armée française de la fin du XVIIe siècle au ministère de Choiseul,* 1964.

Daniel MORNET, *Histoire de la littérature française classique,* 1940.

Victor L. TAPIÉ, *Baroque et classicisme,* 1957.

Paul HAZARD, *La Crise de la conscience européenne (1680-1715),* 1935 (nouvelle édition 1965).

Michel FOUCAULT, *Histoire de la folie à l'époque classique,* 1961.

Philippe JOUTARD, *Les Camisards,* 1976.

J.-P. POUSSOU, *Bordeaux et le Sud-Ouest au XVIIe siècle,* 1983.

CHAPITRE XI

La révolution économique et démographique du XVIIIe siècle

Révolution ? le mot est peut-être un peu gros, dans ces domaines où il n'y a pas de mutations brusques, ni de violents soubresauts. Mais il est seul assez fort pour signifier l'ampleur d'un mouvement, qui n'a d'égal, dans un autre domaine, que l'autre Révolution : celle de 1789, dont l'importance n'est pas surestimée, mais qui n'explique pas tout. Avant La Fayette et Robespierre, avant Hoche et Bonaparte, il faut mettre en place ce puissant renouveau économique, qui a transformé la France entière. Sans prétendre — comme certains économistes brésiliens, enchantés de constater que l'or de leur pays a joué un grand rôle dans la vie européenne, que la Révolution française est fille de cette exploitation aurifère du Brésil. Interprétation naïve, comme bien d'autres tentatives sans naïveté commises pour diminuer la Révolution de 1789, et la réduire à un complot franc-maçon, par exemple. Le temps des philosophes a été assurément une période de grande prospérité, dont les richesses ont irrigué la vie française tout entière, comparable au long XVIe siècle, jusque dans ses appétits de luxe, de renouvellement ; mais la réussite du XVIIIe apparaît plus globale, touchant l'ensemble de la société, et non pas seulement les villes ; et l'écho des impatiences renaissantes s'est multiplié et modifié : à l'humanisme épris des seules leçons de l'antiquité, amour violent et exclusif du XVIe siècle, répond déjà un nouvel humanisme tourné vers l'action, soucieux d'agir et non pas seulement de connaître.

Ainsi l'originalité première des décennies qui précèdent la Révolution est-elle économique ; au-delà d'une poussée

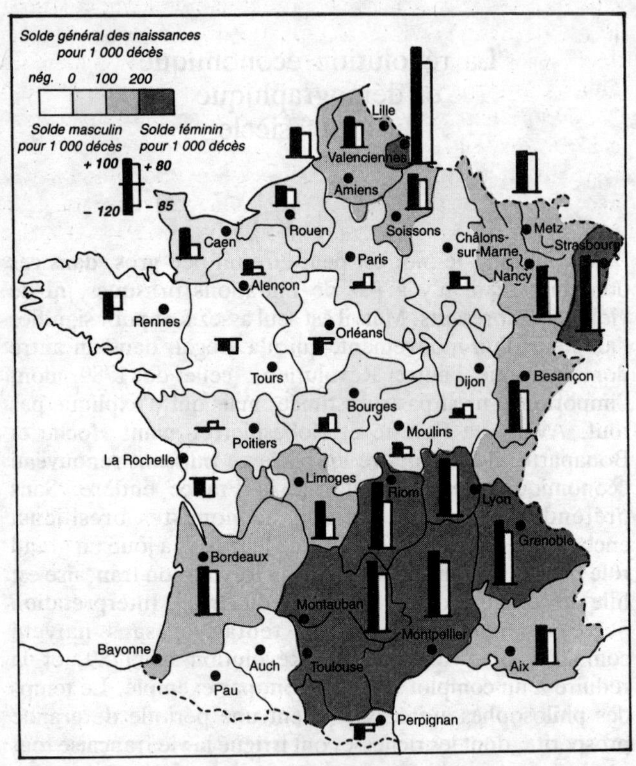

3. Mouvements de la population française
à la veille de l'Assemblée des Notables

Cette carte, extraite d'un atlas réalisé par M. André Rémond sur la France du XVIIIe siècle (mais non publié encore) révèle des variations qui peuvent surprendre : il est devenu tellement habituel d'évoquer la fécondité des pays bretons par exemple ; le Sud et ses pays de montagne sont des réservoirs de populations pour le Bassin parisien et l'Ouest. (Les généralités de Pau et Auch ne portent pas d'indications, faute de documentation.)

démographique plus ample que celle du XVIe siècle (les chiffres, très approximatifs, qui sont habituellement admis, le montrent : vers 1500, 13 millions de Français, 16 vers 1600, pas plus de 14, 15 à la mort de Louis XIV, malgré les annexions territoriales imposantes du XVIIe siècle ; et enfin 23, 24 millions à la veille de 1789), la vie matérielle française a été tout entière renouvelée ; l'essor du long XVIe siècle avait gonflé les villes de richesses et d'habitants, avait accéléré les rythmes du grand commerce international de la Méditerranée à l'Atlantique, de l'Italie aux Pays-Bas. Le XVIIIe siècle a apporté beaucoup plus : c'est la vie rurale elle-même qui devient plus facile, plus supportable, préservant la masse de la population de ces ponctions effroyables subies en des temps plus anciens, les famines. Ainsi s'ajoute un phénomène nouveau à celui, plus classique, de l'or brésilien, qui, relayant après une longue dépression l'or et l'argent espagnols, contribue à donner un nouveau souffle aux larges échanges, aux trafics à travers le monde. Déjà les paysans les mieux dotés — fermiers à la tête de 30 hectares, gros laboureurs, petits propriétaires au domaine suffisant — peuvent participer à la vie commerciale, trafiquer régulièrement — et non épisodiquement — aux foires, acheter en échange de leurs ventes. Les journaliers, brassiers y gagnent au moins leur vie ; ainsi le marché rural français s'ouvre aux produits des villes, énorme poussée à la production, demande longtemps insatisfaite qui accroît la richesse urbaine tout en créant un besoin pressant de nouveaux moyens de communication, de la ville aux villages... Le XVIIIe siècle est le temps des grandes constructions routières, indispensables à la vie économique nouvelle.

La population urbaine s'accroît sans que les campagnes soient désertées pour autant (à la différence du mouvement démographique du XIXe) : la durée moyenne de la vie s'allonge, gagne quelques précieuses années et approche la trentaine. Messance calcule, d'après ses observations faites dans quelques généralités au milieu du siècle, que la durée de la vie est passée de vingt-deux, vingt-trois ans à vingt-sept, vingt-huit : estimation acceptable, en dépit des critiques dédaigneuses dont l'auteur fait aujourd'hui l'objet.

Progrès d'autant plus remarquable que la médecine, dont les moyens restent encore très limités, n'y est pas pour grand-chose. A partir des années 1730, il est manifeste dans l'ensemble de la France que le pays s'enrichit en hommes et en biens : la grande famine de 1709 est décidément la dernière hécatombe, où plusieurs millions de Français aient disparu en quelques mois ; des disettes reviennent ici et là, notamment en 1726-1727, dont meurent des vieillards, des enfants en bas âge, mais rien n'est comparable aux grandes mortalités, aux vraies famines. La prospérité française — et sans doute européenne — du XVIIIe siècle se prolonge jusqu'aux environs de 1775, date à laquelle, sans revenir jusqu'aux affres d'autrefois, peu à peu oubliées, s'ouvre une crise de l'économie française qui se prolonge jusqu'aux premières années de la Révolution, au moins jusqu'en 1790 : contraction après une expansion d'un demi-siècle, la crise, qui coïncide avec le règne de Louis XVI, est d'importance ; elle éclaire l'atmosphère sociale et politique prérévolutionnaire [1].

1. Les progrès des campagnes

L'Angleterre de la même époque a connu une rénovation agricole beaucoup plus massive que celle de la France : aussi emploie-t-on à son endroit l'expression, légitime, de Révolution agricole ; l'élément essentiel en est un long déplacement de la propriété, une multiple évolution de l'exploitation, où les enclosures jouent le rôle primordial. Pour la France, l'expression de Révolution agricole serait osée ; en tout cas, les progrès agricoles n'ont pu s'appuyer sur un semblable déplacement de la propriété [2].

Modes d'exploitation

La production agricole française s'est accrue, sans coup de baguette magique, sans anéantir même la petite propriété au profit de la grande exploitation : les paysages ruraux ont

1. A.D., Char.-Mar., B 1 722, (année 1742).
2. M. BLOCH, étudiant dans les *Caractères originaux* les transformations des campagnes françaises à la fin de l'ancien régime, étudie de près cette question (cf. chap. VI).

évolué lentement depuis le XVIe siècle, insensiblement. Et le fruit de ces transformations lentes — et de quelques autres causes mal connues encore — nous apparaît aux environs de 1730. Or, en fait d'enclosures, la France a connu — à l'imitation de l'Angleterre, qui est fort admirée, et dans tous les domaines, de ce côté-ci de la Manche, au siècle des lumières — des décrets de clôture de communaux : initiatives d'intendants, décisions locales, prises province après province, autour de 1770 et jusqu'en 1777 ; alors que l'Angleterre en a fini de ce grand mouvement, la France s'y essaie timidement, et non sans récriminations, que nous retrouvons jusque dans les cahiers de doléances, où le rétablissement des communaux et de la vaine pâture est souvent invoqué. Dans la réalité, c'est tout le problème des servitudes collectives qui est ainsi posé : dans certaines provinces, et pour des raisons locales — ravages des transhumants dans le Midi, persistance du droit romain étranger à la notion de propriété collective en Provence, action de la grande propriété bourgeoise soucieuse de gros rendements et de bons revenus — la question s'est trouvée débattue dès le XVIe siècle. Ce que l'on appelle l'individualisme agraire n'est pas né d'une mutation brusque au XIXe siècle. Dans les plaines du Nord, avant même les expériences et les « fermes pilotes » genre Liancourt, les exigences de quelques grands propriétaires (ou de leurs fermiers), soucieux de réserver une fumure importante à leurs vastes pièces d'un seul tenant, désireux d'éviter à un pré bien irrigué et riche en regain les dégâts du parcours collectif, capables d'exercer sur les communaux ce droit de triage que de nombreuses coutumes anciennes admettaient — ces exigences ont pu amener un certain recul des servitudes traditionnelles ; elles précèdent en tout cas et annoncent le mouvement propre au XVIIIe siècle ; c'est un assaut séculaire, d'ampleur inégale suivant les régions, mal connu au demeurant parce qu'il s'y mêle, dans le détail de chaque communauté rurale, initiatives individuelles, regroupements familiaux de terres, jeux contrariés d'héritages et de partages. L'individualisme agraire a pu connaître de beaux jours au XVIIIe siècle ; la Révolution a cependant fait plus pour lui que les décrets de clôture et, plus encore que la Constituante, l'exode rural du XIXe siècle.

Beaucoup de forces sociales agissent en sens contraire, qui travaillent au maintien de la communauté rurale traditionnelle : l'orgueil du noble — frais émoulu de la bourgeoisie urbaine ou vieux terrien — à parcourir sans entrave le terroir qui est son domaine de chasse, ce que la clôture de pieux ou la haie vive interdit, au moins à cheval. Les servitudes collectives ne reculant que petit à petit, il ne peut être question de se contenter, pour interdire le passage, d'une pancarte ou d'un montjoie, brassée de paille dressée au milieu du champ ; la clôture n'a de sens qu'effective pendant longtemps. Dans le même sens, joue l'attachement à la tradition et surtout à la propriété collective, les communaux étant de grande ressource pour les petites gens, dont la chèvre, les quelques moutons n'ont d'autre pâture que les landes communales, les chaumes après la moisson, sans parler des ressources tirées de la forêt. A l'occasion, en Lorraine le cas s'est trouvé, les petits journaliers peuvent voir d'un bon œil un partage intégral des biens communaux, quand il est fait entre tous les habitants de la paroisse, et non entre les seuls qui sont déjà propriétaires ; le partage leur permet en ce cas d'accéder à la propriété, quitte à défricher difficilement des coins de terre abandonnés depuis toujours aux épines : ces partages intégraux ont été plus que rares. Ainsi la prospérité agricole de la France au XVIIIe siècle n'a-t-elle pas été le fruit du bouleversement social qu'impliquent disparition des servitudes collectives et partage des communaux : souhaitées par de grands exploitants, refusées par d'autres, et de même pour le petit peuple des campagnes ; réalisées en partie en Lorraine et en Flandre, nullement envisagées en Forez et en Auvergne, ces transformations ne constituent pas une explication décisive.

Innovations

Cependant les rendements et la production globale se sont améliorés : de grands propriétaires, rassembleurs de terres d'un seul tenant, curieux de progrès rural, nourris de littérature agricole, d'exemples anglais, de proclamations physiocrates ont fait des expériences, ont essayé de nouvelles méthodes pour labourer et semer ; tout au long du siècle, et surtout après 1750, le livre d'agriculture connaît une vogue extraordinaire : l'anglomanie, la physiocratie et Jean-Jacques y sont, dans l'ordre chronologique, pour quelque chose. Selon une bibliographie parue à Paris en 1810, 1200 volumes d'agronomie ont été publiés au XVIIIe siècle (130 au XVIIe, 100 au XVIe [1]) ; d'autres, fermiers, laboureurs de Beauce ou de Picardie qui ont entrepris des défrichements sur les landes ou les marécages délaissés, « ont eu la générosité de sacrifier des arpents de terre et des années de récolte à des essais sur l'économie rurale ». Le grand pas c'est le recul de la jachère, cet opprobre de l'agriculture française, qui scandalise l'Anglais Arthur Young, voyageant en France dans les dernières années de l'ancien régime. Recul lent, puisque le grand obstacle à sa disparition est la vie collective rurale tout entière. Cependant, ici et là, la jachère est « dérobée », la terre est ensemencée après la moisson au lieu d'être laissée au repos et produit plus : la découverte empirique de l'Europe occidentale en ce domaine, c'est celle de la vertu des plantes fourragères, trèfle, sainfoin, luzerne, qui, tout en fournissant d'abondants appoints pour le bétail, rendent au sol l'azote dont le blé est gros consommateur. Ces plantes — que les siècles précédents n'ignoraient pas, mais cultivaient en jardins dans les villes, ou en prés alentour pour nourrir le bétail de trait — introduites dans les anciens systèmes d'assolement, permettent donc à la fois des rendements meilleurs en blé et un cheptel plus important, mieux nourri, — ce qui à son tour fournit une meilleure fumure des champs et des récoltes plus abondantes. Ainsi dans le Nord de la France, sur les grands domaines, navets, turnep, luzerne et autres fourrages entrent dans les assolements. Dans le Sud-Ouest, le maïs, qui depuis la fin du XVIe siècle, où il a été importé d'Amérique, a gagné peu à peu, bouleverse aussi l'assolement biennal : cultivé en alternance avec le blé, fournis-

1. D. FAUCHER, *Le Paysan et la Machine,* Paris, 1955, p. 55.

sant soit un fourrage, soit son grain, mais donnant de toute façon au paysan aquitain, favorisé par son climat chaud et humide, une aisance considérable qui a frappé Young : « la frontière du maïs marque la ligne de séparation entre la bonne économie rurale du Midi et la mauvaise du Nord du royaume. Tant que vous n'avez pas rencontré le maïs, vous voyez des sols très riches mis en jachère, mais jamais après »[1]. Young exagère peut-être le contraste ; son expression est frappante cependant : la mauvaise économie rurale du Nord, la bonne du Midi, au XVIIIe siècle. Deux siècles plus tard, nous inversons les termes. Peu à peu s'est ajoutée aussi, après 1760, la pomme de terre qui a contribué à faire étudier, en tâtonnant, des assolements de plus en plus complexes : d'autant plus qu'il est apparu assez vite, dans le pays de Caux notamment, que les plantes fourragères gagnent à occuper le sol, non pas une longue saison d'août au mois de novembre de l'année suivante, mais au moins deux ou trois saisons, ce qui détruit le rythme annuel, au profit d'alternances plus compliquées. Mais ces gains en rendements céréaliers (que des travaux récents expriment par le passage décisif au-dessus du seuil de 5 pour 1), cet accroissement du cheptel qui leur est lié, ne sont pas universels : en fait la réussite des fourrages n'est assurée qu'en terrains enclos ; de plus certaines régions de circulation difficile, de traditions trop solides, de vie urbaine somnolente — tant il est vrai que l'impulsion vient pour une large part des villes — n'en ont rien vu. M. Goubert à la suite de ses enquêtes démographiques, affirme, par exemple, que la Basse-Bretagne, la Sologne, le Quercy sont des régions dans lesquelles la surmortalité, c'est-à-dire famines et épidémies, a continué à sévir pendant tout le siècle[2].

Cependant il semble bien que, à quelques exceptions près, la vie rurale se soit tirée partout de cette médiocrité chronique qui était la règle aux siècles passés : progrès de la

1. A. YOUNG, *Voyages en France,* Paris, A. Colin, 3 vol., 1931, t. II, p. 620.
2. *Annales E.S.C.*, 1954.

grande exploitation, recul des servitudes collectives, transformations techniques ne rendent pas compte de toute cette amélioration ; d'autres raisons ont pu jouer indépendamment de la demande accrue des villes — raisons peu visibles, mal vues encore : des documents d'archives donnent l'impression que les « blattiers » et « regrattiers », ces grands trafiquants entre villes et campagnes, sont moins nombreux, avec leurs procès, leurs heurts, leurs violences qu'aux époques précédentes ; et donc la spéculation moins vive, cette grande cause des hausses brutales, des brusques disettes de blé. Simple impression qui demanderait confirmation et explication. Autre hypothèse : celle des variations de climat. Alors que livres de raison et mémoires ne tarissent pas de plaintes hivernales (pluies et vents, terribles gelées) aux siècles précédents, la clémence semble s'être installée au XVIIIe ; la douceur des hivers aurait eu une action bénéfique sur les récoltes ; mais cela suppose de fortes variations climatiques, difficiles à établir avec exactitude, et à expliquer également[1]).

Recul de la mortalité

Tant et si bien que le plus clair de cette transformation des campagnes, c'est le résultat : la progression des revenus, l'accroissement de la population grâce à la « révolution démographique de la mortalité populaire », comme dit E. Labrousse. Même les plus pauvres, les journaliers qui n'ont que leurs bras et pas le plus petit lopin de terre, se tirent d'affaire, arrivent à vivre, et c'est leur gain le plus évident. Même dans les mauvaises années, ces miséreux des campagnes, que la morte-saison d'hiver réduit à la mendicité, ne se voient refuser le morceau de pain quémandé d'une façon ou d'une autre ; le prix du blé qu'ils achètent augmente, mais leurs salaires de journaliers indispensables à la vie des campagnes, augmentent encore plus[2]. Ainsi, la

1. Cf. E. LEROY-LADURIE, *Histoire du climat,* Paris, 1967.
2. LABROUSSE, *Esquisse...*, I, p. 497 et suiv.

bonne saison aidant la mauvaise et les beaux jours ramenant les travaux, les plus pauvres des habitants des villages se maintiennent ; la natalité l'emporte dès lors sur la mortalité et les observateurs, comme Messance, y voient une nécessité nouvelle ; Messance écrit en 1756, dans ses *Recherches sur la population :* « Il est même nécessaire que dans les petites villes et paroisses de la campagne, il y ait année commune, plus de naissances que de morts, tant pour recruter les grandes villes, que pour réparer les ravages des guerres, des pestes, des maladies épidémiques et autres fléaux, qui affligent de temps en temps le genre humain » ; en attendant que Malthus en prenne frayeur et pousse son cri d'alarme. Mais le petit exploitant qui a quelque bien au soleil, le fermier qui cultive à la fois ses terres et quelques guérets loués à un riche propriétaire, à plus forte raison « le brave laboureur », comme dit Voltaire, qui a charrue, bœufs et chevaux et fait figure de grand fermier, tous ces paysans, mieux lotis que les brassiers, ont gagné un peu plus encore : une aisance, modeste ou large, une facilité à vivre même pendant les plus mauvaises années qui a fait oublier peu à peu les grands désastres d'autrefois. Le petit paysan peut se nourrir toute l'année. Il se trouve même souvent avec un surplus en fin d'année agricole, quelques sacs de blé au fond du grenier qu'il peut vendre lui-même ; mais avec un surplus directement négociable, le voilà donc qui a gagné plus que la vie ; il vend son grain à la ville voisine ou à quelque ramasseur, et il « rentre » de l'argent. C'est un fait remarquable de ce siècle que la multiplication des foires et marchés, signe de cet accroissement massif des transactions ; les almanachs, dont l'usage se répand de plus en plus dans les campagnes et qui mentionnent tout ce qui concerne la vie rurale : les ditons courants, les phases de la lune, les conseils pratiques des travaux et des jours — ne manquent pas de les énumérer avec soin ; à la veille de la Révolution, plus de cinq mille foires, dans six mille cinq cents communes, sont ainsi mentionnées ; le paysan attire à lui un appareil commercial nouveau qui se met à sa disposition pour assurer la vente de ses volailles et du bétail, dont l'amélioration encourage la multiplication : il vend donc beaucoup plus et achète de même, encore que dans une moindre mesure peut-être. Enfin, profit encore plus grand, celui du vigneron dont la récolte a toujours été commercialisée, bien plus que celle du céréalier (qui a besoin de 15 à 20 hectares pour nourrir sa famille, alors que le vigneron l'abreuve avec 2 ares) : la demande en vins courants et en bons vins s'accroît durant tout ce demi-siècle de prospérité ; les vignobles réputés, d'origine ecclésiastique ou princière au Moyen Age, se transforment, améliorent leurs techniques de vinification, leurs réseaux de vente : Bourgogne, Alsace, Bordelais, Champagne prennent alors une part de leur physionomie actuelle.

La commercialisation

Ainsi, prudemment et très lentement, la paysannerie française entre dans de plus larges circuits commerciaux : vaste mouvement dans les pays de vignobles réputés, affaires importantes des laboureurs, des tenanciers habitués des foires, des maquignons ; entrée plus timide pour le petit paysan qui se contente – après avoir trinqué à l'auberge, façon de sceller un marché dans un pays où tournées et vins d'honneur sont une même tradition – de quelques achats très modestes : menu matériel agricole, serpes, houes, faucilles, sabots ; plus rarement quelques pièces de tissu, moins encore un costume ou des chaussures. La vie paysanne reste, pour de longues décennies encore, foncièrement inconfortable et le paysan n'est pas près de faire état de son aisance. Qui ne connaît la page des *Confessions*, où Jean-Jacques raconte comment, jeune homme, un paysan prudent lui a servi du pain noir et une mauvaise soupe ; puis, mis en confiance, pain blanc, lard, jambon et vin honnête. Le paysan de Rousseau pense aux gabelous ; mais, les gabelous disparus, cette mentalité a survécu longtemps... Toujours mal logé dans des maisons sans air, ni lumière (la dépense des vitres est un luxe inutile), meublé sommairement – quelque grande huche, une armoire, une table et des bancs, et de grands lits placards – le paysan du

XVIIIe siècle s'est d'abord soucié de ses instruments de travail, achetant faucilles et haches et peu à peu des faux qui gagnent du terrain à la faveur des progrès réalisés par les prairies artificielles. Cette prospérité des années 1730 à 1775 peut sembler contredite par les descriptions de misère et de crasse que nous transmet Arthur Young : mais celui-ci voyage en pleine crise (dans la période postérieure) et vient d'un pays dont l'agriculture a connu un essor encore plus important ; il juge toujours en se référant au modèle anglais, inégalable ; de plus, ses observations ne sont pas dénuées d'un certain pessimisme, malgré la qualité d'ensemble du témoignage. D'autre part le progrès agricole n'a pas été universel, ni jamais à l'abri de rechutes locales. D'Argenson écrit ainsi en août 1748 : « nos provinces de l'intérieur du royaume au midi de la Loire sont plongées dans une profonde misère. Les récoltes y sont de moitié moindres que celles de l'année dernière qui étaient fort mauvaises. Le prix du blé augmente et les mendiants nous assiègent de toutes parts ». Il récidive en 1752 : « Un de mes curés me mande qu'étant le plus vieux de la province de Touraine, il a vu bien des choses et d'excessives chertés du blé, mais qu'il ne se souvient pas d'une si grande misère (même en 1709) que cette année-ci ». En même temps que s'améliorent ses travaux et leurs rendements, le paysan contribue à accroître l'activité urbaine, qui s'est trouvée stimulée d'abord par les rentiers du sol... Prospérité urbaine et prospérité rurale se trouvent étroitement liées : des campagnes aux villes, c'est la même atmosphère de hausse continue et saine des prix, d'aisance croissante, avec les nuances qu'impose la variété des conditions économiques et sociales.

2. Prospérité des villes

Des campagnes aux villes, les liens se renforcent, se multiplient aussi : le monde paysan utilise de plus en plus la monnaie, entre dans les circuits commerciaux diversifiés à son usage ; l'adaptation mentale nécessaire est plus lente que celle des techniques : aux environs de 1850, combien de villages encore où la règle semble de n'acheter que le minimum à la ville, où même les colporteurs, apportant à domicile le petit outillage (limes, pinces), le fil, les aiguilles, les petits livres, ne sont pas toujours bien accueillis[1]. Aussi bien les villes sont liées aux campagnes d'une façon plus directe, plus sensible : par les rentiers du sol, qui sont les grands bénéficiaires — sans effort — de la prospérité rurale et qui, à eux seuls, animent la vie économique urbaine. Le produit des droits en nature, pourcentage de la récolte, varie avec celle-ci, s'accroît donc lorsque les rendements s'améliorent : banalités et dîme font ainsi entrer dans les greniers des rentiers des masses accrues de grains et des autres produits. Lorsque les paysans de Lieusaint récoltent sept cents sacs au lieu de cinq cents, grâce à un meilleur agencement de leurs cultures, le décimateur venu de Melun ramasse soixante-dix sacs au lieu de cinquante... Ainsi les propriétaires de terre et le clergé ont transféré vers les villes des richesses plus importantes, des récoltes finalement vendues sur les marchés urbains ; et l'argent est dépensé dans les villes mêmes... C'est l'élément principal de l'essor urbain, plus important sans doute que l'afflux d'or brésilien sur les grandes places du commerce mondial (celui-ci a rendu pourtant de très grands services dans un pays où le crédit ne dispose pas encore du billet de banque — à la différence de la Hollande et de l'Angleterre où les banques d'État tiennent une place essentielle dans la vie économique). Donc les villes s'accroissent, augmentent en population et en activité. Messance s'est essayé à calculer la progression démographique de grandes villes françaises (à partir des années moyennes de naissances, multipliées par un coefficient variable) ; il donne des « ordres de grandeur » intéressants pour la période 1700-1710 et 1750-1770 : progression légère de centres régionaux comme Clermont-Ferrand, de 17 100 à 20 800 ; Roanne, de 5 100 à 6 500 ; Aurillac, de 5 800 à 7 200 ; recul de ports méditerranéens, en ces temps où l'Atlantique l'emporte nettement

1. Cf. THABAULT, *Mon village*, 1850-1914, *passim*.

sur la Méditerranée : Marseille, de 97 000 à 90 000. Avance de Paris, qui passe de 509 000 à 570 000 (mais l'opinion commune donne à la capitale 700 000 habitants au milieu du siècle). Messance n'a malheureusement pas soumis à ses calculs Nantes, Bordeaux, ces grandes bénéficiaires du XVIIIe siècle. Dans l'ensemble la prospérité urbaine répond parfaitement à la prospérité rurale.

Rentiers du sol

Ces rentiers du sol, ce sont les évêques, les nobles, et les bourgeois acquéreurs de biens fonciers par goût des placements sûrs : parmi tous ces bénéficiaires de l'essor rural, une minorité vit à Versailles, loin de ses terres, confiant à des intendants diligents le soin de ses intérêts ; la plupart résident à la ville voisine, même les nobles à qui les vieux châteaux inconfortables, éloignés de toute société agréable, en ce siècle où la vie mondaine présente tant d'attraits, paraissent sans agréments : petites capitales provinciales brillantes comme Dijon, Colmar, Toulouse, ou bien centres régionaux somnolents comme Gannat ou Montbrison, les petites villes de l'époque, dix à vingt mille habitants, sont la résidence normale de ces hobereaux, tout fiers de leurs biens et de leur situation sociale. Favorisés à la fois par le croît des récoltes et par la hausse des prix, ces terriens qui n'aiment pas vivre sur leurs terres, pourvus de capitaux abondants, les emploient à la ville. La vie économique du temps ne leur offre pas une grande variété de placements ; la spéculation, le commerce de l'argent par l'intermédiaire des banques ne sont guère possibles que sur les places de change importantes : la Bourse de Paris prend forme et consistance au cours de ce siècle (à partir de 1724) ; de même à Bordeaux, à Nantes, tout un peuple de prêteurs, monde international, où Portugais, Français, Italiens cohabitent et trafiquent avec les armateurs de l'Atlantique, toujours à court ; de même à Lyon encore, qui ne connaît pourtant plus les grands jours du XVIe siècle, où il concurrençait Anvers sur le marché mondial de l'argent. En fait les banques, même parisiennes comme la banque Mallet, fondée en 1723 par un Suisse précédant Necker de quelques années, sont des banques dont l'initiative demeure assez limitée. La banque Mallet[1], fondée aussitôt après la banqueroute de Law par des descendants d'émigrés réformés du XVIe siècle, retirés à Genève et de retour en France, veut être une banque solide et sûre ; de même, les autres fondations suisses ultérieures ; manque d'audace imputable aussi bien à la prudence excessive du possesseur de capitaux terriens, acquis pourtant sans peine, qu'à l'expérience malheureuse de Law entre 1715-1720 ; l'or du Mississipi, et les mirages de la Louisiane ont englouti rue Quincampoix trop de richesses, pour ne pas entraîner une réaction timorée. Dans la plupart des villes, les bourgeois prêtent directement, et à taux élevé, aux paysans dans le besoin, aux amis et connaissances pour de petites sommes, et, eu égard aux fréquents déboires et aux habituelles procédures, pour de petits profits.

Autre investissement sans attraits convaincants au XVIIIe siècle : les biens d'équipement, qui s'offrent aujourd'hui par les multiples voies des emprunts et de la Bourse aux détenteurs de capitaux. Jusqu'à la veille de la Révolution, la lenteur des progrès techniques, la relative simplicité de l'équipement artisanal excluent des appels de cet ordre. L'ébéniste ou le tisserand renouvellent leur matériel au rythme où le paysan rajeunit le sien, un peu plus rapidement même. Mais seules les manufactures ont des besoins plus importants ; et elles ne représentent qu'une faible part de l'activité industrieuse du temps. Autour d'elles, autour de nouvelles entreprises comme les mines d'Anzin, peuvent se constituer au cours du siècle les premières grandes sociétés en commandite ; les premiers maîtres de forge au Creusot, à Saint-Étienne adressent quelques appels de fonds à des amis, aux bourgeois d'une ville voisine... De toute manière, cette façon d'utiliser ses

1. La banque Mallet a publié, en 1923, pour son deuxième centenaire une discrète plaquette, qui rappelle succinctement l'histoire de cette maison.

capitaux n'a pas encore une place importante dans la vie économique française.

Il est plus remarquable — parce que la demande va de soi en ce cas — de voir que les rentiers du sol n'ont pas cherché non plus à rendre les capitaux à la terre en stimulant un progrès rural dont ils auraient été directement bénéficiaires : prêter à long terme aux fermiers, aux laboureurs pour faciliter les clôtures, pour l'achat de semences ou d'outillage, pour l'amélioration du cheptel — alors que les paysans les plus aisés manquent toujours des fonds importants nécessaires pour une rénovation de longue haleine, c'est une opération qui n'est guère pratiquée, sinon par quelques agronomes dévoués, créateurs de « fermes à l'anglaise », comme dit Young de la ferme Liancourt ; ces capitaux, venus de la terre, n'y sont pas retournés, d'abord parce que leurs détenteurs vivent à la ville, ne se plaisent pas à la campagne, ne suivent pas les travaux des champs et ne voient pas l'intérêt de ces transformations onéreuses — que le paysan de lui-même sollicite rarement.

La grande voie, par laquelle les rentiers du sol irriguent l'économie française, c'est celle des biens de consommation. Tous ces enrichis ont surtout pensé à acheter meubles, tapis, tissus ; ils ont augmenté l'effectif de leur domesticité, ils ont amélioré leurs menus quotidiens, enrichi leurs caves ; et fait construire surtout. Peu de placements fructueux, beaucoup de dépenses somptuaires : le XVIIIe est le siècle du luxe et du confort urbains. Sur la vie économique des villes, l'effet de ces investissements se révèle vite : construire un nouveau palais épiscopal, multiplier dans les quartiers nouveaux des grandes villes ces hôtels particuliers dont le XVIIe avait fixé les modèles, meubler avec goût, mais sans trop compter, et tout à l'avenant ; c'est la vie artisanale entière qui travaille, à ne pouvoir y suffire dans des villes comme Nantes, qui doit appeler de régions plus paisibles charpentiers, couvreurs, tisserands, ébénistes ; c'est l'accélération des tours de France corporatifs, et le gonflement des grandes villes au détriment des petits centres : au total cette fièvre assure l'enrichissement de tous ces métiers urbains.

Prospérité artisanale

Le bâtiment et le textile, les deux principales « industries » de l'époque, sont à la tête de cette prospérité urbaine ; le bâtiment parce que ses nombreux corps de métier couvrent une bonne part des activités artisanales, constituant dans la mentalité populaire le corps pilote, bon témoin des réussites urbaines, *quand le bâtiment va, tout va ;* le textile, parce que les villes cotonnières, Rouen, Mulhouse, Paris bénéficient par surcroît de l'engouement qui porte le public mondain vers les indiennes, ces tissus légers, encore chers, mais aux tons variés et faciles à imprimer.

Derrière les artisans, accablés de commandes auxquelles ils ne peuvent satisfaire assez vite, les commerçants au long cours ou au faible rayon d'action, le capitalisme commercial est stimulé, plus encore que la vie « industrielle » — ou plutôt artisanale ; cela tient à ce que l'état des techniques empêche une rénovation profonde des métiers. La France n'a même pas connu à l'époque la révolution industrielle anglaise, ces premières découvertes techniques qui peu à peu, renouvellent les industries textiles, entre 1740 et 1780, et qui ne passent la Manche qu'à la fin du siècle, et surtout dans les années 1815-1830 : découvertes de portée limitée, sans mesure commune avec la mise en route d'une nouvelle énergie : la vapeur, après 1850. Ainsi la demande en produits de l'artisanat s'accroît vite, alors que la production ne peut se développer qu'en fonction des effectifs de la main-d'œuvre, donc lentement ; d'où la hausse des prix d'une part, continue et lente, signe de prospérité, et signe de la pression exercée par la demande ; d'où tant d'efforts pour multiplier sur les petites et grandes rivières, par des dérivations rapidement trop nombreuses, les sources d'énergie (moulins souvent abandonnés aujourd'hui), et dont les ruines témoignent encore maintenant de cet effort de suréquipement ; d'où encore le développement de l'artisanat rural autour des villes, comme Amiens et Beauvais en pays picard ; les manufacturiers urbains, à l'exemple de l'Angleterre, équipent des campagnards travaillant en chambre, ou en cave, sur des matières premières, des plans, des commandes fournis par les manufacturiers eux-mêmes ; d'où enfin, tant d'efforts obscurs, mal compris et mal connus, pour améliorer les rendements, les techniques de chaque métier : ce qui est le sens profond de la partie « industrielle » de l'*Encyclopédie,* où les amis de Diderot multipliant les planches, dessins, explications, qui font le point des techniques utilisées dans tous les métiers en France et ailleurs. Un académicien marseillais exprime bien ce souci des techniques : « Les arts mécaniques même ne sont pas une occupation indigne d'un Académicien » ; et les planches de l'*Encyclopédie* ont fait la réputation de ce dictionnaire, non moins que les coups fourrés contre l'Église... Tout cela explique l'accélération des échanges et les efforts faits pour les libérer des entraves, péages, douanes provinciales et urbaines, qui limitent le commerce intérieur et extérieur. Cette « poussée industrielle » favorise d'une part le déclin des corporations péniblement remises sur pied par Colbert, et la multiplication des métiers libres en chambre, les chambrelans ; d'autre part les premières concentrations, manufactures qui sont plus des juxtapositions de petits ateliers (Van Robais à Amiens rassemble ainsi mille huit cents ouvriers) que de grandes entreprises ou des associations en commandite, comme les sociétés minières, Anzin et quelques autres : au total, c'est bien une maigre réponse sur le plan de la technique industrielle à l'appel que représente l'essor commercial.

Trafics coloniaux

Aussi bien celui-ci représente-t-il la plus grande réussite du siècle ; le trafic maritime connaît alors un progrès sans précédent grâce aux Antilles, Saint-Domingue, Martinique et Guadeloupe, que les planteurs ont transformées, après une centaine d'années de traite des Noirs et d'occupation progressive du sol, en un des plus riches domaines coloniaux : faisant du même mouvement la richesse de Bordeaux et Nantes, les deux grands ports de l'Atlantique, les deux grands relais de ce trafic des Indes occidentales (malgré la concurrence de Marseille, qui joue à la fois sur le commerce atlantique et les échanges avec l'océan Indien). Le succès du trafic antillais, grâce auquel les quais et les docks de la Garonne et de la Loire se multiplient, ce n'est pas celui des épices, ou des métaux précieux, comme au XVIe siècle : c'est celui de ces boissons nouvelles, découvertes au temps de Louis XIV, et rapidement adoptées par la bonne société parisienne, puis par celle des villes de province – café, thé, cacao – luxe nouveau de la table ; les premiers « essais » remontent certes aux années 1640, où le café arabe est entré dans le royaume par Marseille, et où très vite la mode s'est mêlée de le servir l'après-midi, concurremment aux vins : « M. de la Devèze ne nous laissait jamais partir sans nous présenter une tasse de café, suivie de quelques rares verres de joli vin »[1]. Joli, car du vin ordinaire ne serait pas buvable ; c'est, peut-être, la raison des progrès des vignobles et de la vinification. Dès Louis XIV, le café est apprécié tant à Versailles que dans les salons parisiens. Quelques esprits – quelques palais – chagrins cependant, au milieu de la faveur générale, protestent à la Cour ; la princesse Palatine écrit en 1712 : « Je ne supporte ni le thé, ni le café, ni le chocolat. Je ne peux comprendre comment on aime ces choses là. Au thé, je lui trouve un goût de foin et de paille pourrie ; au café, un goût de suie et de lupin, le chocolat je le trouve trop doux. » Et la bonne Allemande d'ajouter : « Mais ce que je mangerais volontiers, c'est un bon birambot ou une bonne soupe à la bière ». Au XVIIe siècle, café et thé constituent un luxe de la capitale : ils deviennent celui des villes, par excellence, au siècle suivant. Les nouveaux produits des îles qui n'atteignent pas encore les campagnes et ne vont les pénétrer vraiment qu'à la fin du XIXe siècle, sont passés en quelques dizaines d'années dans les habitudes alimentaires urbaines – pour n'en plus sortir. Avec un brin de passion, de mode marquée d'un fort snobisme : dès 1696, le *Mercure galant* pouvait écrire : « On a pour lui [le café] le même

1. ROU, *Mémoires*, p. 259.

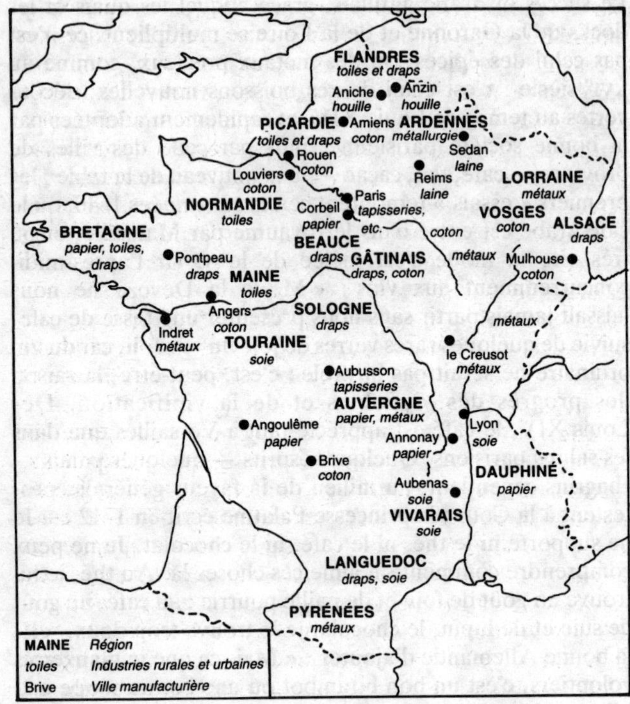

4. Industries à la fin du xviiie siècle
(D'après H. Sée et R. Schnerb)

L'effort manufacturier de Colbert a fixé un certain nombre d'industries dans les villes, et a finalement favorisé le déclin des réglementations. A la veille — ou l'avant-veille de la Révolution industrielle, les industries françaises sont d'une très grande diversité, qu'essaye d'évoquer cette carte. A comparer avec celle du xvie, p. 357 du tome I.

empressement que pour le blé, et on craint d'en manquer comme de pain. Lorsqu'il devient rare et cher, les nouvelles de sa rareté et de sa cherté sont des nouvelles affligeantes pour le public ». Comprenons par là que ce breuvage aujourd'hui si commun, le café au lait sucré, est alors un luxe sans précédent ; et dans ce café au lait, sur trois composants, deux sont fournis par les Antilles : la canne tropicale apportant en abondance relative sur les tables bourgeoises et nobles ce produit si rare autrefois qu'il a été longtemps considéré comme un produit pharmaceutique, le sucre. Il faut joindre encore aux trois boissons, aux sucres et mélasses, le tabac, qui s'est répandu depuis plus longtemps ; et le panorama est complet des produits qui font ces îles si précieuses aux yeux de Voltaire — comparées aux arpents de neige canadiens, producteurs de bois et de fourrures ; de ces nouveaux produits qui font le bonheur des habitués des salons, académies, cabinets de lecture et surtout des « boutiques de vendeurs de café ».

Enfin, au-delà des réussites du grand commerce, le monde judiciaire, — encombré de litiges plus fréquents, d'actes notariés plus nombreux, de constats, saisies, procès qu'entraîne une vie d'échanges intensifiée — tire aussi profit, à sa façon, de la prospérité urbaine : notaires et huissiers, avocats et juges, tous ces robins, toutes ces « professions libérales » sont entraînées par le même mouvement. La justice du temps — qui ne l'a dénoncée ? — est lente parce qu'elle est procédurière, mais aussi parce qu'elle est accablée d'affaires trop nombreuses ; elle est vénale, parce qu'elle tire parti sans vergogne du flux de richesses qui déferle sur la vie urbaine.

Même les classes populaires des villes ont pu, à certains égards, en profiter ; il est vrai que les salaires ont suivi de très loin la hausse des prix — l'abondance de la main-d'œuvre disponible a joué en ce domaine son rôle ; mais le compagnon charpentier ou le tisseur sur soie ont du travail puisque les artisans ne manquent pas de commandes ; là comme pour les journaliers des campagnes, c'est en comparant à l'époque précédente, aux lourdes années de la dépression du XVIIe siècle, que s'aperçoit le gain : partout, dans les villes plus favorisées comme Paris ou les ports atlantiques, une aisance modeste, du vin sur la table tous les jours, vin courant sans doute, meilleur que de l'eau ; dans l'ensemble du secteur urbain, le gain est encore la vie sauve, à l'abri des grandes ponctions dues à la mortalité d'autrefois.

L'urbanisme

Le profit artisanal et commerçant est ainsi venu redoubler le profit foncier. Cette prospérité des villes explique aussi l'urbanisme remarquable de l'époque : précieux hôtels particuliers qui font le charme de vieux quartiers, comme le faubourg Saint-Germain, et de petites villes provinciales comme Riom modeste, ou Nancy plus orgueilleuse. C'est l'effort du XVIIe siècle poursuivi et amplifié ; de même les perspectives plus dégagées, plus aérées — cours nantais, allées de Tourny à Bordeaux ; rues pavées et éclairées la nuit au prix de difficiles installations et de grosses dépenses, etc. Les villes deviennent de plus en plus des lieux où il fait bon vivre : confort intime des hôtels nouveaux aux pièces plus petites, plus faciles à chauffer ; confort public de la ville mieux équipée petit à petit ; c'est le cadre recherché par les nobles même, celui où s'épanouissent ces fleurs des civilisations régionales, maintes fois décrites par des provinciaux à la plume alerte, amoureux de leur petite patrie, qui découvrent dans leurs capitales la douceur de vivre d'une aristocratie au double visage, nobiliaire et bourgeois. Ainsi la prospérité du XVIIIe siècle a fait la double fortune des capitales provinciales, qui n'ont jamais été si vivantes qu'au temps des philosophes ; et de Paris, qui est la capitale, politique malgré le séjour royal à Versailles, administrative, économique, intellectuelle. Depuis longtemps, la grande ville déborde son cadre traditionnel, peuple ses faubourgs (Temple, Saint-Antoine, Saint-Marceau), qui, à travers jardins et vignes, rejoignent les villages alentour : Belleville, Auteuil, Passy, Saint-Denis... Les espaces vides, les jardins et les terrains vagues se font rares dans la ville même, surtout sur la rive droite (sur la rive gauche, le Sud du Luxembourg est encore très aéré ; et les rives de la Bièvre, rendez-vous des corroyeurs et des tanneurs, sont toujours marécageuses et malsaines). Ainsi Paris croît de l'intérieur et gagne sur l'extérieur, notamment à l'Ouest, où se construisent les vastes espaces vides qui séparent les Invalides du Champ de Mars, où se peuplent les prolongements des Champs-Élysées et de la rue Saint-Honoré. Loin de ses grands axes d'hier, rue Saint-Jacques, rue Saint-Martin, et loin de la Seine toujours encombrée au long de ses ports, la ville se ramifie et s'agrandit, prélude important à la croissance gigantesque du XIXe siècle.

3. Routes et voies d'eau

Toutes les villes vivent donc de leurs relations avec Paris, avec Ferney et Vincennes, avec l'Atlantiquc aussi : comparé aux siècles précédents, le XVIIIe est encore différent sur ce plan des échanges, par le rythme nouveau, plus intense, sur lequel se développent services postaux et voyageurs, se construisent routes et canaux pour mieux lier Paris et les provinces.

Canaux et rivières

De François Ier à Louis XIV, ces préoccupations n'ont pas été inexistantes : quelques réalisations en survivent d'ailleurs, canal de la Loire au Loing réalisé à la fin du XVIe siècle, routes plantées d'arbres construites par Sully autour de Paris, jusqu'au trop fameux canal de Riquet, de la Garonne à la Méditerranée, qui n'a jamais eu un trafic égal à celui de Briare. En fait, pour bien des raisons, – manque d'hommes et d'argent, besoins mal perçus dans leur urgence – les efforts des Valois et des premiers Bourbons n'ont pas été très poussés. Et jusqu'au siècle de la diligence, les transports par eau et par terre sont restés précaires, en dépit de leur intérêt tant pour la bonne administration du royaume que pour les trafics des marchands : voies d'eau utilisées sans cesse malgré les basses eaux, les bancs de sable ou les rochers, routes effondrées, détournées en pleins champs sur des fascines pour éviter les plus grandes fondrières, expéditions toujours lentes au rythme des relais (de Paris à Bayonne un mois...), toujours menacées par les accidents de voyage, et par les brigands ; beaucoup de trafics demeurent sommaires : par exemple, des sapinières descendent « minières » et fromages d'Auvergne sur l'Allier et la Loire jusqu'à Orléans et sont débitées et vendues à l'arrivée... cependant que les mariniers remontent ensuite, cordages sur le dos, jusqu'à leur point de départ. Tout cela a bien changé pendant ce demi-siècle de prospérité qui précède le règne de Louis XVI.

De ces deux moyens de transport, ce sont pourtant les voies d'eau qui ont subi le moins de transformations : des constructions nouvelles de canaux mettent en relations les différents bassins fluviaux (Loire-Saône par le canal du Centre, de la Seine à la Saône par le canal de Bourgogne) ; des aménagements surtout ont été apportés sur les voies naturelles qui restent utilisées par des flottes légères et nombreuses ; ainsi les chemins de halage le long des fleuves difficiles d'accès, pour faciliter le travail des mariniers. Dans les longues gorges de la Loire entre Roanne et Balbigny, la petite route bien empierrée subsiste encore aujourd'hui, déserte depuis un siècle. Fleuves et rivières sont donc restés très fréquentés, surtout pour les transports de marchandises ; car les voyageurs à mesure qu'avance le siècle, se tournent de plus en plus vers la route.

Routes, Ponts et Chaussées

Gouvernement et opinion sentent également la nécessité de ce développement routier qu'encouragent des progrès réels dans la technique des voitures, peu à peu mieux suspendues, plus résistantes aux chocs et aux coups. Dès

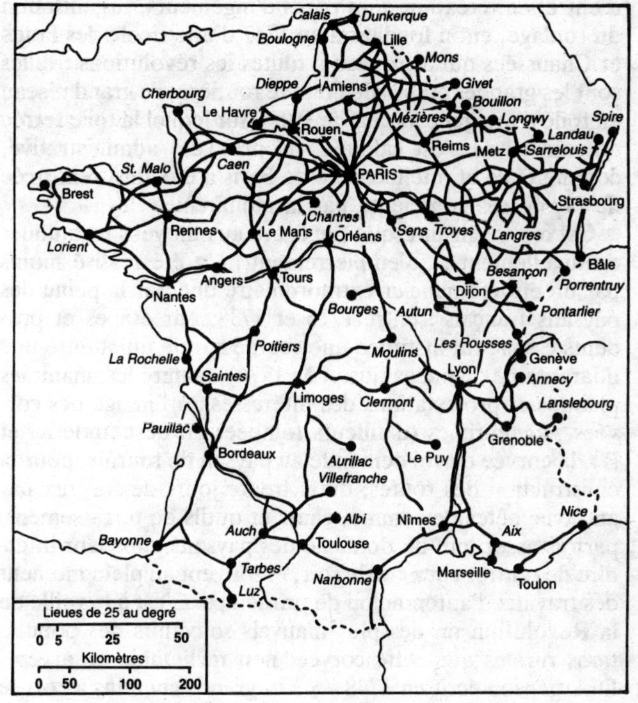

5. Les routes de poste à la fin du XVIIIe siècle
(D'après Lavisse, *Histoire de France*, I, 1, 379)

Au moment où les premiers chemins de fer se construiront, la « poste » possède un équipement de premier ordre, assurant des relations rapides entre Paris et la France entière. Remarquons pourtant le petit nombre des itinéraires vers le Midi, très défavorisé par rapport au Nord et à l'Est : la stratégie militaire a commandé.

1715, une direction des Ponts et Chaussées au Conseil des Finances a été chargée de la construction de grandes routes rayonnant de Paris vers toutes les provinces : règlements d'entretien, création d'un corps d'ingénieurs, organisation du roulage, enfin fondation en 1747 d'une École des Ponts et Chaussées qui a survécu à toutes les révolutions : telles sont les grandes étapes de l'œuvre routière, ce grand réseau en toile d'araignée autour de Paris, sur lequel la toile ferrée du XIXe siècle s'est calquée : la primauté administrative, commerciale et intellectuelle de Paris a été ainsi renforcée de façon très consciente par la monarchie.

Cet œuvre gigantesque (eu égard aux moyens techniques de nivellement et d'empierrement...) a été réalisé moins par un effort financier extraordinaire que par la peine des paysans français : entre 1726 et 1738, par étapes et prudents essais, fut instituée une corvée royale qui a duré une quarantaine d'années (jusqu'en 1776), malgré les unanimes plaintes et protestations des intéressés ; à l'image des corvées seigneuriales (d'ailleurs tombées en désuétude ici et là), la corvée du roi demande au paysan de fournir, pour la construction des routes, dix à trente jours de travaux par an, avec bêtes de somme, chars et outils de terrassement, parfois assez loin du domicile des paysans pour leur interdire de rentrer chez eux le soir, et souvent au plein moment des travaux d'automne ou de printemps. C'est à la veille de la Révolution un des plus mauvais souvenirs des populations rurales que cette corvée, non rachetable en argent. D'Argenson écrit en 1748 : « Les grands chemins à corvée sont la plus horrible taille qui ait été jamais supportée ; on force le labeur et la subsistance des journaliers par-delà toutes leurs forces ; ils prennent tous le parti de se réfugier dans les petites villes. Il y a quantité de villages où tout le monde abandonne le lieu ». Après 1776, les Ponts et Chaussées organisent construction et entretien par contrats avec des entreprises privées, ou des ateliers de charité qui accueillent les chômeurs. Au prix de ces très lourds sacrifices imposés aux populations rurales, les intendants rivalisent d'une généralité à l'autre, voyant large et grand, et réalisant ces routes droites, bien empierrées et ombragées, assez belles pour faire l'admiration d'Arthur Young, cet observateur difficile[1].

En même temps, et surtout à partir de 1770, les Ponts et Chaussées organisent sur ces grandes routes, où la circulation n'est pas encore intense, des services réguliers de ville à ville, et principalement, étant donné la configuration du réseau, de Paris aux grandes villes des provinces ; grand progrès sur le coche du siècle précédent, qui « arrive et part quand il peut ». Les diligences et turgotines plus rapides que les voitures de poste partent au jour fixe, ont un itinéraire imposé, un horaire fixe ; le voyage n'est pas encore une partie de plaisir ; les ressorts faibles, l'air confiné de la diligence s'y opposent. Celui qui ne voyage qu'à la belle saison préfère souvent partir seul à cheval : les auberges annoncent pour longtemps au long des routes « on loge à pied et à cheval », inscription à peine effacée encore aujourd'hui ici et là.

Cependant si routes et postes animent les villes, elles touchent beaucoup moins la campagne ; les communications locales du plat pays à la ville n'ont pas suivi le perfectionnement et restent précaires : chemins de terre, boueux, impraticables pendant les pluies, poudreux et encore défoncés par temps sec. Malgré les déplacements plus fréquents des paysans, malgré la place importante des colporteurs sur les routes et traverses, les Ponts et Chaussées n'ont trouvé ni le temps, ni les moyens de compléter leur réseau de grandes artères par les capillaires sans lesquels la circulation est spasmodique, et au total assez indigente : A. Young a constaté à la fois la réussite technique de ces grandes chaussées et la petite circulation qui les anime. Le réseau de chemins vicinaux, ce complément nécessaire des grandes routes, s'est constitué au siècle suivant seulement.

Voyages et circulation des hommes

Cependant, comme F. Brunot l'a bien montré dans son *Histoire de la langue française,* la monarchie a plus travaillé par cet équipement routier, pour l'unité linguistique et

1. A. Young, *op. cit.*, I, 91.

morale de la nation, que par des siècles de centralisation, ou par la fameuse ordonnance de Villers-Cotterets imposant le français comme langue d'administration et de justice ; avant comme après 1536, beaucoup de citadins (sans parler des paysans) se sont contentés de comprendre le français sans le parler, comme font encore aujourd'hui des Bas-Bretons ou de vieux Auvergnats. Mais les routes du XVIIIe siècle ont facilité les échanges, encouragé les voyages des citadins vers les petites villes et les campagnes, en visites d'affaires ou promenades d'amis de la nature à l'imitation de Jean-Jacques. La diffusion du français se mesure dans chaque province à la densité de ces grandes routes où la circulation va s'accélérant avec le temps : ainsi, lors de la grande enquête entreprise sur la question de la langue par Grégoire, les Amis de la Constitution de Limoges lui écrivent : « La langue française n'est en usage que dans les principales villes sur les routes de communication et dans les châteaux »[1]. En outre ces routes ont constitué les itinéraires de ces nouveaux types sociaux, dont le métier est de parcourir la France : colporteurs et compagnons du Tour de France. Petites gens qui ne roulent ni carrosse ni diligence, car ce transport en commun est un luxe : le voyage de Paris à Lyon coûte une grosse somme, 200 livres. Ces voyageurs qui apprécient de la route son sol égal sous le pied et son ombrage, parcourent la France à la fois par goût et par nécessité et n'hésitent pas à quitter un moment la chaussée jusqu'au village à l'écart, s'arrêtent volontiers pour bavarder avec le paysan méfiant au bord de son champ, parlent, s'instruisent et distraient, et instruisent aussi peu à peu. Deux types sociaux, que le siècle des Lumières n'a certes pas inventés : des compagnons se déplaçant de ville en ville, formant de petits groupes d'ouvriers par corporations, le Moyen Age en a connus ; de même les colporteurs, qui vendent aux paysannes du petit matériel de couture, des almanachs, des livres de toutes sortes ; déjà au XVIIe siècle, leur nombre est important et le métier bien connu, comme le dit bien ce texte de 1660 :

1. Cf. F. BRUNOT, *op. cit.*, t. VII, livre III.

« Un colporteur ? c'est un mercerot qui porte un panier pendu à son col, garni de rubans de soye, de fleuret ou de laine, lacets, aiguillette, peignes, petits miroirs, estuys, aiguilles, aggraphes, et autres semblables chosettes de petit prix. Il y en a d'autres qui portent çà et là des Almanacs, livrets d'Abécé, la gazette ordinaire et extraordinaire, des légendes et petits romans de Mélusine, de Maugis, des quatre fils Aymond, de Geoffroy à la grand'dent, de Valentin et Ourson, des Chasse-ennuys, des chansons mondaines sales et villaines dictées par l'esprit immonde, vaudevilles, villanelles, airs de cour, chansons à boire, le tout composé par les sacrificateurs et prophètes d'Apollyon inspirez par cest ange de l'Abysme, à l'usage de ceux qui ont dévotion à son service ». Mais autour de 1750, les mercerots sont légion qui apportent dans les campagnes leurs petits recueils de contes, de récits hagiographiques, de recettes et préceptes illustrés ; livres sans doute plus appréciés que les vies de saints, petits paroissiens et autres initiations prêtées par les curés à leurs catéchistes. Sans doute s'en faut-il encore de beaucoup que les chaumières paysannes se transforment en salons de lecture ; que le paysan lise comme aujourd'hui il parcourt le quotidien régional. En fait la lecture est encore peu répandue, faute de temps, surtout l'été, faute de curiosité et de nécessité à la fois. Les almanachs, les récits des quatre fils Aymon, que les colporteurs peuvent laisser, ici ou là, dans le village, font le tour de la paroisse aux veillées et bénéficient d'une retransmission orale ; ainsi les mercerots ont répandu, des grandes routes aux villages éloignés, toute une littérature populaire en langue française : le fonds de notre folklore d'aujourd'hui[1].

De même les compagnons de métier ne font-ils jamais parler d'eux plus qu'à cette époque. Au XVIIe siècle ils ont eu quelques difficultés avec la Compagnie du Saint-Sacrement, soucieuse de la moralité et de la pratique catholique de ces joyeux voyageurs ; héritiers des vieux compagnon-

1. Cf. notre petite mise au point sur la question, *De la culture populaire en France aux XVIIe et XVIIIe siècles,* Paris, 1964.

nages, parlant moitié français, moitié langue technique de métier, prompts à quitter une place où le travail est mal payé, solidement organisés dans chaque ville pour faire face aux coups du sort — morte-saison, maladie, chômage — assez hardis et conscients de leur force pour ne pas s'en laisser imposer par les patrons, jusqu'à ne pas craindre de les boycotter, les ouvriers du Tour de France sont aussi de grands habitués des routes nouvelles, où leurs groupes se forment et se déforment, se rencontrent, se combattent aussi très souvent, comme le prouvent de nombreux textes semblables à celui-ci : « Le Roy étant informé que plusieurs garçons de différents arts et métiers de la ville de La Rochelle auraient depuis quelque temps formé entre eux une société à laquelle ils auraient donné le titre de *Société des Compagnons du Devoir,* que ces particuliers qui, entre eux, ont des signes pour se reconnaître, auraient donné à ceux qui ne sont pas de leur société le nom de Gavaux qu'ils les maltraitent lorsqu'ils les rencontrent les empêchent d'entrer chez les maîtres des différents métiers... »[1]. Ils sont également, d'une façon qui n'est pas celle des colporteurs, des diffuseurs de la langue nationale et constituent une élite ouverte, informée, plus vivante, parmi le petit peuple des villes qui va tenir un si grand rôle politique dans les années 1792-1794.

Ainsi la langue française — instrument irremplaçable de l'unité nationale — a fait de grands progrès dans le royaume tout entier, pendant ce demi-siècle de prospérité commerciale ; le long des routes, comme tout près des villes, la langue fait la conquête patiente, lente et inachevée de son propre domaine, au moment même où l'Europe des châteaux copiés de Versailles, des cours princières organisées à l'image de l'étiquette et des distractions louis-quatorziennes parle français. A l'universalité (aristocratique) de la langue française, célébrée par Voltaire et par Rivarol dans son fameux discours à l'Académie de Berlin, répond l'extension de l'idiome national à l'intérieur de ses frontières, le recul des patois (et même du latin) ; ce n'est pas le moindre succès de cet essor des moyens de communication et des échanges entre 1730 et 1770 : la chaussée du XVIIIe siècle

1. A.D., Char.-Mar., B 1722 (année 1742).

est la route des Lumières, de ville en ville, d'académie en académie, avec ses lointains prolongements jusqu'aux frontières de l'Europe, Berlin et Weimar, Vienne et Cracovie, Saint-Pétersbourg et Odessa.

4. La crise des années 1775-1790

A partir de 1775, voici de lourdes ombres à ce tableau de prospérité et de richesse : le malheureux Louis XVI a connu, bien avant les années terribles, cette malchance : une crise de l'économie française, qui coïncide avec son règne et qu'il n'était pas en son pouvoir de réduire. Tout au plus aurait-il pu alléger des souffrances qui ont paru à ses sujets d'autant plus insupportables que le souvenir des misères effroyables d'autrefois s'était estompé dans la conscience populaire, après quarante années meilleures, presque deux générations. Ainsi cette crise, qui n'affecte pas les formes catastrophiques des années de famine comme 1709 ou 1694, et qui n'est pas non plus une contraction longue et profonde comme celle du XVIIe siècle, à tout le moins des années 1640 à 1680 ; cette quinzaine d'années où campagnes et villes à la fois sont touchées par le ralentissement des affaires et des rendements est apparue insupportable à beaucoup ; d'où sa portée sociale, exaspérant les antagonismes de classe ; et politique, par les incidences sur les recettes fiscales et les médiocres finances royales. Par là, cette crise des années 1775-1790 appartient à l'histoire de la grande Révolution.

Calamités agricoles

Comme la prospérité antérieure, la crise a pour moteur la vie économique des campagnes : crise d'ancien régime économique, pourrait-on dire, en comparant avec les crises du XXe siècle (et de la seconde moitié du XIXe), où l'élément moteur est constitué par l'industrie métallurgique, dont les arrêts et les dépressions retentissent sur l'ensemble économique d'un pays, ou d'un groupe de pays. Ainsi la crise du règne de Louis XVI est-elle d'abord une crise rurale : de mauvaises récoltes dues aux intempéries s'accumulent à partir de 1773 jusqu'en 1789, sans grande interruption ; rendements plus faibles, récoltes perdues ici et là, médiocrité générale qui suffit à créer la gêne chez les petits exploitants, les fermiers dont les baux ont augmenté régulièrement dans la période précédente ; gêne plus grande encore chez les journaliers, premiers touchés. Jusqu'à la belle récolte de froment de 1790, les moissons ne remplissent plus les greniers. Les années de 1788 et 1789 sont parmi les plus mauvaises ; l'hiver 1788-1789 est souvent dénoncé comme le pire qu'on ait connu de mémoire d'homme ; un témoin bourguignon l'écrit bien : « Il y a eu cette année un grand hiver qui a commencé à la St André et a continué jusqu'au 14 ou 15 janvier 1789 ; beaucoup de neiges et de glaces, en sorte que les moulins ne pouvaient plus moudre à cause des glaces, ce qui a causé une famine ; beaucoup de noyers et autres arbres ont été gelés ; il y a eu peu de grains, point de vin. » A quoi s'ajoute, non négligeable, la terrible année de sécheresse 1785, où les prés ont jauni au soleil, où la récolte de fourrage a été si maigre qu'à l'automne le bétail a été en grande partie abattu, faute de réserves pour le nourrir l'hiver. S'ajoute encore, pour les pays où le vignoble fournit plus que la consommation familiale, une crise d'abondance, de surproduction, qui tient à la fois à la réussite de belles saisons viticoles et à une baisse de la consommation urbaine. Accumulation de désastres, contre laquelle le paysan est sans défense : ni caisse de calamités agricoles, ni cultures de remplacements pour compenser un hiver rigoureux ou la sécheresse de 1785. Cette persistance des mauvaises récoltes accable toutes les classes paysannes : les laboureurs dans leurs gains qui s'amenuisent ; les petits exploitants voient disparaître leurs surplus négociables, et d'aventure, retrouvent sans plaisir le goût du pain mêlé de son et de fougère, au moment de la soudure devenue difficile ; les journaliers, les brassiers sans terre, dépensent trop vite ce qu'ils ont gagné à la belle saison ; les mendiants, les errants se multiplient, terreurs des campagnes pendant les mois de printemps, où les greniers épuisent leurs dernières réserves. Disettes plus que famines, sans doute, et quoi que disent les contemporains effarés par ces malheurs sans remèdes. Disettes difficiles à supporter : les ruraux, accablés d'impôts et de droits, d'autant plus lourds que leurs propres ressources se sont amenuisées, se sont défendus de leur mieux, cachant dans les taillis des dizaines de gerbes avant le passage du décimateur pour diminuer la part abandonnée à l'Église ; ne portant au moulin et au four seigneuriaux que pour la forme, quitte à passer le grain au pilon, à cuire à la maison, pour payer moins, là encore, en banalités. Il est évidemment plus facile d'abandonner au seigneur dix sacs sur une récolte de cent, que cinq sur cinquante : le pourcentage est le même, mais ce qui compte, c'est ce qui reste : quatre-vingt-dix sacs dans le premier cas, quarante-cinq dans le second... A plus forte raison le paysan qui n'a plus le nécessaire pour vivre n'achète-t-il plus à la ville, aux colporteurs, outils et tissus dont l'acquisition est remise d'année en année, dans l'attente des temps meilleurs. Ainsi les malheurs des campagnes redoublent à leur suite la crise urbaine.

Crise urbaine

Les rentiers du sol, ces intermédiaires « naturels », ont perdu de plus d'une façon : leurs revenus, ceux du moins qui sont prélevés en nature au prorata des récoltes, ont diminué avec celles-ci ; mais dans de plus grandes proportions, puisque ces paysans n'ont pas manqué d'accentuer, par une fraude vitale pour eux, les pertes, que rien ne peut compenser ; la saisie, l'expulsion de quelques fermiers endettés au plus fort de la crise, ne sont pas un remède. Ces revenus annuels donc fort malmenés, les dépenses ont suivi le mouvement : constructions, achats de tissus, de meubles, frais de table et de cave, domesticité, le train de vie est réduit ; seuls sans doute les courtisans de Versailles, dont le roi paie les dettes au bon moment, peuvent se maintenir ;

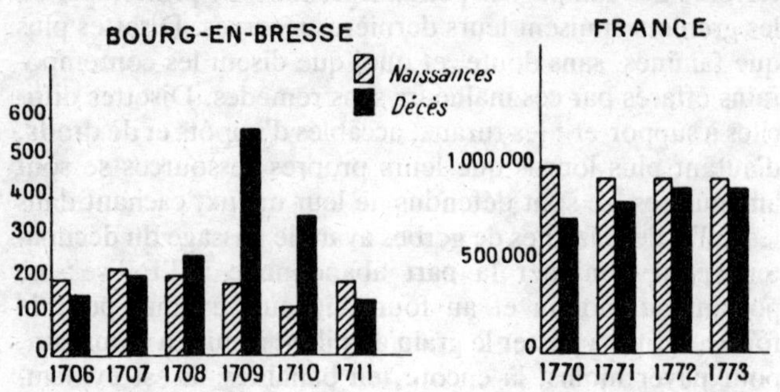

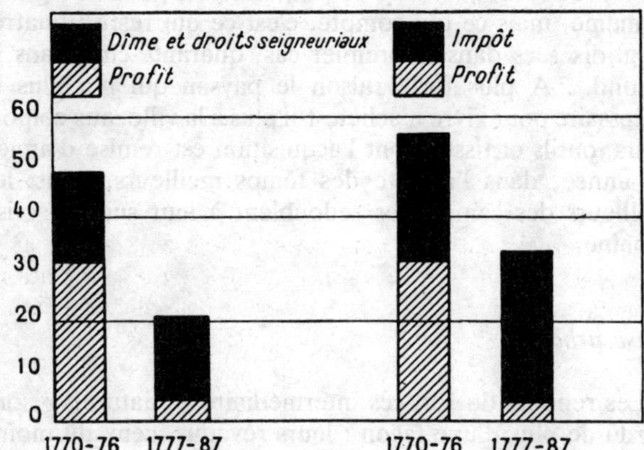

6. a. ÉVOLUTION DE LA MORTALITÉ AU XVIIIe SIÈCLE

Nous empruntons à la thèse de M. Labrousse ces deux graphiques si expressifs : d'une part, le mouvement de la population dans la ville de Bourg-en-Bresse lors de la famine de 1709 : grosses pertes des années 1708, 1709, 1710, d'autre part, le mouvement pour la France entière pendant les années de disette : de 1770 à 1773, la balance reste excédentaire.

6. b. LA PRESSION SEIGNEURIALE ET FISCALE
(SUR LE PROFIT DU PREMIER VENDEUR DE CÉRÉALES, 1770-1787).

D'après le même auteur : Le poids « psychologique » et réel des charges seigneuriales et royales, lorsque les intempéries diminuent les ressources du producteur, apparaît nettement par ce graphique.

mais c'est une très petite minorité parmi les rentiers de la terre.

Par là commerce et artisanat sont touchés deux fois, directement : les gens riches, qui dépensent d'autant plus volontiers que leurs revenus ne leur ont pas demandé beaucoup de travail, sont obligés de compter et de moins dépenser ; la masse rurale, qui, dans la période précédente, a commencé à se fournir à la ville avec régularité en produits de première utilité, tissus, outillage, se replie sur elle-même, cesse d'alimenter un courant commercial, différent, mais déjà non négligeable. Toutes les activités urbaines, par un enchaînement identique à celui de la prospérité, se trouvent rapidement ralenties comme tout le commerce de luxe ; certaines sont paralysées, c'est le cas du bâtiment. Là encore, quelques causes secondaires ont pu ajouter au marasme, comme le vin pour la crise rurale : manque de coton pendant la guerre d'Indépendance américaine, difficultés partielles dues au traité de commerce franco-anglais de 1786 ; elles ajoutent aux embarras, à la mévente générale des toiles imprimées, des indiennes d'Oberkampf, ou des belles soieries lyonnaises. Même le commerce antillais en ressent les effets à la veille de la Révolution malgré la tyrannie d'une vogue alimentaire. Artisans, manufacturiers aux assises plus solides, petits et grands commerçants se plaignent à leur tour, s'en prennent aux impôts ou à la concurrence anglaise ; puis ils en viennent à licencier leur personnel, ouvriers, apprentis, vendeurs qui connaissent le chômage, au moment où le blé rare est très cher, la spéculation aidant ; de même les manufacturiers comme les soyeux lyonnais cessent-ils de faire travailler les tisserands en chambre, qui, dans dix ou vingt villages autour de Lyon, d'Amiens, Rouen, travaillent pour eux : dernier coup porté, dans ces arrière-pays urbains, à l'économie familiale des ruraux. De toute façon, le chômage libérant une main-d'œuvre considérable, compagnons et artisans, s'ils ont encore du travail, le doivent effectuer pour des salaires en baisse rapide... Maître de corporations, grands négociants, manufacturiers et commerçants en plein marasme de leurs affaires réduisent à leur tour leur train de vie et contribuent à entretenir la crise urbaine ; de même les professions libérales, indirectement, mais non moins sérieusement touchées.

Mécontentements

Disettes, hausse des prix du blé, chute des prix industriels, errants sur les routes et dans les forêts, ouvriers en chômage, petits rentiers réduits à rien, la description de cette crise économique est bien classique. Paris, qui n'a pas été touché beaucoup plus que d'autres villes et qui compte de 6 à 700 000 habitants, abriterait, à la veille des États Généraux, quelque 100 000 indigents, ouvriers sans travail, petits rentiers sans ressources ; à travers la France entière, la misère et le mécontentement croissent sans cesse, opposant au gouvernement royal d'innombrables victimes de la crise, opposant surtout les classes les unes aux autres. Drames des villes, où, à la veille de la Révolution, dans Paris une fabrique de papiers peints brûle, où les gardes à cheval chargent des ouvriers réclamant du pain — conflits entre patrons et ouvriers, boulangeries pillées, convois de farine attaqués aux barrières ; ces manifestations urbaines du quatrième État significatives ne causent pas encore de troubles très graves ; question d'effectifs, car les ouvriers compagnons des corporations, des manufactures ou indépendants ne sont pas encore nombreux et représentent une petite part de la population. Plus importante est la lutte au village, le conflit connu sous le nom de réaction nobiliaire : la noblesse, qui en quelques années voit fondre ses revenus, n'a pas accepté cette ruine inexpliquée ; elle s'est d'abord retournée vers les agents seigneuriaux, intendants du château qui traquent les paysans avec ardeur pour récupérer les pertes subies par leurs maîtres ; lutte féroce, où ces petites gens s'acharnent sans frein, usant et abusant de leur part de l'autorité seigneuriale ; les années 1780 sont une période d'émotions, de paniques à nouveau, de peurs, où fléaux et fourches sont prêts, très vite, à entrer en danse pour se protéger contre tant d'ennemis, imaginaires ou réels, du paysan accablé.

De même inspiration ensuite, mais de portée plus vaste aussi, la révision des terriers, dont les ruraux ont gardé si mauvais souvenir au moment de la Révolution. Le procédé simple consiste à faire venir de la ville quelque clerc de notaire, habitué à déchiffrer les vieux grimoires des études et des châteaux, pour lui faire allégrement transcrire, mettre au net, toutes les archives seigneuriales entreposées ici et là, mangées en partie par les rats, pourries d'humidité, oubliées par les paysans... Babeuf a fait ce métier et en a gardé une sainte horreur du régime seigneurial. Le noble ou le nouveau châtelain, bourgeois installé sur ses terres, y découvre sans coup férir des droits tombés en désuétude ; prescrits ou non, mais il y a là matière à discussion sur le droit et la durée de la prescription ; la belle aubaine qu'un droit non perçu pendant vingt ans, prescrit à trente ans d'abandon et réclamé au paysan à quelques années de sa disparition : comment paierait-il ce capital accumulé dans vingt-huit ou vingt-cinq ans de négligence ? Le châtelain remet en vigueur tous les récupérables, accablant ses paysans d'exigences « nouvelles » en fait, qui s'ajoutent aux obligations, déjà lourdes, qui s'étaient maintenues. C'est dans le même esprit que la noblesse obtient du roi le fameux règlement militaire de 1781 qui interdit aux roturiers l'accès aux grades de l'armée : brutale éviction du fils de bonne bourgeoisie, en un temps où celle-ci envahit toutes les carrières qui lui sont ouvertes ou entrouvertes, en un temps où le prestige pédagogique des écoles militaires aide la formation de ces nouvelles vocations.

A la fin du XVIIIe siècle, la noblesse dorée de Versailles et la sombre noblesse provinciale, repliée dans ses manoirs depuis que les méfaits de la crise économique ont amenuisé ses revenus et l'ont empêchée de tenir son rang à la ville, vivent tournées vers le passé, comme vers un paradis perdu, rêvant la seigneurie médiévale en pensée comme si un retour en arrière était possible : la réaction nobiliaire heurte donc surtout la paysannerie, excédée autant que la noblesse est exaspérée par leur commun appauvrissement.

Paysans et bourgeois sont victimes aussi d'un autre maître que la crise économique impatiente : le pouvoir royal ; les paysans cumulent évidemment la surcharge puisque les impôts royaux s'ajoutent aux dîmes et droits seigneuriaux. Paysans et bourgeois sont également sans tendresse pour les impôts directs : taille, capitation, vingtième ; et pour les impôts indirects : aides sur les boissons, gabelle sur le sel, etc., que perçoivent les fermiers avides de lourdes perceptions ; la crise dans ce domaine a causé aussi des réactions vives : les recettes fiscales n'ont pas augmenté au moment où les dépenses royales se gonflent des frais occasionnés par la guerre d'Indépendance américaine. La tendance est à la baisse puisque l'activité économique est en régression. Mais les impôts indirects par leur masse, en fonction de l'augmentation de la population, notamment les aides, maintiennent les recettes à un niveau à peu près stable. Cependant le fait important n'est pas là : c'est l'impression ressentie par tous et partout que ces impôts, de plus si mal perçus, sont une charge insupportable ; qu'ils sont même la cause des misères et de la gêne économique que ressentent villes et campagnes. Plutôt que d'imputer la crise aux calamités atmosphériques et aux mécanismes qui généralisent la récession des campagnes vers les villes, les Français en voient l'origine dans ce système fiscal, qui a bien des défauts, connus et reconnus de tous, à commencer par l'iniquité des privilèges. Les tentatives de réformes incomplètes, mal conduites, multipliées par Louis XVI, de Turgot à Necker, pour mettre fin au déficit croissant — cette cause immédiate de la Révolution — semblent constituer, aux yeux de l'opinion bourgeoise, l'aveu même de la responsabilité qui incombe au système fiscal. De l'impôt, l'opinion passe sans peine à ceux qui fixent l'assiette de l'impôt et à ceux qui en assurent la perception : gabelous, agents royaux accueillis à coups de fourche dans les villages, dans les faubourgs bruyants des grandes villes, c'est un spectacle fréquent dans les années tumultueuses ; les petits agents locaux, les ministres, l'entourage royal, voilà les fauteurs de la misère publique ; le roi y échappe, au moins dans les milieux populaires, parce que la vieille foi monarchique reste bien vivante ; et les cahiers de doléances en témoignent. Mais la crise économique, à cette exception près, n'a pas peu contribué à mettre en question, à travers la fiscalité, tout le système politique et social. D'où sa place de choix dans les origines, profondes et immédiates, de la Révolution.

ORIENTATION BIBLIOGRAPHIQUE

Philippe ARIÈS, *Histoire des populations françaises et de leurs attitudes devant la vie depuis le XVIIIe siècle,* 1948.

François LEBRUN, La *Vie conjugale sous l'Ancien régime,* 1979.

Michel VOVELLE, *Mourir autrefois,* 1974.

C.-E. LABROUSSE, *Esquisse du mouvement des prix et des revenus au XVIIIe siècle,* 2 vol., 1934.

Pierre GOUBERT, *Beauvais et le Beauvaisis de 1600 à 1730,* 1960.

J.-P. GUTTON, *La Sociabilité villageoise dans l'ancienne France (XVIe-XVIIIe siècle),* 1979.

Maurice GARDEN, *Lyon et les Lyonnais au XVIIIe siècle,* 1971.

Charles CARRIÈRE, *Négociants marseillais au XVIIIe siècle,* 1973.

Guy CHAUSSINAUD-NOGARET, *La Noblesse au XVIIIe siècle,* 1976.

Guy RICHARD, *Noblesse d'affaires au XVIIIe siècle,* 1974.

Hubert LUTHY, *La Banque protestante en France de la Révocation de l'Édit de Nantes à la Révolution,* 2 vol., 1959-1961.

Arthur YOUNG. *Voyages en France,* 3 vol., 1930 (nouvelle édition 1976).

CHAPITRE XII

Fêtes galantes et lumières
Le siècle de l'Europe française

Brillant XVIIIe siècle : il éclate en feux de joie, au jour même de la mort du vieux roi ; Voltaire les a vus sur la route de Saint-Denis, devant les cabarets sur le parcours qui mène à la basilique royale. Et depuis ce mois de septembre 1715 jusqu'aux représentations du *Mariage de Figaro,* à Trianon, en présence de Marie-Antoinette, cette reine rieuse et charmeuse, la vie de société en France semble une perpétuelle fête, rythmée de musique légère et tendre, orchestrée par Rameau et Mozart, dans un décor de jardins bien ratissés et de petits Trianons nichés dans la verdure. Au milieu de ces fêtes, quelques cris discordants jettent le trouble, un moment au moins, puis le bal recommence, les dames rient dans l'éclat des flambeaux : parlementaires perpétuels mécontents, toujours à la poursuite de ces fonctions politiques que la monarchie leur refuse, heureux de se faire donner du « Père de la Patrie », popularité facile acquise à l'usage d'un mot dont l'emploi devient courant, popularité dangereuse ; retraite empreinte de dignité des jésuites, vaincus dans leur combat séculaire contre les jansénistes, obligés de quitter le royaume pour un demi-siècle, où leur société végète puis disparaît, dissoute par Rome ; lamentations et protestations de l'homme de la nature, ce philosophe qui n'est pas comme les autres, n'apprécie pas le théâtre et ses fictions, les salons et leurs mots venimeux, ce misanthrope qui veut faire marcher l'homme à quatre pattes, proteste Voltaire sans pitié : le terrible Jean-Jacques, annonçant la fin d'un temps.

Trop brillant XVIIIe ! A qui feuillette le livre de ses exploits, soirées fastueuses de Versailles, grandes réceptions chez Mme du Deffand, séances solennelles des académies de Berlin, de Dijon, de Montpellier, il donne l'impression d'un monde qui se hâte. Les amis de M. de Talleyrand-Périgord, évêque d'Autun, grand financier du clergé, goûtent avec lui cette douceur de vivre, qui leur est si chère et qu'ils ne retrouveront plus : survivants de la tourmente, rentrés après 1815, dans les salons aux lambris dorés, aux valets stylés, ils reconnaissent le décor de leurs jeunes et insouciantes années ; mais le décor seul, car l'essentiel est parti, avec Rivarol, ce maître intarissable du bel esprit, avec Voltaire, d'Alembert et les cohortes d'encyclopédistes, avec le grand cœur du marquis de Condorcet et tant d'autres Fréron, qui n'auraient pas fait crever un serpent ; l'essentiel, c'est-à-dire cet esprit, toujours à l'affût du bon mot, mais aussi du lien subtil, de la fine marque, par quoi se révèle l'intelligence attentive, raisonneuse et intuitive à la fois, charme de cette bonne société qui n'a pas bonne conscience. Le temps passe trop vite à ces jeux de l'esprit, à ces jeux où tout un monde est à la question ; « après moi, le déluge » aurait dit le bien-aimé Louis XV, qui s'est pourtant fâché sur ses vieux jours et a réussi pour quelques années la plus solide réforme de l'État monarchique qui ait été jamais entreprise. Le plus vrai du mot est justement que chacun sent le déluge, comme le pressentent ces Parisiens qui croient parfaitement possible l'escapade d'une reine de France dans les bosquets de Versailles aux côtés d'un léger cardinal de Rohan ; fait bien remarquable, cette trop fameuse énigme du Collier de la Reine se réduit à une comédie donnée au clair de lune : tous les salons de l'époque ne se donnent-ils pas la comédie plusieurs fois la semaine, même celui de la pédante Mlle de Lespinasse, où se discute gravement l'influence des climats sur les mœurs et la vie politique, ce propos que Montesquieu a repris de Montaigne et Pascal, et dont il a fait un thème banal de conversation quotidienne ? Perspective nouvelle, par où se définit le fait de civilisation : « Tout est dit et l'on vient trop tard depuis plus de cinq mille ans qu'il y a des hommes et qui pensent », constate La Bruyère. Mais telle idée enfouie au chapitre XXIII, livre I des *Essais,* et qui n'a pas rencontré d'échos à la fin du XVIe siècle, est l'objet de toutes les conversations au XVIIIe siècle. Elle entre dans le patrimoine de l'opinion publique, cette entité aux contours imprécis qui se forme par la fréquentation du collège, puis grâce à la vie de relation, la lecture, la presse et qui prend vie et constitue un pouvoir dans l'État. Grandes idées et petits ragots, au rythme de cette vie multiple de l'esprit, les ans passent trop vite, dans l'éclat des conversations où excelle Voltaire, aussi talentueux que personne dans le mot, la pointe, grand esprit aussi qui s'élève aisément aux plus grands problèmes... Rousseau n'en est pas un bon représentant, lui qui est toujours sérieux, trop sérieux et qui légifère pour l'éternité, père de Robespierre et de la vertu républicaine.

En fait ce XVIIIe siècle, dont la Révolution a fait son prélude, rôle élogieux mais subordonné (origines intellectuelles, origines politiques, litanie de titres probants) a été, bien plus qu'une préparation aux événements révolutionnaires, un épanouissement : la fleur d'une société enfin policée, où les coups d'épée des duels ont cédé le pas aux mots d'esprit qui font pâlir sous les fards, mais ne tuent pas ; la fleur d'une vie urbaine, qui trouve son équilibre dans l'antagonisme bourgeoisie-noblesse et qui copie la vraie capitale du royaume, la ville réputée supérieure sans nuire à l'originalité des capitales provinciales : petites villes, dont les charmes égalent ceux de la vie parisienne, riches de leurs traditions, de leurs engouements (pour la comédie burlesque à Dijon, la musique instrumentale à Besançon et Strasbourg...), riches de leurs salons et académies, de leurs philosophes et de leurs grands ou petits écrivains (Bordeaux a Montesquieu, mais chaque ville possède quelques gloires locales, dont la grande littérature n'a pas daigné retenir les noms, mais qui comptent dans la vie du temps) ; autant de villes, autant de diverses richesses dont la somme (s'il est possible de les additionner) constitue la civilisation, raffinée et souriante, du siècle des Lumières — sous le signe encore de Voltaire, ce diable d'homme, dont le nom signifie, après lui, un tour d'esprit, ce prince des philosophes qui emplit tout le siècle depuis son emprisonnement à la Bastille en 1717, jusqu'à son transfert au Panthéon, treize ans après sa mort, en 1791, l'homme de Ferney et de Paris, au sourire inquiétant, sans bonté, qui annonce sa longue postérité.

1. L'atmosphère de la Régence

Pendant le long règne (1715-1774) de Louis XV, ce roi qui ne gouverne guère que pendant les quatre dernières années de sa vie, la Régence du duc d'Orléans, ses troubles et son atmosphère de profonde détente dans tous les domaines, ses libertés et ses fastes constitue une préface et un sommaire du siècle. Le régent et Paris de la Régence ont donné le ton, jusqu'à Louis XVI ; l'air des années 1715-1724 a été celui de ces salons et académies où se sont livrées les plus grandes batailles ; tous ceux qui n'avaient pu ou voulu se montrer pendant les années terribles de la succession d'Espagne sont en vedette et vont rester au premier plan sans que le cardinal Fleury, Mme de Pompadour, ni Louis XV obtiennent plus que des trêves, au milieu de ces longs combats dont les premières positions ont été prises d'entrée de jeu, au lendemain de la mort de Louis XIV. Déjà Montesquieu et Voltaire se sont fait connaître, au milieu des désordres et des cris parlementaires et jansénistes : le jeune Voltaire embastillé, le sévère magistrat bordelais publiant les *Lettres persanes.* Cependant que le duc d'Orléans, ce fils aimé de la princesse Palatine, assez fier de son rôle de régent, garde ses habitudes, lance les soupers fins, les bals à l'Opéra et les modes pour de longues années... en fait, jusqu'aux vertueuses protestations de Jean-Jacques.

Les années qui suivent 1715 sont des années de réaction, même si le mot, assez gros, évoque l'époque thermidorienne, ou le règne de Louis XVIII : l'attitude des parlementaires se jetant avec un plaisir avoué aux remontrances, aux refus d'enregistrer, dont la main lourde d'un grand Roi les a privés pendant cinquante ans, est bien une réaction contre l'ordre précédent. La mort de Louis XIV a libéré toutes ces forces politiques et sociales, que le Roi-Soleil avait réduites au silence, sinon soumises à sa loi : jansénistes sortis de prisons ; nobles privés de toute voix aux conseils royaux, convaincus par Saint-Simon qu'ils ont vocation de gouvernants, et non de figurants ; parlementaires, souvent jansénistes de surcroît, tous relèvent la tête, s'en prennent à l'entourage du roi défunt, Mme de Maintenon, les confesseurs jésuites, à qui trop de maux sont imputés. Jusqu'en 1718, au moins, la Régence a été le temps de folles expériences, d'une réaction sans frein.

Polysynodie, Parlements, Jansénistes

Pour la grande noblesse, ducs et pairs, marquis, comtes de Versailles, qui envahissent les conseils et créent ce régime sans lendemain appelé la polysynodie, la revanche est complète, mais courte : Saint-Simon, qui attendait ce jour depuis bien longtemps, a entraîné avec lui de grands seigneurs pour qui les honneurs du gouvernement ont plus d'attrait que les charges ; pendant pacifique de la Fronde, la polysynodie est un nouvel effort de la grande noblesse pour récupérer cette participation au pouvoir politique perdue depuis si longtemps. Mais l'entreprise que le Régent a tolérée, sinon patronnée, n'a pas mieux réussi que les prises d'armes au siècle précédent : perdus dans des intrigues multiples, accablés par les soucis de préséances, avides de pouvoir, mais incapables de s'attacher aux devoirs de leurs nouvelles charges, égarés dans les difficultés administratives quotidiennes, les compagnons de Saint-Simon n'ont su ni organiser leur gouvernement, ni le faire accepter par l'opinion publique. Dès le premier jour, ambitions impatientes et intérêts divergents ont créé des imbroglios sans fin, où Saint-Simon se meut à l'aise, — mais il est seul, peut-être, à voir aussi clair dans la situation, celle du régent et celle de ses amis : « Nous ne pouvions le blâmer de ne vouloir pas hasarder pour nous, de réunir contre lui le Parlement avec les bâtards, dans le moment critique de décider du pouvoir du Régent, ou d'hasarder un éclat et une suspension d'affaires si majeures et si instantes, où il n'aurait qu'à perdre, et nous encore plus, à qui le public disposé comme il était à notre égard, se prendrait de tout, pour avoir voulu mêler nos querelles particulières avec le règlement du gouvernement. » Dès cette fameuse séance où le Parlement, saisi du testament de Louis XIV, devait casser l'acte pour remettre tout le pouvoir entre les mains du Régent, au détriment des bâtards et en particulier du duc du Maine, qui « crevait de joie » à l'entrée et en sortit « totalement tondu », toute l'ambiguïté de la situation est perceptible. En 1718, le régent rétablit ministères et conseils institués par Louis XIV, et, sans troubles ni révoltes, cette nouvelle tentative de la noblesse pour restaurer ses fonctions politiques sombre sans espoir… jusqu'à l'Assemblée des Notables, qui, à la veille de la Révolution, réveille les derniers ambitieux de cette classe ruinée par la monarchie elle-même.

Plus concentrée, plus persévérante aussi fut la « restauration » parlementaire. Le Parlement de Paris, qui, au milieu du XVIIe siècle, prétendait conseiller le roi et jouer un double rôle politique et judiciaire, a retrouvé, après un demi-siècle de contrainte, ses ambitions intactes, nourries de l'honorable conviction que le parlement est le vrai gardien des traditions monarchiques, mais aussi du désir moins avouable d'acquérir un prestige politique, qui compléterait la très haute idée qu'il a de sa fonction. Après la grande séance, où le parlement décide de casser le testament du Roi au bénéfice du Régent, celui-ci doit payer ce bon service ; les parlementaires recouvrent avec un plaisir extrême remontrances et refus d'enregistrement et ne se font pas faute d'en user, exerçant ainsi un véritable contrôle permanent sur tous ses actes ; il est vrai que les conseils peuplés de nobles et chargés de remplacer les ministres, font la preuve de leur esprit d'initiative et de leur incompétence : de là, pour une part, les interventions. Mais cette ardeur a trouvé, dans ses excès, le frein que les rois de France traditionnellement leur appliquaient : dès 1718, le régent reprend les vieux remèdes, lettres de jussion et lits de justice ; les querelles jansénistes et les hardiesses des philosophes ont cependant avivé la combativité des hommes de loi, au-delà de cette courte période où la revanche fut complète ; défenseurs des jansénistes, pourfendeurs de la Société de Jésus, protecteurs des privilèges et des privilégiés en face de la monarchie, les parlementaires s'agitent, font la grève de la justice pour obtenir la reconnaissance de leur droit politique, se font exiler et reviennent... matés. En 1732, 1756, 1771, Paris illumine et chante les louanges des « Pères de la Patrie » qui se démettent et se soumettent bientôt. La réforme entreprise par Louis XV en 1771-1774 — supprimant la vénalité des charges, réduisant le ressort du Parlement parisien, préparant une délimitation exacte du pouvoir judiciaire — est radicale ; elle aurait pu marquer la fin de cette agitation politique mais fut abandonnée par Louis XVI en guise de joyeux avènement ; les parlementaires retrouvent prérogatives et audace, et demeurent, jusqu'en 1789, les plus ardents trublions, les plus actifs démolisseurs (quoi qu'ils en disent) de la monarchie.

Enfin les jansénistes, qui sortent de prison à l'automne de 1715 et demandent leur revanche, ont joué leur rôle dans ce concert : ils obtiennent vite des satisfactions substantielles — l'exil du père Le Tellier, confesseur du roi, l'emprisonnement de quelques autres membres de la Compagnie de Jésus et surtout la mise à l'écart de la bulle *Unigenitus*, dont la publication dans certains diocèses, voire l'enregistrement définitif, sont toujours en question. Curieuse rencontre que celle des jansénistes, ces hommes austères à la morale exigeante, et du régent. Ce siècle est riche de ces alliances inattendues, Voltaire en 1771 soutient bien le parti dévot, les amis des jésuites interdits, contre les parlementaires lors de la réforme Maupéou ; mais celle-ci est sans doute une des plus piquantes. Dans ce cas comme dans les précédents, le duc d'Orléans n'accorde à ces curieux amis qu'une courte revanche : il est encore régent lorsque la bulle *Unigenitus* est définitivement enregistrée ; au demeurant, cette mesure ne règle rien puisque les jansénistes discutent de cette condamnation comme des précédentes ; puisque surtout ils continuent de former dans l'Église catholique un groupe animé d'une foi et d'une morale également élevées — d'où leur ferveur, leur ardeur au bon combat, sans parler de certains succès populaires, comme les miracles de Saint-Médard en 1727. Au XVIIIe siècle, les jansénistes ont gagné définitivement le bas clergé urbain et ont connu un succès populaire passionné. Barbier, ce bon mémorialiste des débuts du siècle, le note en 1727 : « Tout le second ordre ecclésiastique, la plus grande partie des bourgeois de Paris, de la robe, du tiers état, et même, ce qui est plus plaisant les femmes et le peuple, tout est déchaîné contre les Jésuites »[1]. C'est là l'objectif principal, jusqu'au grand procès fait aux constitutions de la Compagnie, en 1761. Mais les jansénistes ont guerroyé pendant tout le siècle sur deux fronts : contre les jésuites, par habitude et conviction, c'est-à-dire dans leur pensée, pour assainir et réformer encore l'Église catholique ; contre les philosophes aussi, dont les audaces sont surveillées de façon pointilleuse : ils sont les premiers à dénoncer l'impiété de *l'Esprit des Lois,* dès sa parution, par exemple. Leur journal *Les Nouvelles ecclésiastiques* exerce sa verve à longueur de colonne, pousse ses attaques fielleuses contre les uns et les autres...

Autant dire que ces années de revanche, qui suivent 1715, sont celles de toutes les audaces, de toutes les libertés, après les mornes et silencieuses années de la vertu vieillissante : dans une atmosphère de fêtes, de rires et de plaisirs, se libèrent des forces contenues, réprimées et condamnées sous Louis XIV ; comme beaucoup de réactions, celle-ci est violente, dépasse le but, puisque le Régent s'est refusé d'en être longtemps l'instrument. Mais le pli qui a été pris marque les temps qui suivent, malgré le duc d'Orléans assagi, malgré Fleury plus tard. Le meilleur signe de ces libertés nouvelles est sans doute la publication en 1721 par un parlementaire bordelais à la plume alerte, de ce livre léger, risqué, où le portrait de la France est une charge ironique qui n'épargne rien : ce Persan né malin ne se permet-il pas le plus grand crime en dénigrant la protection religieuse dont la monarchie française est assurée depuis

1. BARRIER, *Journal,* I, 263.

des siècles ? Au détour d'une page, en quatre mots, il ravale la sainteté du roi guérisseur des écrouelles au rang de ces prestidigitations, dont son pays est riche : le miracle royal, c'est tout simple : « Ce roi est un magicien ! » Le ton est donné : ce siècle de libres paroles ne respecte rien.

Law

Les bouleversements sociaux, qu'entraîne la faillite Law, y ont eu leur part. Ce banquier écossais, qui a si bien compris les avantages de la monnaie papier et qui a vu grand à mesure que le succès, la faveur du public accompagnent ses initiatives, n'a sans doute pas été bien compris de ses contemporains ; sans parler des jalousies et des ennemis que la réussite lui a suscités. Saint-Simon dit de lui : « Law était un homme à système et si profond qu'on n'y entendait rien. » Son échec, la banqueroute de juillet 1720, marque aussi ces temps troublés : il détourne pour un long temps le Français moyen de la monnaie-papier et peut-être de tout goût pour la spéculation, la banque ; mais dans l'immédiat, il ruine rentiers, possesseurs de petits ou gros capitaux, bourgeois qui ont emprunté, vendu terres et maisons pour participer à la fortune promise du Mississipi ; il a enrichi non seulement le duc de Bourbon, mais les plus prestes à rejoindre la rue Quincampoix, les garçons de cabaret, les laquais bien placés pour connaître les nouvelles et pour pratiquer l'agiotage qui a sévi pendant plus de deux ans. Une fois l'émeute apaisée, les affaires du banquier réfugié en Italie liquidées, Paris s'est trouvé « enrichi », à l'étonnement des uns et à l'indignation de beaucoup, comptant quelques centaines peut-être de nouveaux riches, promptement installés dans de beaux hôtels, menant grand train à leur tour, amateurs, comme seuls les parvenus savent l'être, de toutes les nouveautés du temps... Cette crise financière et sociale — dont la mesure exacte n'est pas facile à prendre — n'a pas peu contribué à accréditer auprès des contemporains du duc d'Orléans l'idée d'un monde nouveau, où toutes les hardiesses peuvent avoir leur place :

l'opinion, le « public », qui ne s'étonne plus de rien depuis la mort du roi, acceptent la versatilité du Régent dans les affaires de l'État, les hardiesses des jansénistes et des parlementaires, applaudit Montesquieu et laisse Voltaire en prison ; voilà la « bonne société » des salons et des fêtes style Régence qui va régner sur Paris jusqu'à la fin du siècle.

2. Salons et fêtes galantes

Jamais peut-être dans l'histoire de la France moderne le plaisir de vivre ne s'est affirmé avec pareille franchise, qui n'est même pas du cynisme, comme le suggérerait la comparaison avec les manants, dont la vie est si pénible, même pendant les grasses années de 1730 à 1770 : jusqu'à Rousseau et jusqu'au grand XIXe des romantiques et des socialistes, les favorisés du sort et de l'ordre social n'éprouvent pas de honte à vivre dans un luxe et un loisir pleins d'attraits ; un siècle plus tard, la discrétion ou la bravade deviennent la règle. Mais le XVIIIe siècle ne connaît ni ces scrupules, ni ces haines, à ses débuts du moins, et la vie mondaine atteint alors son plus grand prestige.

Vie mondaine, ou vie urbaine, c'est tout un ; imagine-t-on de vivre alors dans son château, perdu au milieu de ses paysans ? Ce qui était encore de bonne tenue au XVIe siècle ne l'est plus au temps de Diderot ; seuls restent dans leurs vieilles demeures ces petits nobles qui ont peu à peu vendu leur patrimoine aux siècles précédents, et à qui ne restent que le colombier et le nom (tel le père de Chateaubriand à Combourg)[1], paysans parmi leurs paysans, qui n'ont plus assez de bien pour tirer parti de la grande prospérité du siècle ; et que la crise pendant le règne de Louis XVI est venue encore accabler. Cependant qu'à la ville, nobles de moyen et haut parage, commerçants aux fortunes rapides, hommes de lois, détenteurs d'offices vivent une existence plus qu'agréable : maisons déjà confortables, places et rues entretenues, réunions multiples, salons où la femme tient la

1. Tel que l'a vu A. YOUNG : page célèbre des *Voyages*.

première place, fêtes charmantes dans les parcs, où sur l'herbe les invités dansent la gavotte, se jouent la comédie, chantent l'opéra... Villes enfiévrées aussi par les grands combats, où s'interrompent les danses pour évoquer l'*Encyclopédie* et *Candide,* Calas et *l'Émile,* et les Insurgés d'Amérique... Mots d'esprit, douceurs des rencontres aimables, jeux de mots de Voltaire, de Rivarol, jeux d'idées ; jamais, même avec l'hôtel de Rambouillet et les Précieuses, même au temps des chevaliers courtois, la France n'a été si riche en beaux esprits, spirituels comme Usbek ou Zadig, enthousiastes comme le neveu de Rameau ou le vicaire savoyard. Personne en Europe n'a pu résister à tant de séductions et de charmes.

Le confort

Le confort de la ville d'abord. Construire dans le double but de se trouver bien chez soi et de pouvoir recevoir, tel semble le but de ce siècle entreprenant ; les hôtels particuliers, qui se multiplient, sont faits de petites pièces intimes, où les salons s'agencent les uns dans les autres pour les grands jours, où tout est prévu aussi pour la réception sans faste et sans foule : il est acquis que la vie familiale, bornée au cadre parents-enfants, est « petite-bourgeoise », si l'on peut risquer cet anachronisme de langage. Mais s'il est vrai que tous, nobles et marchands, financiers et négociants ces maîtres du siècle, avocats et notaires, tiennent salon, reçoivent leurs amis, leurs maîtres à jouer de la musique et quelque abbé philosophe, ils le font avec moins de cérémonie, avec plus de bonhomie qu'au siècle précédent. A part les folies des plus grands financiers, les grandes réceptions sont de plus en plus le fait des nouvelles institutions publiques, chambres de lecture et académies. Et le salon des philosophes ne vise plus à jouer la Galerie des Glaces en réduction ; il réunit quelques intimes dans l'embrasure d'une fenêtre ou devant une table de jeu, cette passion du temps. La mode est aussi aux petits secrets, chuchotés à l'oreille, aux grandes nouvelles qui se colportent avec des sourires entendus : ces philosophes sont tous, peu ou prou, des conspirateurs et le neveu de Rameau fait scandale pour dire tout haut, dans une salle publique, ce que chacun est convenu de murmurer, dans le recoin d'un salon. Enfin, aimant leurs aises et la tiédeur d'un appartement aux pièces petites, plus faciles à meubler et mieux chauffées[1], ces bonnes compagnies se sont donné un cadre renouvelé, adapté à cette nouvelle définition de la vie en société. Même Versailles, même la vie de Cour suit ce mouvement vers le confort et l'intimité : le petit Trianon est construit sur des plans qui n'ont rien de commun avec ceux de Louis XIV ; les aménagements intérieurs de Versailles ont été refaits dans le même sens ; en fait Louis XV, pas plus que Louis XVI n'apprécient les grandes parades de leur aïeul ; et Marie-Antoinette joue à la bergère... Avec cette nuance que Paris donne le ton, y compris, sur la fin du siècle, les déclamations de Jean-Jacques contre la vie mondaine, les grandes réceptions, leurs mensonges, leurs vanités, violents anathèmes d'un apeuré au langage magnifique.

Ainsi se transforme la vie dans ces petits hôtels secrets, en retrait de la rue, ouvrant sur de grands jardins, aux lignes droites et symétriques comme à Champs et à Vaux, cependant que la rue, mieux tenue, plus large et plus saine, pavée, nettoyée de sa fange, cesse d'être un coupe-gorge la nuit grâce à l'éclairage et surtout au guet, au perfectionnement de la police urbaine. Les cours, les plus vastes boulevards deviennent des lieux de promenade et de rencontre ; l'urbanisme, art retrouvé de l'antiquité, crée une urbanité nouvelle. Le luxe du temps ne recherche plus les grandes constructions : il se porte surtout sur l'aménagement intérieur, sur le mobilier ; au lieu des vastes fauteuils Louis XIV, le style Louis XV préfère le petit meuble, consoles, guéridons, vide-poches, secrétaires aux multiples tiroirs secrets, chaises et fauteuils légers. Les artisans parisiens créent, suivant le goût nouveau, des pieds filiformes et

1. Cf. l'article riche de suggestions hardies, qui appellent recherches et vérifications, de Ch. MORAZÉ, « Nouvel essai sur le feu », *Éventail de l'histoire vivante*. I. p. 85.

contournés, des dossiers recouverts d'indiennes aux tons vifs, aux dessins variés ; lourds bahuts sculptés, puissantes tables à colonnes antiques sont abandonnés pour un temps, au profit d'un mobilier gracieux, délicat, qui s'harmonise avec le vêtement, plus sobre, moins enrubanné et emplumé qu'au temps du grand roi.

Enfin la vie urbaine présente encore l'attrait d'un autre luxe, dont l'importance grandit sans cesse au long du siècle : celui de la table ; la profession de Vatel devient un des métiers les plus courus dans toutes les grandes villes ; et la gastronomie est un peu une passion du siècle, comme les jeux de hasard ou la discussion : soupers fins à la mode du Régent, et non de Louis XIV qui engloutissait tel Pantagruel, délicatesses des financiers, dont le nom est resté attaché à certains plats recherchés, c'est l'honneur d'une grande maison, noble ou bourgeoise, que d'avoir un cuisinier talentueux, aux réussites réputées, comme un professionnel aujourd'hui vante son canard aux oranges. Enfin sur toutes les tables de la bonne société des grandes et petites villes, les boissons des îles ont pris la première place. Michelet, dans une page célèbre sur les vertus et l'esprit de la Régence, a fait du café le grand animateur de la vie parisienne, depuis ses timides débuts sous Louis XIV, l'âge du léger café arabe, le moka ; puis le café fort des *Lettres persannes,* et de l'Île Bourbon, enfin l'excitant, léger et nerveux de Saint-Domingue au temps de l'*Encyclopédie.* Intuition géniale, comme cette œuvre en regorge, ou simple concordance : cinquante ans après Michelet visionnaire, A. Rambaud constate que la mesure n'a pas été prise « des modifications qu'a pu apporter dans le tempérament des Français [ajoutons, des villes] l'usage presque simultané de ces substances également inconnues à l'Antiquité et au Moyen Age, le café et le tabac[1] », dans ce pays où la forte consommation des vins constitue déjà un excitant non négligeable : au point d'autoriser l'expression de civilisation du vin, parfois employée, pour opposer France,

1. RAMBAUD, *Histoire de la civilisation française,* Paris, 1900, II, 559.

Espagne, Italie aux pays nordiques et anglo-saxons ; la recherche reste à entreprendre. Nul doute cependant que les contemporains en aient ressenti les effets « éveillants » ; beaucoup de vertus sont prêtées au café, même inattendues : certains mémorialistes le recommandent aux prêtres catholiques, parce qu'« il rend chaste ». L'*Encyclopédie* déclare sérieusement que les Turcs attribuaient à leur forte consommation de café la dépopulation de leur État ; tous admettent qu'il délie la langue, rend la répartie plus facile, en un temps où il ne fait pas bon être en reste : et ils ont fait honneur à ces nouveaux commerces qui se multiplient alors, les « maisons à boire le caffé ».

Les salons

Que d'occasions de rencontres, que de mots d'esprit et de discussions savantes ou politiques dans la ville du XVIIIe ! Le café peut bien y être à l'honneur ; voici les salons, ouverts par tous ceux qui ont quelque ambition, ne serait-ce que de paraître : fermiers généraux et banquiers, négociants et manufacturiers, tout comme les nobles d'épée et de robe, tous tiennent salon et les femmes s'en mêlent, qui prennent leur revanche sur les Chrysales du XVIIe siècle ; et à côté des salons luxueux, les académies, les chambres de lecture, les loges maçonniques, nouveaux foyers de vie intellectuelle autant que mondaine.

Réceptions brillantes ou discrets apartés : quiconque possède quelque loisir et des revenus suffisants, doit avoir son jour : au temps des philosophes, c'est devenu aussi normal qu'au siècle précédent d'épargner et d'acquérir un lopin de terre à deux lieues d'Orléans ou de Dijon. Le contraste est saisissant pour de nombreuses familles d'un siècle à l'autre : grands-parents économes, fort ménagers de leur train pendant des dizaines d'années, pour arrondir un patrimoine foncier hors de la ville ou pour agrandir un négoce toujours menacé en ces temps difficiles ; et petits-enfants dans les années 1750, qui mangent tous leurs revenus en soirées et dîners, où fins palais et causeurs étincelants font honneur à leurs hôtes. Dans ces salons, la maîtresse de maison est le plus souvent, avec un rien de féminine pédanterie, meneur de jeu : partie scientifique et littéraire dont le modèle est l'hôtel de la marquise de Lambert, ouvert à la fin du siècle dernier et très fréquenté dès 1710 ; Mme de Tencin, Mme Geoffrin l'ont imité avec éclat, avec aussi une grande connaissance du monde. Après 1750, le jeu devient politique : Mlle de Lespinasse, et surtout Mme Necker, qui sert les ambitions ministérielles de son mari. Les salons parisiens rassemblent les hommes célèbres comme le vieux Fontenelle dans toute sa gloire de premier philosophe, qui aime ces maisons « où l'on se trouve pour parler les uns les autres, et même avec esprit, selon l'occasion » ; à Paris, ils sont encore les rendez-vous des académiciens — présents ou futurs : le Président Hénault dans ses *Mémoires* le déclare sans ambages, à propos du salon de Mme de Lambert : « Il fallait passer par elle pour arriver à l'Académie française »[1]. Dans les salons de province, où les illustrations n'ont pas le même éclat, les habitués pratiquent les nouvelles littéraires, les livres nouveaux et les petits vers ; mais partout se respire cet « esprit de liberté » qui est, aux yeux de Diderot, celui du siècle : liberté des propos pour lesquels il n'est pas de tabou et libertés de « la belle galanterie », comme dit le président Hénault encore. Ces divertissements galants — la philosophie en moins — nous en trouvons le reflet (très ressemblant) dans le théâtre de Marivaux, ces jeux de l'amour et de la coquetterie la plus raffinée, ces jeux futiles et cruels, ces déguisements et ces feintes subtiles du marivaudage ; aussi dans Choderlos de Laclos, dont *Les Liaisons dangereuses* sont plus corrosives. Jean-Jacques au grand cœur, et sa Thérèse si simple, si peu douée pour ces passes d'esprit et ces pointes blessantes, ne s'y pouvaient plaire.

Académies, bibliothèques, loges

Assemblées plus sérieuses que les salons, masculines de façon à peu près exclusive, les chambres de lecture et les académies : elles ont un succès encore plus grand peut-être

1. Mémoires, éd. 1855, p. 103.

et plus caractéristique certainement. Avant 1715, beaucoup d'académies ont déjà été fondées en province ; mais dans les années 1750, chaque ville de moyenne importance (de vingt mille habitants) a la sienne : certaines, véritables succursales de l'Académie des Sciences fondée par Colbert, celle de Montpellier par exemple, fournissent rapports et études à la savante société parisienne ; d'autres, moins ambitieuses, visent simplement à perfectionner la pratique du français dans leur région, à développer arts et sciences ; la société d'Amiens déclare « travailler conjointement à tout ce qui peut perfectionner la langue, former le goût et cultiver l'esprit ». Cependant la préoccupation la plus répandue, l'essentiel des travaux académiques, est l'étude des sciences et de leurs applications : on ne sépare pas les unes des autres et les sciences sont considérées comme les « moyens de rendre les peuples heureux ». Le marquis d'Argenson emploie, à propos du club de l'Entresol, cette formule qui annonce Saint-Just ; elle marque aussi le passage de la science aux techniques, le grand pas que le XVIIe siècle n'a pas franchi ; dissertations, discussions sur des questions de physiologie, de physique, de minéralogie occupent les séances ; l'agronomie a un grand succès et certaines assemblées ne s'occupent pas d'autre chose, telle l'Académie des Sciences, Arts et Belles Lettres d'Orléans. Dotées de fonds importants par des protecteurs généreux qui mettent un point d'honneur à financer concours, jeux littéraires, études — nouvelle forme du mécénat — les académies, orgueil de leur ville, stimulent les écrivains et les savants de publications, au système des correspondants, à la qualité des travaux. Rappelons simplement ici le rôle de l'Académie de Dijon dans la carrière de Rousseau, qui y présente ses deux discours, en 1750 et en 1754.

Voisines des académies, souvent peuplées des mêmes hommes avides de savoir, les bibliothèques publiques et chambres de lecture ; elles sont fondées parfois par de riches particuliers comme le président Bouhier à Dijon, parfois par des souscriptions publiques dues à l'initiative d'un philosophe comme Henri Gagnon à Grenoble et elles se sont multipliées partout ; à la fin du siècle, Toulouse se flatte d'avoir « quatre belles et riches bibliothèques publiques », où voisinent ouvrages de théologie hérités du siècle passé, travaux érudits des bénédictins et les dernières publications récemment sorties des presses ; riches aussi d'instruments de recherche, les bibliothèques collectionnent les travaux scientifiques, les gros dictionnaires, celui de Bayle et celui de Trévoux, et elles font une grande place aux gazettes, qui ont proliféré tout naturellement : *Journal des Savants,* journaux historiques, politiques dont le plus célèbre a été celui de Panckouke, gazettes éphémères, littéraires surtout, qui tiennent la province au courant des nouveautés parisiennes. Ces bibliothèques prêtent leurs livres, ont une salle de lecture et la plupart du temps, une salle de conversation (à côté de la bibliothèque proprement dite) où les bavards échangent leurs impressions, discutent et commentent, tout comme à l'académie, ou au café qui est souvent aussi un lieu de réunion, un club à l'anglaise, comme le fameux club de l'Entresol à Paris.

Enfin la vie intellectuelle possède d'autres cadres, nés avec le siècle, les loges maçonniques, dont le rôle et l'importance sont différents. Introduites d'Angleterre à partir de 1721, par Dunkerque, Amiens et Paris, les loges se sont acclimatées sans peine, avec leurs emblèmes, leurs secrets, leurs rites initiatiques et leur diversité égalitaire dans le recrutement (alors que les académies n'admettent guère que nobles et bourgeois) ; sociétés de pensée, elles remportent un grand succès. La liberté de leurs discussions et la diversité des courants qui les traversent, du mysticisme rose-croix au rationalisme le plus sec, expliquent cette faveur ; nullement anticléricales comme celles du XIXe siècle (les évêques, les curés y sont nombreux et viennent volontiers), elles ressemblent par leurs préoccupations générales aux académies, discutant les grandes questions à la mode et commentant aussi les gazettes, l'*Observateur littéraire* ou le *Journal de Trévoux.* Elles ont ainsi leur part dans la diffusion des idées philosophiques : sans qu'il soit question d'en faire les grandes responsables de la Révolution. Malgré son caractère excessif, cette idée lancée par des écrivains obsédés par le complot révolutionnaire, mais qui flatte certains francs-maçons à la vue courte, a la vie dure.

Ainsi se diversifie cette vie mondaine, très intellectualisée ; des salons légers et pédants aux loges, chaque ville de province vit au rythme de ces réunions, solennelles ou intimes ; chaque ville est un centre intellectuel, actif, animé de concours et de jeux, auxquels participent bourgeois, nobles et membres du clergé. Dès lors la noblesse n'est pas seule à donner le ton de la vie urbaine et partage les initiatives, la direction de l'opinion et du goût avec la bourgeoisie libérale et commerçante ; cependant que le clergé, amenuisé au siècle des Lumières, affaibli en effectifs, sinon en talents, réduit à la défensive — il est alors de bon ton de n'être point dévot — se trouve entraîné par le bas et par le haut, dans cette vie et dans le grand mouvement d'idées qui l'accompagne. La crise du clergé français à la veille de la Révolution est bien connue : M. Latreille dans son livre sur *L'Église et la Révolution* en a brossé un saisissant tableau. Les contemporains ont surtout été frappés par l'affaiblissement numérique, qui traduit une grande baisse des vocations, monastiques notamment ; Messance cite, par exemple, Rouen, la ville aux cent clochers : vingt et une communautés masculines comptent quatre cent dix-huit membres ; dix-huit communautés de femmes, cinq cent vingt-huit en 1759.

Watteau et Rameau

De cette société vouée aux plaisirs de l'esprit, l'expression la plus légère est dans les fêtes galantes. Watteau, Lancret, Boucher nous offrent de ces danses, de ces jeux d'amour, les images les plus fines ; Watteau est le premier, pour qui le titre de « peintre des Fêtes Galantes » a été créé : le jeune Louis XIV, au temps de ses folles passions, avait rêvé, dans le Versailles des années 1660, d'îles où les affaires de l'État ne pourraient l'atteindre ; une des premières fêtes de Versailles s'intitulait (en 1664) *Plaisirs de l'île enchantée.* Watteau dans l'*Embarquement pour Cythère*

(1717) nous révèle quel succès l'initiative royale a connu au début du siècle suivant : l'*Amour paisible,* l'*Assemblée dans un parc,* le *Menuet* sont autant d'images fidèles, dans un décor délicatement ensoleillé, de cette invitation à la danse, de ces pèlerinages empreints de piété amoureuse. Après Watteau, le siècle est encore riche de talents très divers : Fragonard égrillard, Greuze emphatique et moralisateur, Chardin, peintre attentif de la petite bourgeoisie qui ne vit pas à ce rythme, conserve les vertus traditionnelles dans sa médiocre aisance, mais n'en recherche pas moins l'élégance, les raffinement du costume dont la haute société donne l'exemple : le *Benedicite, la Mère laborieuse.* Mais bergeries et fêtes de Watteau admirées par de longues générations (de Nerval à Renoir), pastorales de Boucher, où se retrouvent la même tendresse émue, la même grâce, sont les meilleures évocations de ces promenades dans le parc, de ces danses légères, menuets et gavottes, qu'accompagne la musique gracile des pièces pour clavecin de François Couperin le Grand — ou quelque « air à danser » de Rameau.

J.-Ph. Rameau, le grand musicien français de ce siècle, qui en pays allemands s'illustre avec J.-S. Bach et Mozart, a donné un éclat sans précédent à la musique chantée et concertée que le XVIIe siècle avait découverte et commencé à apprécier au temps de Lulli. Le succès de Lulli avait été grand en son temps. La musique n'en est pas moins considérée alors comme un art mineur, un à-côté de la littérature : La Fontaine le dit ; Rameau, Diderot et Rousseau n'ont pas peu contribué à donner à ce « divertissement des sens » un rang plus honorable. Le *Mercure* écrit en 1706 : « Ne vous attendez pas Madame que j'aille faire ici une application à des matières bien relevées : il ne s'agit que de musique » ; cinquante ans plus tard, cette formule est impensable. Organiste de longues années à Dijon et à Clermont, Rameau est pendant vingt ans chef d'orchestre de La Pouplinière, ce grand financier dont les réceptions à Passy veulent égaler celles de la Cour ; puis il reçoit la fonction officielle de « compositeur de la musique de la Chambre ». Tragédies en musique, pastorales héroïques, comédies

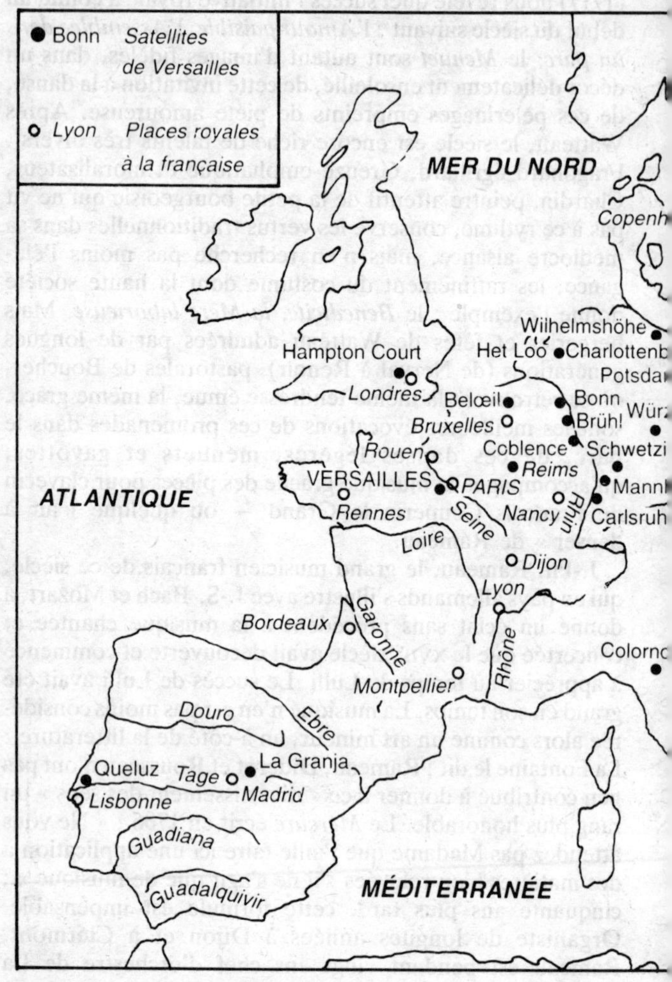
Bonn
Satellites de Versailles
Lyon
Places royales à la française
MER DU NORD
Copenh
Wilhelmshöhe
Hampton Court
Het Loo
Charlottenb
Potsda
Londres
Belœil
Bonn
Brühl
Würz
Bruxelles
Coblence
Schwetzi
Rouen
Reims
VERSAILLES
PARIS
Mannh
ATLANTIQUE
Rennes
Nancy
Rhin
Carlsruh
Seine
Loire
Dijon
Lyon
Bordeaux
Garonne
Colorno
Rhône
Montpellier
Douro
Ebre
La Granja
Queluz
Tage
Madrid
Lisbonne
Guadiana
MÉDITERRANÉE
Guadalquivir

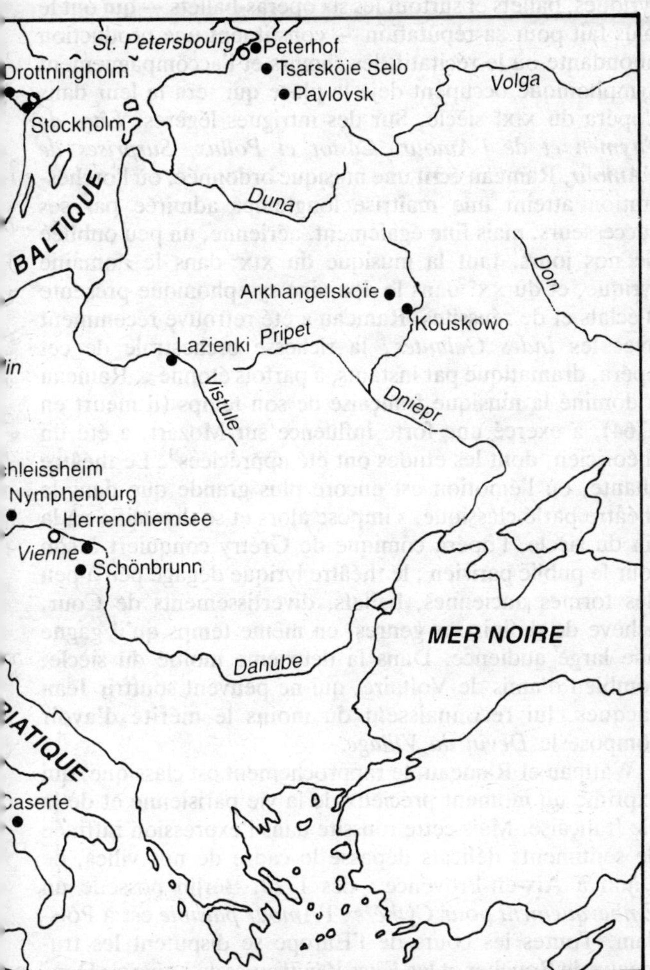

7. Ensembles architecturaux d'inspiration française.
(D'après L. Réau, *L'Europe française au siècle des Lumières*, p. 280-281.)

lyriques, ballets et surtout les six opéras-ballets — qui ont le plus fait pour sa réputation — constituent une production abondante où le récitatif, les chœurs et l'accompagnement symphonique occupent déjà la place qui sera la leur dans l'opéra du XIXe siècle. Sur des intrigues légères, *Fêtes de l'hymen et de l'Amour, Castor et Pollux, Surprises de l'Amour,* Rameau écrit une musique ordonnée, où l'orchestration atteint une maîtrise longtemps admirée par ses successeurs, mais fine également, aérienne, un peu oubliée de nos jours, tant la musique du XIXe dans le domaine lyrique, et du XXe dans le domaine symphonique présente d'éclats et de réussites. Rameau a été retrouvé récemment avec les *Indes Galantes ;* la richesse orchestrale de cet opéra, dramatique par instants, a parfois étonné... Rameau a dominé la musique française de son temps (il meurt en 1764), a exercé une forte influence sur Mozart, a été un théoricien, dont les études ont été appréciées[1]. Le théâtre chanté, où l'émotion est encore plus grande que dans le théâtre parlé classique, s'impose alors et se diversifie ; à la fin du siècle, l'opéra comique de Grétry conquiert à son tour le public parisien ; le théâtre lyrique dégagé peu à peu des formes anciennes, ballets, divertissements de Cour, achève de définir ses genres, en même temps qu'il gagne une large audience. Dans la deuxième moitié du siècle, combien d'amis de Voltaire, qui ne peuvent souffrir Jean Jacques, lui reconnaissent du moins le mérite d'avoir composé le *Devin du Village.*

Watteau et Rameau, le rapprochement est classique, qui exprime un moment précieux de la vie parisienne et de la vie française. Mais cette réussite dans l'expression raffinée de sentiments délicats dépasse le cadre de nos villes, de Dijon à Aix-en-Provence : dès 1720, Berlin possède un *Embarquement pour Cythère ;* l'*Amour paisible* est à Potsdam. Toutes les cours de l'Europe se disputent les trumeaux de Boucher et les *Fêtes Vénitiennes* de Lancret. Dans le domaine musical où l'étranger a ses maîtres, une parenté

1. J.-Ph. RAMEAU, *Traité de l'harmonie,* 1722 ; *Démonstration du principe de l'harmonie,* 1750.

indéniable unit à Rameau J.-S. Bach des *Concertos brandebourgeois,* et Mozart de la *Symphonie parisienne* et des *Noces.* A travers l'Europe tout entière, la vie de société à la française fait école, est imitée et bien souvent égalée — quoi qu'on dise. Alors que les Français ont leurs regards tournés vers l'étranger, admirent sans réserve l'Angleterre de l'*habeas corpus,* ne tarissent pas d'éloges depuis 1734 (les *Lettres anglaises* de Voltaire) au point de justifier l'expression d'anglomanie, alors que Frédéric II et Catherine II sont approuvés à Paris, lorsqu'ils annoncent de grandes réformes dans leurs États ; alors qu'enfin la Chine elle-même a sa part de succès chez les encyclopédistes, l'Europe est sans frontières pour les publications et pour les hommes qui viennent de France. Au temps de Louis XIV, les princes, grands et petits, avaient commencé à construire des Versailles miniatures, bien copiés, où une cour dressée à la française achevait l'imitation. Au siècle suivant, ce sont les livres, les tableaux, les costumes, les meubles français qu'il est indispensable de faire venir : la langue française est parlée dans toutes les cours, auprès de Frédéric II comme de Catherine, parce qu'elle seule a la subtilité désirée ; et le jeune Goethe, après son séjour à Strasbourg, se demande un instant s'il écrira en français ou en allemand. Des centaines de Français, qui n'ont parfois d'autre mérite que de parler français, sont employés à Vienne, Prague et Berlin comme précepteurs d'enfants, et dans les grandes familles nobles jusqu'en Russie : architectes, maîtres de musique, écrivains sont réclamés de Saint-Pétersbourg à Lisbonne... Le prestige de la vie parisienne est si grand, que les plus fortunés viennent se fixer dans cette capitale où tous se sentent chez eux : Casanova dit déjà, à la fin du siècle : « On ne vit qu'à Paris, on végète ailleurs. »

L'Europe charmée par le cosmopolitisme parisien, par l'universalisme de la pensée française, est, au siècle des Lumières, l'Europe française : à condition d'en bien voir les limites, la formule est exacte ; de salons en académies, à Berlin ou Saint-Pétersbourg, entendons toujours par Europe celle de la haute société : bourgeoise et noble, à la fois, tout comme en France, en Italie du Nord, patrie de

Beccaria, sur les bords du Rhin à Mayence ou Cologne, dans les Pays-Bas autrichiens qui sont en grande partie de langue française. L'Angleterre, où la noblesse n'est pas une caste, où la haute société est bourgeoise et noble, mieux qu'ailleurs, n'a pas participé à cet enthousiasme pour la France : pour bien des raisons... Plus à l'Est, sinon à Berlin même, où les Français sont nombreux, où le collège français maintient des liens culturels précieux pour les descendants des exilés de 1685 — en Saxe, en Autriche, en Russie, — c'est la noblesse seule qui parle, lit, écrit et chante en français : dans l'Europe centrale et orientale, les bourgeoisies sont trop peu nombreuses, trop mal assises économiquement et socialement, pour participer à cet engouement qui au demeurant demande des loisirs, des rentes et des contacts, même commerciaux ; or, pour les bourgeois de Saint-Pétersbourg ou de Vienne, les intermédiaires, anglais ou allemands, font écran... A plus forte raison, dans toute l'Europe, la francomanie ne touche-t-elle pas les classes paysannes — ou les classes populaires des villes : tout fait défaut, loisirs, rentes... L'Europe française du XVIIIe siècle, dont l'héritage monumental est imposant, est le fait d'une petite minorité aristocratique.

3. Les lumières : l'esprit philosophique

Sur le plan proprement intellectuel, la France n'est pas seule à éclairer le monde : le prestige de Leibniz, mais surtout la renommée de Newton sont là pour nous en avertir ; le progrès des sciences ne le cédant en rien aux réussites littéraires, il convient de comprendre le rayonnement de Voltaire et Montesquieu, ces penseurs politiques, dans ce cadre plus large que l'*Encyclopédie* nous révèle et où les neuf Muses ont chacune leur place ; l'opinion, c'est un public que les progrès de l'instruction, marqués pendant tout le siècle, font de plus en plus important, et, vers lequel, même dans sa correspondance intime, le plus grand des philosophes est toujours tourné.

L'Encyclopédie

L'œuvre collective du temps, cette monumentale *Encyclopédie* projetée, préparée, mise en œuvre par Diderot de 1748 à 1765, est sans doute le plus grand témoignage de l'art et de l'esprit philosophique : Diderot, maître d'œuvre aidé par d'Alembert pour les sciences pendant une dizaine d'années, a réuni autour de lui « pour exposer autant qu'il est possible, l'ordre et l'enchaînement des connaissances humaines » tous ceux qui, avec leur talent et leurs connaissances propres (Rousseau a contribué pour la musique...) se sentent « liés par l'intérêt général du genre humain et par un sentiment de bienveillance réciproque », grandes formules de l'humanisme optimiste du siècle. Cependant l'*Encyclopédie* n'cst pas une synthèse scientifique : les encyclopédistes s'avouent à eux-mêmes, non sans regret, que ce système unique, qui rendrait compte de toutes les connaissances, n'est pas entre leurs mains ; depuis l'échec des tourbillons cartésiens, dont Newton a eu raison, l'espoir d'y parvenir n'est pas très vivace. Les amis de Diderot sont simplement persuadés que chaque science doit avoir ses méthodes, c'est-à-dire « des principes généraux qui en sont la base » ; qu'il existe des secours d'une science à l'autre, des rapports à établir avec prudence : cette prudence n'est pas exclusive de l'enthousiasme, de la foi en l'homme (« L'homme est le terme unique d'où il faut partir, et auquel il faut tout ramener »), qui a permis au directeur de l'*Encyclopédie* de supporter, et les rebuffades de collaborateurs peu amènes — à commencer par d'Alembert lui-même — et les misères de l'édition, lorsque les condamnations pleuvent (dès 1752) et obligent à des détours sans fin ; s'y joint la foi dans le progrès scientifique aussi, qui leur paraît admirable particulièrement dans le domaine des sciences de la nature, grâce à Réaumur, Trembley et surtout Buffon, dont la *Théorie de la Terre* est publiée en

1744, et l'*Histoire naturelle* à partir de 1749 ; les progrès de l'observation sont là décisifs : les premiers microscopes sont réalisés à la fin du XVIIe, avec une lentille braquée sur la source de lumière ; instruments simples, qui permettent déjà bien des découvertes (le microscope ordinaire d'aujourd'hui n'a cependant pas été réalisé avant 1880[1]).

L'*Encyclopédie* raisonnée des métiers, des arts et des sciences est une prudente apologie du progrès humain, détachée de tout dogme et de toute autorité, en dépit de ses paravents ; car, de même que Buffon, condamné pour avoir contredit la Genèse dans sa *Théorie de la Terre,* se soumet, de même Diderot n'hésite pas à multiplier dans le cours du dictionnaire les articles de pure orthodoxie sur Christianisme, Théologie, Adam, Enfer : malgré tant de hardiesses par moments, les encyclopédistes se sont censurés eux-mêmes à plus d'une reprise, orthodoxes à Providence et impertinents, impies même, à l'article Junon. L'*Encyclopédie* doit se comprendre au-delà de ces contradictions volontaires, au-delà des divergences et incertitudes également qu'impliquent des collaborations inégales, des convictions fort dissemblables (d'Alembert n'est pas loin de croire aux mathématiques universelles, mais n'est guère suivi) ; elle livre au monde une tentative de coordonner tout le savoir acquis à l'époque : elle est un bilan ou plutôt une somme, reconnue nécessaire en un temps où l'impossibilité de maîtriser toutes les sciences en une seule pensée est reconnue ; elle fait le point et offre un tableau de la civilisation matérielle, état des métiers et techniques, modes et styles ; elle offre encore une image des curiosités de l'époque, ses goûts pour l'histoire et pour les voyages (écho des innombrables récits de jésuites évangélisant les bons sauvages) dans l'espace et le temps (sciences et philosophie antiques et modernes)[2]. Mais l'esprit encyclopédique est aussi désir d'ouvrir des perspectives, de dominer les découvertes et rechercher l'ordre que les hommes

1. Cf. GUYÉNOT, *Les Sciences de la vie aux XVIIe et XVIIIe siècles,* Paris, 1941.
2. Cf. les articles Spinoza, Leibniz.

peuvent mettre dans le monde ; il est ouverture sur l'avenir, sur un avenir qu'ils croient et veulent meilleur avec des prolongements parfois inattendus : chaque encyclopédiste dans son domaine voit au-delà du présent, — ainsi H. de Guibert dans son *Essai général de tactique* (1772) qui annonce le soldat-citoyen de la Révolution. C'est là le fond de l'esprit philosophique qui anime les compagnons de route de Diderot.

Celui-ci, bon ouvrier de cette grande œuvre, sympathique dans ses démêlés avec ses confrères philosophes à la plume vive, aux ambitions littéraires mesquines, émouvant dans sa piété pour sa vieille robe de chambre, sa sympathie pour le fantasque neveu de Rameau, sa tendresse pour Sophie Volland, pendant trente ans raisonnant et discutant, la plume toujours alerte et toujours en fête est le meilleur modèle de ces philosophes qui sont légion autour de lui à l'encourager, l'aider, l'exploiter aussi, les d'Holbach, Helvétius, Raynal : et combien d'autres de moindre talent. Sa verve, polissonne parfois (comme il était bien porté), est cependant prompte à évoquer en quelques mots les grands problèmes : le *Neveu* regorge de ces vues bien venues, *Jacques le Fataliste* aussi ; veut-on une description de la crise qui commence dans ces années 1770-1774 où *Jacques* est écrit : « L'année est mauvaise ; à peine pouvons-nous suffire à nos besoins et aux besoins de nos enfants. Le grain est d'une cherté ! Point de vin ! Encore si l'on trouvait à travailler ; mais les riches se retranchent, les pauvres gens ne font rien ; pour une journée qu'on emploie, on en perd quatre. Personne ne paie ce qu'il doit ; les créanciers sont d'une âpreté qui désespère... » Tournons la page : notions de démographie. « ..., on ne fait jamais tant d'enfants que dans les temps de misère. — Rien ne peuple comme les gueux. — Un enfant de plus n'est rien pour eux, c'est la charité qui les nourrit » (et la suite). Diderot est assurément un des plus grands noms de ce temps.

L'irréligion

L'*Encyclopédie* n'apporte pas une doctrine philosophique ; sur les grands débats du temps qui sont quotidiennement remis en question, la religion et le gouvernement, les philosophes n'ont pas non plus de position commune. La démarche de ces tempéraments passionnés est sans doute la même : animés par un même esprit de libre critique, ils ont pour cible commune l'absolutisme despotique de la monarchie française et l'Église catholique. Mais là s'arrêtent les points communs. Il n'est sans doute pas négligeable d'avoir les mêmes ennemis, de rencontrer devant soi les mêmes Bastilles et les mêmes jésuites ; mais la lourde postérité du siècle ne se comprendrait pas sans les divergences, qui s'affirment surtout après 1750 : c'est le temps où Voltaire annote d'une plume sarcastique les écrits de Rousseau, le traite de niais plus souvent qu'il ne lui reconnaît du sublime. Ainsi, à tous coups, le droit divin de la monarchie, les pratiques catholiques les plus estimées se trouvent entamés, attaqués, abaissés, contestés inlassablement : l'archevêque de Paris condamne, les ordonnances royales interdisent, les livres n'en font pas moins carrière, fortune des libraires et des auteurs, camouflés ou non derrière des noms d'emprunt. Mais dans le camp philosophique, la discorde est grande : un abîme sépare Voltaire de Rousseau ; demain Brissot et Robespierre.

Voltaire marque de son trait l'irréligion philosophique : ses polémiques ardentes, sa virulence jusque dans la douce manie (signant un moment Ecrlinf, Écrasons l'infâme...) emplissent l'air du temps. Cependant il semble bien, à y regarder de près, que, bien avant les *Lettres anglaises* et l'*Essai sur les mœurs,* une partie de la bourgeoisie et de la grande noblesse s'acheminait peu à peu vers l'irréligion, au moins vers le déisme. Il est devenu trop vite de bon ton de ne plus parler de religion, sinon pour en sourire, de se limiter aux pratiques d'obligation, de paraître même un esprit fort, revenu de « toutes ces fables ». Rien d'étonnant aussi bien que Necker constate, en 1788, dans son *Importance des opinions religieuses* : « On n'entend parler depuis quelque temps que de la nécessité de composer un catéchisme de morale, où l'on ne ferait aucun usage des principes religieux, ressorts vieillis, et qu'il est temps de mettre à l'écart. » L'ampleur des débats théologiques et moraux soutenus depuis près d'un siècle à l'intérieur de l'Église a pu favoriser l'indifférence ; les polémiques violentes du *Journal de Trévoux* et des *Nouvelles ecclésiastiques,* les décisions parlementaires ordonnant condamnation au feu de mandements épiscopaux ultramontains, les influences anglaises, en particulier les ouvrages de Locke prêchant la tolérance entre toutes les sectes chrétiennes : tout cela, longues disputes *coram populo* ou lectures dangereuses, a favorisé les doutes et insinué certaines formes d'incrédulité ; la hargne contre Rome et les jésuites, qui dans Paris fleurit un siècle durant, entraîne derrière elle une méfiance irréfléchie à l'égard de toute théologie. Voltaire y a certes ajouté beaucoup : son talent à souligner en deux mots frappants ce que d'autres expliquent en quinze pages (ainsi de la fameuse boutade : Dieu a fait l'homme à son image...) ; ensuite son hostilité inlassable à tout ce qui, dans le gouvernement, l'administration ou la justice, révèle l'influence, avouée ou non, de l'Église : persécution de protestants, abus de pouvoirs commis par des évêques comme Mirepoix ; les problèmes ne sont pas ceux qui se poseront sous la Monarchie de Juillet ou la troisième République à ses débuts ; mais l'esprit « voltairien » prend forme autour de 1750, ruinant peu à peu le respect des hommes et des choses d'Église : comment expliquer sinon, le geste de Louis XVI qui fait arrêter comme un malfaiteur, en pleine rue, un cardinal ?

Champion de la tolérance, Voltaire l'est sans doute. Avec ses amis philosophes, il n'est pourtant pas détaché de tous préjugés, ainsi à l'égard des juifs ; jusqu'à la Révolution, alors qu'en 1787 les protestants finissent par obtenir l'octroi de l'état civil, alors que les acteurs, autre catégorie condamnée par l'Église, sont choyés et fêtés, comblés d'honneurs, les juifs restent en marge de cette société. Dans l'Est de la France, à Metz, par exemple, ils ont leur quartier à part, séparé du reste de la ville, comme en Europe centrale ; partout ils sont, sauf exception, des étrangers dont la malédiction n'est pas oubliée ; témoin ce mémoire sur des juifs venus en Bordelais à la fin du XVIIe siècle : « Et comme plusieurs d'entre eux sont devenus fort riches, cette malheureuse nation a sçu se ménager de si fortes protections qu'il est plus dangereux dans le pays qu'ils habitent d'avoir à faire à un Juif qu'à un Chrétien : les petites ressources qu'on a trouvées chez eux sur la fin du dernier règne, ont achevé de leur persuader qu'ils étaient absolument nécessaires à l'État, et se croians enfin régnicoles, et voulans oublier qu'un peuple maudit, qui doit estre et qui sera toujours errant et vagabond, ne peut se fixer... » Voltaire lui-même dans son *Dictionnaire philosophique* déclare : « Un peuple ignorant et barbare, qui joint depuis longtemps la plus sordide avarice à la plus détestable superstition et à la plus invincible haine pour tous les peuples qui les tolèrent et qui les enrichissent. Il ne faut pourtant pas les brûler. » Voltaire (et les grands bourgeois et les nobles qui le lisent avec prédilection) n'est pas d'autre part exactement un athée : il admet un Dieu plus facilement que ses prêtres et son Église, un Dieu qui serait créateur du monde, sans plus intervenir une fois la chiquenaude donnée ; il pense surtout que ce Dieu et cette religion dont il ne peut se passer, sont indispensables aux classes populaires, parce que celles-ci ne sont pas capables de se guider moralement (comme politiquement) par elles-mêmes. Socialement la religion est une bonne chose, Voltaire ne se lasse pas de le répéter, car d'aucuns pourraient s'y tromper : « Nous avons à faire à force fripons, à une foule de petites gens, brutaux, ivrognes, voleurs : prêchez leur si vous voulez, qu'il n'y a point d'enfer et que l'âme est mortelle. Pour moi, je leur crierai dans les oreilles, qu'ils seront damnés s'ils me volent »[1]. Formule de gendarme, de grand propriétaire jaloux de ses richesses : l'honnête piété des humbles, que la littérature philosophique n'a pas touchée, est ainsi un paravent pour le châtelain de Ferney, qui attaque les prêtres et le dogme, n'épargne ni les Livres saints, ni les Pères de l'Église, ménage à peine les jésuites, ses maîtres...

Ce flot de raison raisonnante se répand jusqu'au jour où le citoyen de Genève élève la voix, chargée de passion, et rend sa place au sentiment religieux : « Conscience. Cons-

1. *Dictionnaire philosophique,* article Dieu.

cience. Instinct divin... » s'écrie ce vicaire savoyard, condamné bien vite à la fois par Rome et par Genève, qui retrouve l'homme et sa liberté, entre le bien et le mal... Mais ce Jean-Jacques, qui n'a pas moins de fierté que Voltaire à l'égard des grands (qui ne connaît la lettre au comte de Lastic ?) ne nourrit pas dans son cœur ce mépris des petites gens, ce dédain du peuple, qui habite Voltaire et quelques autres. Dans ces trente années de 1750 à 1780, Rousseau, avec sa logique passionnée, rend au sentiment sa place : applaudi par toute une génération, celle de Mme Roland, sans parler de la postérité romantique. Celle-ci pleure de chaudes larmes, en lisant celui qu'elle appelle « le divin Rousseau ». Moins exalté, Kant ne lui doit pas moins.

Sur le plan politique, l'écart n'est pas moins grand ; avant 1750, nos philosophes sont des réformateurs prudents, dont les audaces sont calculées et limitées : hardiesses de conseillers royaux, qui ont accrédité le despotisme éclairé ; après 1750, après le *Discours* et surtout le *Contrat social,* il n'est plus question d'amender la monarchie, de passer de l'absolutisme à la monarchie tempérée : c'est la Révolution la plus complète, celle que les hommes de 1789-1794 n'ont pu achever.

La monarchie tempérée

Voltaire dans les *Lettres anglaises* (1734), Montesquieu dans *L'Esprit des Lois* (1748) ne sont pas des républicains, ni des démocrates. Voltaire a vu l'Angleterre, rapidement, sans trop se poser de questions gênantes ; il a surtout lu Locke, ce théoricien de la Révolution de 1688, qui fait l'éloge de la monarchie, où le roi partage le pouvoir avec la nation ; confiant en ces institutions étrangères, autant qu'il se méfie de tout ce qui est français, Voltaire s'est facilement persuadé que la réalité et les principes d'équilibre vantés par Locke ne font qu'un : bourgs pourris, vénalité des élections, confusion des pouvoirs dans l'administration locale, peu lui chaut. Il ne se lasse pas de vanter ce régime, où la Chambre des Communes fait la loi, que le roi met en application, où la Bastille n'existe pas, ni le Châtelet... Montesquieu est plus systématique : il a cherché et trouvé ses exemples dans l'Antiquité comme aux temps modernes ; il a lu et relu Montaigne, son compatriote, pour lequel il ressent quelque affinité ; il ne dédaigne pas les considérations générales — dont le XXe siècle est friand, sous le nom de philosophies de l'histoire ; et chaussant les bottes de Platon, Bodin et quelques autres, il montre comment la tyrannie, la monarchie, la république, ces régimes si différents en leurs principes, s'engendrent les uns les autres, par le jeu de décadences internes. Enfin il ne méconnaît pas Locke et l'*Essai sur le Gouvernement Civil*, et en tire sa théorie de la séparation des pouvoirs exécutif, législatif et judiciaire ; ce par quoi l'*Esprit des lois,* ce gros livre moins lu qu'admiré de loin, ne cesse pas, jusqu'à nos jours, de guider la pensée politique.

L'Angleterre est donc le modèle : le royaume le mieux gouverné de l'Europe, parce que le citoyen y est protégé par la loi contre tout arbitraire, parce que le roi respecte la loi qu'il n'a pas élaborée lui-même, et que ce monarque laisse le législatif entre les mains des représentants de la nation. L'*habeas corpus* a été d'autant plus apprécié des philosophes que leurs écarts de langage les placent souvent sous la menace des lettres de cachet : Voltaire, Diderot en ont tâté. Montesquieu écrit : « L'Angleterre est à présent le plus libre pays, qui soit au monde, je n'en excepte aucune république. Je l'appelle libre parce que le prince n'a le pouvoir de faire aucun tort imaginable à qui que ce soit, pour la raison que son pouvoir est contrôlé et borné par un acte. » Outre la séparation des pouvoirs qui a cette vertu magnifique d'empêcher la monarchie de se dégrader en république, Montesquieu approuve la répartition du législatif en deux Chambres : les Communes, chambre basse, et les Lords, la noblesse, dont la fonction est de servir le roi, non plus par les armes et le service militaire comme au Moyen Age, mais en contrôlant les actes de la chambre basse qui représente l'ensemble de la nation. Aux yeux de Montesquieu, nobles Lords et évêques anglicans qui siègent à la chambre haute sont de solides soutiens de la monarchie ; privilégiés et royauté sont étroitement liés. Montesquieu rend ainsi à la noblesse un rôle que les rois de France depuis des siècles lui ont contesté, puis enlevé : Louis XVI aussi considère, en 1789, que monarchie et privilégiés sont inséparables. Par contre, Montesquieu n'est pas tendre pour la noblesse de Cour et écrit audacieusement :

> « L'ambition dans l'oisiveté, la bassesse dans l'orgueil, le désir de s'enrichir sans travail, l'aversion pour la vérité, la flatterie, la trahison, la perfidie, l'abandon de tous ses engagements, le mépris des devoirs du citoyen, la crainte de la vertu du prince, l'espérance de ses faiblesses, et, plus que tout cela, le ridicule perpétuel jeté sur la vertu, forment, je crois, le caractère du plus grand nombre de courtisans »[1].

Ces critiques de la monarchie despotique, et de l'ordre qui la soutient, ont porté loin ; sans doute plus loin que ne pensaient les philosophes. La noblesse, discréditée depuis longtemps surtout par la vie à Versailles, n'a pas récupéré son prestige à être comparée à la noblesse d'Outre-Manche ; à la veille de la Révolution, Beaumarchais lance les traits les plus vigoureux (aux qualités qu'on exige d'un valet...) ; de même la monarchie, attaquée de mille et une façons, réformée avec hardiesse ; cependant ces libéraux, Voltaire comme Montesquieu, accepteraient une monarchie qui suivrait leurs conseils ; Voltaire s'écriant un beau jour : « Ah Louis XIV, que n'étais-tu philosophe ! » a bien voulu dire : « Ah Louis XV que n'écoutes-tu tes philosophes ! » La monarchie est comme la religion : elle a du bon. Il faut la garder, pourvu qu'elle se laisse conseiller, pourvu qu'elle renonce aux pratiques arbitraires. Voltaire serait même moins exigeant que Montesquieu, attaché à sa théorie et à ses vertus d'équilibre : il a offert ses services à deux rois qui les ont refusés, Frédéric II et Louis XV. Du moins avec le second, a-t-il eu une satisfaction : Mme de Pompadour l'a écouté de temps à autre.

1. *Esprit des Lois*, III, 5.

Le « Contrat social »

Rousseau écrit d'une autre encre : il n'est pas chambellan du roi, ni même président de chambre dans un parlement ; ce musicien, qui se jure de ne pas écrire, tant la gent littéraire lui déplaît, s'est piqué au jeu des concours académiques : il a remporté le premier prix en 1750 à Dijon pour avoir soutenu que la civilisation et le progrès des arts corrompent les hommes, bons à l'état de nature : une société raffinée vue dans un miroir déformant... Missionnaires et voyageurs parlent avec conviction du bon sauvage ; Jean-Jacques les croit et accrédite de sa prose entraînante cette idée, qui a beaucoup fait entre 1775 et 1780 pour la popularité du bonhomme Franklin et le prestige de la guerre d'Indépendance américaine. En 1754, Rousseau récidive et concourt sur les fondements de l'inégalité parmi les hommes : il n'obtient pas le prix ; les bons académiciens dijonnais ont été effrayés par ces théories, qui ne peuvent passer pour un aimable paradoxe comme en 1750. Mais l'idée ne le quitte plus ; et en 1762, il publie le *Contrat social,* ou *Principes du droit politique,* qui fonde l'État sur un droit nouveau : ouvrage rapide, clair dans sa leçon d'ensemble sur le Souverain et sur l'Égalité, c'est un moment capital de la pensée politique en France.

Toute société humaine repose sur un contrat entre les participants, contrat tacite ou bien accepté à un âge donné, peu importe ; toute souveraineté réside par suite dans le peuple qui accepte ce contrat et qui en prépare ou rédige les modalités de mise en œuvre. Rousseau a lu Montesquieu mais veut aller plus loin, car, fondant la souveraineté sur cet accord de tous les citoyens, il fonde aussi l'égalité civile de ceux-ci. Le *Contrat social,* étude des principes sur lesquels repose l'État, renverse tout l'ordre des choses, tel qu'il est acquis dans la société française au XVIIIe siècle : il ne peut être question du droit divin, d'autorité qui vienne d'en haut, puisque le roi n'est roi que par la volonté souveraine du peuple, c'est-à-dire de l'ensemble des contractants, de la nation. Celle-ci peut certes se donner un roi, mais elle établit aussi les règles suivant lesquelles il règne ; et surtout elle peut se donner un autre régime politique : « Un peuple est donc un peuple avant de se donner à un roi. Ce don même est un acte civil ; il suppose une délibération publique. Avant donc que d'examiner l'acte par lequel un peuple élit un roi, il serait bon d'examiner l'acte par lequel un peuple est un peuple ; car cet acte, étant nécessairement antérieur à l'autre, est le vrai fondement de la société »[1]. Voltaire et Montesquieu donnent à la monarchie des attributions différentes pour la rendre acceptable par les philosophes et l'opinion éclairée ; à une institution menacée, ils fournissent des étais, des projets de réforme, qui permettraient une consolidation, sans rien changer au principe : la monarchie anglaise a bien aussi son Église et même ses rois thaumaturges. Avec Rousseau, tout est différent : le trône est déjà tombé, les fondements de la société ne sont pas dans un droit supérieur, mais dans cette égalité de petits propriétaires qui sont des hommes libres et attachés à leur patrie parce que propriétaires, et qui participent à la gestion de l'État. Rousseau tient à l'idée héritée de l'antiquité selon laquelle seuls les propriétaires d'un lopin de terre sont de vrais citoyens, son égalité politique fonde l'égalité sociale ; on a fait un sort abusif à la célèbre imprécation du *Discours sur l'Inégalité :* « Le premier qui, ayant enclos un jardin s'avisa de dire : Ceci est à moi, et trouva des gens assez simples pour le croire... » Par là même, Rousseau se montre plus soucieux de l'égalité que de la liberté des citoyens : il a le sentiment de la solidarité du corps social, ainsi constitué par l'assentiment de tous les participants et il va donc beaucoup plus loin que Montesquieu, car il condamne les privilèges et les ordres privilégiés : aux yeux de Montesquieu, le courtisan est un homme encombré de vices nombreux, qu'il doit en partie à sa fonction... Rousseau est plus bref dans la condamnation : « riche ou pauvre, puissant ou faible, tout citoyen oisif est un fripon. » Au fond de lui-même, Rousseau est un passionné de justice, avec une intransigeance que Voltaire ne pratique pas ; il écrit un jour à un contradicteur, académi-

1. *Contrat social,* I, V.

cien dijonnais, bon vivant et philosophe à ses heures : « Le luxe nourrit cent pauvres dans nos villes et en fait périr cent mille dans nos campagnes. L'argent qui circule entre les mains des riches et des artistes pour fournir à leurs superfluités est perdu pour la subsistance du laboureur ; et celui-ci n'a point d'habit, précisément parce qu'il faut du galon aux autres ; il faut du jus dans nos cuisines, voilà pourquoi tant de malades manquent de bouillon ; il faut des légumes sur nos tables, voilà pourquoi le pays ne boit que de l'eau ; il faut de la poudre à nos perruques : voilà pourquoi tant de pauvres n'ont pas de pain... » Rousseau est un Alceste sympathique aux élans généreux ; constatant avec horreur que la civilisation ne peut s'épanouir sans un certain gaspillage social, il préfère, dans un beau mouvement, supprimer la civilisation plutôt que perpétuer l'injustice.

Le *Contrat social* est ainsi la charte de la démocratie en son principe. Ce citoyen de Genève, qui a vécu dans une petite république, qu'il aime et défend à l'occasion contre ses détracteurs (*Lettre à d'Alembert sur les spectacles,* à propos de l'article de Genève de l'*Encyclopédie*), donne une définition de la souveraineté populaire : trente ans plus tard, celle-ci triomphe aux Tuileries, en cette terrible journée du 10 août, où deux droits et deux principes politiques se sont affrontés dans la mitraille et le sang, droit divin et droit des peuples à disposer d'eux-mêmes, proclamé à la fin de cette même année 1792 par la Convention. Voltaire et les autres ont livré les combats d'avant-garde ; Rousseau a débusqué les grosses batteries ; l'ancien régime, en France et hors de France, ne s'en est finalement pas relevé.

La diffusion des Lumières

Ces grands thèmes de la pensée politique française critique et constructive, discutés, reproduits par un monde de petits littérateurs et philosophes, disciples des plus grands, quelle en a été la diffusion ? Les progrès de la poste et des communications en général ont rendu aisée la transmission des livres, des petits libelles et des lettres qui sont lues dans les salons. Mais l'essentiel est dans la progression de la lecture, c'est-à-dire des petites écoles et des collèges : le public des philosophes va croissant avec le siècle, il ne s'étend pas encore aux campagnes qui restent, sauf les banlieues urbaines, sans contact avec les idées nouvelles.

Cependant les transformations de l'enseignement sont importantes, surtout au niveau de l'enseignement secondaire. F. Brunot étudiant les progrès de la langue avait autrefois réuni un dossier sur ce problème (cf. son tome VII et la carte page suivante)[1] ; les universités restent semblables à elles-mêmes très réfractaires à toutes transformations de leurs méthodes et de leur enseignement, déconsidérées aux yeux des philosophes et des honnêtes gens, en un temps où le progrès scientifique se fait hors d'elles et où un fermier général est le plus grand chimiste de son époque. Mais les collèges sont la grande réussite de ce temps : ils se multiplient partout jusque dans de très petites villes de quelques milliers d'habitants, rassemblant vingt ou cent cinquante élèves, doublés de pensions pour les répétitions, le logement des pensionnaires (comme quelques siècles plus tôt, les collèges ont joué ce rôle auprès des universités). Ces établissements, demandés par la bourgeoisie pour instruire les enfants au-delà du niveau élémentaire, enseignent toujours le latin, mais font place dans les humanités, qui sont la base, au français et notamment à l'orthographe, appréciée mais pas toujours respectée, même par les philosophes ; en dehors des humanités, les sciences de la nature, l'histoire et la géographie sont à l'honneur de plus en plus chez les Oratoriens qui reprennent après 1762 une bonne partie des collèges jésuites. Les grandes familles nobles, les financiers de haut parage continuent à confier leurs enfants à des précepteurs et après l'*Émile,* font élever ces jeunes gens comme autant

1. Le P. de Dainville en a prouvé la richesse pour le N.-E. du Bassin parisien (cf. *Population,* 1955,3, *« Effectifs des collèges et scolarité aux* XVII*e et* XVIII*e siècles dans le N.-E. de la France »,* *p. 445-488).*

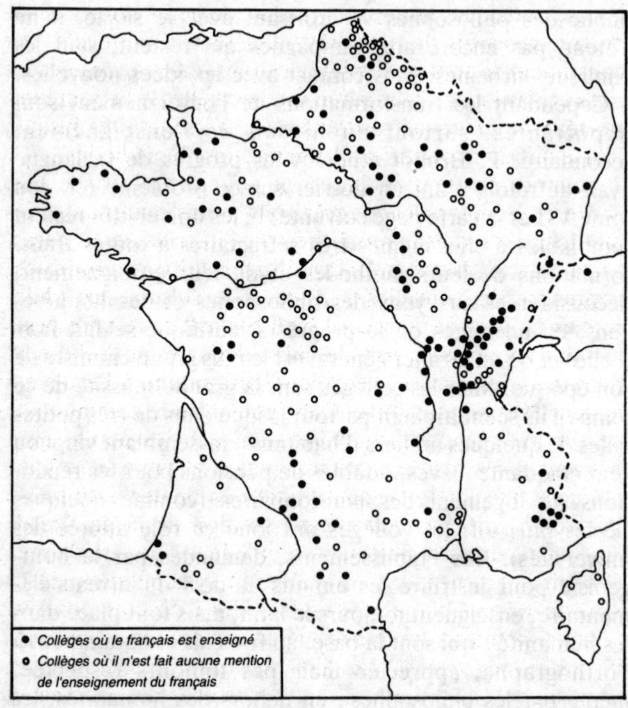

8. L'ENSEIGNEMENT SECONDAIRE À LA FIN DE L'ANCIEN RÉGIME
(D'après F. Brunot, *Histoire de la langue française,* t. VII, et l'enquête Chaptal, de l'an IV)

Cette carte a été établie sur les données recueillies par F. Brunot, à propos de la lutte entre latin et français. Sur ce point, elle ne fournit pas des indications très nettes : beaucoup de collèges restent fidèles au latin un peu partout… En revanche, elle montre bien l'importance, longtemps méconnue, de l'enseignement des collèges à la veille de la Révolution.

de petits disciples du philosophe. Mais la bourgeoisie dans son ensemble — hommes de lois, marchands, rentiers — fournit la grosse majorité de cette population scolaire nombreuse ; quelques enfants d'artisans, de petits nobles aussi, de très rares fils de paysans complètent ces effectifs, qui constituent la future clientèle des philosophes, des académies et des loges : promotion intellectuelle de la bourgeoisie réalisée grâce aux ordres enseignants, jésuites jusqu'à leur expulsion, oratoriens, dominicains, bénédictins...

Pour les classes populaires, et pour ce qui est de lire, écrire et compter, les progrès sont moins marquants ; les physiocrates ont beau proclamer que l'instruction est nécessaire aux paysans pour améliorer leurs techniques, apprendre de nouvelles méthodes de culture, les philosophes ne sont pas d'accord bien souvent : Voltaire peste lorsqu'il ne trouve pas de main-d'œuvre pour Ferney, regrette que les paysans envoient leurs enfants à l'école qui ne leur est pas nécessaire. C'est une attitude commune de penser avec quelque commisération que les petites gens peuvent se passer de toute instruction et vivre dans leurs préjugés. Une curieuse consultation du médecin du roi en 1721 est significative : « La préparation de la poudre de crapauds [contre la peste], telle qu'elle est décrite dans ce mémoire, n'a rien de particulier, et la réputation de ce remède ne me paraît pas établie sur d'exactes observations : cependant, comme on en fait une grande estime dans le public, je consens que l'on imprime ce mémoire »[1]. Cependant le bas clergé, les paysans, dans des montagnes comme le Jura, les artisans et compagnons des villes réclament des petites écoles : lire et écrire sont déjà indispensables au personnel domestique si nombreux, qui se frotte quotidiennement à des maîtres spirituels et qui use, licitement ou non, de leur bibliothèque, ou participe à leurs intrigues ; dans les métiers mécaniques, le besoin est aussi grand. La plupart du temps, l'initiative privée est à l'origine des fondations : un riche propriétaire, un académicien bien inspiré et bien considéré dans son quartier, donne quelque

1. B. N., Mss, fds fs 21 630, 247 V°.

argent, avec quoi un maître d'école est recruté pour l'hiver ; venant souvent du Dauphiné, de Savoie, d'Italie même, participant aux louées des foires avec trois plumes au chapeau, lire, écrire et compter, le maître d'école est un type social nouveau : souvent assez mal dégrossi, il enseigne à lire l'imprimé, écrire son nom et compter les tables simples ; ce qui est maigre sans doute, en ces temps où le manuscrit diffère beaucoup de l'imprimé et où compter supposerait la connaissance précise des poids et mesures régionaux et des monnaies. Des règlements d'école sont établis en maints endroits, Jura, Bourgogne, Est et Nord, plus avancés que le Midi dans ce domaine. Ainsi en Bourgogne à Vermenton, le texte édicte : « il sera payé aux Maîtres par mois, pour les commençants six sous, pour ceux qui écrivent dix sous, pour ceux qui apprennent le plain chant et l'arithmétique quinze sous ; on ne frappera point les écoliers avec la main, avec le pied, ni avec bâton ou baguette, mais seulement avec la verge, et dans un esprit de charité, à peine d'interdiction du maître pour ce seul fait ; ceux qui n'auront pas le moyen de payer les mois, il y sera pourvu par la charité, conformément à la fondation. » Le temps d'école passé, le bagage semble bien léger : juste de quoi lire l'almanach, dont la pâture est faite de données traditionnelles, dates de récoltes, des foires, ditons...

Si Rousseau et Voltaire ont un lecteur au village, c'est le curé. Peut-être, ici et là, quelque notaire, greffier, qui vit retiré dans un hameau. C'est un public très clairsemé, sauf dans les banlieues immédiates des grandes villes, Hurepoix et Ile-de-France, au Sud et au Nord de Paris, dans les pays de grand passage, vignobles de la Côte d'Or, cols du Jura et des Alpes ; la circulation plus ample, les déplacements des ruraux eux-mêmes créent des liens, fournissent des occasions de parler, de s'informer : le paysan qui, une fois par mois, livre dans une grande maison volailles et fromages, discute à l'office avec tout ce monde domestique, qui a un vernis de Diderot ou de Rousseau ; c'est un autre aspect de la diffusion des Lumières ; Mme du Deffand ou Mme Roland lisant l'*Essai sur les mœurs* l'ont bien compris. Mais tout ce petit personnel qui les entoure — valets qui lisent d'occasion, pour tromper une attente, qui commentent sur le pas de la porte avec cochers et cuisiniers du voisinage – quelle image se fait-il de *Candide,* ou du *Contrat social* ? Ce petit peuple des villes, dans les années 1789-1794, joue un rôle politique important, dans les clubs des Jacobins, par exemple. A Paris, du 14 juillet au 9 thermidor, le rôle de ces classes populaires est prépondérant, et la connaissance, même approchée, de la mentalité de ces cadres intellectuels, qui animent ces foules révolutionnaires, serait d'un intérêt capital.

Ce qui est assuré du moins, c'est que dans son immense majorité la population des campagnes n'a pas été touchée par le progrès des Lumières : les vieilles croyances plus ou moins superstitieuses, la foi et surtout la pratique catholique se maintiennent intactes. Une illustration, entre bien d'autres, de cette stabilité des croyances populaires à la campagne est fournie par cette rencontre entre gens de savoir et population rurale dans le Tarn en 1774 : « procédure criminelle commencée par le juge de la Vicomté de Lautrec contre les auteurs de l'assassinat commis dans la paroisse St Martin de Cornac, sur la personne de Pierre de Lalande, ingénieur géographe du Roi, employé dans le Languedoc. Cet ingénieur chargé de lever la carte de la province [il s'agit de la carte de Cassini] montait sur les tours des églises et des châteaux pour les travaux de la triangulation. Les paysans se persuadèrent qu'il travaillait à des sortilèges qui occasionnaient la mortalité dans leurs campagnes et, lorsqu'ils l'aperçurent sur le toit de l'église St Martin, ils s'attroupèrent en criant : Aro y son, courran ye anem esparaqua es tua aquellis mauditos personnas qui benoun porta la mort aysi. A présent ils y sont, allez écarteler et tuer ces maudits qui viennent porter la mort ici. Ils l'assaillirent sur le toit de l'église, l'obligèrent à descendre ; lorsqu'il fut à terre, l'assommèrent à coups de pierre et de hoyaux, le jetèrent dans un fossé, et le couvrirent de plusieurs charretées de cailloux »[1]. Dans l'ensemble, l'assistance dominicale à la messe, la commu-

1. A. D., Tarn, B, 7 314.

nion pascale sont toujours aussi solidement ancrées dans les habitudes rurales, de même que la confiance dans l'autorité royale, dans la bonté du roi, se maintient, attestée par les cahiers de doléances rédigés pour les États généraux. Si les paysans tiennent leur place dans la Révolution, s'ils s'apprêtent à brûler les châteaux, après avoir réclamé dans les cahiers l'abolition des dîmes, des pigeonniers, des corvées..., c'est en fonction des antagonismes sociaux que la crise des années 1775 à 1789 a exaspérés, ce n'est pas là le fruit d'une propagande philosophique. Celle-ci ne déborde guère le cadre urbain, qui joue, il est vrai, le plus grand rôle dans le déroulement de la Révolution.

ORIENTATION BIBLIOGRAPHIQUE

Pierre GAXOTTE, *Paris au XVIIIe siècle,* 1968.
Daniel ROCHE, *Le Peuple de Paris,* 1981.
Robert MAUZI, *L'Idée du bonheur au XVIIIe siècle,* 1960.
Alphonse DUPRONT, *Livre et Société en France au XVIIIe siècle,* 1965.
Jacques PROUST, *Diderot et l'Encyclopédie,* 1967.
Daniel MORNET, *Les Origines intellectuelles de la Révolution française,* 1932.
Maxime LEROY, *Histoire des idées sociales en France, de Montesquieu à Robespierre,* 1946.
Michel FOUCAULT, *Les Mots et les choses, une archéologie des sciences humaines,* 1966.
André MONGLOND, *Histoire intérieure du préromantisme français,* 1929.
Jean QUIÉNART, *Les Hommes, l'Église et Dieu dans la France du XVIIe siècle,* 1978.
Michèle DUCHET, *Anthropologie et histoire au siècle des Lumières,* 1977.
Jean EHRARD, *Littérature française XVIIIe siècle,* t. 1, 1720-1750, 1974.
R. MAUZI et S. MENANT, *Littérature française XVIIIe siècle,* t. 1, 1750-1778, 1977.
Jean STAROBINSKI, *L'Invention de la liberté (1700-1789),* 1964.

TROISIÈME PARTIE

La France contemporaine XIXe-XXe siècles

ORIENTATION BIBLIOGRAPHIQUE

Pour l'ensemble de la période contemporaine (XIXe et XXe siècles), il convient de recommander quelques ouvrages de base qui éclairent l'évolution générale de la civilisation et de la société françaises. Les titres des livres indiqués ci-dessous ne sont pas repris dans les orientations bibliographiques placées en fin de chapitre.

Yves LEQUIN, *Histoire des Français XIXe-XXe siècles.* T. I : Un peuple et son pays, 1984 ; t. II : La société, 1983 ; t. III : Les citoyens et la démocratie, 1984.

François CARON, *Histoire économique de la France XIXe-XXe siècle,* 1981.

F. BRAUDEL et E. LABROUSSE, *Histoire économique et sociale de la France.* T. III : 1789-1880, t. IV : De 1880 à nos jours, 1979.

Georges DUBY et Armand WALLON, *Histoire de la France rurale.* T. III : Apogée et crise de la civilisation paysanne, de 1789 à 1914, 1976 ; t. IV : La fin de la France paysanne, de 1914 à nos jours, 1976.

Georges DUBY, *Histoire de la France urbaine.* T. IV : La ville de l'âge industriel (1840-1950),1983 ; t. V : La ville aujourd'hui, 1984.

Antoine PROST, *Histoire de l'Enseignement en France (1800-1967),* 1968.

Adrien DANSETTE, *Histoire religieuse de la France contemporaine (1789-1939),* 2 vol., 1948-1951.

J.-L. PRADEL, *La Peinture française,* 1983.

Ferdinand BRUNOT, *Histoire de la langue française.* T. X : La langue classique dans la tourmente, nouvelle édition, 1968 ; t. XI : Le français au dehors sous la Révolution, le Consulat et l'Empire, nouvelle édition 1969-1979.

A. ADAM, G. LERMINIER, E. MOROT-SIR, *Littérature française.* T. II : XIXe et XXe siècles, 1968.

Michel RAIMOND, *Le Roman depuis la Révolution,* nouvelle édition, 1981.

CHAPITRE XIII

La bourgeoisie triomphante 1789-1845

Le XVIIIe siècle des savants et des philosophes, des Lavoisier et des Condillac, n'a eu qu'un mot à la bouche, celui de liberté (dont l'époque louis quatorzienne avait déjà été friande, non sans paradoxe parfois) ; à entendre et croire tous ces ennemis du despotisme, à voir constituants et conventionnels dans leurs assemblées, aux Jacobins, invoquer sans cesse les libertés, la Révolution de 1789 a pu passer longtemps — avec l'aide du talent de Lamartine — pour l'avènement de la liberté : la déclaration des droits du 26 août 1789 ne lui consacre-t-elle pas la majorité de ses dix-sept articles ? Nul ne met cependant en doute aujourd'hui, après Michelet, Jaurès, Mathiez et Georges Lefebvre, que la grande Révolution est encore plus une révolution sociale : l'avènement de la bourgeoisie, qui, malgré les soubresauts de l'ancien régime et malgré la tentative de restauration qui suit les défaites de 1814-1815, s'est maintenue à la place qu'elle s'est donnée dès 1789, et qu'elle n'a pas quittée dans notre pays jusques aujourd'hui : la première. Dès 1792, la France bourgeoise adresse au monde un message libérateur : de Paris le nouveau régime propose ses vertus et ses bons offices à l'Europe entière, qui entend plus ou moins bien cet appel répandu par les soldats de l'An II et bientôt par les armées de Napoléon Bonaparte. Tout le XIXe siècle est éclairé par ce bouleversement social sans précédent, où l'Europe, un moment « française » vers 1810 — mais d'une façon fort différente du rayonnement mondain et artistique des Lumières — se libère finalement de ces missionnaires casqués promoteurs d'un monde nouveau. Tout ne rentre cependant pas dans l'ordre en 1815 — les révolutions du XIXe siècle et surtout la grande flambée de 1848 l'attestent ; et en France même, la bourgeoisie résiste à l'assaut de ceux qui n'ont rien appris en vingt ans d'exil, fait front, et finalement l'emporte en 1830 pour plus d'un siècle : c'est la « France bourgeoise » qui succède à la « vieille France ».

Profil de la Révolution

Dans la perspective de cette histoire-ci, le récit de ces vingt années si lourdes d'événements importants, si encombrées de luttes aux résonances sociales multiples, ne peut être suivi dans son détail ; mais le rythme de la vie révolutionnaire et surtout la courbe des succès et des temps d'arrêt sont à évoquer pour éclairer les bilans d'ensemble et la progression bourgeoise du siècle suivant. De 1789 à 1794, la Révolution est un mouvement continu de l'avant : premières solutions rapidement dépassées, compromis remis en question ; sans doute l'année1789 a-t-elle été décisive, mais une fois l'ancien régime abattu et le nouveau construit par la Constituante, il reste que de Varennes à janvier 1793, par la volonté royale et par la pression de la guerre étrangère, la monarchie constitutionnelle bâtie par les modérés de 1789 s'est trouvée contestée, puis abattue ; au-delà du printemps 1793, dans le court espace d'un an (juillet 1793-juillet 1794), la Convention montagnarde forte d'appuis populaires nécessaires au salut de la Patrie et de la République en danger, esquisse même une démocratie sociale, sans lendemain ; Thermidor est le point d'arrêt capital. Au-delà et jusqu'en 1815, les tenants bourgeois du régime nouveau, renonçant aux appuis populaires sans se rallier pour autant à l'ancien état de choses, s'essaient à stabiliser la Révolution, à lui donner une forme aussi acceptable que l'était le compromis de 1791. Napoléon s'en est mêlé, qui a imposé sa propre solution et relancé la conquête de l'Europe, cette libération rêvée par les soldats de l'An II et les législateurs de 1792... Régime personnel, mais aussi éloigné de la Tradition que de la Révolution en France, l'Empire napoléonien a une autre résonance à travers l'Europe, où il signifie bouleversements politiques et sociaux (difficultés économiques aussi parfois) ; et toujours une « francisation » à la place de traditions européennes non moins ancestrales que l'ancien régime français : d'où en 1813-1815, cette grande révolte des « peuples »...

Quelle que soit l'importance de ces compromis — République directoriale, Consulat, Empire — quelle que soit la postérité de certaines réalisations de la période 1794-1815 (la Légion d'honneur, l'Université impériale par exemple), ce sont les débuts de la Révolution qui, en France, ont pesé le plus lourdement sur le destin contemporain ; l'année 1789, où s'effondrent les cadres sociaux et politiques de la France monarchique, y tient une place d'honneur. Une bonne part de l'avenir français s'inscrit entre le 5 mai et le 20 octobre, où les hésitations royales, les scrupules des six cents « avocats » qui composaient la représentation du Tiers État, et l'enthousiasme des classes populaires parisiennes ont pris place sur l'avant-scènc, acteurs de premier plan pour cette année et les années à venir. Dans un admirable petit livre paru à la veille de la deuxième guerre mondiale et intitulé *1789*, Georges Lefebvre a bien dégagé les traits essentiels de cette année sans égale dans l'histoire de la France, sinon du monde. Hardis à dire le droit et à élaborer de nouveaux textes, les députés du Tiers qui ont osé résister au roi et qui ont obtenu, après le 20 juin et le fameux serment du Jeu de Paume, le vote par tête et la reconnaissance de l'Assemblée constituante, sont frappés d'impuissance lorsqu'au début de juillet le roi rassemble des troupes autour de Versailles et renvoie Necker : Louis XVI est légalement (tant qu'une nouvelle légalité n'a pas été instituée du moins) maître de l'armée et nullement tenu de choisir ses ministres parmi les amis de la majorité bourgeoise qui mène le jeu à la Constituante. Ces hommes de loi et leur révolution de juristes ont été sauvés le 14 Juillet par l'insurrection du faubourg Saint-Antoine, par la foule assiégeant et prenant la plus tristement célèbre des prisons d'État. En face du roi qui ne veut pas sacrifier les privilégiés ni son pouvoir, et qui, successeur des Louis XI, Louis XIII et Louis XIV, se retrouve protecteur de sa noblesse (et défenseur de son autorité de droit divin), en face du « complot » royal, le petit peuple des boutiques, les compagnons en chômage, les gardes françaises sans avenir se sont rassemblés, se sont procuré des armes (qu'ils garderont jusqu'en 1795), prêts à faire le coup de feu contre les Suisses de M. de Launay, et pour la Constituante.

La deuxième quinzaine de juillet et les premiers jours d'août ne sont pas moins importants : c'est la Grande Peur, ce mouvement de tout un peuple de paysans qui, alerté depuis des années par les tracasseries de la réaction seigneuriale, par la rédaction des cahiers de doléances et par la disette, se soulève aux rumeurs de Paris, aux bruits effrayants qui parcourent la France. Ce soulèvement se tourne contre les châteaux, contre les chartiers et cabinets d'archives, où les droits seigneuriaux sont consignés et précieusement conservés ; panique à l'origine sans doute, la Grande Peur est un immense mouvement social. La révolte spontanée de la France paysanne contre le régime seigneurial et cette participation des ruraux à la Révolution semblent bien sans exemple dans l'histoire du monde. La Grande Peur est le feu de joie dans lequel les paysans se sont débarrassés de leurs charges « féodales ». La Constituante a beau, dans ses décrets des 5-11 août, déclarer rachetables et non abolis, tous ces droits (ou presque tous) ; les paysans n'en veulent plus entendre parler : refusant de racheter ou de payer à l'année, plaidant en justice, opposant l'inertie passive ou la résistance armée pendant des années... Le décret de la Convention, qui, le 17 juillet 1793, déclare définitivement abolis tous les droits féodaux maintenus comme titres de propriété par la Constituante, ne fait que sanctionner en somme cette révolution paysanne, la seule qu'aient vécue toutes les campagnes françaises.

Enfin une fois la Déclaration des droits de l'homme votée, le 26 août 1789, mais non ratifiée par le roi ainsi que les décrets proclamant l'abolition de principe du régime seigneurial, tout en légalisant une partie de son maintien, les journées des 5 et 6 octobre semblent renouveler le dessin du 14 Juillet : le roi se refuse à « dépouiller » son clergé et sa noblesse ; l'idée d'un complot aristocratique prend une consistance d'autant plus grande que dès le mois de juillet une première émigration s'est faite vers l'Empire germanique ; dans les derniers jours de septembre, de nouveaux mouvements de troupes autour de Versailles inquiètent l'Assemblée impuissante, qui est une fois encore sauvée par les Parisiens ramenant roi et députés à Paris... Mais les Parisiennes ont joué un grand rôle le 5 octobre au matin : après une récolte honnête, le ravitaillement de Paris se fait mal et la marche sur Versailles est un peu une marche de la faim puisqu'au retour le cortège ramène le boulanger, la boulangère et le petit mitron ; mais surtout l'Assemblée, envahie au soir du 5 octobre par cette foule de Parisiens mêlés de gardes nationales indisciplinées, a peu apprécié le service rendu : cette foule décidée a fait peur et ceux qu'avait déjà effrayés l'assaut donné à la Bastille, puis aux châteaux à travers toute la France, voient se rallier à eux beaucoup de députés des trois ordres que cette « populace » inquiète. Le 20 octobre, l'Assemblée constituante entend se prémunir contre tout mouvement populaire ultérieur et décrète la loi martiale : premier pas d'un divorce qui s'exprime plus tard dans le système censitaire et les répressions directoriales.

Paris et la province

Au-delà de l'année 1789, les Français ont vécu la Révolution à un rythme très inégal. Les Parisiens, associés à la vie politique de façon quotidienne par les clubs et les sections, sensibles aux moindres nuances de la conjoncture politique, enthousiastes et actifs jusqu'aux années de découragement et de lassitude de 1794 à 1799 : tricoteuses et publicistes, orateurs des soirées d'attente et d'angoisse sont les grands acteurs dans le meilleur — les révolutions généreuses, les actes de foi dans la Patrie, aux 14 juillet 1790, 11 juillet 1792 — et dans le pire — les moments de fièvre de septembre 1792. Hors de Paris, les villes sont bien informées par la presse parisienne — nombreuse et variée, au moins jusqu'en 1792 — par les clubs, qui retransmettent comptes rendus, études, mots d'ordre de Paris, surtout le club des Jacobins et ses cent cinquante filiales en province ; elles ont suivi les événements parisiens avec plus de calme et une conscience différente des options politiques, comme la crise du printemps 1793 l'a montré. Mais déjà dans les villes de province, le personnel révolutionnaire se fait rare ; et la substitution progressive de la bourgeoisie moyenne à la grande bourgeoisie dans la direction politique, qui est le grand fait parisien des années 1792-1793, ne peut se réaliser parce que les tenants de l'ancien régime sont encore là, qui ne se terrent pas comme à Paris ; parce que les classes populaires moins nombreuses, moins informées que dans la capitale, n'exercent pas cette pression forte dont Paris témoigne si longtemps. Ainsi les villes de province suivent, parfois contre leur gré, mais vivent encore la Révolution avec le décalage du temps et le calme qui résulte de leur non-participation à ces grandes actions. Enfin la population des campagnes, touchée dans la mesure où les routes le permettent, où une « bourgeoisie rurale » de notaires, de gros laboureurs s'y intéressent, a suivi de beaucoup plus loin encore. Les terriers brûlés et la mise en place des institutions locales de la Constituante (les municipalités pour l'essentiel) effectuée, après la paisible année 1790, l'attention des campagnes accaparée par les dernières luttes évoquées plus haut contre les défenseurs et bénéficiaires des décrets des 5-11 août 1789, n'a pas suivi la vie politique : sauf la question religieuse, longtemps moins dramatique qu'on ne l'a pensé, s'il est vrai que chaque étude locale révèle une forte proportion de curés jureurs (de 50 à 60 p. 100) et un épiscopat constitutionnel solidement installé dès 1791 ; seuls les départements de l'Ouest, Bretagne et Vendée, plus le Nord, la Basse-Alsace et quelques cantons du Sud-Est ont connu des troubles, sans gravité d'ailleurs, jusqu'à la levée de trois cent mille hommes au printemps de 1793. Seuls importants en réalité semblent les échos de la politique royale : Varennes est un événement capital, en ce sens que, colporté à travers la France entière, il a éclairé d'un jour sans fard l'attitude de Louis XVI en face du régime nouveau. Peu importent à cet égard les interprétations et revirements de la Constituante effrayée ; la tentative de fuite est restée une trahison ; de juin 1791 au 10 août 1792, et au 21 janvier 1793, apparaît une continuité logique et sentimentale : le roi a refusé le compromis, la monarchie constitutionnelle à l'anglaise, que la Constituante avait mis sur pied en 1791 ; allant jusqu'à porter ses espoirs de restauration dans le succès des armées étrangères qui menacent Paris en 1792, il a poussé les révolutionnaires vers la République, à laquelle nul ne songeait trois ans plus tôt. L'armoire de fer des Tuileries l'achève ; mais dans les campagnes, où les échos assourdis des journées parisiennes et des débats au procès ne parviennent guère, la trahison royale est suivie normalement de l'abolition de la royauté. Lourde atteinte à une tradition dix fois séculaire, l'avènement de la République hypothèque l'avenir, même pour ceux-là qui, dans les campagnes, se soucient modérément du régime politique sous lequel ils vivent ; jamais par la suite les tentatives de restauration, modérée sous Louis XVIII, ou exigeante sous Charles X, ne vont soulever l'enthousiasme, ressusciter cette foi populaire, religieuse et politique à la fois, que les cahiers de doléances manifestaient quelques années plus tôt. Cette désaffection lente, mais durable est inégale selon les régions et l'encadrement social. Dans les villes et surtout à Paris, l'effet de la trahison a été plus saisissant ; le 23 juin 1791, Danton s'écria aux Jacobins : « L'individu déclaré roi des Français... » Ailleurs les violences verbales sont atténuées.

La Convention

L'œuvre du grand comité de salut public et de la convention montagnarde aurait pu marquer à nouveau, comme l'année 1789, une étape décisive de l'évolution sociale en France : le projet de redistribution des terres aux citoyens pauvres et indigents était d'une autre portée que les transformations dues à la vente des biens nationaux (dont une minorité de bourgeois et de paysans a tiré profit). Mais ce grand projet, comme bien d'autres anticipations de la Convention au temps où elle suivait Robespierre et Saint-Just, a vécu une vie éphémère et sa carrière s'est terminée avec celle de ses protagonistes, au 9 Thermidor. La première République est passée à côté de la démocratie authentique, fondée sur l'indépendance économique et sociale des citoyens. Les disciples de Jean-Jacques, rêvant au *Discours sur l'Inégalité* et aux fondements des *Institutions républicaines,* n'ont pas été suivis par la Convention sur ce terrain d'une seconde révolution, qui modèlerait à nouveau le visage civique de la France, déjà fort renouvelé en 1789-1791. Tel est le sens profond de Thermidor. Au prix de quelque simplification sans doute : dans un brillant essai *Bourgeois et Bras nus,* un sociologue, M. Daniel Guérin, a soutenu une thèse fort différente, qui a été d'autant plus discutée qu'elle est séduisante ; elle n'a pas emporté l'adhésion de tous les spécialistes de la Révolution française. Au-delà des querelles de personnes, au-delà des maladresses de ces hommes surmenés par la tâche écrasante d'assurer le salut de la Patrie, au-dedans et au-dehors, au-delà des petites circonstances de ces jours tragiques (sans parler non plus du manque de personnel, qui a lourdement pesé sur la vie politique de ces années 1793-1794), il reste le choix de la Plaine, le choix de Sieyès et de tant d'autres révolutionnaires authentiques : la République regarde en arrière, elle n'a plus de roi, mais son idéal demeure la monarchie de 1791 ; la République peut être libérale et bourgeoise, elle ne doit pas être démocratique. Et toute la politique thermidorienne, de 1794 à 1799, a consisté à consolider cet équilibre précaire d'un régime proprement bourgeois, refusant à la fois les concours et les exigences des démocrates et la restauration royaliste ; politique difficile entre la poussée des classes populaires urbaines, surtout parisiennes, d'ailleurs affamées par la crise financière, et l'offensive royaliste étayée par le désordre religieux et les intrigues des émigrés rentrés. Cet effort pour stabiliser la Révolution dans ses normes bourgeoises, de coup d'État en coup d'État, éliminant alternativement opposition de droite et de gauche, est relayé en

1799-1800 par Bonaparte, dont le compromis sauve à son tour les conquêtes révolutionnaires essentielles, c'est-à-dire celles de 1789-1791 ; et jusqu'aux années noires du blocus et des défaites, le régime napoléonien, malgré les progrès du despotisme, n'a suscité aucune hostilité capable de l'ébranler. Ces mêmes conquêtes, que la Charte de 1814-1815, dans un vocabulaire de l'ancienne France (la grâce de Dieu, la Charte octroyée), maintient à son tour, malgré les ultra-royalistes : objet d'un dernier débat entre 1825 et 1830, elles sont bien le fondement de la primauté bourgeoise.

1. Bilans révolutionnaires : l'égalité

« Les hommes naissent et demeurent libres et égaux en droits. » De cette petite phrase, qui, à l'article premier de la Déclaration des droits de l'homme du 26 août 1789, suffit à dénier toute valeur à la société de l'ancien régime, les Français ont surtout apprécié le sccond terme : l'égalité. Et plus précisément, l'égalité de droit. Car, conscients qu'ils sont d'œuvrer pour l'homme et non pas seulement pour le citoyen français – à la différence des révolutionnaires américains – les Français de 1789 n'en sont pas aveuglés pour autant, au point de ne pas constater l'inégalité de fait, ou « de nature ». « L'inégalité est dans la nature même », – comme on disait à l'Assemblée, non sans ambiguïté. Pendant ces deux années où les constituants, ayant poli leurs principes, les ont confrontés aux réalités héritées de l'ancien régime, les débats révélateurs des préoccupations de classe et des ambitions novatrices, n'ont cessé de faire éclater aux yeux des plus avertis, et la nécessité de tout reconstruire des fondations aux faîtes, et la complexité des intérêts engagés dans la vieille maison, où la bourgeoisie avait fini par se donner quelque aisance : biens nobles discrètement acquis, ferme de la dîme ou de beaucoup d'autres droits, privilèges commerciaux de certaines compagnies... Le débat le plus connu et le plus typique est celui qui a suivi la nuit du 4 août : au nom du droit de propriété, inviolable et sacré (il figure à l'article 17 de la première déclaration), les députés ont repris, de bonne foi, ce qu'ils avaient voulu abandonner dans l'enthousiasme nocturne. Du 5 août au 11 août, les droits abolis deviennent rachetables ; et même la dîme, à laquelle le clergé a renoncé comme tout autre, doit continuer à être perçue jusqu'à ce que de nouvelles ressources aient été attribuées au clergé.

Il est vrai que, en passant au détail, la Constituante procède alors au plus fort démantèlement qu'elle ait eu à assurer : la ruine de la féodalité. Peu à peu se définissent différentes formes d'égalité, à partir de cette abolition des privilèges. L'égalité fiscale d'abord : non seulement les corps privilégiés perdent leur droit de vivre aux dépens des populations paysannes, mais ils sont assujettis à l'impôt général. Au double aspect de leur privilège fiscal correspond une double définition des bénéficiaires : tous les membres du troisième ordre se félicitent de savoir l'impôt mieux réparti, mais surtout la bourgeoisie urbaine, qui est accablée par les impôts directs et indirects ; pour les paysans, l'abolition (de fait, sinon de droit) du régime seigneurial est une véritable promotion économique : ils récupèrent au bas mot le quart de leur récolte, dont ils peuvent disposer, surplus négociable précieux, ce qui explique pour une part leur passivité des années postérieures à 1793. Les corvées, les signes extérieurs de la supériorité de naissance, droit de chasse, juridictions et en 1790 les titres eux-mêmes, disparaissent : dans le même mouvement ; et le noble apparaît comme un bourgeois de campagne, rien de plus — quel que soit le prestige conservé, ici et là, sur les paysans.

L'égalité civile

La ruine du régime seigneurial signifie encore l'égalité civile : les emplois réservés aux nobles sont ouverts à tous, selon l'utilité commune, grades dans l'armée comme fonctions administratives ; la bourgeoisie se fait ouvrir aussi les carrières judiciaires à réorganiser ; l'hérédité des charges (sinon la vénalité des offices, maintenue pour certaines fonctions, jusqu'à nos jours) disparaît, au bénéfice de la nouvelle bourgeoisie du siècle, instruite et riche ; de même la suppression du droit d'aînesse, qui touche évidemment les biens nobles, entraîne aussi une égalisation. La réorganisation des institutions judiciaires et administratives qui suit ces décisions, a facilité la mise en place d'un nouveau personnel, d'autant plus nombreux que les tenants de l'ordre ancien ont boudé et émigré ; Bonaparte premier consul achève en fait cette institution de l'égalité civile en créant ces nouveaux corps de fonctionnaires, vers lesquels la bourgeoisie s'est empressée : administrations financières, préfectures... C'est dans l'armée cependant que le bouleversement a été le plus sensible : dans l'administration, la robe sentait encore trop ses origines et les bourgeois étaient depuis trop longtemps de zélés serviteurs de la monarchie, tandis que les corps d'officiers, vite dégarnis par l'émigration, se sont rapidement peuplés de ces jeunes promus, qui sont les gloires militaires de la première République et bientôt de l'Empire : un bâton de maréchal dans sa giberne, expression militaire qui a vite acquis un sens plus large, celui de l'égalité civile en général.

La Révolution a donné aussi aux Français l'égalité administrative, l'égalité devant la loi, vue non plus sous l'aspect des ordres et divisions sociales, mais dans une perspective géographique : dès la nuit du 4 août, certaines villes, s'associant au mouvement inimitable des sacrifices librement consentis, avaient annoncé leur renonciation à des avantages fiscaux ou commerciaux ; de même des provinces solidement attachées à des exemptions et faveurs royales maintenues ou accordées depuis des siècles. En fait c'est toute la réorganisation administrative de la France par la Constituante et sa mise au point par la Convention et le Consulat, qui témoigne de cette égalité « géographique » : départements, arrondissements, cantons, communes, leurs conseils, leurs tribunaux, élus ou nommés, assurent à tous l'application des mêmes lois, le même régime fiscal ou pénitentiaire, d'un bout du royaume à l'autre ; les particularismes locaux ont pu en souffrir, la bonne administration du

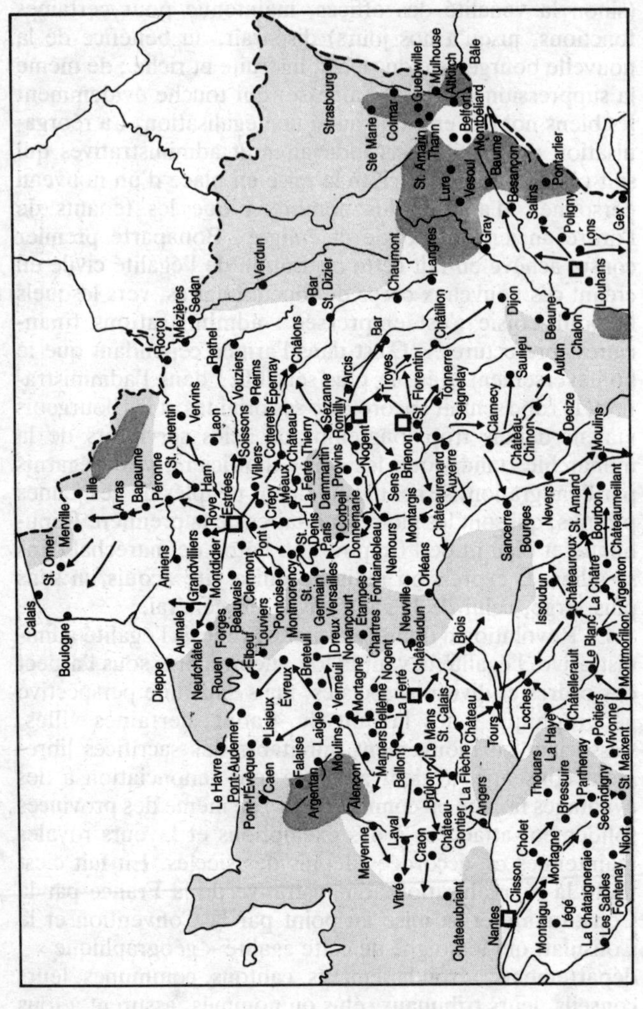

9. La Grande Peur
(D'après G. Lefebvre, *La Grande Peur*, première édition, p. 198-199)

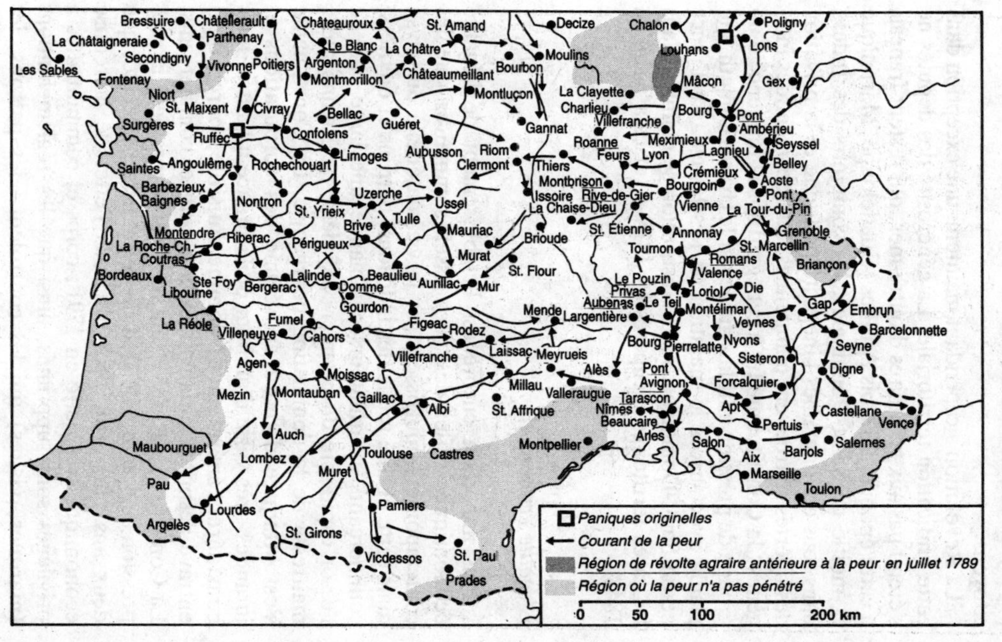
Bressuire
Châtellerault
Châteauroux
St. Amand
Decize
Chalon
Poligny
La Châtaigneraie
Parthenay
Le Blanc
La Châtre
Moulins
Louhans
Lons
Secondigny
Les Sables
Vivonne
Poitiers
Argenton
Châteaumeillant
Bourbon
Fontenay
Montmorillon
Mâcon
Gex
Niort
La Clayette
St. Maixent
Civray
Montluçon
Charlieu
Bourg
Bellac
Villefranche
Surgères
Guéret
Gannat
Pont
Ruffec
Confolens
Ambérieu
Roanne
Meximieux
Seyssel
Riom
Aubusson
Lagnieu
Limoges
Feurs
Lyon
Saintes
Angoulême
Belley
Rochechouart
Clermont
Thiers
Crémieux
Aoste
Montbrison
Bourgoin
Barbezieux
Pont
Issoire
Rive-de-Gier
Uzerche
Ussel
Baignes
Nontron
Vienne
La Chaise-Dieu
La Tour-du-Pin
St. Yrieix
Tulle
Brive
St. Étienne
Annonay
Grenoble
Mauriac
Montendre
Riberac
Brioude
Périgueux
St. Marcellin
La Roche-Ch.
Tournon
Murat
Coutras
Romans
Briançon
St. Flour
Bordeaux
Ste Foy
Valence
Lalinde
Beaulieu
Le Pouzin
Bergerac
Aurillac
Libourne
Domme
Mur
Privas
Loriol
Die
Aubenas
Le Teil
Gap
Gourdon
Embrun
Mende
Montélimar
Fumel
Largentière
La Réole
Figeac
Veynes
Barcelonnette
Rodez
Villeneuve
Cahors
Nyons
Bourg
Pierrelatte
Seyne
Laissac
Meyrueis
Villefranche
Sisteron
Agen
Alès
Pont
Digne
Moissac
Avignon
Forcalquier
Millau
Valleraugue
Mezin
Montauban
Tarascon
Gaillac
Apt
Castellane
Albi
Nîmes
St. Affrique
Vence
Beaucaire
Pertuis
Arles
Auch
Salon
Salernes
Maubourguet
Montpellier
Toulouse
Castres
Aix
Barjols
Lombez
Muret
Marseille
Pau
Toulon
Lourdes
Pamiers
Argelès
St. Girons
St. Paul
Vicdessos
Prades
Paniques originelles
Courant de la peur
Région de révolte agraire antérieure à la peur en juillet 1789
Région où la peur n'a pas pénétré
0 50 100 200 km

pays y gagne à la satisfaction inégalement affirmée des citoyens.

La Révolution a cependant maintenu une exception dans cette unification territoriale. La générosité des députés ne s'étend pas aux territoires d'outre-mer, qui restent français à cette époque, les trois Antilles (Guadeloupe, Martinique et moitié de Saint-Domingue), les comptoirs des Indes ; dans tous ces domaines l'inégalité politique et la privation des libertés se trouvent maintenues, au détriment des indigènes ; la Constituante fut à cet égard sous l'influence d'un groupe de pression antillais dirigé par les frères Lameth, qui plaida avec succès le maintien de l'esclavage. La France perdit Saint-Domingue, mais l'institution se maintint dans les rares territoires récupérés en 1815 – et cela jusqu'en 1848.

L'égalité économique

Plus important encore est l'établissement de l'égalité économique, reflet des vues assez sommaires que les contemporains nourrissent sur la vie matérielle du pays ; mais cette égalité totale des individus, patrons et ouvriers, commerçants et armateurs commande une large part de l'essor capitaliste du premier XIXe siècle ; c'est une pièce maîtresse de la domination bourgeoise. La Constituante s'est attaquée d'abord au régime des corporations et jurandes, très varié d'un bout de la France à l'autre, mais considéré généralement comme nuisible, parce qu'il entrave l'esprit d'initiative des fabricants et commerçants. La Constituante a hésité : un moment favorable à la suppression au 4 août, elle s'est ravisée et ne s'est décidée que deux ans plus tard, peut-être sous l'effet de la reprise économique très nette en 1791 ; corps et communautés à privilèges sont supprimés, ainsi que les réglementations (marques, visites) qui les contrôlent : les patrons, les maîtres des corporations ne sont plus que des individus, dont le travail est libre de toute entrave et de toute entente. Dans la même année le 14 juin, la Constituante vote également la suppression des associations ouvrières, au sein des corporations ou dans les compagnonnages. Cette loi que certains considèrent comme une manifestation de classe typique, établit une sorte d'équivalence, d'égalité trompeuse : patrons et compagnons sont considérés comme des unités égales ; mais la garantie est dérisoire qui place face à face l'employeur, maître de l'emploi et l'ouvrier qui possède son seul travail. En apparence, il y a progrès vers l'égalité puisque la législation monarchique organisant les corporations autorisait les associations patronales, alors que les compagnonnages étaient interdits. Mais l'inégalité de fait n'en est pas moins flagrante. La loi Le Chapelier complétée de dispositions semblables pour la main-d'œuvre rurale, ouvre une perspective d'oppression ouvrière : celle des années 1815-1850, celle de Lyon en 1831...

Dans le même sens, mais de moindre portée sociale, vont cependant quelques autres abolitions d'ordre économique : compagnies de commerce, c'est-à-dire la célèbre Compagnie des Indes, qui fait parler d'elle jusque sous la Terreur, et compagnies minières perdent leurs monopoles au bénéfice de l'égalité des armateurs et des propriétaires du sol. De même, mais dans un but social évident, les impôts indirects, traites, octrois, gabelles pour le sel, aides sur les boissons, honnis de la population depuis des générations, sont supprimés. S'il est un domaine où les Français de la fin du siècle se sont sentis soulagés, c'est bien celui-là ; et lorsque Napoléon, à court de ressources, se paie d'audace et rétablit certains de ces impôts, sous le nom de droits réunis en 1804, il le fait avec une discrétion qui témoigne de l'ampleur des rancunes accumulées contre ces impositions : tant ces charges qui accusent au mieux l'inégalité des conditions sociales, sont lourdes pour les classes populaires.

En dépit de quelques prudences et d'hésitations qui tenaient à la variété des situations locales et aux ignorances des députés — notamment en matière de droit agraire, où finalement constituants et conventionnels ont maintenu les droits collectifs et les communaux — l'institution de l'égalité est donc une œuvre de classe ; lorsque la Constituante proclame l'égal accès aux charges et fonctions, elle travaille pour elle et non pour le quatrième État. Rien ne le montre mieux sans doute (si ce n'est la loi Le Chapelier) que l'établissement de l'inégalité politique : les constituants, après avoir proclamé la souveraineté de la nation, rejettent hors du corps politique au moins le tiers des citoyens, qui n'ont pas les « facultés » nécessaires pour en faire partie. Ainsi le système censitaire distingue citoyens actifs et citoyens passifs ; ces derniers, qui jouissent des droits civils reconnus à tous, ne peuvent participer, momentanément peut-être, à la vie politique. Malgré les protestations des journaux et des clubs et de quelques députés : à l'Assemblée constituante, Robespierre à peu près seul a protesté contre l'institution du cens, les retouches apportées après la fusillade du Champ de Mars... au nom de la Déclaration de 1789 (Article 6 : « La Loi est l'expression de la volonté générale. Tous les citoyens ont droit de concourir personnellement, ou par leurs représentants, à sa formation. »). La richesse est donc le seul critère de la capacité politique. Et rien ne le signifiait mieux que ces seuils de 1791 : payer une contribution égale à trois journées de travail est peu de chose ; suivant les meilleurs calculs, il y a, en 1791, 4 millions de citoyens actifs contre 2 millions passifs. Mais les élections sont toujours à deux degrés. La représentation directe n'est pas une idée du temps ; sans doute parce que l'administration directe, connue d'expérience, ne comporte que de petits exemples : cités antiques, cantons suisses, républiques italiennes ; parce que surtout la représentation de milliers d'électeurs par un seul homme effraie, paraît impossible ; malgré les progrès des échanges et des sciences mathématiques, les grands nombres font peur, notamment dans ce domaine peu familier où mandataires et mandatés doivent rester en relations étroites. Le système censitaire s'étend donc à l'éligibilité aux fonctions d'électeurs et à celles de députés. L'idée profonde de l'organisation est que le loisir et la propriété sont nécessaires à une juste appréciation de l'intérêt général, idée héritée de l'antiquité : elle a lésé une bonne part de ceux qui avaient joué un rôle important en 1789, domestiques, journaliers des campagnes, compagnons des corporations parisiennes.

La Constitution de 1791, alourdie dans ses dispositions électorales par une assemblée que les conséquences de Varennes apeurent, consacre donc l'inégalité politique des citoyens, écartant de la vie politique tous ceux qui n'ont pas leur pain quotidien assuré, leur indépendance garantie. La pression populaire parisienne au lendemain du 10 août 1792 amène la Législative à renoncer à cette éviction (que la monarchie convoquant les États généraux en 1788 n'avait pas pratiquée à l'intérieur du tiers)... La Convention a donc été élue au suffrage universel et la République inaugurée sous cette égide.

Mais les thermidoriens sont revenus au système de 1791 ; sans restaurer la distinction de base entre passifs et actifs, ils ont remis sur pied le cens d'éligibilité qui réserve en fait l'action politique à une ploutocratie foncière et mobilière ; Bonaparte, généreux dans le geste, rétablit un suffrage universel qui n'a plus d'utilité et s'appuie sur les six cents citoyens les plus imposés de chaque département... De 1791 à 1815, la même inspiration se retrouve : la Restauration et la Monarchie de Juillet sont moins généreuses cependant que la Constituante ; les citoyens passifs sont légion pendant cette trentaine d'années, puisque (avec un cens de 300 F) le corps électoral compte 90 000 personnes jusqu'en 1830, et 180 000 (200 F de cens) de 1830 à 1848, soit un peu plus de 1 p. 100 dans le premier cas, un peu moins de 3 p. 100 dans le second.

La société nouvelle, édifiée au début du XIXe siècle, est donc une société sans ordres, égalitaire dans son principe plus que dans la réalité quotidienne ; la bourgeoisie y partage sans doute avec les anciens privilégiés l'influence sociale dominante, mais son triomphe est renforcé de l'élimination, plus ou moins complète suivant les systèmes électoraux, de la petite bourgeoisie, des artisans et des premiers prolétaires, urbains et ruraux. Les contemporains ont surtout été sensibles dans cette construction aux innovations hostiles à l'ancien régime. Ainsi les théoriciens royalistes, Maistre et Bonald, discutent, non seulement le principe de la souveraineté, mais la qualification politique de la bourgeoisie ; à leurs yeux, celle-ci est la classe économique, tandis que la noblesse est la tête politique : les bourgeois animent la vie matérielle, les nobles ont le rôle dirigeant. Théories qui répondent tardivement et faiblement, aux ambitions bourgeoises, exprimées depuis des siècles et satisfaites à partir de 1791.

2. Bilans révolutionnaires : les libertés

La monarchie constitutionnelle de 1791 et la république de 1792 se sont placées l'une et l'autre sous le signe de la liberté, à laquelle la Nation aspirait depuis si longtemps que Voltaire et d'autres en avaient évoqué les vertus et l'exemple anglo-saxon ; et même si quelques entorses ont été faites à son exercice dès 1793, elle reste une partie importante de ce programme idéal que des générations de citoyens et d'hommes ont appris peu à peu à respecter.

« Tout ce qui ne nuit pas à autrui » est la définition la plus générale que les constituants, désireux de faire oublier les réglementations, les restrictions, les tracasseries de l'ancien régime aient réussi à mettre sur pied. Dans la réalité concrète, donner une délimitation altruiste de l'homme libre représente, en 1789, une condamnation formelle des corporations, des gabelles et de leurs perquisitions, des usages honorifiques par lesquels la noblesse brime les roturiers depuis des siècles ; c'est encore l'abolition implicite des usages mondains qui ressortissent en leur fond du même état d'esprit : domination d'un ordre ou d'une classe par la contrainte sociale. Liberté et égalité se rejoignent évidemment dans ces affirmations : « L'exercice des droits naturels de chaque homme n'a de bornes que celles qui assurent aux autres membres de la société la jouissance de ces mêmes droits. » L'insistance avec laquelle la Déclaration de 1789 revient sur les contraintes que certains groupes sociaux pourraient exercer[1] suffirait à montrer que le cœur

1. Article 4 : « Ces bornes ne peuvent être déterminées que par la loi » ; article 5 : « Tout ce qui n'est pas défendu par la loi ne peut être empêché, et nul ne peut être contraint à faire ce qu'elle n'ordonne pas. »

du problème est là : le Français de 1789 veut se sentir libre dans la vie quotidienne…

Liberté individuelle

La déclaration des droits apporte aussi le plus grand soin à définir, non seulement la liberté, mais les libertés qui sont indispensables au citoyen. En premier lieu, les législateurs révolutionnaires ont tenu à s'assurer un *habeas corpus* à l'anglaise, à sauvegarder leur liberté individuelle : la Déclaration n'a pas la stricte précision de la loi britannique et ne fixe pas un délai à la détention préventive, non plus qu'au passage en jugement. Défiance sans doute de ces bourgeois qui craignent les « excès » populaires autant que les complots des aristocrates ; difficulté aussi à se déshabituer en un moment des lenteurs de la procédure traditionnelle. Cependant l'acte du 26 août définit l'essentiel de ces garanties libérales dont le rappel est encore nécessaire dans les Républiques du XXe siècle : incarcération préventive limitée, absence de rétroactivité des lois ; nullité et répression des actes arbitraires ; respect des formes légales d'arrestation, accusation et détention… La hantise des lettres de cachet, des détentions aussi inopinément commencées que terminées, des abus dus à la procédure tant dans la recherche des délinquants que dans l'instruction des affaires est en grande partie à l'origine de ces textes. Dès ses débuts, l'Assemblée a exprimé des craintes semblables en décrétant l'inviolabilité de ses membres. Dans ce royaume, où malgré quelques tentatives faites pour améliorer la marche de la justice (au temps du chancelier Séguier et de Colbert), les sujets du roi ne se sont jamais sentis sûrs du lendemain, surtout en ce XVIIIe siècle où les écrits compromettants circulent si rapidement, ces garanties paraissent un minimum ; au cours de sa carrière, la Constituante s'en est souciée à maintes reprises, a précisé certaines formules, fourbi les lois réglementant et appliquant ces principes généraux, ajouté aux sauvegardes initialement prévues la liberté de se déplacer… C'est une des plus grandes conquêtes de la Révolution : malgré toutes les entorses subies de 1792 à 1815, la liberté individuelle se retrouve intacte en sa définition globale dans la charte qui régit la France jusqu'en 1848.

Liberté d'opinion

La Révolution a reconnu encore aux Français la liberté de conscience : « nul ne peut être inquiété pour ses opinions, même religieuses », est-il écrit dès 1789. Ce « même » dit assez combien l'audace est plus grande encore que sur le plan politique. L'Église catholique, religion d'État, n'a jamais admis la présence d'hérétiques en France : les protestants se sont vu restituer l'état civil, en 1787, malgré les protestations du clergé ; de même les juifs restent considérés comme des gens en marge de la société, supportés là où ils se sont implantés ; les comédiens excommuniés depuis toujours, adulés par la haute société, mais proscrits des sacrements et de la terre chrétienne... Dès 1789, il semble bien que la place de l'Église catholique en France ne doive plus être celle-là : les protestants recouvrent en fait leur droit à l'existence dans le royaume ; et c'est surtout à eux, plus qu'aux juifs méprisés et craints à la fois, que s'adresse l'article 10 de la Déclaration. Bonaparte en 1801 légifère pour les protestants comme il l'a fait pour les catholiques ; en 1806 il reconnaît une église israélite ; et 1815 ne revient pas sur ces innovations qui consacrent la pluralité spirituelle française et marquent le début de l'essor (qualitatif) de ces deux communautés minoritaires, israélite et protestante, pendant le XIXe et le XXe siècle.

Où les constituants et plus tard les conventionnels ont-ils puisé l'audace de s'attaquer ainsi au monopole catholique ? Dans la simplicité de leur gallicanisme pour beaucoup, bien plus que dans un voltairianisme qui est moins répandu alors que sous la Monarchie de Juillet. Représentants de la nation, ils bouleversent l'organisation, la police intérieure de l'Église de France avec la même désinvolture dont usèrent les rois de France pendant longtemps, récupérant ses biens pour assainir la situation financière, supprimant la dîme, remplaçant toutes ses ressources par un traitement hiérarchisé comme les fonctions ecclésiastiques, réformant les modes de recrutement jusqu'à confier le choix des évêques à l'élection, comme dans l'Église primitive ; et sans trop se soucier de Rome : ce qui trahit un gallicanisme conciliaire, très opposé à l'ultramontanisme et finalement très proche de celui de 1682... Cette imprudence jointe à quelques autres a provoqué très vite la division du clergé catholique ; et jusqu'en 1801, les assemblées révolutionnaires ont eu à débattre de l'opposition entre constitutionnels et réfractaires, sans parvenir à résoudre le conflit ; la Contre-Révolution a tiré parti de cette guerre intérieure, beaucoup plus que les cultes plus ou moins laïcisés, brodés sur le calendrier républicain et l'Être suprême ; car la conscience catholique de la majorité des Français ne s'est pas trouvée ébranlée par ces querelles ; le culte de l'Être suprême comme la théophilanthropie n'ont pas survécu à leurs fondateurs. La liberté religieuse aurait peut-être pu se trouver fondée plus solidement en droit si la séparation de l'Église et de l'État, décidée en 1795 par la Convention thermidorienne, avait été maintenue ; mais anticipation sans lendemain, elle n'a pas pu modeler une conscience nouvelle des rapports entre la religion dominante et la politique.

Liberté d'expression

Lecteurs d'une *Encyclopédie* qui s'est censurée elle-même avant d'être condamnée, lecteurs de tant d'écrits publiés sans nom d'auteurs par une prudence légitime, les hommes de la Révolution ont proclamé le droit d'exprimer sa pensée et en ont usé très largement dès les premières semaines des États généraux, où toute une presse vivante et virulente s'est chargée d'exprimer les opinions les plus diverses. Amie du peuple ou amie du roi, la presse de 1789 est la première presse d'opinion française, puisque les publications antérieures (*Gazette, Mercure,* etc.) soigneusement surveillées par le pouvoir royal, n'ont jamais joui d'une indépendance totale. « Tout citoyen peut donc parler, écrire, imprimer librement... » Des souvenirs précis de lettres ouvertes par le cabinet noir (cette censure postale permanente) d'imprimeries condamnées à la fermeture par le pouvoir royal incitent les députés à la Constituante à considérer cette liberté d'exprimer son opinion comme une des garanties les plus précieuses de l'indépendance nécessaire aux citoyens ; quitte à sentir très vite les dangers de cette liberté totale reconnue en fait à quiconque possède les moyens matériels de se faire éditer. Les journaux aristocrates sont les premiers à disparaître en 1792-1793... La liberté de la presse n'a cessé d'être remise en question plus tard, tant son prestige et son efficacité politique paraissent grands. Sous la Restauration et la Monarchie de Juillet, l'opposition libérale ne cesse de réclamer une liberté que ces bourgeois du XVIIIe siècle finissant ont appréciée à sa valeur pour en avoir été totalement privés. Sans aller jusqu'aux mesures despotiques comme Napoléon qui fixa le nombre des journaux (quatre à Paris, un par département), les gouvernements redoutant cette force incontrôlée ont usé de tous les moyens de limitation, à commencer par la pression financière avec le cautionnement et le droit de timbre sur chaque numéro, qui font du journal un article très cher, même pour une partie de la bourgeoisie ; après 1836, avec l'introduction de la publicité et le journal à un sou de Girardin, cette pression se relâche ; elle a été pendant toute la Restauration le moyen détourné efficace, sinon élégant, de limiter l'expression et la diffusion des opinions.

Enfin les constituants, habitués par des siècles de pensée « catholique » et par un siècle de philosophie cosmopolite à une représentation universaliste des grands principes, ont légiféré pour l'homme, comme on sait. L'inspiration généreuse qui les anime se retrouve lorsque le régime nouveau se heurte en 1791, et surtout en 1792, au complot des Rois ; face aux menaces venues de Vienne ou de Berlin, la

Révolution se cabre, dénonce les privilèges et le despotisme, qui règnent hors de ses frontières ; et se déclare finalement prête à apporter aide et secours aux peuples qui voudraient recouvrer leurs libertés, leur souveraineté. Sans doute ces bonnes dispositions n'ont-elles pas eu tout l'écho qu'imagine un Brissot lorsqu'il annonce la guerre nécessaire. Si le Brabant s'est soulevé contre l'Autriche dès 1789, les années suivantes sont calmes et la déclaration de Pillnitz a plus fait pour cette guerre – qui ne se termine qu'en 1815 – que les appels des peuples opprimés. Sans doute aussi le temps des arbres de la liberté et de l'abolition joyeuse des anciens régimes n'a-t-il pas duré très longtemps ; devant la lenteur des peuples à disposer d'eux-mêmes dans le sens souhaité par la Convention, celle-ci a décidé, en décembre 1792, de procéder d'elle-même aux expropriations et autres mesures nécessitées par l'abolition de l'ancien régime : la Convention se fait conquérante. Mais après l'annexion d'Avignon et de la Savoie, en « révolutionnant » les Pays-Bas après Jemmapes, elle n'en apporte pas moins à l'Europe cette promotion des peuples à la souveraineté, qui fonde un droit nouveau et entraîne une transformation sociale profonde. Et c'est aussi dans le même état d'esprit que la Convention a institué sur le territoire français, en 1793, le droit d'asile : « [Le peuple français] donne asile aux étrangers bannis de leur patrie pour la cause de la liberté. Il le refuse aux tyrans »[1].

La tradition jacobine

Monarchie libérale de 1791 ou République girondine de 1792-1793 ne constituent cependant pas le dernier mot du message révolutionnaire dans le domaine des libertés ; par un tragique retournement des choses, la Convention, cette assemblée non moins bourgeoise que la Constituante, a été

1. Constitution de l'An I, article 120.

conduite à altérer ses propres principes pour les sauvegarder dans un avenir plus lointain. Ainsi s'est constituée en 1793-1794, au temps où les conventionnels suivent l'autorité persuasive de Robespierre, la tradition jacobine, dont l'influence politique se prolonge jusqu'à nos jours.

Monarchistes de 1789, les montagnards, à l'image de Robespierre lui-même, sont devenus républicains par la force de l'événement : la trahison royale en 1791 et surtout en 1792. Fondateurs d'un État délibérément nouveau dès cet instant — cette République une et indivisible, dont les discours de Barère évoquent si fréquemment la grandeur — ils ont voulu créer un régime qui surpasse le précédent ou qui à tout le moins le fasse oublier. La Convention, au milieu des combats, assaillie sur toutes les frontières et trahie à l'intérieur, a lutté ; mais elle a aussi préparé un monde nouveau : la nouvelle Déclaration des droits, celle de 1793 (dite de l'an I), la préparation des Codes civil et criminel et surtout les fondations scolaires et universitaires sont les grands témoins de ce souci majeur. Les projets et réalisations de la Convention montagnarde en matière d'instruction publique sont souvent rappelés à juste titre : le projet d'un enseignement primaire d'État, gratuit et obligatoire, abandonné par les thermidoriens ; le projet d'écoles secondaires gratuites, également révisé après Thermidor (écoles centrales payantes) ; la création des principales grandes écoles, qui ont formé les cadres supérieurs de la nation pendant un siècle et demi : Polytechnique, Ponts et Chaussées, Mars (devenue plus tard l'École de Guerre), Normale ; la création des grands établissements : Bureau des Longitudes, Conservatoire des Arts et Métiers, Muséum d'Histoire naturelle... Conscients d'instituer une république unique en son temps, foncièrement démocratique à la différence des républiques patriciennes comme les Provinces-Unies et Venise, les montagnards s'assignent trois objectifs primordiaux : la défense contre l'étranger, la protection intérieure face à la Contre-Révolution, enfin la fondation d'une démocratie réelle c'est-à-dire sociale.

Robespierre et ses amis prennent en main le gouvernement au moment où l'Europe entière coalisée contre cette France, que certains appellent déjà le pays des droits de l'homme, menace l'intégrité du territoire national (les conférences d'Anvers ont préparé au printemps un partage) et le régime institué par les régicides. Pour le grand comité de salut public, tout est subordonné à l'échec de ces plans des coalisés : réquisition des produits du sol et des fabriques, mobilisation des hommes valides dans les fameuses armées de l'an II, appel aux savants, aux Gaspard Monge, Berthollet, Chaptal pour assurer l'équipement et l'armement du million d'hommes que Carnot a mobilisés ; la forteresse France est assiégée de toutes parts, mais en moins d'un an, elle triomphe de ses adversaires ; la France républicaine a peut-être renoncé à porter la liberté et l'égalité à tous les peuples de l'Europe ; elle a su cependant se sauver elle-même. Par le décret du 13 avril 1793, la Convention déclare, au nom du peuple français, qu'elle ne s'immiscera en aucune manière dans le gouvernement des autres puissances ; mais elle déclare en même temps qu'elle s'ensevelira sous ses propres ruines plutôt que de souffrir qu'aucune puissance s'immisce dans le régime intérieur de la République... Les jacobins sont avant tout des patriotes pour qui le droit des peuples à disposer d'eux-mêmes signifie d'abord sauvegarde de la république que les Français se sont donnée. L'indépendance de la nation française s'est jouée, au son du canon et au chant de *La Marseillaise*, à Toulon et à Landau, à Wissembourg et à Fleurus... et en 1795, Prusse, Espagne et Provinces-Unies la reconnaissent. Lorsque après 1830, Godefroy Cavaignac reconstitue le parti républicain, lorsqu'en 1870-1871 Gambetta veut poursuivre la lutte contre la Prusse, c'est à cette tradition jacobine que l'un et l'autre se réfèrent pour exalter leur patriotisme exigeant ; et au-delà de 1870, jusqu'à la deuxième guerre mondiale, cet aspect de la politique montagnarde a gardé de profondes résonances — en dépit de quelques courants divergents...

Les jacobins ont dû cependant, pour faire face à cet effort gigantesque et pour combattre une opposition intérieure violente et dangereuse, aller contre leurs principes dans le pays même, ou dans les territoires conquis : Robespierre, hanté comme beaucoup de conventionnels par l'idée d'un complot étranger, n'a pas hésité à frapper jusque parmi ses plus proches compagnons, lorsqu'il a fait condamner les factions hébertiste et dantoniste ; mais des mois auparavant, la presse et les réunions des « aristocrates » et des suspects de tiédeur que sont tous les tenants de la première étape ont été interdites ; la convention montagnarde a instauré, sous l'impulsion du comité de salut public, avec l'active collaboration des tribunaux révolutionnaires et des clubs jacobins, une dictature du « parti » montagnard. La république appartient d'abord aux républicains qu'elle doit protéger contre ses ennemis. Le gouvernement révolutionnaire suspend l'exercice des libertés jusqu'à la paix pour sauver ces mêmes libertés dont les citoyens sont privés momentanément ; ainsi la dictature est-elle provisoire. Le comité de salut public déclare son attachement aux libertés proclamées ; mais, reconnaissant la faiblesse particulière d'un tel régime qui, par définition, permet les menées des ennemis de la liberté, de ceux-là mêmes qui, au pouvoir, se refuseraient à laisser parler les républicains, le comité proclame qu'il est parfois nécessaire de suspendre l'exercice des libertés pour les mieux sauver. Dans son rapport du 25 décembre 1793, Robespierre déclare : « S'ils [les ennemis de la République] invoquent l'exécution littérale des adages constitutionnels, ce n'est que pour les violer impunément ; ce sont de lâches assassins qui, pour égorger sans péril la République au berceau, s'efforcent de la garroter... » Lourd sacrifice, surtout dans la période qui précède immédiatement Thermidor, la grande Terreur où « les têtes tombaient comme des ardoises ». Proscrire la liberté pour sauver la liberté, tâche difficile : quand la liberté est-elle donc en danger, assez pour justifier sa proscription ? La Convention et la tradition jacobine ensuite retiennent un critère sûr : la guerre extérieure. Robespierre proclame dans le même rapport du 25 décembre 1793 : « Le gouvernement révolutionnaire a besoin d'une activité extraordinaire, précisément parce qu'il est en guerre ». Le terrible Clemenceau des années 1917-1918 ne dit pas autre chose.

Que les jacobins fussent néanmoins attachés aux libertés qu'ils ont dû mettre sous le boisseau pendant de longs mois au péril de leur popularité et de leur vie, leurs exigences sociales l'établissent avec clarté. En dépit de leur apparence d'expédient politique au cœur de la crise, les décrets de ventôse, cette redistribution d'une audace inouïe pour le temps, montrent le souci de fonder la république sur une démocratie réelle, c'est-à-dire sur l'indépendance économique et sociale effective des citoyens : aux yeux du Saint-Just des *Institutions républicaines* comme aux yeux de Robespierre sans doute, le citoyen est vraiment libre lorsqu'il possède un lopin de terre qui l'assure de n'être pas à la merci de son employeur, de son créancier, de son châtelain. Saint-Just le dit en une formule justement célèbre : « il faut que l'homme vive indépendant ». La Constituante a connu ce souci, elle qui prive du droit de vote le domestique et celui qui ne paie pas, ou peu, d'impôts. Les jacobins renversent les termes, donnent à tous les moyens d'être citoyens, pour n'avoir pas à en priver même le plus humble des Français. La démocratie réelle se réalise donc au sein d'une société de petits producteurs, chacun possédant une terre ou un atelier, les moyens de nourrir les siens et de n'être pas menacé dans cette modeste suffisance par ses voisins ou ses concurrents. Les décrets de ventôse, jamais appliqués, redistribuaient aux patriotes pauvres les biens des émigrés et des suspects, de tous ceux qui ennemis de la Révolution n'ont plus leur place dans la République. Saint-Just dit dans les *Institutions :* « Celui qui s'est montré l'ennemi de son pays n'y peut être propriétaire. » La démocratie jacobine est égalitaire de principe ; elle fonde la liberté sur une limitation des différences économiques et sociales, sans aller jusqu'à la « chimère » de l'égalité des biens ; l'extrême disproportion des fortunes est un obstacle à la démocratie, et à ce titre condamnée ; et c'est déjà beaucoup, pour sauvegarder le sens profond du suffrage universel. Cet idéal de petits propriétaires ruraux est sans nul doute le fondement et la limite des aspirations sociales qui animent la tradition jacobine. Il conserve encore au XXe siècle un prestige qui explique pour une part la tendresse des assemblées de la troisième République pour la paysannerie méridionale ; il est à l'origine de toute une législation d'assistance aux vieillards, aux invalides, aux « économiquement faibles » ; il a inspiré les lois sur l'héritage également. Anticipation d'une audace jamais renouvelée, la redistribution des terres prévue en 1794 a donné son orientation socialisante à la tradition jacobine.

Ainsi la Convention montagnarde a-t-elle proposé aux Français, et plus tard au monde, un idéal démocratique, dont les grands mouvements dépassent largement ceux de la première Révolution ; la Constitution de 1793 en consacre, dans sa déclaration des droits, l'essentiel proclamant le droit des citoyens aux secours publics comme à l'instruction et reconnaissant la liberté individuelle comme la propriété ; elle admet même le devoir d'insurrection dans son article 35 : « Quand le gouvernement viole le droit du peuple, l'insurrection est, pour le peuple et pour chaque partie du peuple, le plus sacré et le plus indispensable des devoirs. » Une tradition républicaine en est issue au lendemain des journées de juillet 1830, qui s'est enrichie et diversifiée dans l'opposition à la monarchie bourgeoise, à Napoléon le petit ; puis dans l'exercice du pouvoir — sans oublier son inspiration originelle. Cependant les contemporains ont été surtout sensibles à la suppression — même provisoire — des libertés que la Révolution venait à peine d'instituer : les conjurés de Thermidor, quelles que soient leurs raisons profondes si diverses, de s'attaquer à Robespierre, sont liés par la haine du tyran et leur volonté hautement proclamée de restaurer les libertés. Restauration fort précaire : les thermidoriens, menacés à la fois par les royalistes et les héritiers de la Montagne, se sont maintenus à force de coups d'État ; et Bonaparte, premier consul puis empereur, ne s'est guère souvenu d'avoir été compté un moment parmi les amis de Robespierre le Jeune. L'exercice des libertés s'est avéré très difficile, d'autant plus que les citoyens français ont subi sans broncher toutes les privations, y compris le despotisme napoléonien, rétablissant les prisons d'État, supprimant la liberté de la presse, réglementant l'imprimerie, jetant en prison ou en exil ses rares contradicteurs... Dans une lettre bien connue à Fouché, Napoléon, dès 1804, s'est prononcé, dans ce style inimitable qui tranche de haut, sur la liberté de la presse : « Monsieur Fouché, la réforme des journaux aura bientôt lieu, car il est par trop bête d'avoir des journaux qui n'ont que l'inconvénient de la liberté de la presse, sans en avoir les avantages... » Rétablies par la Charte de 1814, mais sévèrement réglementées dans la pratique par les lois qui les encadrent, les libertés fondamentales ont fait l'objet jusqu'en 1848 d'un apprentissage précaire, où la question de la presse, d'une presse au rayonnement très limité, joue le principal rôle. Jamais totalement supprimées, mais plus facilement remises en question que les principes égalitaires, les libertés n'en sont pas moins une part essentielle de l'héritage révolutionnaire, légué à la France du XIXe siècle.

3. Napoléon

Ayant refusé le sort et les plats honneurs d'un Monk, le jeune général Bonaparte, par sa présence à la tête de la France pendant quinze ans, a donné à la bourgeoisie le temps et les moyens de consolider une victoire que la république directoriale, de fructidor à brumaire, révélait assez précaire. Le maintien des conquêtes sociales jusqu'en 1815 et la prospérité économique des dix premières années du siècle ont affermi cette position de classe dominante, que le nouveau clergé rallié par le Concordat et la noblesse encore émigrée ne peuvent contester : l'étape napoléonienne est le moment le plus important de la consolidation qui est en cours depuis 1794 par sa durée et grâce au sens politique de l'empereur, qui s'est placé à égale distance des derniers jacobins et des chouans.

Mais Napoléon a été plus que l'instrument conscient de la bourgeoisie française triomphant de l'ancien régime : sa réussite politique d'une exceptionnelle audace lui a permis d'envisager la pérennité du compromis personnel qu'il avait imposé aux adversaires des années 1792 à 1799 ; son succès lui a aussi inspiré avec un sens peu commun de la « grandeur » française l'idée de mettre sa marque sur la vie quotidienne de ses compatriotes : ce que l'on a appelé parfois la civilisation napoléonienne. Enfin et surtout, Napoléon a été, au moment même où il édifie à Paris sa monarchie impériale, le soldat de la Révolution en Europe, apportant dans les bagages de sa grande armée l'abolition de l'ancien régime, marquant d'un trait indélébile le destin de l'Allemagne, de la Pologne, de l'Italie... C'est la Révolution couronnée, selon le mot de Goethe.

Du général conjuré s'imposant à grand-peine aux conseils le 19 brumaire an VIII à Saint-Cloud à l'empereur des Français sacré par le pape Pie VII à Notre-Dame de Paris le 2 décembre 1804, cette carrière qui a médusé beaucoup de contemporains et garde ses admirateurs jusques aujourd'hui, comporte peu de défaillances : le premier consul réussit à mettre en quelques mois l'Autriche hors de combat et négocie avec habileté la paix d'Amiens, conclusion d'une guerre qui dure depuis dix ans ; il s'impose avec une égale autorité, non dépourvue déjà de brutalité, aux révolutionnaires non repentis et aux royalistes ambitieux (exécution du duc d'Enghein) : « ne voulant plus de partis et ne voyant en France que des Français », à condition qu'ils se rallient à la république consulaire c'est-à-dire à sa personne, puisqu'il est le seul garant de la nouvelle politique, Bonaparte rétablit, après les troubles incessants du Directoire, la paix civile. Dans cette œuvre pacificatrice, la création des préfets, ces héritiers des intendants de la monarchie et des agents nationaux de la Convention, et l'institution des corps financiers nouveaux : percepteurs, trésoriers... comptent sans doute moins que le « franc germinal », le Code civil et surtout le Concordat.

Le franc germinal et le Code civil

Protégé dès 1799 par quelques banquiers parisiens qui ont participé à la préparation du coup d'État, le premier consul conserve ces précieux appuis qui lui permettent de mettre fin à la ruine financière de la première République :

des assignats aux mandats territoriaux et à la banqueroute, toute la politique financière des dix années précédentes est un échec que la guerre et les intrigues étrangères ont porté au comble en 1797-1799. Bonaparte réorganise les finances publiques, crée la Caisse d'amortissement, puis avec l'aide des Perregaux et Malet, la Banque de France qui reçoit dès 1803 le monopole de l'émission de billets remboursables à vue ; enfin au printemps de 1803 (7 germinal an XI) est créé le franc germinal, ce franc à 322 milligrammes d'or fin, qui va rester la monnaie française stable jusqu'aux lendemains inflationnistes de la première guerre mondiale. Dans l'ensemble des mesures financières du Consulat figure en bonne place une banqueroute des trois quarts : la Caisse d'amortissement liquide les dettes héritées des gouvernements précédents avec des rentes 5 p. 100 distribuées aux créanciers de l'État dans la proportion de 25 p. 100 de leur créance. Cependant après les incertitudes, inflation puis déflation de la période directoriale, la mesure n'a pas fait scandale ; elle permet aux fournisseurs de la République et à tous ceux qui ont participé aux spéculations effrénées des années 1794-1799 de sauver plus que les capitaux engagés. Mais surtout la création d'une monnaie sûre a aidé à la prospérité économique. Depuis des années, les belles récoltes revenues n'entraînaient pas la prospérité urbaine, tant l'inflation déséquilibrait les prix et les échanges, entraînant crise sur crise ; à partir de 1801, et surtout de 1803, en dépit de la guerre renaissante, la France retrouve une prospérité sans ombres noires jusqu'à la crise passagère du blocus, en 1811-1812 — et jusqu'à la grande dépression qui s'ouvre en 1817. Pour les milieux d'affaires, banque et commerce, pour la bourgeoisie urbaine vivant de ses rentes, la réorganisation financière a été un des meilleurs titres d'estime à l'actif du premier consul.

Second titre : le Code civil promulgué en 1804. La Convention avait commencé, au milieu d'occupations plus pressantes, la confrontation indispensable de la législation monarchique avec les principes nouveaux : travail de longue haleine et de grande prudence, qui était resté inachevé en 1795 et que les assemblées directoriales ne firent pas beaucoup progresser. Le Code, ce recueil de lois, a donc été l'œuvre des prédécesseurs de Bonaparte et du Consulat. Mené à son terme dans les plus brefs délais possibles, il représente aux yeux des contemporains la rédaction législative définitive des conquêtes révolutionnaires : liberté individuelle et égalité civile, abolition de tout vestige du régime féodal et application uniforme du même droit à la France entière s'y retrouvent. De même les articles sur la propriété, la loi Le Chapelier sur les coalitions ouvrières, aggravée par l'interdiction formelle de toute grève, entrave à la liberté patronale sont bons témoins de l'esprit dans lequel les conseillers d'État et les membres des assemblées consulaires se sont penchés sur ce code du droit nouveau. Point n'est d'ailleurs besoin pour le droit de propriété, expressément souligné dans la Déclaration de 1789, non plus que pour l'interdiction des grèves et coalitions, de faire appel à l'esprit autoritaire de Bonaparte. La mentalité de ses collaborateurs au Conseil d'État y suffit largement : sa main se retrouverait plutôt dans les articles traitant de la famille et accordant au père les plus larges pouvoirs sur la femme et l'enfant. L'administration judiciaire, d'ailleurs réorganisée (cours d'appel notamment), a donc en main à partir de 1804 un code clair rédigé avec soin et précision, instrument d'une justice plus expéditive et plus équitable que celle d'avant 1789.

Le Concordat

Enfin la paix intérieure doit plus encore à la signature du Concordat et au rétablissement d'une vie religieuse calme dans le pays tout entier. Le texte de 1801, qui est resté en vigueur plus d'un siècle (avec quelques retouches en 1817) jusqu'en 1905, maintient au chef de l'État la nomination des évêques (mais alors que le roi de France était un personnage d'Église par le sacre et la symbolique qui s'y attachait, le premier consul est une autorité « laïque ») ; il reconnaît la distribution des biens de l'Église transformés en biens nationaux, admet la suppression de la dîme ; le clergé devient, comme la Constituante l'avait voulu, un corps de fonctionnaires salariés et soumis à un serment civique (article 6) ; enfin au prix d'une opération canoniquement délicate — l'exhortation à se démettre que le pape adresse aux évêques réfractaires pour renouveler le personnel épiscopal suivant les normes de l'accord (un tiers d'évêques d'avant 1789, un tiers de constitutionnels, un tiers de nouveaux prélats) — au prix de ce sacrifice, le personnel ecclésiastique a pu être renouvelé. Un certain nombre d'évêques refusèrent de se plier : le schisme de la petite Église qui en résulta dans certaines régions s'éteint peu à peu au cours du XIXe siècle, avec l'aide de Rome au début de la Restauration ; et il n'a pas réellement mis en danger la politique concordataire. La vie religieuse retrouve très vite une ferveur que les troubles des années précédentes avaient exaltée plus qu'appauvrie et que, dans la « bonne société » qui lit, la publication du *Génie du Christianisme* (en 1802) est venue encore stimuler. En rendant au clergé sa place dans la vie quotidienne, en mettant fin à toutes les dissensions qui avaient marqué les années révolutionnaires, Bonaparte répond évidemment au vœu des masses, qui n'ont rien abandonné de leur foi traditionnelle ; il prive aussi la Contre-Révolution royaliste qui ne désarme pas (émigrés qui refusent les offres amnistiantes du premier consul, chouans en relation avec le comte d'Artois) de son plus sûr appui auprès des populations paysannes... Napoléon y a veillé de près : le catéchisme impérial de 1806 insiste sur les devoirs envers l'empereur : « Honorer et servir notre Empereur est donc honorer et servir Dieu même... » Lorsqu'en 1804 le pape vient à Paris et accepte de procéder, au bénéfice de celui qui, à Londres ou Vienne, est appelé l' « usurpateur », à une cérémonie copiée avec prudence sur celle du sacre royal, l'illusion peut être complète : la main de Dieu est sur le nouveau maître de la France. Napoléon empereur n'est pas allé cependant jusqu'à reprendre à son compte le pouvoir thaumaturgique, la guérison des écrouelles. Le miracle royal n'a pas survécu à la foi monarchique dans la mentalité populaire : ce que Napoléon peut fort bien avoir senti. Et malgré les difficultés ultérieures, malgré l'internement du pape et le Concordat de 1813 extorqué dans la captivité et les violences, le régime napoléonien est resté le grand bénéficiaire du Concordat de 1801. Lorsque, à Pâques 1802, le *Te Deum* de Notre-Dame célèbre la paix des armes et des consciences, les journalistes à la solde du ministre de la police peuvent vanter le nouvel Auguste. Les Français, gouvernés d'une main ferme, ne regrettent pas les libertés perdues au bénéfice de l'égalité maintenue, de la prospérité économique et de la tranquillité religieuse.

Dans les années qui ont suivi, la faiblesse des oppositions, monarchique ou jacobine, l'apathie bienveillante de la masse paysanne et la diligence policière de Fouché ont permis à Napoléon de franchir un pas important en rétablissant l'inégalité sociale dans la société impériale : la Légion d'Honneur en avait été le premier signe, qui instituait en 1804 un corps de Français d'élite, premiers défenseurs de l'État. La création du majorat, permettant à la noblesse d'Empire, moyennant l'attribution au titre d'une propriété foncière importante — et variable suivant le titre — de s'assurer l'hérédité, est en 1808 une étape plus décisive : les nouveaux ducs, princes et comtes ne se voient certes pas accorder des dispenses d'impôts, ni le droit d'en percevoir sur leurs terres, mais Napoléon empereur cherche manifestement à fournir à la dynastie nouvelle un personnel aussi stable que celui de la monarchie capétienne. Les faibles effectifs de cette noblesse à majorats (quelque deux mille noms), les limites imposées à leurs privilèges ont permis cependant que la nouvelle institution n'inquiète point outre mesure l'opinion, d'ailleurs muselée.

Cour et civilisation impériales

Cependant l'empereur du grand Empire (en 1808-1810) n'a d'yeux que pour la monarchie dont le souvenir doit se fondre dans les fastes et les gloires du nouveau régime ; d'où cette Cour aux costumes trop richement ornés qui s'ennuie et manœuvre comme un corps d'armée, rit des libertés du chef, se moque de la langue verte de Mme Sans-Gêne et des colères d'Élisa ; d'où surtout, les efforts du nouveau maître des Tuileries pour mettre sa marque sur son temps. Louis XV et Louis XIV avaient leur mobilier ; Napoléon fait créer à son tour ce lourd style Empire, où l'imitation du romain est faite sans souplesse : colonnades massives, corniches et médaillons surabondants, dorures... Napoléon veut aussi construire : face aux Tuileries, les deux arcs de triomphe, imités également de l'antique, évoquant les exploits de l'empereur ; puis la Madeleine, immense et froid temple de la gloire... David et Gros sauvent cette direction artistique impériale qui, au demeurant, n'a pas duré assez pour créer un décor complètement nouveau. Abandonné par la « grande » littérature, Chateaubriand et Mme de Staël, loué sans vergogne ni mesure par une cohorte de petits poètes tirant à la ligne à longueur d'année, Napoléon a connu un franc succès dans le seul domaine scientifique : ses appuis à la recherche industrielle et aux progrès techniques font écho aux grands travaux d'une pléiade de savants travaillant sur l'élan du XVIIIe : naturalistes (Cuvier, Geoffroy-Saint-Hilaire), mathématiciens (Monge, Lagrange), physiciens (Arago, Gay-Lussac, Berthollet) ; à ces progrès scientifiques la participation du gouvernement impérial reste pourtant mince. Du moins Napoléon a-t-il donné une faveur fugitive à deux types de distractions publiques[1] : les bals bourgeois et populaires, que la période directoriale avait vus proliférer et que Napoléon préfère aux manifestations théâtrales, dangereuses (les allusions politiques y sont interdites, le nombre des théâtres a été ramené de trente à huit dès le Consulat) ; d'autre part, les revues militaires multipliées avec les victoires remportées sur l'Europe entière qui créent peu à peu

1. La première République n'avait pas su donner au pays les fêtes du régime : les tentatives faites dans le cadre du calendrier révolutionnaire, fête de la nature et de l'Être suprême... n'ont pas soulevé l'enthousiasme. Sous le Directoire, par réaction contre la vertu républicaine, la vie de plaisirs a connu un grand développement à Paris, au moins au temps des Incroyables : les bals en ont été la principale manifestation, — au jardin Tivoli notamment.

une passion cocardière appelée à une belle carrière — chez les Parisiens du moins. Au total cette direction des lettres et des arts exercée par un mécène absorbé dans ses guerres mérite mal ce grand nom de civilisation napoléonienne. Intermède artificiel entre les raffinements et les audaces rationalistes du XVIIIe siècle et la révolution romantique qui s'ébauche alors hors de France et en France, le moment napoléonien est surtout l'expression d'une volonté de grandeur ; aussi bien son plus grand titre de gloire n'est-il pas d'avoir doté Paris de la Madeleine, mais d'avoir ébranlé les anciens régimes européens.

L'Europe napoléonienne

L'Europe de 1810 est une Europe française — plus sans doute qu'elle ne l'était au temps des Lumières. Napoléon vainqueur de la Prusse et de l'Autriche absorbe dans le grand Empire ou dans la zone d'influence française, — par les alliances et par les royaumes vassaux — toute l'Europe occidentale et une bonne partie de l'Europe centrale.

Les alliés de toujours comme la Bavière, les adversaires qui rêvent de revanche comme la Prusse font des réformes à la française : administration hiérarchisée simple, claire et efficace, c'est le premier objectif ; Napoléon est un despote éclairé de génie aux yeux de certains qui n'ont pas oublié les tentatives malheureuses antérieures, de Joseph II notamment. Mais les frères et beaux-frères qui règnent sur de nouveaux États comme la Westphalie et l'Italie, copient les institutions françaises ; et le Code civil rayonne ainsi bien au-delà des cent trente départements de l'Empire proprement dit. La Révolution française, revue et corrigée par le Consulat, connaît donc un champ d'application nouveau : cette Europe féodale qui a servi de refuge à la Contre-Révolution et qui subit à son tour, d'autorité, sans les remous et les expériences sanglantes, une révolution par le haut. La redistribution administrative en départements ou cercles et leurs subdivisions, c'est la ruine des particularismes locaux, urbains ou féodaux, si vivants en terre d'Empire ; la mise en application du Code civil, c'est de façon automatique l'abolition de tout le régime féodal[1] au profit de l'égalité des citoyens ; la destruction des ordres et des privilèges au bénéfice des paysans et des bourgeois ; la création de corps de fonctionnaires à la française, c'est, dans ces pays où le noble n'était pas encore devenu le parasite qu'il était en France, la perte de tout prestige social et administratif, au bénéfice des juges, des percepteurs, des gouverneurs-préfets de la nouvelle administration ; liée à l'application du Code civil, avec des nuances selon les pays, notamment en Italie où des concordats ont été établis, la sécularisation des biens du clergé est aussi une étape importante : vendus comme bien nationaux, ou distribués à des dignitaires français, ces biens changent de mains au détriment du clergé local... Pour Napoléon, tout ceci est affaire de bonne administration ; pour les habitants de la Westphalie et des États pontificaux, le régime français est la Révolution, même si des titres d'ancien régime sont maintenus ; même si le décor de la Cour de Milan évoque le vieux royaume lombard, même si la dynastie bavaroise reste en place à Munich. Égalité civile, liberté individuelle et religieuse, qui avaient déjà dépassé les frontières de la France dès 1792, atteignent ainsi les rives de la Vistule et la Calabre aux environs de 1810 : Napoléon a continué le Bonaparte de l'armée d'Italie et les généraux de l'an II, comme si toute l'Europe appelait de ses vœux la Révolution.

Œuvre de longue haleine d'abord parce qu'elle s'applique à des populations non préparées, cette révolution européenne n'a pas eu le succès que l'exemple français permettait d'augurer ; faute de temps, puisque, à part la rive gauche du Rhin et l'Italie du Nord, le régime français a duré seulement quelques années ; parce que, aussi, ce régime est venu dans les fourgons d'une armée étrangère volontiers pillarde, dure aux populations occupées et encombrante dans la mesure où les cadres locaux font défaut ; parce que l'instauration des réformes s'accom-

1. Et d'abord la libération des serfs, plus nombreux qu'en France.

pagne de mesures militaires et économiques qui paraissent vite le cœur du système, et sont lourdes : impôts et tribut de guerre, conscription, règlements du commerce extérieur en fonction du blocus continental et même du simple désir napoléonien de favoriser l'économie française sur tous les marchés européens ; dans les pays catholiques enfin, comme l'Italie et l'Espagne, le sort du pape suscite des inquiétudes qui n'ont pas peu contribué à discréditer le système français dans son ensemble.

Cependant si l'Europe napoléonienne a rejeté la « francisation », c'est aussi et surtout pour une raison plus profonde, la structure sociale des pays soumis à cette révolution. L'Italie du Nord, les deux rives du Rhin, les Provinces-Unies sont des régions réceptives, grâce à l'importance de leurs bourgeoisies, commerçantes et libérales, ouvertes aux idées nouvelles avant même l'arrivée des troupes françaises : bourgeoisies prêtes à pardonner les pillages des soldats et surtout à fournir des cadres de l'administration nouvelle pour tirer parti au maximum des innovations sociales apportées par la France ; ce sont, de surcroît, celles qui ont participé le plus longtemps à la Révolution : la rive gauche du Rhin depuis 1794, l'Italie du Nord depuis 1796, vingt années pendant lesquelles toute une génération grandit et vit dans le nouvel ordre social. Rien de comparable avec l'Italie péninsulaire, l'Espagne, les pays germaniques des bords de l'Elbe ou les provinces illyriennes : ce court séjour français dans des pays où nobles et paysans constituent la masse de la population, où les villes ne vivent pas ou plus, où la noblesse et le clergé sont encore les maîtres, même lorsque Napoléon les a dépouillés et supplantés par des fonctionnaires français implantés dans les régions hostiles, comme Stendhal un moment à Brunswick. Ainsi, dans le royaume de Naples, Joseph est-il maître de la ville où les citadins suivent et acceptent en majorité le régime nouveau ; mais toute la montagne lui échappe où les nobles restent maîtres, même dépossédés de leurs titres et de leurs fonctions, et encouragent chez leurs paysans l'hostilité à l'étranger... ; les mêmes nobles qui, après 1815, seront moins pointilleux lors des interventions autrichiennes. C'est que la révolution napoléonienne prend, ici, sa vraie tonalité : c'est une révolution sociale, qui dresse contre elle les cadres de l'ancien régime et qui doit s'appuyer sur une opinion éclairée : ce que les paysans de Calabre ou du Tyrol ne peuvent fournir.

Ainsi le réflexe patriotique l'emporte. Un seul pays en Europe où le sentiment national ait joué en faveur de la domination française : la Pologne. Dépecée par ses voisins pendant les premières guerres révolutionnaires, la Pologne de Poniatowski reste fidèle à Napoléon jusqu'à Leipzig. Mais ailleurs, de l'Espagne aux États allemands où la présence française a fait sentir la solidarité nationale, pour laquelle Napoléon a œuvré en détruisant la mosaïque du Saint Empire romain germanique, de même qu'en Italie où le royaume d'Italie prépare le mouvement des années 1848 à 1870, c'est un sursaut xénophobe qui met fin à cette domination. La campagne de 1813 est une campagne de libération politique et de restauration sociale, celle-là cachant pudiquement celle-ci.

1815

La chute de Napoléon en 1814 a entraîné toute l'Europe dans cette réaction, y compris les régions les mieux adaptées au nouveau régime, hors de France. Cependant la restauration des anciens régimes, brutale partout, n'a pu se faire sans ménagements, ici et là ; quelques États allemands comme la Bavière, le Piémont en Italie maintiennent des constitutions libérales qui sauvegardent certaines innovations françaises.

Et cette étonnante chute en deux temps (1814 et 1815) s'est aussi nuancée de compromis pour la France. La restauration des Bourbons n'est pas une réaction totale, encore moins qu'en Piémont ou en Bavière, et à juste titre. Louis XVIII rentrant en France à la dix-neuvième année de son règne, avait compris — et s'il avait eu quelque scrupule, les Cent Jours ont fini de l'éclairer — qu'une réaction totale et une restauration intégrale n'étaient pas possibles ; d'où le compromis que représente la Charte ; d'où aussi les impatiences des émigrés rentrés, qui constituent le gros des troupes ultraroyalistes. Revenus dans les fourgons de l'étranger, les Bourbons font en 1814-1815 assez de concessions pour être acceptés de la bourgeoisie, puisqu'ils maintiennent les grandes conquêtes et rétablissent même quelques libertés supprimées par l'empereur. Le clergé, qui a accepté le régime antérieur, se satisfait un moment du rétablissement de la religion d'État. Seuls les nobles de la Chambre introuvable et de la Terreur blanche sont mécontents et le montrent, sans parvenir à s'imposer à Louis XVIII jusqu'en 1820.

Après l'assassinat du duc de Berry, le compromis de 1814 se trouve menacé : lorsque le ministère Villèle fait adopter par une nouvelle Chambre introuvable la loi sur le milliard des émigrés, il crée des inquiétudes ; la loi du sacrilège révèle l'action de la Congrégation et semble le prélude à une menace plus grave sur la liberté de conscience ; le projet de loi rétablissant le droit d'aînesse démontre enfin un plan méthodique de restauration progressive de l'ancien régime. Les luttes que la minorité libérale livre aux ultras à la Chambre des Pairs, auprès de la grande noblesse parisienne hostile à Villèle, toutes ces batailles parlementaires n'ont pas eu de grands échos dans le pays ; leur retentissement est moindre que les expéditions punitives de 1815-1817 dans la vallée du Rhône par exemple ; même la loi du milliard financée par une conversion de rentes n'a fait crier que les rentiers parisiens. Et c'est encore Paris qui, ville capitale, suit seule la vie politique de plus près. Le ministère Polignac, ses imprudences, sa désinvolture à l'égard des dispositions constitutionnelles jusqu'alors respectées, achèvent d'alerter l'opinion parisienne et finit par réveiller le peuple parisien, qui, hors du pays légal par le système censitaire, trouve en juillet 1830 une bonne occasion de reprendre — pour quelques jours — sa place dans la vie politique. La révolution des trois glorieuses, habilement escamotée par les Périer, Laffitte, Thiers et La Fayette, aboutit à Louis-Philippe et à la monarchie bourgeoise, celle qui est la plus proche des

Bourbons, tout en garantissant aux rebelles du *Nalional* le maintien d'un régime où les conquêtes essentielles de 1789-1791 ne seront plus remises en question : après juillet 1830, la France bourgeoise a enfin le roi et le système politique de ses vœux.

4. La France bourgeoise

Rentier (en un temps où vivre de ses rentes est encore aussi fréquent que bien porté), fabricant, négociant ou banquier, le bourgeois qui s'admire lui-même dans la personne de Louis-Philippe — ce bon roi drapé dans le drapeau tricolore, ami du parapluie, simple jusqu'à confier ses enfants au collège Henri IV — possède dès lors cette position sociale dominante, acquise non sans mal et qu'il se croyait due depuis si longtemps. Assumant la direction économique du pays, il jouit d'une sécurite matérielle sans égalc : ni lcs paysans toujours menacés par les calamités atmosphériques, ni les ouvriers point encore spécialisés, ni les boutiquiers des villes soumis aux dures lois du marché économique n'en ont autant. Seuls les propriétaires fonciers, assurés de leurs fermages, lui sont comparables ; et encore... Le bourgeois louis-philippard a donc bonne conscience : n'exerce-t-il pas une direction économique acquise au prix de son travail acharné, sans compter celui de ses ancêtres ? Il a aussi le sentiment d'être le cerveau du Pays : l'Université nouvelle qui a succédé au désordre anarchique de l'ancien régime est organisée pour lui, dans son intérêt, depuis les écoles primaires de Guizot jusqu'aux facultés du chef-lieu d'académie ; sans doute la vie intellectuelle trépidante du XVIIIe siècle n'a-t-elle pas survécu à la Révolution ; mais qui s'en plaint ? Enfin sous le règne de Louis-Philippe et avec l'aide fort intéressée d'un roi plus habile, mais non moins audacieux que son prédécesseur, la vie politique semble stabilisée, repliée qu'elle est entre les mains de cette bourgeoisie : petit monde du pays légal, étroit, borné, égoïste, non sans naïveté, du moins jusqu'aux années difficiles 1846-1847, où la crise économique soudain grave, les abus de pouvoir du Roi de Juillet et l'essor de la pensée et de l'action ouvrières viennent frapper à la porte et révéler à qui n'ose y croire, malaises sérieux et risques énormes... Guizot, le maître à penser d'une génération, est alors condamné, non sans légèreté peut-être.

La dépression

Lorsque la France sort des guerres révolutionnaires et retrouve le calme de la paix, la vie économique marque un temps de fléchissement : la bourgeoisie n'a donc pas été favorisée comme elle l'avait été sous les belles années napoléoniennes. De 1817 à 1850, le ralentissement de l'activité économique est frappant, par comparaison avec la belle époque du XVIIIe siècle où le commerce extérieur gagnait d'année en année. De 100 en 1815, il est encore à 130 en 1850... Cette stagnation est imputée par les économistes d'aujourd'hui (ceux de l'époque sont les laudateurs sans mesure du système qui va faire la fortune de l'Angleterre pendant le siècle de Victoria : le libéralisme économique) à la fois à la raréfaction des métaux précieux dans le monde (que redouble, dans un pays qui vient d'expérimenter l'assignat, une méfiance sans bornes à l'encontre du papier), à la lenteur des progrès techniques surtout dans le domaine énergétique — la révolution industrielle en France prend forme de façon décisive dans les années 1850-1880 — enfin à la faiblesse de l'équipement bancaire, qui empêche les grandes entreprises : l'expérience des chemins de fer de 1842 à 1848 est probante à cet égard, spéculation et insuffisance des moyens réels combinant leurs méfaits. Restauration et Monarchie de Juillet ont donc été une époque de petits gains, de faible activité économique, où la bourgeoisie a pu asseoir sa puissance économique, mais dans les pires conditions : manque de crédit, baisse des prix, faiblesse continue de la rente... C'est qu'au fond le marché national est très peu important, la masse paysanne n'est pas pleinement encore intégrée à l'économie d'échanges ; et l'avance anglaise sur les plans industriel et commercial impose un étroit protectionnisme qui interdit toute conquête de marchés extérieurs au moment où les États-Unis, l'Amérique latine manquent de tout et se tournent vers la noire Agleterre.

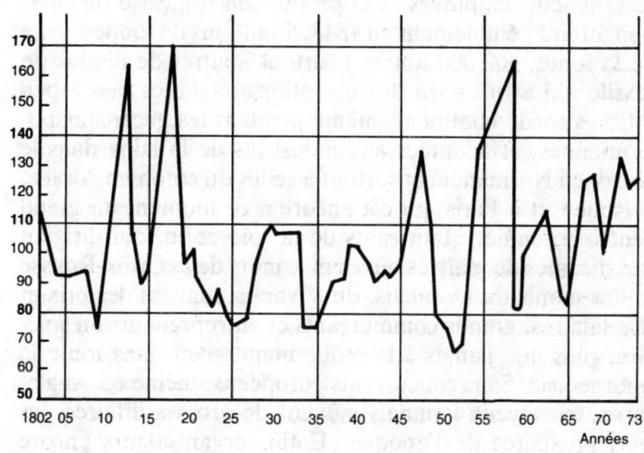

10. LA DÉPRESSION ÉCONOMIQUE, 1817-1848

Cette courbe du prix du blé est extraite d'un cours de M. Labrousse sur l'évolution économique et sociale de la France et de l'Angleterre (C.D.U., 1951). La persistance des bas prix du blé : signe solide de dépression.

La réussite économique du temps appartient donc au capitalisme commercial, et non à l'industrialisation massive qui n'intervient pas encore : les banques de quelque envergure — les anciennes, Malet, Perregaux qui continuent à diriger la Banque de France, et les nouvelles, c'est-à-dire surtout James Rothschild, cette branche française d'une organisation familiale internationale — se lancent dans quelques grandes opérations, au moment où la loi de 1842 essaie d'organiser l'équipement ferroviaire français ; elles sont l'exception ; la banque locale ou régionale, qui reçoit des dépôts faibles et prête avec parcimonie et une prudence excessive, joue un plus grand rôle que la fortune réputée sans mesure des Rothschild. Les plus solides bénéficiaires de ces progrès lents sont les négociants et fabricants : premiers maîtres de forges incapables de fournir à la demande pour la construction des voies ferrées, car les fourneaux de forêts et les procédés anciens de puddlage restent seuls employés et la production française de charbon atteint péniblement en 1848, 5 millions de tonnes, celle de la fonte, 400 000 tonnes ; surtout maîtres de l'industrie textile qui a tiré parti des inventions anglaises peu à peu attirées sur le continent, même pendant les guerres napoléoniennes, et adaptées aux industries de la laine dans le Nord, en Normandie et surtout à celles du coton en Alsace, à Rouen et à Paris qui est encore à ce moment un grand centre cotonnier ; fabricants de la soie enfin, qui dirigent des dizaines de maîtres ouvriers, canuts de la Croix-Rousse et des monts du Lyonnais, du Vivarais, maîtres des prix et des salaires, grands commerçants et entrepreneurs en soieries, plus que jamais à la mode maintenant dans toute la bourgeoisie. Sans concurrents européens, même en Angleterre, les soyeux lyonnais mènent de grosses affaires, les plus prospères de l'époque. Enfin, organisateurs encore plus qu'industriels au sens moderne du terme, les maîtres des transports, malles-postes et diligences, qui sillonnent les routes et perfectionnent le réseau édifié au XVIIIe ; les milliers de rouliers qui vivent de ces trafics routiers et fluviaux animent, à la veille du chemin de fer, le secteur de l'économie française qui a sans doute le plus progressé depuis la Révolution. Mais le chemin de fer lui-même en constante extension ne marque pas encore la vie économique : lignes charbonnières de Saint-Étienne à Andrézieux (1823), de Saint-Étienne à Lyon (1827), tronçons de ville à ville difficilement raccordés ensuite, au total 3 000 kilomètres en 1848 ; les voies ferrées s'installent avec peine dans un pays que la mentalité technicienne n'a pas conquis ; les jugements d'Arago (en 1838 !), de Thiers et quelques autres sont bien connus, qui témoignent de cette incompréhension...

Aussi bien le petit marché urbain — car ce sont les villes seules qui progressent et surtout Paris qui recueille déjà le trop-plein démographique des campagnes françaises et double sa population en dix ans (de cinq cent mille à un million d'habitants) — suffit à ceux qui dirigent la vie économique à l'abri de la concurrence étrangère ; à l'abri aussi de l'ingérence de l'État dans la conduite de leurs affaires : en 1831 le préfet du Rhône est désavoué par le gouvernement pour avoir attenté à la liberté économique des soyeux en prétendant imposer un tarif de salaires dans le terrible conflit qui oppose la Croix-Rousse à Bellecour, les canuts aux patrons... D'une logique stricte dans l'esprit de la loi Le Chapelier, l'affaire sanglante de Lyon illustre, mieux encore que le célèbre mot de Guizot « enrichissez-vous », l'atmosphère mentale dans laquelle la fortune bourgeoise progresse « par le travail et par l'économie ».

Il n'est qu'un domaine dans lequel cette ambition rencontre une limite : c'est la richesse foncière. La propriété foncière bourgeoise a cependant fait de gros progrès sous la Révolution : les acquéreurs de biens nationaux ont été des gens de la ville aussi souvent que des paysans ; et la terre reste un investissement recherché par quiconque fait quelques bénéfices rondelets, souvent plus que la spéculation sur l'argent. Mais face au bourgeois qui a des biens au soleil, se dresse le noble qui est revenu de l'étranger et qui a perdu le goût de la vie de Cour dans ses dix ou vingt ans d'exil ; il s'est installé sur ses terres ou sur ce qui lui en reste, pour les mettre en valeur, surveiller de près ses fermiers, suivre son bien et reconstituer une fortune souvent compromise. Balzac est, pour la société de ce temps, une mine de renseignements, à évoquer parfois avec précaution : ici, un nom et une attitude, M. de Mortsauf du *Lys dans la Vallée*. Le noble émigré, qui rentre en 1814, peut se retrouver voisin d'un nouveau noble d'Empire, d'un dignitaire de la Révolution et de l'Empire que 1815 a mis en demi-solde ou admis à une retraite prématurée : ainsi le colonel Bugeaud faisant valoir de vastes domaines en Périgord. Ce retour à la terre qui ramène le noble à la tête de sa paroisse, après un siècle et demi d'absence au moins, est de grande portée sociale, cela va de soi : prestige et rétablissement financier sont le fruit de cette présence assidue. Mais cette restauration nobiliaire ne menace pas, à proprement parler, la prééminence économique de la bourgeoisie ; elle la borne simplement.

Universités et lycées

Dans cette première moitié du XIXe siècle la bourgeoisie a gardé les préoccupations intellectuelles des générations antérieures : voltairienne à l'occasion, elle a surtout été soucieuse de disposer, selon les vues de Condorcet et Lakanal, d'un bon système d'instruction qui forme l'assise de sa supériorité culturelle. Des institutions scolaires de l'Église à la veille de la Révolution, il ne reste plus grand-chose : les unes sont moribondes comme les vieilles facultés supplantées par les grandes écoles créées par la Convention et les établissements d'enseignement supérieur napoléoniens ; les autres, plus vivants, les collèges ont été remplacés un moment par les Écoles centrales de la Convention, écoles de département, très actives, ouvertes aux adultes comme aux jeunes gens, puis par les lycées et les collèges ; des collèges oratoriens, comme Juilly, ont survécu même à la réorganisation impériale, objets de la sollicitude de l'empereur. Cependant l'essentiel du nouveau système d'éducation a été mis sur pied avec l'Université impériale en 1808, retouché et rodé ensuite sous la monarchie constitutionnelle.

Napoléon créant l'Université impériale en 1808 a donné à l'instruction publique un cadre administratif qui n'a pas beaucoup subi de modifications depuis cent cinquante ans : grand maître, conseil supérieur et inspecteurs généraux, recteurs, conseil et inspecteurs d'académie restent les rouages principaux d'une machine qui a donné satisfaction pendant longtemps. A l'intérieur de ce cadre, l'institution essentielle est l'enseignement secondaire. Sans doute l'empereur a-t-il restauré les vieilles facultés : Droit, Théologie et Médecine ; mais elles ne subissent encore aucune profonde réforme ; il y a aussi ajouté les facultés des sciences et des lettres, mais celles-ci sont à leurs débuts de simples rallonges des lycées, leur personnel étant le même et leurs objectifs donc fort limités. Les petites écoles, d'autre part, qui correspondent à l'enseignement primaire, n'étant l'objet d'aucune sollicitude — Napoléon les a abandonnées aux Frères de la doctrine chrétienne — tout le sens de la création de 1808 est dans ces lycées qui doivent assurer la formation de la jeunesse dirigeante, fonctionnaires et officiers, pense Napoléon ; commerçants et hommes de loi, ajoutent les contemporains. Établissements soumis à une discipline militaire, les lycées sont dotés des programmes oratoriens : les langues anciennes, l'histoire, la rhétorique, les éléments des sciences mathématiques et physiques, c'est-à-dire toutes les sciences de la nature. La collation des grades à l'issue des études secondaires est confiée à l'enseignement supérieur... Dans cette organisation enfin, les ordres religieux n'ont plus de place, les maîtres étant recrutés par l'État parmi les laïques. En fait subsistent essentiellement comme établissements secondaires entre les mains de l'Église les séminaires diocésains pour la formation du clergé. Les lycées napoléoniens ont reçu, malgré des difficultés locales, l'approbation de ceux à qui Napoléon les destinait : au nombre d'une trentaine en 1808 (non compris les collèges communaux, que les villes, à leurs frais, peuvent ouvrir à leur gré pour les premières classes), les lycées sont un cent à la fin de l'Empire ; (il s'agit seulement de lycées de garçons, car Napoléon n'a pas prévu l'enseignement féminin, sauf pour les filles de la Légion d'Honneur) ; et leur clientèle n'a cessé de s'accroître.

En 1815 l'Université impériale devient royale, les lycées, collèges royaux ; et jusqu'en 1830 — signe de la solidité de la nouvelle institution et de sa faveur auprès de l'opinion bourgeoise — la Restauration ne s'attaque pas à son statut : du moins dans ses dispositions essentielles, car le titre et les fonctions du grand maître de l'Université furent à plusieurs reprises l'objet de remaniements. Seule la Chambre introuvable a pu y penser : un projet de loi, en 1817, propose la suppression pure et simple de l'Université et le retour aux institutions et au système d'avant 1789 ; une de ces propositions qui amènent Louis XVIII à se débarrasser de cette chambre ultra. Cependant, et bien que l'Université de 1808 ait reçu pour « base de son enseignement les préceptes de la religion catholique », le clergé qui n'a plus le monopole de l'enseignement, s'est efforcé de mettre la main sur l'Université ; sous la Restauration, grand maître, régents, recteurs sont souvent des ecclésiastiques... Sous la Monarchie de Juillet, beaucoup moins, ne serait-ce que par réaction et sous l'influence du protestant Guizot. Jusqu'en 1850, le monopole de l'Université reste l'objet de grands débats : congrégations qui demandent l'autorisation d'enseigner en dehors de l'Université, séminaires qui recrutent activement et enseignent tous les jeunes gens, futurs prêtres ou non ; publicistes catholiques, qui réclament à cor et à cri, contre une Université où l'esprit voltairien est trop répandu, la liberté d'enseigner pour l'Église et la fin du monopole, tels sont les grands thèmes... jusqu'à la loi Falloux.

Toutefois l'Université royale, surveillée de près par les autorités ecclésiastiques, maintenue malgré tant d'attaques, se fortifie peu à peu comme toute institution qui répond à un besoin : les facultés des sciences et des lettres vivotent, la Restauration dès 1816 en a supprimé bon nombre qui n'étaient que de pâles prolongements du lycée au chef-lieu d'académie ; seuls la Sorbonne illustrée par Guizot et Cousin et plus tard le Collège de France avec Quinet et Michelet attirent les étudiants. Les facultés de droit ont plus de succès, mais sont très surveillées, tant le droit public et l'histoire des institutions paraissent matière à sédition. Les plus prospères des établissements supérieurs sont les facultés de médecine en un temps où les thérapeutiques font de gros progrès et où le souci de la santé gagne au même rythme que l'efficacité des ordonnances[1]. Mais c'est encore l'enseignement secondaire qui reste la partie la plus vivante de l'Université : les petites villes installent un collège, recrutent à grands frais le personnel nécessaire qu'elles réclament à Paris ; surtout les collèges royaux reçoivent une organisation de plus en plus précise avec la

1. BALZAC, *Le Médecin de campagne.*

création des « agrégés des collèges » en 1821 qui constituent le corps professoral : Michelet s'est présenté à la première session, en septembre 1821 ; il a été reçu 3e du concours « lettres » (3e et au-dessus ; un concours « grammaire » recrutait les agrégés des classes de 4e et au-dessous) ; Michelet subit une épreuve de philosophie, de littérature grecque et latine, des explications de textes anciens... La même année, est établi un statut d'enseignement délimitant les programmes, la durée des cours de philosophie, réglementant le passage d'une classe à l'autre avec des examens ; après bien des avatars, l'École normale supérieure assume en 1830 la charge de former les professeurs des collèges royaux. Le Concours général fondé en 1748 est rétabli sous la Restauration, entre tous les collèges de France. Ce sont les grandes lignes de l'enseignement secondaire tel qu'il a prospéré jusqu'au milieu du XXe siècle ; sans doute les collèges des années 1840 ne ressemblent-ils guère aux lycées actuels avec leurs maîtres en robe noire, les cours faits en grande partie en latin, la prédominance des lettres anciennes, l'absence de langues vivantes, la rude discipline qui écœure Jules Vallès : autant de traits propres à l'époque. Mais les caractères dominants d'une institution, dont la solidité et l'efficacité s'éprouvent peu à peu, sont déjà dessinés.

L'école primaire

Enfin la Monarchie de Juillet complète l'édifice en donnant à l'enseignement primaire sa première charte en 1833. La loi Guizot est à la fois le fruit de l'idéalisme protestant de son auteur et la constatation de nécessités chaque jour plus pressantes : l'ignorance des classes populaires nuit au travail en fabriques et en ateliers ; avec le temps, cette carence se fait plus sensible. A partir de 1833, chaque commune est tenue d'avoir un budget scolaire et plusieurs communes peuvent s'associer pour créer une école ; les maîtres, formés par des Écoles normales départementales, choisis par les municipalités assistées du curé, doivent recevoir un traitement minimum que l'écolage et la commune leur assurent ; ils sont soumis au contrôle du clergé et d'un corps d'inspecteurs, qui vérifient l'exécution des programmes. L'école primaire ainsi mise sur pied n'est ni obligatoire, ni gratuite (les municipalités peuvent dispenser d'écolage les indigents), ni laïque : les ministres des cultes peuvent enseigner de droit sans posséder aucun brevet ; les instituteurs sont soumis à la surveillance du clergé. Cependant la loi, appliquée lentement, sans enthousiasme, dans les campagnes, où la nécessité en paraît moins grande qu'en ville, inégalement selon le zèle des préfets à vérifier ces chapitres des budgets locaux, a été peu à peu respectée : elle crée un nouveau personnel enseignant, d'origine populaire souvent ou très proche des classes populaires — au point d'inquiéter les gouvernants de la deuxième République — un nouveau type de « bourgeois » des campagnes, à côté du notaire, du médecin et du curé ; elle scolarise petit à petit une faible partie des jeunes générations : en 1848, les écoles primaires comptent cinquante mille élèves pour toute la France, peut-être 1 p. 100 de la population scolarisable ; mais les enfants de la bourgeoisie et de la noblesse ne vont pas à la petite école, ils reçoivent les rudiments à la maison, ou, dans certains collèges, dans des classes élémentaires, antichambres des classes secondaires du collège. La loi Guizot apparaît aujourd'hui comme le point de départ d'un effort auquel vont s'appliquer Victor Duruy sous l'Empire et surtout les hommes de la troisième république. Pour les contemporains de Louis-Philippe elle n'a pas été plus qu'un complément généreux à l'institution plus solide et plus utile des collèges secondaires.

La domination politique

Reste enfin que cette bourgeoisie libérale a trouvé dans le système de la monarchie constitutionnelle l'instrument politique qui a sa préférence. Le cens électoral élimine toute ombre de démocratie et si l'histoire des variations de la loi électorale au cours des premières années de la Restauration démontre une chose, c'est bien le souci majeur de la bourgeoisie d'écarter de l'activité civique tous ceux qui n'ont pas les capacités nécessaires ; au fond la noblesse, proche de ses paysans, est plus favorable au petit monde – des campagnes au moins – que la bourgeoisie urbaine. Mais celle-ci a gagné dans la pratique de ces trente années un peu plus qu'une grosse part à la direction politique de la France ; en fait le régime français, constitutionnel selon la Charte, puisque les ministres sont responsables devant le seul Roi (article 13), a été, par la pression des Chambres, par la conception héritée des assemblées révolutionnaires, un régime parlementaire : même des royalistes comme Chateaubriand sont partisans de la responsabilité des ministres devant la Chambre des députés, et le disent ; et Villèle lui-même, dont toute l'ambition a été de restaurer une classe nobiliaire socialement puissante et politiquement dirigeante, se comporte en ministre parlementaire : battu aux élections de 1827, il se retire sans chercher à se maintenir en s'appuyant sur la Constitution (Charles X se gardant bien de le retenir, il est vrai). La règle parlementaire est ainsi entrée dans les mœurs avant d'être proclamée par un texte de loi : sans doute Louis-Philippe, avec son parti de fonctionnaires-députés, ce bataillon sacré qui assure la pérennité du gouvernement Guizot de 1840 à 1848, a-t-il faussé le jeu parlementaire et ulcéré les futurs partisans de la Réforme. Cependant la pratique n'en est pas moins acquise, à laquelle le second Empire (grâce à la candidature officielle) et l'Assemblée de 1871, si conservatrice pourtant, vont se plier sans discuter. Ainsi la ligne de partage des pouvoirs politiques n'est-elle pas tout à fait ce que la Charte a établi : et au bénéfice des représentants de la France censitaire.

Le signe même de cette satisfaction bourgeoise et le rempart de cette domination politique, c'est la garde nationale, restaurée sous la Monarchie de Juillet : l'obligation de s'équiper soi-même, de consacrer à l'exercice et à la parade un certain nombre de demi-journées chaque mois fait de la Garde une institution essentiellement bourgeoise, que la noblesse, légitimiste en majorité, ne fréquente évidemment pas, préférant d'ailleurs l'armée proprement dite, et la marine pour ses carrières militaires. Cette garde civique est donc la garde montée par les vainqueurs autour du régime de leurs vœux : ce qui n'est pas sans courage, surtout dans les premières années où la misère et l'idéal républicain suscitent de fréquentes insurrections à Paris et dans les grandes villes : la garde nationale au cloître Saint-Merri et rue Transnonain assure avec une vigueur impitoyable la défense du régime ; et il a fallu la crise économique, le long ministère hautain et languissant de Guizot et les derniers scandales, pour déterminer le lâchage — partiel — de février 1848.

Ainsi la bourgeoisie française de ce premier XIXe siècle présente-t-elle une conscience claire de son rôle dirigeant dans la société nouvelle qui est sortie de la longue Révolution : fierté de sa réussite économique, acquise hors des humbles travaux manuels qui ne peuvent être son fait, conscience d'une sécurité matérielle bien supérieure à celle, précaire, des classes populaires, sens aigu de sa supériorité intellectuelle, de sa culture, attachement au rôle dirigeant assumé dans le pays par l'ensemble du groupe social. Quels que soient les réussites ultérieures, les massives fortunes accumulées dès le second Empire grâce à la première Révolution industrielle, les succès mondains dus au déclin du faubourg Saint-Germain à la fin du siècle, jamais peut-être la bourgeoisie n'a eu une vision aussi nette, aussi naïvement exprimée de son prestige collectif et de la victoire remportée sur l'ancienne France.

ORIENTATION BIBLIOGRAPHIQUE

Michel Vovelle, *La Chute de la monarchie, 1787-1792*, 1972.

P. Goubert et M. Denis, *1789, Les Français ont la parole*, 1967.

Georges Lefebvre, *1789*, 1939.

Georges Lefebvre, *La Grande Peur*, 1932 (nouvelle édition 1970).

Albert Soboul, *La Civilisation de la Révolution française*, 2 vol., 1970.

Fr. Furet et D. Richet, *La Révolution française*, 1973.

André Latreille, *L'Église catholique et la Révolution française*, 1950.

André Latreille, *L'Ère napoléonienne*, 1974.

Jean Tulard, *Napoléon*, 1977.

CHAPITRE XIV

Les révoltés romantiques

La France bourgeoise de ce premier XIXe siècle qui explose en février 1848, est un monde en reclassement, en réorganisation ; la nouvelle direction a mal évincé l'ancienne, restée présente, critique et violemment hostile et elle n'a pas cherché à l'éliminer totalement, tant le prestige des gloires passées et des châteaux illuminés est resté grand. Mais la longue dispute entre les derniers partisans de la tradition, ce régime qui ne peut être restauré, et les nouveaux venus, installés aux meilleures places, généreusement libéraux comme le sont d'ordinaire ceux qui ont vaincu dans les périls et ont craint le pire, mais sont maintenant sûrs de leur triomphe — cette longue querelle, qui est encore présente et agissante en 1848, ne peut faire oublier tous ceux qui, dans l'ombre ou sur l'avant-scène, comparses encore négligés, témoins d'hier oubliés, sont victimes de ce reclassement et préparent d'autres lendemains : officiers en demi-solde, que Waterloo a mis en disponibilité, vieux grognards qui ne se réadaptent pas à la vie civile, journaliers des campagnes sans terre et trop souvent sans travail, ouvriers des villes et des villages terrassés par la loi d'airain qui ne les empêche même pas de mourir de leur misère : soit beaucoup de victimes, trop nombreuses et trop résignées, en face de ces nouveaux nobles et de ces nouveaux riches qui constituent l'aristocratie rajeunie de la société bourgeoise.

Assurément tous ceux-là ne parlent pas encore : trop modestes parfois, conscients aussi de la difficulté à se faire entendre dans ce pays de rhéteurs ; mais leurs malheurs parlent pour eux. La bonne conscience des Guizot et des

Thiers n'est pas celle de toute leur classe, mais seulement d'une solide majorité ; et il n'est point besoin d'un cœur trop tendre pour voir et sentir toutes ces dissonances que, d'un revers de main, chassent les bien-pensants de ce monde trop raisonnable. La tristesse des jours de paix, lorsque cette paix a été achetée d'autant de reniements et de basses trahisons, les Français n'en aiment pas le goût et l'ont encore récemment montré. Non plus que l'hypocrite utilisation de la Providence à des fins de résignation sociale ; tant de vertus bourgeoises n'ont pas trouvé que des admirateurs et la jeunesse des écoles, qui en juillet 1830 se lance aux barricades, se révolte bien contre les prudences et la passivité des générations plus anciennes : polytechniciens déraisonnables, qui vont se faire tuer faubourg Saint-Antoine, alors qu'une si belle carrière les attend...

La France de ces années 1815 à 1848 n'est pas stupide, elle est étouffante : ses grands hommes, les doctrinaires du Canapé ou le prince intrigant du Palais-Royal, sont de trop bons raisonneurs, à qui l'esprit de système ne fait pas défaut. Mais en face d'eux, se dressent sans scrupules, sans ménagements bientôt, les fils révoltés, les héritiers des géants de la Révolution, qui voient le monde et leurs contemporains d'un autre œil : ils sentent la liberté opprimée en Grèce, en Pologne, et en France sans doute ; ils se penchent sur les déshérités de cette terre, victimes désignées d'un ordre implacable et qui méritent secours et fraternité ; abandonnant les beaux raisonnements sur le progrès individuel, l'enrichissement dans les vertus domestiques et professionnelles, les uns appellent à la pitié, les autres à la révolte ; ce sont les cris du cœur toujours, de ces hommes pour qui l'imagination est créatrice d'un monde meilleur, d'un monde nouveau... A peine installés dans celui que la Révolution a fondé, ils rêvent déjà d'aller plus loin, essayant dix ou vingt voies différentes. Doux rêveurs — pas toujours doux en ces temps où même la littérature est en bataille, d'*Hernani* à *Marion Delorme* — ils sont présents en février 1848 et alimentent la deuxième République de leurs projets généreux, de leurs anticipations plus hardies encore que celles de 1794 ; le temps a passé, les structures sociales se renouvellent, et déjà les mots socialiste, communiste sont entrés dans le langage courant. Fruit des circonstances et état psychologique durable, le romantisme est un grand moment de la France contemporaine, qui n'a pas fini de marquer notre civilisation d'aujourd'hui.

1. L'envers du tableau : misère de la France bourgeoise

De ces misères grandes ou moins grandes, il est possible de prendre deux mesures ; pour beaucoup de jeunes gens et d'hommes mûrs, vétérans de l'épopée napoléonienne, la France censitaire est irrespirable : l'occupation, puis l'évocation nostalgique des grandes années ravivée sans adresse par le gouvernement de Louis-Philippe rapatriant les Cendres, cette interminable paix française et européenne, d'une part ; au-delà des excès de la terreur blanche et des grands desseins de M. de Villèle, l'impression d'une domination cléricale : la Congrégation, dit-on, inspire une « politique catholique », suggère ou commande, selon les points de vue ; c'est, sous ce vocable de congrégation, l'essor d'un cléricalisme qui a trouvé très vite son antidote, voilà pour l'autre part ; pour achever, la castrophobie de ceux qui se refusent à croire que toute l'histoire de la France de Clovis à 1830 s'est ordonnée pour s'achever dans la monarchie de Louis-Philippe. Mais plus profondément, ce mécontentement se nourrit du malaise économique qui recouvre toute la période jusqu'aux années qui préludent à 1848, c'est-à-dire d'une crise qui rend compte des prudences industrielles et bancaires et qui explique surtout la misère vraie et profonde ; dont tant de Français meurent chaque année de faim, de froid et de cette redoutable phtisie qui fait tant de ravages, même dans les classes sociales les mieux protégées. C'est la misère ouvrière qui a révolté nombre d'observateurs, non point sentimentaux comme Villermé, ou lyriques comme Victor Hugo ; et aussi la misère des populations rurales encore instables, la « vile multitude » des journaliers qui fuient vers les villes plus actives et plus accueillantes. Pour tous ceux qui subissent et qui sentent les terribles réalités des années 1815 à 1848, la France bourgeoise ne peut avoir bonne conscience ; tant de révoltes, de refus hautains ou pitoyables sont en puissance dans ces tristes spectacles : les « courettes » humides et glaciales de Lille et l'image parodique du sacre de Charles X, tel que Béranger l'a ridiculisé dans *Le Sacre de Charles le Simple,* où l'anticléricalisme, la haine des émigrés et le mépris du nouveau roi ont leur bonne place.

La légende napoléonienne

« Les défaites de 1815 » ont pesé lourdement sur une longue génération ; Waterloo et la trahison, l'occupation d'une bonne moitié du pays par les Cosaques, les Autrichiens et les Prussiens, le retour du roi une seconde fois dans les fourgons de l'étranger, autant de réalités qui ne pouvaient manquer de frapper les imaginations. Les émigrés, revenus de leur nouvelle escapade sur les bords du Rhin ou bien sortis de leurs châteaux, se sont chargés aussi de rendre la honte plus sensible. A l'humiliation d'une défaite mettant le point final à une série de victoires sensationnelles et imposant par le second traité de Paris une amputation de territoires, se trouve liée cette arrogance parfois sanglante des royalistes qui triomphent dans la détresse. Assurément beaucoup de Français, surtout sur le moment, n'auraient pas éprouvé une grande peine de la meurtrissure de Waterloo, ni même de la perte de Landau, de Sarrebruck ou de la Savoie. Mais les chants de victoire des émigrés ont sonné aux oreilles de beaucoup, aussi douloureusement que l'invocation de la « divine surprise » en 1940 après un désastre comparable. C'est le contexte psychologique qui explique le retentissement de 1815. L'occupation a de plus laissé de mauvais souvenirs, qui ont longtemps rappelé ces années 1815-1818, où les Alliés, l'arme au pied, attendaient le paiement de leur indemnité de guerre ; ainsi les troupes russes en Alsace, sont passées dans le folklore populaire et enfantin pour relayer le loup-garou et d'autres mythes diaboliques. Mais le premier émoi passé, l'année des Cent Jours a continué à représenter, aux yeux de nombreux Français, la fin d'une grande époque, moins par la politique très pacifique des nouveaux maîtres de la France, que par l'évocation, sans cesse renouvelée et alimentée de mille façons, de l'épopée napoléonienne ; par les grognards d'abord et leurs officiers placés en demi-solde au bénéfice des royalistes qui constituent les cadres de la nouvelle armée, mise sur pied, après 1818, par Gouvion-Saint-Cyr. Les uns et les autres, soldats et officiers, incapables de retourner à leurs champs ou à leur commerce, nullement désireux de retrouver une vie civile qu'ils méprisent souvent, ont été les chantres volontaires de leurs exploits passés ; blessures, citations et ordres du jour impériaux, décorations que le gouvernement monarchique n'a pas osé enlever, ont été les repères et les grandes étapes de récits contés au coin du feu, à la veillée, dans les bourgades les plus reculées ; le cri de « Vive l'Empereur », cri séditieux des premières années de la Restauration, a retenti d'abord dans les assemblées campagnardes, où l'Ancien des armées révolutionnaires qui a vu Milan, Vienne, Berlin et Moscou, ne peut cesser de faire le récit de ses propres exploits. Qui donc n'aurait pensé, en regard du petit caporal, à évoquer Louis XVIII ventripotent ou Louis-Philippe et son parapluie ? Qui donc aurait pu ne pas laisser échapper un mot dédaigneux pour le silence des armes qui se prolonge même au-delà de l'occasion fournie en 1840 par l'affaire orientale ? 1840 est un bon repère : nul n'écoute Lamartine et sa *Marseillaise de la Paix* alors que le *Rhin allemand* de Musset est fort applaudi.

Toutes proches des vétérans revenus des guerres impériales, qui ont oublié leurs détresses, la Bérésina et Leipzig, Montmirail et Waterloo, les images d'Épinal ont répandu, par la couleur et le dessin, le souvenir de ces grands moments qui ont animé les vingt premières années du siècle ; de même les petits récits transportés par les colporteurs, qui racontent maints épisodes de guerres napoléoniennes. L'exilé de Sainte-Hélène, tourmenté par ses geôliers — et la chose a été connue très tôt — grandi par Victor Hugo et Béranger, échos éloquents de cette ferveur populaire détournée des platitudes du présent vers les toutes fraîches grandeurs d'un passé aux gloires sublimées, n'a pas peu contribué à faire toucher du doigt aux contemporains de Louis XVIII comme de Louis-Philippe, la fade monotonie de leur existence. Stendhal, qui a eu sa part de la gloire passée et a publié une vie de Napoléon, fait de ses plus grands héros, Julien et Fabrice, des admirateurs de Napoléon : l'un comblé d'avoir pu approcher un jour le grand homme ; l'autre, Julien, plus près de cette mentalité qui doit son accablement au tournant de 1814-1815, ne peut se consoler d'être né trop tard et de n'avoir pu vivre ce temps magnifique, où les fils de charpentier pouvaient devenir maréchaux de France en quelques campagnes.

La Congrégation

Mais là est précisément l'autre aspect de ce drame quotidien : les grandes actions manquent et les occasions de parcourir l'Europe autrement qu'en touriste. Point de destinées fulgurantes, mais au contraire de petites et médiocres carrières, pour lesquelles il faut attendre ; cette jeunesse piétine derrière des cadres surencombrés par la prudente politique de Louis XVIII ; il faut surtout faire sa cour à une puissance qui pendant vingt ans n'a plus compté dans la vie politique et administrative : le clergé. Pendant la Restauration au moins — car sous la Monarchie de Juillet l'emprise a été moins nette — ce clergé catholique, fort de l'appui des pouvoirs publics, zélé à manifester son dévouement au régime de la tradition, a contrôlé, stimulé ou freiné les carrières, fait et défait les réputations, régenté la bonne société avec audace, et parfois avec assez peu de tact. Au point que les contemporains, voltairiens ou non, ont attribué cette influence presque visible à une secte créée à cette fin dans l'organisation ecclésiastique : la Congrégation, qui tenait beaucoup, dans l'esprit de ses contempteurs, de la Compagnie du Saint-Sacrement d'autrefois ; avec une efficacité plus grande encore. En fait s'il n'a jamais existé de « congrégation » sous ce titre et avec ces buts maléfiques, une association secrète constituée dès l'Empire sous le nom de « Chevaliers de la foi » a préparé la Restauration, puis s'est donné pour tâche de la consolider par un contrôle efficace du personnel nécessaire au régime. Dans son effort pour retrouver les positions perdues dans la tourmente, les couvents à repeupler, les diocèses à ranimer, le clergé de France, installé dans un pays de mission, où l'appui des autorités civiles est seul sûr, a multiplié sans doute les initiatives avec un bonheur inégal. D'où cette impression de contrôle, de surveillance omniprésente et lourde, parfois même aux yeux des derniers gallicans.

Les événements des années 1825-1827 apportèrent une confirmation à ces craintes ; le vote de la loi du sacrilège par la Chambre des députés effraya, tout comme le sacre de Charles X reconstituant dans tous leurs détails les solennités passées : mêmes gestes et mêmes paroles, même envol de colombes à travers la cathédrale... Charles X prétendit aussi toucher les écrouelles : quelques malheureux se présentèrent ; rien des foules d'autrefois. (Louis XVIII, plus fin, avait renoncé à cette consécration et Napoléon en 1804 avait eu la prudence de revoir lui-même tout le cérémonial pour en éliminer ce qui paraissait suranné). Enfin et surtout la cérémonie expiatoire de la mort de Louis XVI, célébrée le 21 janvier 1827 en présence de quatre mille prêtres, répandus pendant des heures à travers Paris en une interminable procession, exprimait à la fois la volonté de Charles X d'effectuer une restauration plus complète que n'avait osé Louis XVIII, et l'appui donné par l'Église à l'entreprise. Par là s'explique en partie du moins, que le déisme anticlérical ne soit plus seulement bourgeois, comme au XVIIIe siècle, mais ait gagné les classes populaires urbaines ; les méfaits, dont la loi du sacrilège devait réprimer l'extension, n'étaient que du brigandage ; le sac de Saint-Germain-l'Auxerrois et de l'évêché en 1831 relève de ce nouvel anticléricalisme populaire, aussi violent qu'irraisonné. Simple explosion d'impatience, sans lendemain et sans autre portée immédiate, la manifestation parisienne — qui a eu pour occasion une provocation légitimiste (la messe à la mémoire du duc de Berry assassiné en février 1820) —

est un révélateur ; les insultes essuyées fréquemment par les prêtres dans les rues de Paris à la même époque, en situent exactement la signification ; sans doute, sous la Monarchie de Juillet, dont le personnel politique est recruté dans la bourgeoisie voltairienne, l'influence de l'Église paraît-elle en recul ; elle est moins visible en tout cas, d'autant plus que, sur le plan scolaire, l'Église lutte pour « la liberté de l'enseignement » contre les gouvernements de Louis-Philippe. D'ailleurs, dans les années 1830 à 1848, c'est la misère matérielle qui en impose, plus que tout le reste.

Stagnation économique

Le lent équipement capitaliste de la France sous la monarchie censitaire s'est fait aux frais d'une longue génération de petites gens qui n'ont pu que courber le dos et subir passivement les temps les plus difficiles que journaliers des campagnes et ouvriers des villes aient connus depuis un bon siècle : les progrès du machinisme, de la banque, l'essor du textile et le moindre développement de la métallurgie, réalisés dans une période de langueur économique, ont pu permettre à la bourgeoisie de beaux bénéfices, les réussites du Creusot et de Fourchambault, des Koechlin de Mulhouse et des Lorrains de Wendel ; ils ont une terrible contrepartie, le gaspillage humain effréné d'une France qui se croit surpeuplée.

Manufacturiers et propriétaires fonciers constituent l'écrasante majorité des députés de l'époque et ne connaissent pas de divergences idéologiques lorsqu'il est question de douanes et de prohibitions ; poursuivant et accentuant la politique de Napoléon Ier, ils multiplient les lois (en 1820-1822 notamment) qui établissent le marché français sous la protection d'une barrière douanière confortable ; ne répugnant pas à la prohibition totale, ils « protègent » les fers comme les soies, les sucres de betterave et les blés, contre la concurrence étrangère. La diffusion plus grande du métier jacquard, la multiplication des métiers ruraux de la soie jusque dans l'Isère permettent sans doute

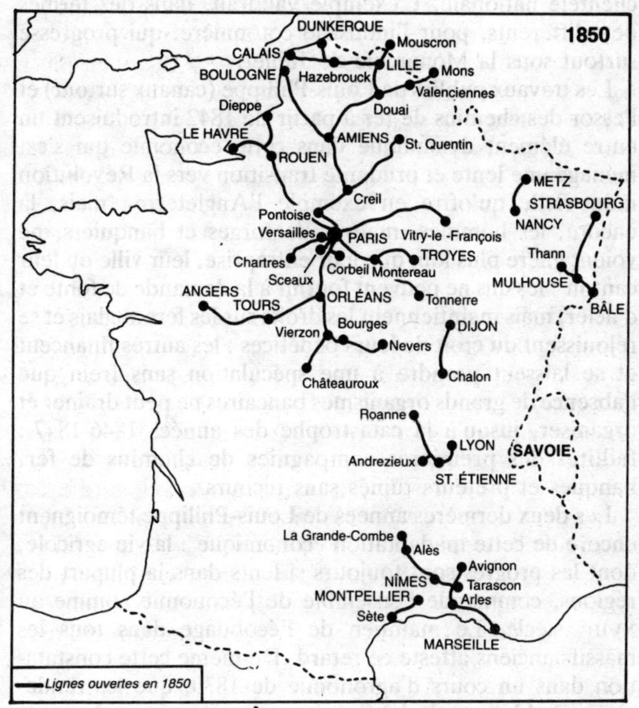

11. Chemins de fer en 1850
(D'après Lartilleux, *La S.N.C.F.*, Chaix, p. 5)

A la veille de l'équipement ferroviaire de la France. De 1823 à 1850, aucun réseau — au sens propre du mot — n'a pu se constituer. Les faillites de 1846-1848 semblent même confirmer les pronostics pessimistes de certains savants et hommes politiques. Cf. la carte des routes, à la fin XVIIIe siècle, p. 119.

d'accroître la production des soyeux lyonnais et de produire des soies meilleur marché ; l'essor de cette industrie n'en reste pas moins limité par la faible consommation de la clientèle nationale. L'exemple vaudrait, dans des termes peu différents, pour l'industrie cotonnière, qui progresse surtout sous la Monarchie de Juillet.

Les travaux publics de Louis-Philippe (canaux surtout) et l'essor des chemins de fer à partir de 1842 introduisent un autre élément dynamique dans cette économie qui s'est ménagé une lente et prudente transition vers la Révolution industrielle qu'offre en exemple l'Angleterre ; mais, là encore, les hommes, maîtres de forges et banquiers, ne voient guère plus loin que leur entreprise, leur ville ou leur canton : les uns ne peuvent fournir à la demande de fonte et d'acier, mais maintiennent les droits sur les fers anglais et se réjouissent du croît de leurs bénéfices ; les autres financent et se laissent prendre à une spéculation sans frein que l'absence de grands organismes bancaires ne peut drainer et organiser, jusqu'à la catastrophe des années 1846-1847 : faillites des premières compagnies de chemins de fer, banques et prêteurs ruinés sans recours.

Les deux dernières années de Louis-Philippe témoignent encore de cette inadaptation économique : la vie agricole, dont les progrès sont toujours si lents dans la plupart des régions, commande l'ensemble de l'économie comme au XVIIIe siècle. Le maintien de l'écobuage dans tous les massifs anciens atteste ce retard. De même cette constatation dans un cours d'agronomie de 1830, que les rendements de blé sont de 1 à 7, soit un très léger progrès sur le XVIIIe siècle (1 à 5 et 1 à 6). La crise de 1846-1847 est la dernière de ce type ancien régime (pour ainsi dire), où de mauvaises récoltes dès 1846 communes à toute l'Europe — à quoi s'ajoutèrent la maladie de la pomme de terre et de grandes inondations de la Loire, de la Saône et du Rhône en 1847 — retentissent sur l'ensemble de la vie économique. La disette, la hausse des prix du blé dans les villes affamées, les émeutes contre les transports de grains, ce lot commun des années 1846 et 1847, entraînent à leur suite une crise industrielle et commerçante, le chômage et une misère urbaine plus lourde, qui n'ont pas peu pesé sur l'événement de février 1848.

Misère populaire

Les détresses des classes populaires urbaines sont les plus connues : il ne convient pourtant pas de les séparer des misères rurales ; des unes aux autres, le lien est étroit. Journaliers agricoles, métayers sans terre, qui vivent mal, quittent la campagne, attirés par les manufactures, les chantiers des chemins de fer, séduits par des salaires qui paraissent énormes à ces paysans habitués à ne manipuler que quelques dizaines de francs dans toute une année. La pire des manufactures cotonnières offre 6 à 700 francs l'an à ses ouvriers : ce qui est tout juste de quoi ne pas mourir de faim. Mais ces quelques francs par jour semblent le bout du monde à qui ne calcule pas d'ordinaire ses frais d'alimentation et de logement. Et la terre surpeuplée ne les retient guère, surtout les fermiers et métayers qui subissent des conditions toujours plus dures à chaque renouvellement des baux ; le grand propriétaire n'est pas moins « dur » que le manufacturier, et pour la même raison que la main-d'œuvre est abondante. Mais la misère rurale est moins visible, moins éclatante que celle des villes où s'entassent les premières générations de *Déracinés.* Sur la Croix-Rousse à Lyon, rue des Fumiers à Nantes, dans le quartier Saint-Sauveur à Lille (en 1828, Lille compte vingt mille indigents, pour une population de quatre-vingt mille habitants), les ouvriers de la grande industrie naissante mènent une vie de souffrances : elle a horrifié tous ceux qui ont eu à en connaître. L'abondance de la main-d'œuvre, l'âpreté d'une concurrence qui est exaspérée par la médiocrité du marché de consommation, la mentalité « économe » de la classe dirigeante expliquent assez les conditions de travail effroyables qui sévissent partout où l'industrie se rénove et se transforme : ateliers insalubres, sans entretien ni hygiène, et surtout salaires très faibles qui ne permettent pas même à l'ouvrier de nourrir sa famille. Dans le textile, femmes et enfants travaillent et ajoutent leurs gains à celui du chef de famille, sans atteindre pour autant à l'aisance : car la femme est toujours payée moins (moitié moins, le plus souvent) et l'enfant reçoit quelques sous pour sa journée de 15 heures. Tous les témoins de cette misère ouvrière reconnaissent cette condition lamentable[1] ; et même les plus favorables au régime économique, les plus optimistes, qui croient voir, comme Adolphe Blanqui, une amélioration dans l'hygiène des manufactures à la fin de la période, ne peuvent dissimuler « cette horrible existence ». Adolphe Blanqui, économiste libéral qui ne peut être suspect de sensiblerie, décrit les enfants des courettes de Lille :

> A mesure qu'on pénètre dans l'enceinte des courettes une population étrange d'enfants étiolés, bossus, contrefaits, d'un aspect pâle et terreux, se presse autour des visiteurs et leur demande l'aumône. La plupart de ces infortunés sont presque nus et les mieux partagés sont couverts de haillons. Mais ceux-là au moins respirent à l'air libre ; et c'est seulement au fond des caves qu'on peut juger du supplice de ceux que leur âge ou la rigueur de la saison ne permet pas de faire sortir. Le plus souvent, ils couchent tous sur la terre nue, sur des débris de paille de colza, sur des fanes de pommes de terre desséchées, sur du sable, sur les débris même péniblement recueillis du travail du jour.

Des journées de travail de 13 à 15 heures, suivant les saisons, pas de repos hebdomadaire, plus de fêtes chômées comme autrefois, un travail souvent malsain dans les indus-

1. Principaux témoignages : E. VILLERMÉ, *Tableau de l'état physique et moral des ouvriers employés dans les manufactures de soie, coton, laine* (1840) ; – A. GUÉPIN, *Nantes au XIXe siècle* (1825) ; – Adolphe BLANQUI, *Les classes ouvrières en 1848 ;* – E. BURET, *La misère des classes laborieuses en France et en Angleterre* (1849) ; – VILLENEUVE-BARGEMONT, *Économie politique chrétienne ou recherches sur la nature et les causes du paupérisme en France et en Europe* (1834).

tries textiles ; et cette participation des enfants dès quatre à cinq ans, pour tourner le moulin à indigo, ramasser les bobines vides sous les machines, surveiller un métier automatique ; les familles entassées dans des caves sans planchers, sans meubles, sans chauffage, couchant sur la paille, ne changeant jamais de linge, minées par l'alcoolisme du cabaret-refuge, ruinées physiquement par la phtisie, envahies d'enfants dont les trois quarts ne parviennent pas à l'âge adulte. Ainsi vivent des milliers d'ouvriers à Lille, à Rouen, à Nantes, à Mulhouse. Sans doute toutes les villes ne sont-elles pas marquées de pareille façon : dans l'industrie normande du drap, les salaires sont plus élevés et les ouvriers échappent au taudis et à la sous-alimentation ; de même à Sedan ou à Reims. Mais là même où les salaires, moins insuffisants, permettent une vie décente, l'ouvrier n'est point à l'abri de la crise, du chômage et de la maladie qui provoquent partout la misère atroce, la mendicité, les crises de mortalité comme l'épidémie de choléra de 1832.

Sous la Monarchie de Juillet à la suite de l'cnquête de Villermé, le gouvernement et la Chambre des députés se sont émus cependant du travail des enfants ; non sans scrupules, car l'intervention de l'État dans ce domaine heurte les principes qui ont inspiré la loi Le Chapelier de 1791 : la liberté du patron dans son entreprise, son indépendance totale. Après bien des discussions, une loi votée en 1841 interdit le travail des enfants de moins de huit ans, limite à 8 heures celui des enfants de huit à douze ans, à 12 heures de douze à seize ans. Loi inappliquée, car elle n'a effet que dans les entreprises qui emploient plus de vingt ouvriers et le contrôle en est remis aux patrons ; les inspecteurs sont d'anciens manufacturiers bénévoles. La loi de 1841 vaut surtout comme précédent, faisant admettre l'intervention de l'État en matière de législation du travail. Quelques autres propositions généreuses eurent moins de succès encore : limitation de la durée du travail féminin, réglementation de l'hygiène des ateliers, notamment.

Pour l'ouvrier de la manufacture, « vivre c'est ne pas mourir » selon le mot de Guépin. Abandonné à son sort, livré au patron par la loi de 1791 qui lui interdit toute grève (la coalition qui entame la liberté du travail) et par l'institution du livret, création impériale que personne ne songe à supprimer, l'ouvrier n'a pour lot que la patience et la résignation. Rien d'étonnant que les canuts lyonnais, mal payés depuis longtemps, mais particulièrement touchés par la crise de 1830, se soient révoltés en novembre 1831 contre les soyeux, qui, refusant l'arbitrage (formellement illégal) et le tarif du préfet du Rhône, prétendent maintenir des salaires de famine : l'émeute lyonnaise des 22-23 novembre 1831, lancée aux cris de « Vivre libres en travaillant ou mourir en combattant » est bien une émeute de la faim, mais aussi la première grande manifestation de révolte, la première revendication violente de son droit à la vie, de la part d'une classe nouvelle, qui a pris conscience d'elle-même dans cette misère sans nom[1].

2. Thèmes et styles du romantisme français

De ce monde accablant, triste et inhumain, les victimes, et plus souvent que les victimes encore impuissantes, des êtres sensibles à l'injustice ou à la turpitude ont cherché à s'évader. Face à la satisfaction benoîte et parfois hautaine des nouveaux maîtres, s'élèvent des protestations véhémentes, aussi passionnées que le triomphe bourgeois est raisonné et raisonnable ; dépassant le cadre d'une révolte sociale ou d'un conflit de génération, le cri de la France en ce premier XIXe siècle est romantique. Et il déborde aussi bien l'aspect superficiel d'un jeu à épater le bourgeois (jeu qu'il ne dédaigne pas : Gautier porte un gilet rouge au théâtre où la tenue noire de soirée est de rigueur) que le visage national, proprement français, d'un mouvement européen. Mais les influences étrangères, l'exemple allemand du *Sturm und Drang*, l'appel si littéraire d'Ossian ne

1. L'importance sociale et politique de l'insurrection lyonnaise de 1831 a été souvent soulignée ; notamment et de façon remarquable par M. F. RUDE, *Le Mouvement ouvrier à Lyon de 1827 à 1832, Paris*, 1944.

comptent pas plus pour nous, que le détail de la bataille d'Hernani, ou du grand parallèle entre Racine et Shakespeare. Assurément le romantisme est un mouvement littéraire international, sans frontières ou presque, riche de correspondances et d'homologues[1] ; il est encore une attitude d'esprit, une réaction contre le rationalisme au nom de la sensibilité et de la foi religieuse ; ses prolongements, ses rebondissements pourrait-on dire, jusqu'au XXe siècle le prouvent assez. Des premiers chants de Lamartine et Hugo en 1820, à la veille de la Révolution de 1848, tout ce qui vit d'une existence ardente en France, tout ce qui cherche une voie nouvelle est marqué du sceau romantique : batailles de salons ou de théâtres, mais surtout de principes et de valeurs, sorte de révision générale des styles de vie, au moment même où les débuts de la Révolution industrielle déplacent les hommes, surpeuplent les villes et préparent un nouveau conditionnement humain : comme il arrive souvent, l'artiste-mage pressent et annonce, sans autre connaissance qu'un instinct du devenir humain, particulièrement vigoureux chez nos romantiques, ces hommes de l'histoire, ces fondateurs de l'histoire telle qu'elle s'entend aujourd'hui.

Les refus

Héritiers du Rousseau de *La Nouvelle Héloïse* et des *Confessions* et du Chateaubriand-René, ces turbulents poètes (et prosateurs) doivent leurs succès moins à leurs évocations rythmées et colorées de la nature sauvage qu'à leurs découvertes : ils sont des révélateurs qui disent le mal — ou plutôt les maux — dont souffre ce siècle grandissant dans l'ombre de la Révolution et de Napoléon, l'espoir derrière lui et non devant[2]. Malades peut-être physique-

1. Cf. les études consacrées à l'ère romantique dans la collection « L'Évolution de l'Humanité », notamment P. VAN TIEGHEM, *Le Romantisme dans la littérature européenne*.

2. *Le Mémorial de Sainte-Hélène*, publié en 1823, se lit encore avec passion dans la jeunesse, vingt ans après.

ment, certainement touchés au moral... au point d'en mourir comme Gérard de Nerval en 1855. Au point, à tout le moins, de ne pas cacher leur désarroi et leurs misères : le poète est égaré dans un monde où il n'a pas de place, dit Vigny de Chatterton, répète sans cesse Musset et plus tard le Baudelaire de *L'art romantique.* Cherchant partout la fuite et une retraite, avant de penser à changer le monde, puisque quelques-uns au moins se laissent tenter après l'explosion de 1830 : Lamartine et surtout Victor Hugo, qui fait carrière jusqu'à la Troisième République comprise ; n'échappant pas au sentiment que la conquête du bonheur, ce rêve sans cesse ressassé de Stendhal, se fait plus difficile dans cette France où ils étouffent, eux fils de bonne bourgeoisie (voire de noblesse), bien élevés, instruits autant qu'il se fait à cette époque, d'aventure lauréats du Concours général[1] ; ils refusent la médiocrité, la morne vie quotidienne, la triste carrière des honneurs au prix des bassesses et des vilenies ; muses chantées sur un air de complainte, femmes aimées au bord d'un lac désert, pays étrangers admirés, visités (au moins en imagination), temps passés évoqués avec entrain, que de refuges, que de substituts à cette détresse, à cette douleur de vivre dans un si triste temps. Mais la retraite dans une tour d'ivoire, maison de berger perdue sur un haut pâturage, ou simplement vieille maison de famille héritée à Milly, à Nohant, ou à Othis, quelle gageure et quelle impossible fuite ! Chaque printemps ramène tant d'amis à Nohant et Othis est trop proche de la grande route de Flandre, et de Paris.

Aussi bien le désespoir ne l'emporte-t-il pas. Balzac, qui veut travailler pour la monarchie et la religion, ces deux flambeaux qui éclairent, pense-t-il, son œuvre, ne se lasse pas d'évoquer cette vie provinciale que chacun proclame encore plus triste que la vie parisienne : les médecins de campagne, les paysans, les nobles rentrés d'émigration, les commerçants de Tours... Les autres bataillent : le drame romantique, le vers romantique, l'art romantique, autant de chevaux éperonnés pour annoncer et pour fonder une

1. Musset. Hugo. Michelet, notamment.

nouvelle esthétique, qui doit anéantir le suranné classicisme, épuisé par un long siècle d'usage et de règne sans partage. En 1830, Hernani a gagné la grande bataille de l'ère romantique. Mais, au-delà des débats formels, les disputes sur la règle des trois unités, sur les vertus du drame et de la tragédie – débats qui parfois s'enlisent dans le jeu littéraire – les romantiques remettent en honneur le sentiment et la sensibilité, dont ils affirment les droits face à la raison raisonnante.

Le cœur romantique

Cette nouvelle querelle des Anciens et des Modernes, plus fracassante et plus pathétique que l'autre par son audience, par les passions soulevées à Paris au moins, est une réaction contre ce mouvement continu depuis trois siècles, les progrès des lumières rationalistes ; le cœur romantique, celui de Jean-Jacques et du jeune Chateaubriand au temps du *Génie du christianisme,* est source à la fois d'inspiration et de connaissance ; au sein d'une religiosité qui s'affirme non sans arrogance et face au voltairianisme semi-officiel des années 1830. L'invocation des Muses, l'appel à un être second (chez Nerval ou Baudelaire), la participation à une vie surnaturelle – qui est encore une évasion – placée sous le signe d'une magie poétique, ou d'invocations infernales (Nerval traduit le Faust de Goethe à vingt ans) sont autant d'expressions – entre bien d'autres – d'un primat de la sensibilité sur l'intelligence. De ce triomphe des passions et du remue-ménage moral qu'il représente aux alentours de 1830, une bonne mesure serait sans doute l'énumération des types humains qui sont exaltés par le roman romantique : aventuriers, manieurs d'argent, forçats et prostituées... Le génie se frappe le cœur et l'école romantique n'a pas d'autres maîtres que l'inspiration des lieux et des moments ; elle n'a pas non plus besoin de philosophie pour enseigner les dons de la nature et les magies poétiques. Du moins n'a-t-elle pas trouvé, de son temps, sa philosophie : ni Victor Cousin, ni plus tard A. Comte ne sont en concordance avec le romantisme, comme il est permis de constater l'accord profond qui lie Corneille et Boileau à Descartes. La philosophie romantique est venue plus tard, en France du moins, avec Bergson — à la différence de l'Allemagne. Au fait l'école romantique est école parce qu'elle refuse la pensée rationnelle ; au nom de quoi elle découvre, dans le passé de Shakespeare à Calderon, dans l'espace de l'Écosse à l'Allemagne, si bien comprise par Mme de Staël, ses modèles et ses maîtres... qui ont en commun d'avoir échappé, volontairement ou non, à cette emprise intellectualiste qui marque les temps nouveaux. Filles du feu, farfadets et djinns, vaticinations et souffles célestes... L'inspiration romantique, vision du monde et de l'au-delà, est une révélation incantatoire : c'est la folle du logis.

Les arts romantiques

Entraînant dans leur mouvement Géricault et Delacroix à la poursuite des terres prédestinées, la Grèce et l'Orient, à la recherche des grandes aventures humaines et des masques tragiques : *Radeau de la Méduse, Liberté guidant le Peuple,* les romantiques trouvent sur leur chemin les arts plastiques qui abandonnent avec eux les traditions romaines, répudiés du même mouvement que l'alexandrin ; mais ils rencontrent surtout la musique qui, parlant plus aux sens qu'à l'esprit, aurait été l'art romantique par excellence si Musset ou Vigny avait été doué pour la composition symphonique. (L'oreille la plus techniquement musicale de nos romantiques semble bien avoir été celle de Gérard de Nerval qui a consacré, avec plaisir, des mois à recueillir paroles et musiques des chants populaires de l'Ile-de-France dans « sa » région d'Ermenonville-Chaalis, aux confins du Valois.) Malgré Berlioz — cette vie et cette œuvre où la *Damnation,* l'ouverture du *Carnaval romain* témoignent pour une musique romantique française — c'est en Allemagne que le romantisme trouve sur ce plan son achèvement avec Beethoven, Liszt, Schumann, Mendelssohn et surtout Wagner ; mais aussi avec l'essor incomparable des études musicales à travers toutes les villes allemandes. Du moins Chopin et Wagner viennent-ils à Paris ; et surtout le théâtre lyrique, opéra et opéra-comique progressent-ils, Rossini et le *Barbier de Séville,* Meyerbeer un peu plus tard suscitant l'enthousiasme des Parisiens au moment où Lamartine et Victor Hugo triomphent. Les succès de la musique de théâtre (poursuivis au long du siècle avec Gounod, Bizet, Delibes) ont-ils préparé l'essor de la musique symphonique ? Dans la mesure où ils ont maintenu le goût d'un art, qui reste encore considéré comme mineur, l'art d'agrément pour lequel les constructeurs, Pleyel, Érard multiplient alors les pianos d'étude, pièce indispensable du mobilier bourgeois pour un siècle. Romantisme et musique sont aussi inséparables que romantisme et sentiment ; mais dans ce domaine, c'est la postérité romantique française qui témoigne, plus que l'époque elle-même.

Les peuples et le Peuple

L'homme romantique — si jamais ce type s'est pleinement incarné, de Stendhal à Baudelaire — est animé du souci de voir grand, de ne pas s'enliser dans le banal quotidien qui l'entoure. Cette grandeur d'âme qui est restée quelques années simple exaltation parfois naïve du moi, individualisme poussé aux sombres couleurs des passions les plus violentes et des visions fantastiques, (encore que dans ce domaine nos romantiques n'aient pas eu l'imagination féconde de leurs confrères d'Outre-Rhin, d'Hölderlin à Novalis, qui s'est nourrie de l'évocation de héros, authentiques ou imaginaires) — cette grandeur d'âme est une forme de générosité. Après 1830 surtout, après cette courte flambée d'espoir où la liberté semble se réveiller, à Paris, à Bruxelles, en Italie et en Pologne, le romantique rêve non plus de son propre destin, mais de ces nations opprimées, pour qui la chasse au bonheur passe par la révolution, soit par une libération : les frères polonais comme les Grecs la veille, pour qui Delacroix et Victor Hugo se sont émus, pour qui Byron donne sa vie, deviennent l'objet d'une sollicitude nouvelle. Monarchistes hier par un conformisme inattendu, républicains à mesure qu'approche l'heure de la deuxième République, le revirement n'a rien à voir avec les palinodies politiciennes : c'est une découverte de leur temps, une prise de conscience pleine de sympathie pour des aspirations qui sont un peu les leurs ; s'apercevant que le poids des victoires de 1814-1815 n'est pas moins lourd aux Allemands, Polonais et Italiens, que celui de ces amères défaites aux Français, ils confondent, dans le même accueil, ces causes en fait si diverses.

Aussi bien avec eux, la littérature s'ouvre-t-elle non pas seulement aux Grecs victimes des Turcs, aux Polonais victimes des Russes et des Prussiens, aux compatriotes de Silvio Pellico victimes de Metternich, mais surtout à un personnage que la littérature du XVIIIe siècle, si engagée dans la politique, avait ignoré : le peuple, ce quatrième État de la veille, dont les vertus — révélées en juillet 1830 et plus encore dans les horreurs de la rue Transnonain — et la place se trouvent peu à peu reconnues ; par le roman surtout qui se prête mieux que tout autre genre littéraire à cette réhabilitation, qui est en fait une révélation. Le petit peuple de Paris tient la première place dans *Notre-Dame de Paris* ; et 1848 n'est pas arrivé que Victor Hugo a déjà écrit — sinon publié — les *Misères,* cette esquisse des *Misérables,* où tout un Paris de petites gens, de grandes espérances et d'entreprises républicaines désespérées, trouve sa place. (Victor Hugo doit, en partie, à cette sympathie pour les misères de son époque sa popularité durable ; son œuvre romancée se réédite avec succès pendant un siècle... Mais il doit aussi cette faveur aux *Châtiments* et à sa période républicaine, où il est anticlérical avec emphase et où il réclame pendant des années l'amnistie des communards ; peut-être même enfin à cette apothéose de 1885 qui a laissé de si durables souvenirs chez les Parisiens.) Mais Victor Hugo n'est pas seul. Dans le même temps, George Sand admire ses paysans du Berry, recueille traditions et légendes, en anime ses *Maîtres sonneurs* et tant de bavards romans champêtres ; en attendant de sombrer dans la déclamation socialisante du *Compagnon du tour de France ;* et surtout compte Michelet, qui n'a pas à découvrir ceux qui l'entourent depuis son enfance et qui écrit en 1847, en marge de son œuvre historique, *Le Peuple,* longue profession de foi. Les classes populaires, ignorées, dédaignées sont rendues à la vie nationale et à la vie littéraire – au moins comme objet d'étude ou source d'inspiration. Les romantiques arrivent tard sans doute, au moment même où les conditions d'existence imposent aux prolétaires l'impression – de plus en plus solide à mesure que les années passent – qu'ils constituent un monde séparé et honni dans la nation. Du moins ont-ils fait le seul pas tenté à leur époque pour éviter cette séparation.

Parant les classes populaires des vertus que la bourgeoisie, tout comme la vieille aristocratie, ne pratiquait plus : abnégation, charité,... les romantiques sont frères en générosité des penseurs socialistes, qui dans les mêmes années 1830 à 1848, édifient la Cité idéale ; celle qui remplacera le monde étroit et injuste où ils vivent. Ils y mettent un peu de prophétisme, Victor Hugo plus tard, Michelet dans toute son œuvre, pressentant le rôle croissant des masses dans le pays que va bouleverser la première révolution industrielle. Belle courbe qui mène les grands lyriques des années 1820, avides de belles passions et férus d' « égocentrisme », cristallisés sur leur être, aux engagements et aux visions sociales des années 1840 ; vaticinant non plus sur le sort d'Elvire, mais sur celui des Pauvres Gens, trouvant dans cette sympathie humaine le réconfort qu'appellent tant de frustrations.

L'Histoire

Ainsi se comprend encore la passion sans fin de toute cette génération pour l'histoire : évasion, dit-on, mais ce n'est pas assez ; sans doute le Moyen Age séduit-il, tout comme l'Orient où tant des leurs voyagent, de Chateaubriand à Nerval, créateurs du tourisme littéraire qui n'a pas fini de faire fortune. Mais dans l'Orient mystique et baigné de soleil, la Grèce des Hétairies et des sombres révoltes, est retrouvée. De même dans le Moyen Age ou le XVIIe siècle. L'histoire est une nouvelle forme de pensée : à la place des généalogies, des rois classés par races et des compilations de mémoires héroïques, quelle révision à laquelle tous travaillent ! Pas un poète romantique qui n'ait à son actif une œuvre où l'histoire est plus qu'un prétexte (sauf Musset, qui n'est pas dépourvu du sens de l'histoire, et a pour lui son *Rhin allemand*) ; s'acharnant sur le XVIIe siècle dont la réputation est trop belle, et surtout sur Richelieu, ennemi honni de toutes les libertés *(Cinq-Mars, Marion Delorme) ;* prêtant les plus belles couleurs au Moyen Age des Burgraves et de Jeanne d'Arc, s'attachant enfin à la Révolution, des Girondins à Napoléon. Sans parler du talent polygraphe d'Alexandre Dumas qui romance le XVIe siècle avec la même facilité que l'époque révolutionnaire, dans le style feuilleton, dont Margot se délecte aujourd'hui encore dès potron-minet.

De cette débauche de littérature historique, émergent les œuvres des historiens ; jamais (jusqu'à nos jours) aucun moment de la vie française n'a été aussi riche de ces patients et hardis artisans du passé ; il a fondé l'histoire s'il est vrai que l'œuvre antérieure ne pèse pas lourd en face de la production de ces années-là, et qu'après Guizot et Thiers, Thierry et Quinet, et Michelet, la passion de l'histoire n'a cessé d'habiter nombre de Français : histoires de la Révolution, histoires de France, histoires de la civilisation en Europe... Journalistes de talent comme Thiers, professeurs comme Guizot et Michelet, attachés surtout à l'histoire des révolutions, publiant des textes en même temps qu'ils écrivent, ils mettent à l'honneur les histoires nationales. Ce que Mme de Staël avait commencé sous Napoléon avec *De l'Allemagne* est continué, amplifié trente ans plus tard. Donnant le goût de l'histoire au public cultivé, lui offrant aussi des récits continus, parfois emphatiques, parfois gorgés de batailles comme l'*Histoire du Consulat et de l'Empire* de Thiers, les historiens forgent à leur manière avec un succès inégal (mais même l'histoire-fleuve de Lamartine eut en 1847, une vente magnifique) la nation historique : cette entité, cette « personne » dit même Michelet, dont la vie est celle de tous ceux qui la composent.

Cependant dans cette énorme production historique, attachée à raconter dans un récit soutenu et parfois grandiloquent, les événements récents dont beaucoup attendent le renouvellement, Michelet domine de haut, de tout son génie de visionnaire, qui sent et écrit l'histoire de la France dans l'enthousiasme du découvreur, ouvrant les voies d'une science nouvelle. Hardi dans ses hypothèses, prompt à rapprocher des faits disparates, toujours riche d'admiration devant l'œuvre humaine, celle de Jeanne d'Arc ou celle de la Révolution, Michelet donne à ses contemporains le tableau historique de la France le plus suggestif qui se puisse imaginer. Pour lui, l'histoire est une résurrection du passé qu'il vit avec ardeur, sans rien omettre, exigeant une restitution totale... Il a inséré dans son *Histoire de France* un *Tableau de la France* qu'on ne peut pas ne pas citer, tant il est, à chaque ligne, évocateur. Voici, simple exemple, les paysages psychologiques provinciaux. Michelet donne cette description des Auvergnats :

> « Chargée, comme les Limousins, de je ne sais combien d'habits épais et pesants, on dirait une race méridionale grelottant au vent du Nord, et comme resserrée, durcie, sous ce ciel étranger. Ils ont beau émigrer tous les ans des montagnes, ils rapportent quelque argent, mais peu d'idées. Et pourtant il y a une force réelle dans les hommes de cette race, une sève amère, acerbe peut-être, mais vivace comme l'herbe du Cantal... » ;

Voici encore cette évocation des églises flamandes :

> « Ces églises soignées, lavées, parées comme une maison flamande, éblouissent de propreté et de richesse, dans la splendeur de leurs ornements de cuivre, dans leur abondance de marbres blancs et noirs. Elles sont plus propres que les

> églises italiennes, et non pas moins coquettes. La Flandre est une Lombardie prosaïque à qui manquent la vigne et le soleil. Par-dessus ces églises, au sommet de ces tours, sonne l'uniforme et savant carillon, l'honneur et la joie de la commune flamande. Le même air joué d'heure en heure pendant des siècles, a suffi au besoin musical de je ne sais combien de générations d'artisans qui naissaient et mouraient fixés sur l'établi. »

Égaré, lorsqu'il écrit *Les Jésuites* ou *La Femme,* lorsqu'il retouche son œuvre et l'ampute — suivant des voies que la prochaine publication de son Journal peut éclairer bientôt — Michelet n'en fournit pas moins à ses contemporains l'idée que la France est une œuvre d'art dont les richesses mal connues, mal senties sont à connaître et aimer. Il donne son sens à l'œuvre historique et à la recherche ; il découvre à ceux qui l'entourent, émerveillés de se reconnaître, les tempéraments, les milieux et les moments français : aussi bien, quel essor des études historiques en France, après lui, dès le temps de Victor Duruy et de Taine !

3. La pensée sociale

Sous le règne de Louis-Philippe — alors que les romantiques célèbrent le peuple et que le mot, accepté de plus en plus au sens de classes populaires, commence à prendre déjà, grâce à Pierre Leroux, George Sand et quelques autres, un reflet religieux — la découverte des réalités prolétariennes s'achève ; rien de plus remarquable à cet égard que la sollicitude d'un économiste libéral comme Sismondi pour le prolétariat spolié, victime de la concurrence et du laisser-faire, ces grands principes de l'économie politique bourgeoise. La critique — littéraire ou philosophique — désigne ainsi tout un secteur de la pensée à cette époque sous le nom de romantisme social, formule expressive pour regrouper tant d'essayistes depuis Saint-Simon jusqu'à Proudhon et la Révolution de 1848. La parenté indéniable vaut d'être soulignée.

Économistes ou simples autodidactes, catholiques ou athées, tous ces hommes qui se penchent sur le prolétariat naissant, sur cette révolution industrielle débutante que Michelet aperçoit si lourde d'avenir, ne sont pas à l'abri de quelque sentimentalité ; Buchez, pour ne prendre qu'un exemple, décrit les prolétaires en 1833 (dans son *Introduction à la Science de l'histoire)* :

> « Presque dès le premier jour, il faut qu'ils vivent (entendons qu'ils travaillent pour vivre : travail des enfants de quatre ans) : ils sont destinés à exister dans une seule pensée : celle d'éviter la faim ; attachés au sol comme des polypes, là où ils viennent au monde, ils travaillent et meurent. »

A partir d'une expérience personnelle comme Fourier ou par une vue pénétrante des transformations en cours comme Saint-Simon, ils parlent d'abondance sur ce paupérisme que personne ne peut ignorer ; c'est la grande raison d'être de leurs projets, de leurs prédictions prophétiques et de leur exaltation religieuse. Qui d'entre eux n'a ses adeptes, ne fonde école, voire une église pour prêcher la société nouvelle avec une foi qui se soucie peu des modalités et des procédés de transformations ? D'où cette épithète d'« utopiques » appliquée à des socialistes qui, prédécesseurs de Karl Marx et écrasés par le socialisme « scientifique », n'ont pas échappé à la malédiction des précurseurs et des philosophies « dépassées ». Oubliés aujourd'hui, ces maîtres de la génération de 1848, qui ont été lus avec avidité, ont un public aussi vaste que *l'Histoire des Girondins,* ou *les Chansons des rues et des bois ;* ils ont eu des fidèles disciples, dévoués à leur mémoire et méritent sans doute mieux que la mauvaise réputation de doux rêveurs, qualification que le scientisme postérieur leur a value.

Tous sont riches de vues exactes sur le monde où ils ont vécu et souffert : aucun d'entre eux n'est vraiment homme de cabinet ou professeur confortablement installé dans une chaire universitaire ; chacun parle avec son expérience : Saint-Simon voyant grand à la mesure du monde qu'il a parcouru, de l'Amérique à l'Europe ; Fourier en employé de commerce, chargé de cette expérience d'une vie passée à comptabiliser les bénéfices d'une petite affaire. Et dans la diversité de leurs écrits, de leur information et de leur culture, ils valent moins par leurs systèmes ou leurs projets que par cette pénétration dans les analyses, que Marx n'a pas dédaignées, lui qui les a toutes lues et a su leur emprunter des formules (l'exploitation de l'homme par l'homme), ou des thèmes de réflexion sur l'organisation du travail ; tous aussi bien sont partis de cette constatation, le développement des classes ouvrières qui produisent et n'ont rien : « Ce phénomène nouveau que présentent les nations opulentes où la misère publique ne cesse de s'accroître avec la richesse matérielle et où la classe qui produit tout est chaque jour plus près d'être réduite à ne jouir de rien. »

Saint-Simon

De ces socialistes utopiques français qui modèlent tout un secteur nouveau de l'opinion publique, le plus célèbre est Henri de Saint-Simon, prophète du monde industriel moderne et du gouvernement des producteurs. Ce noble ruiné grand voyageur qui a combattu pour l'indépendance américaine et a vu dès 1780 quelles perspectives offrait le capitalisme commercial, a réussi sur la fin de sa vie agitée à former des disciples (rien moins qu'Augustin Thierry et Auguste Comte) qui fondent la plus solide école de pensée socialiste du premier XIXe siècle ; il a laissé à ses contemporains avant de disparaître, l'annonce du monde industriel : « La classe industrielle est la classe fondamentale, la classe nourricière de la société », formule banale un siècle plus tard, mais riche et pesante en 1825. Saint-Simon annonce que le gouvernement des sociétés doit être confié à ceux qui produisent, doit donc être économique et en même temps organisé scientifiquement. Il prédit l'association universelle, son triomphe dans un régime vraiment positif et industriel et la fin des temps barbares à l'époque où « la classe la plus laborieuse et la plus pacifique sera chargée de la direction de la force publique. »

Plus qu'un programme, Saint-Simon offre à ses disciples une vision de l'avenir qui a séduit par sa largeur de vues et son originalité — si l'on pense que, pour beaucoup alors, la richesse foncière reste la principale ressource économique ; Saint-Simon appelle l'enthousiasme créateur de ceux pour qui *l'industrie* n'est plus l'habileté au sens ancien du mot, mais un nouveau mode d'activité, récent et ouvert à toutes les audaces, à tous les progrès. Dans l'atmosphère enfiévrée du règne de Charles X, alors que les amis de Villèle et ceux du roi lui-même multiplient les manifestations cléricales et ultraroyalistes, se fonde l'école saint-simonienne que Bazard et Enfantin organisent à Paris, éditant les œuvres du Maître, surtout le *Nouveau Christianisme,* fondant un ordre ouvrier, animant un journal très lu, *Le Globe* (selon une habitude du temps — qui s'est peu à peu perdue — *Le Globe* avait une devise qui a connu un certain succès : « A chacun selon ses capacités, à chaque capacité selon ses œuvres ») ; enfin tournant, pour son malheur, à la secte religieuse qui sombre dans le ridicule dès 1833 — sans mourir complètement. Mais le rayonnement du saint-simonisme est très grand : les disciples de l'école qui animeront la vie économique de la période impériale, ont dénoncé les méfaits du laisser-faire et proposé l'organisation du travail, dont Louis Blanc fait ensuite tout son programme ; ils ont contribué à discréditer la propriété individuelle au bénéfice de formes de collaboration, où les producteurs s'associeraient pour les plus grandes entreprises, dont ils prévoient le développement et qu'ils étudient dans leur revue, lancée en 1825, *Le Producteur*. C'est même, grâce à la fécondité et au prestige de leur propagande, toute une partie du vocabulaire socialiste qui entre dans la langue de tous les jours : exploitation et organisation, production et consommation, bourgeois et prolétaire. Les fantaisies du Père Enfantin ont peut-être empêché le saint-simonisme de devenir « la » philosophie de la bourgeoisie française au XIXe siècle ; elles n'effacent pas l'influence profonde exercée par la doctrine dans tous les milieux, des Polytechniciens aux ouvriers de la Société des Droits de l'Homme.

Fourier

Charles Fourier, petit employé de commerce, caissier scrupuleux, mal doué pour l'art de la vente, n'a pas été, comme Saint-Simon, ouvert sur l'avenir. Il consacre des années et de nébuleux ouvrages à dénoncer les méfaits du commerce, des « crimes » dit-il, et à montrer comment la concurrence engendre la féodalité mercantile. Plein de compassion pour les victimes du système, n'ignorant pas pour avoir vécu à Lyon et à Rouen, « l'assassinat des ouvriers » dans les fabriques, il s'élève contre cette guerre du riche et du pauvre qui est à ses yeux au cœur de la civilisation nouvelle. Comme remède, il propose sa science sociale, mathématique des passions, et ces petits groupes de seize cents personnes, vivant en communautés complètes économiquement suffisantes, les phalanstères, dont quelques expériences, malheureuses, ont été faites au XIXe siècle à Sedan et à Paris. Mais Charles Fourier, ce bisontin têtu et plein de verve à l'occasion, vieux garçon, s'est égaré dans une construction passionnelle qui n'a rien de socialiste : le phalanstère doit comprendre des effectifs exactement fixés des tempéraments les plus divers, dont ce comptable fait une classification psychologique qui n'a jamais été prise au sérieux ; il prétend ainsi utiliser les passions, celle des enfants pour la boue et les ordures comme la papillonne qu'il croit universelle : « Le vrai bonheur ne consiste qu'à satisfaire toutes les passions », dit-il ; la réglementation des passions phalanstériennes sous l'autorité de la Haute Matrone, régissant « le plein essor de la galanterie », nous paraît bouffonne[1] ; elle est à rapprocher des fantaisies passionnées du Père Enfantin, et au fond de l'exaltation sentimentale des romantiques littéraires.

1. Fourier, féru de classements, ne manque pas de pittoresque : il distingue, hanté par le cocuage, 49 cocus « d'ordre simple », 31 cocus « d'ordre composé » ; mais les contemporains qui ne se sont guère offusqués de ces vues peu conformes à la morale traditionnelle, étaient-ils sensibles comme nous le sommes à cette drôlerie ? Vraisemblablement non. Pour bien comprendre ces « fantaisies », il faudrait une étude sociale de la sensibilité romantique.

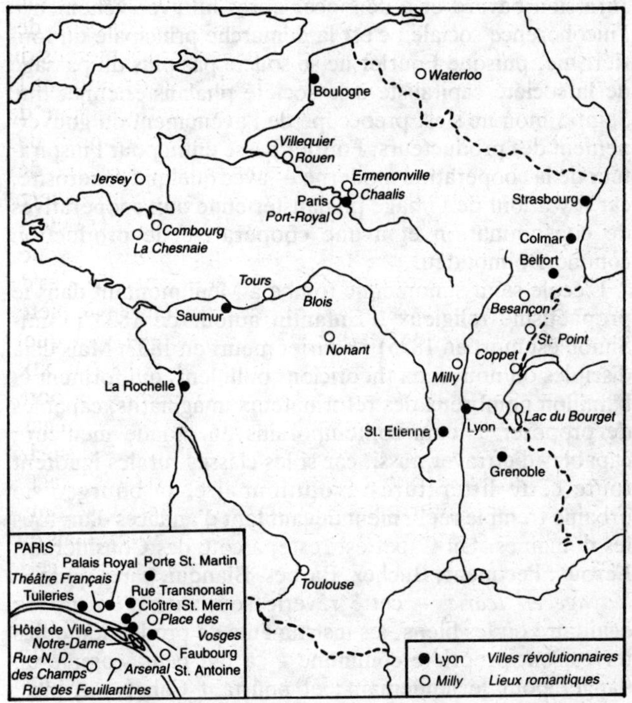

12. Esquisse de géographie romantique et révolutionnaire

Paris est bien redevenu la capitale, que Versailles a été un moment. Mais les poètes romantiques découvrent la forêt, la montagne, la mer : Ermenonville, Saint-Point, Jersey. Les mouvements révolutionnaires agitent des villes industrieuses, Saint-Étienne, ou marchandes, La Rochelle : quelques nouveaux « hauts lieux » dont parlent journaux et livres...

Ces bizarreries quasi délirantes n'ont pas empêché Fourier de faire école, d'avoir des disciples comme Victor Considérant, qui consacra sa vie à diffuser les idées de ce Jurassien bavard et à dénoncer après lui avec véhémence l'incohérence sociale ; c'est la démarche principale du fouriérisme, puisque Fourier ne se soucie pas plus du passage de la société capitaliste à la société phalanstérienne, que Saint-Simon ne s'est préoccupé de l'avènement du gouvernement des producteurs. Fourier passe enfin pour l'inspirateur de la coopération moderne — avec quelque générosité, car il y a loin de l'image phalanstérienne aux coopératives de consommation et à une coopérative de production comme Boimondau.

L'école saint-simonienne tombe à Ménilmontant dans le prophétisme religieux d'Enfantin autour de 1833 (Saint-Simon est mort en 1825) ; Fourier meurt en 1837. Mais déjà disciples ou nouveaux théoriciens pullulent, qui forment le bataillon nombreux des réformateurs imaginatifs, capables de proposer à leurs contemporains un monde meilleur ; capables d'effrayer aussi, car si les classes rurales ignorent toute cette littérature révolutionnaire, la bourgeoisie urbaine tremble réellement devant tant d'audaces dans tous les domaines. Un Cabet est resté, à côté des Considérant, Leroux, Pecqueur, Buchez, Barbès, Blanqui, parce que son *Voyage en Icarie* – cette rêverie souriante d'un monde égalitaire où les biens, les instruments de production et les terres sont propriété commune — a fait peur, comme un danger pour le lendemain ; et pourtant Cabet non plus, installé au Texas pour fonder Icarie et expérimenter son rêve, n'a eu grand succès. Mais Louis Blanc, le théoricien plus réaliste de l'*Organisation du travail,* qui reprend la critique fouriériste de la concurrence et demande l'aide de l'État pour les ouvriers opprimés, menacés d'extermination, a été aussi l'objet de haines sans frein (celle de Falloux par exemple), qui l'ont contraint à finir sa vie en exil. Il est vrai que Cabet et Louis Blanc, confiants dans l'autorité pour réformer la société, hantés à la fois par Robespierre et Napoléon, évoquent aussi de mauvais souvenirs : Louis Blanc rend visite au prince Bonaparte interné au fort de

Ham, où le futur empereur écrit l'*Extinction du paupérisme*.

Proudhon

Cependant la personnalité qui domine ces milieux socialistes à la veille de 1848, à la veille du *Manifeste communiste,* c'est le Comtois P.-J. Proudhon, diable d'homme qui, de 1840 — où il devient brusquement célèbre, à trente et un ans, en publiant *Qu'est-ce que la propriété?* — jusqu'à sa mort, en 1865, n'a cessé de troubler, terroriser et malmener les plus illustres de ses contemporains. Défenseur de la liberté, mais ne voulant pas être un simple perturbateur, passionné de justice sociale, mais différent des socialistes qui l'ont précédé, critique acerbe des contradictions économiques en même temps qu'incapable d'édifier un système, cet ouvrier d'imprimerie, en grande partie autodidacte, n'a cessé de mettre en alerte tous ceux qui subissaient, directement ou non, sa verve jamais tarie, sa vigueur intellectuelle et ses violences de langage. « Né et élevé au sein de la classe ouvrière, lui appartenant encore par le cœur et surtout par la communauté des souffrances et des vœux », il s'est déclaré un jour voué à « pouvoir désormais travailler sans relâche, par la science et la philosophie, avec toute l'énergie de ma volonté et toutes les puissances de mon esprit, à l'amélioration morale et intellectuelle de ceux que je me plais à appeler mes frères et compagnons ». Observateur lucide et sans complaisance des réalités sociales, le Proudhon de la *Propriété* et de la *Philosophie de la Misère* (sous-titre du *Système des contradictions économiques,* 1846) n'a pas une doctrine ; mais il recherche la justice, dans l'égalité et la liberté. Il possède un sens de la formule, qui lui a fait plus d'ennemis que de partisans : qui ne connaît le fameux cri, si fielleusement commenté : « La propriété, c'est le vol » ; il s'est acharné parfois aussi sur certains de ses contemporains. Ainsi Louis Blanc dont il dit un jour : « L'ombre rabougrie de Robespierre ». Et une autre fois : « Il s'est cru l'abeille de la Révolution, il n'en a été que la cigale. » Homme qui pense avec humeur — jusqu'à la fin de sa vie il est en bataille contre les hommes et les systèmes — c'est un solitaire dès cette époque, qui finit en libertaire prônant l'anarchie : « une forme de gouvernement ou constitution, dans laquelle la conscience publique et privée, formée par le développement de la science et du droit suffit seule au maintien de l'ordre et à la garantie de toutes les libertés, où par conséquent le principe d'autorité, les institutions de police, les moyens de prévention et de répression, le fonctionnarisme... se trouvent réduits à leur expression la plus simple ; à plus forte raison, où les formes monarchiques, la haute centralisation, remplacées par les institutions fédératives et les mœurs communales disparaissent ». Il porte, comme les autres socialistes, de rudes bottes à la société mercantile et au capitalisme envahissant, ce fils d'artisan qui a gardé, sa vie durant, une admiration intacte pour son père qui faisait ses prix sans prendre aucun bénéfice. Mais il est aussi l'enfant terrible du socialisme, cet homme du parti du travail qui combat tous ses compagnons de route — et que nous retrouvons après 1848 dans sa longue querelle avec Karl Marx, tel que le portrait de Courbet nous l'a livré, doguin et plein d'humeur, le regard à la fois trouble, pénétrant et fixe...

A la veille de 1848, la révolution que préparent et rêvent les hommes de février n'est pas seulement une révolution politique, l'espoir d'un régime vraiment libéral, d'une République. Le mot s'est chargé d'un sens supplémentaire ; les héros éponymes des sociétés secrètes ne sont plus les hommes de 1789, Bailly ou Camille Desmoulins, mais ceux de 1793, Robespierre et Marat, voire le Babeuf de 1796 dont Blanqui a recueilli l'héritage par l'intermédiaire de Buonarotti ; la révolution doit être une révolution sociale : le mot même de socialisme est passé dans le langage courant, lancé par P. Leroux en 1834, repris sans cesse ensuite et vulgarisé. Tocqueville le constate en janvier 1848, face à une Chambre goguenarde : les bases de la société bourgeoise sont en question, et non pas tel gouvernement ou tel ministre. Les socialistes français — si utopiques soient-ils — ont façonné la conscience idéologique des classes ouvrières nouvelles, préparant des lendemains féconds.

La misère morale du prolétariat n'a pas moins frappé les hommes de 1830 que leur détresse matérielle : Fourier lie l'une et l'autre, et Marx lui est peut-être redevable de cette idée maîtresse. Aussi bien les plus grands de ces théoriciens socialistes se sont-ils préoccupés de la religion et de sa place dans l'univers nouveau qu'ils annoncent et préparent. Il s'en trouve peu cependant pour penser que l'Église catholique puisse garder la direction spirituelle de ce monde socialiste : Fourier ne lui fait pas de place dans son phalanstère, pas plus que Cabet en Icarie ; Proudhon, après 1848 au moins, s'est révélé anticlérical, avec la même fougue qu'il est anticapitaliste ; et l'Église saint-simonienne d'Enfantin est une caricature. Seul des socialistes, Buchez, dissident saint-simonien, dans son *Introduction à la Science de l'histoire,* ou *Science du développement de l'humanité* (1833) et dans son *Histoire parlementaire de la Révolution française* (1834) prétend maintenir sa foi religieuse comme un aliment de son espérance démocratique et socialiste. Entre l'Évangile et une société démocratiquement organisée selon les formules de Saint-Simon, il ne voit pas de fosse, mais au contraire un accord profond ; l'Évangile bien compris fonde l'égalité comme la souveraineté du peuple. Pierre Leroux, George Sand ne sont pas d'un avis différent ; mais cet appel à la religion traditionnelle, pour participer à une régénération sociale, venant après la grande entreprise de l'*Avenir,* n'a pas eu d'écho : Buchez et ses amis font ainsi figure d'isolés, de précurseurs lointains et mal compris du petit groupe du *Sillon* qui, au début du XXe siècle, a donné un essor nouveau à cette pensée catholique-sociale.

Lamennais

C'est que l'Église catholique des années 1830 vient de condamner, non pas même un socialiste catholique, mais un démocrate : Lamennais. En réalité, les catholiques étaient peu nombreux qui s'inquiétaient de la montée de voltairianisme provoquée par la politique des années 1825-1830 (révélée notamment par l'extraordinaire vente des philosophes du XVIIIe, *best-sellers* de l'époque), et de l'anticléricalisme populaire qui éclate en 1831. Ces ouvriers de fabrique qui ne connaissent plus dimanches, ni fêtes chômées et qui peuvent voir dans les exercices du culte les passe-temps des riches, sont abandonnés en fait par l'Église, en dépit de leurs effectifs sans cesse croissants. Pis encore, le clergé semble se soucier surtout de consolider sa réconciliation avec la monarchie, trahie en 1801... Lamennais, Montalembert, Lacordaire ont senti cette rupture que la routine traditionaliste et l'absence de toute formation et information autre que théologique rendaient imperceptible au clergé. Lamennais surtout, homme d'une sensibilité vive, a suivi le rythme de son temps : cet écrivain au style entraînant, qui s'était fait connaître en 1817 par un *Essai sur l'indifférence en matière de religion,* retentissante attaque contre l'athéisme bourgeois, a animé ce journal démocrate et catholique que fut l'*Avenir* jusqu'à sa condamnation par le pape en 1832. L'encyclique *Mirari Vos* condamne le programme de l'*Avenir :* son acceptation de la liberté de conscience et de la tolérance et la rupture du lien étroit que l'Église entend conserver entre monarchie et religion. Montalembert et Lacordaire se sont soumis. Lamennais non. Sorti de l'Église, il a publié en 1834 *les Paroles d'un croyant,* un des événements de l'époque, livre de feu qui a révélé, grâce à sa langue éloquente, le mouvement des idées sociales à une partie imposante de la bourgeoisie : livre de défroqué qui a plus fait pour rapprocher les classes populaires du prêtre que toute la prose des buchéziens.

Lamennais dans ses *Paroles d'un croyant* rejoint les théoriciens socialistes et prône l'association qui doit faire disparaître les monopoles et la misère ; il proclame sa confiance dans le peuple, plus humain, plus moral même que la bourgeoisie et l'ancienne noblesse ; il va jusqu'à annoncer un peu plus tard son espérance en lui : « ce vrai peuple, ignorant, déguenillé, vivant chaque jour du travail de chaque jour, est encore la portion la plus saine de la société, celle où l'on trouve le plus de bon sens, le plus de justice, le plus d'humanité. D'autres le craignent, moi j'espère en lui ». Les *Paroles d'un croyant* n'ont pas peu fait pour cette réconciliation momentanée des classes populaires et de l'Église au printemps de 1848. Mais l'effort libéral pour délier le catholicisme de la monarchie et pour mettre fin à cet engagement politique étroit, l'effort de l'*Avenir* pendant ses deux ans d'existence n'a pas eu le même écho : jusqu'au ralliement de la fin du siècle et jusqu'à la séparation de 1905, l'initiative audacieuse de 1830 est comme oubliée ; ce qui n'a pas peu contribué (moins cependant que les conditions proprement sociologiques) à détacher les masses de la religion traditionnelle, dans la période suivante. Faute d'avoir entendu à temps ce prêtre qui sent, mieux que tous, l'évolution en cours. L'Église romaine, un siècle plus tard, considérera la France comme pays de mission et devra multiplier les institutions spécialisées de reconquête nécessaires pour rechristianiser les masses ouvrières.

Enfin — fait plus important que la sollicitude de Saint-Simon, Fourier et tant d'autres « penseurs » et que l'inquiétude de quelques poignées de catholiques — les classes ouvrières, victimes de l'essor du capitalisme, prennent la parole : une pensée ouvrière, une pensée de classe, nourrie à la fois d'expérience et des doctrines répandues par les socialistes utopiques, se fait jour peu à peu, prend sa place autonome ; c'est le prélude d'un mouvement idéologique qui se prolonge jusqu'au temps présent, sous d'autres formes.

L'organisation ouvrière

Mais avant d'écrire et de prendre la parole, les milieux ouvriers luttent, se regroupant dans les institutions héritées de l'ancien régime, tolérées dans leur survie plutôt qu'autorisées, vivant quelques années brillantes encore que d'un éclat nouveau. Le compagnonnage revit ainsi que les associations mutuelles : les compagnons du Tour de France, groupés par métiers, divisés en clans hostiles, toujours prompts aux brimades et aux bagarres comme au siècle précédent, perpétuent les habitudes de métier, leurs chants, leurs tours de main et la solidarité profonde des compagnons en face des maîtres. *Les Mémoires d'un compagnon,* d'Agricol Perdiguier, dit Avignonnais-la-Vertu, publiés en 1854, constituent le meilleur document sur ces traditions ouvrières : il est très favorable à ces usages, ces violences que Perdiguier a défendus au moment même où beaucoup d'ouvriers en déploraient ouvertement les abus. Mais souvent les aspirants se révoltent contre les ouvriers en place, maltraités qu'ils sont... Et beaucoup, à Paris surtout, plaident contre les rivalités inutiles et les violences sans fin pour réclamer l'union de tous les salariés contre leurs patrons. Le mot d'unité a, dès cette époque, une valeur et une portée considérables, car l'union doit permettre la lutte. Ainsi se comprend l'essor des mutuelles, ces associations d'entraide contre la maladie et le chômage alimentées par les cotisations spontanées des ouvriers et parfois de leurs employeurs ; les sociétés de prévoyance et d'assurances sont autorisées par la loi (et bien vues de la bourgeoisie), soumises d'ailleurs à une surveillance policière étroite dans la plupart des corps de métier. Ainsi progresse, malgré les précautions prises par la loi Le Chapelier, l'habitude de l'organisation ouvrière par la collecte des cotisations et la tenue de réunions régulières. Cependant très vite, après la crise économique de 1817, la bourse commune des mutuelles sert à aider, non plus des indigents et des vieillards incapables de travailler, mais des ouvriers en grève ; elle est alors une arme de combat que, malgré toutes les prohibitions, les ouvriers utilisent de plus en plus : la société mutuelle, l'assurance de maladie deviennent donc un fonds de solidarité ; après 1825, les préfets autorisent de moins en moins ces associations considérées par les patrons et les autorités comme d'efficaces et dangereux moyens entre les mains des travailleurs qui veulent améliorer leurs conditions de vie.

En effet, malgré l'interdiction légale et malgré les poursuites qui suivent les mouvements, les ouvriers des fabriques se défendent contre leurs patrons par la grève ; les mouvements de 1831 et 1834 à Lyon vont jusqu'à l'émeute. Mais ils ont été précédés et suivis de nombreuses insurrections — moins vastes et moins sanglantes — contre la légalité ; depuis l'année difficile de 1817 jusqu'à la grande crise de 1846-1847, il ne se passe pas d'an où quelque important mouvement ne se produise, dans une ville ou une autre. Sous la Monarchie de Juillet, certaines années voient cinquante poursuites engagées (1837, 51 ; 1838, 44 ; 1839, 64 et 1840, 130). Les ouvriers parisiens, nantais, rouennais bravent les dispositions légales et toutes les poursuites pour obtenir des améliorations de salaires : révoltes désespérées souvent, aux succès limités, parfois nuls. Mais la fièvre de l'action commune crée des solidarités durables.

L'Atelier

Et puis ces ouvriers parlent ; les Parisiens envoient les délégations auprès de députés libéraux, auprès de leurs amis, Arago par exemple. Lorsqu'une loi réglementant le travail en usine est en discussion, les délégations sont nombreuses ; ils écrivent aussi : en dehors des mémoires et rapides études consacrées à l'amélioration du sort des travailleurs, à la vie des compagnonnages, l'initiative notable de l'époque a été la fondation d'un journal ouvrier, en 1840, *l'Atelier :* très différent du *Globe,* du *Producteur,* du *Phalanstère* réservés à l'exposé d'une doctrine, *l'Atelier* est un journal (mensuel) destiné à suivre l'actualité — sans cacher ses préférences pour le catholicisme social de Buchez. Il est « l'organe spécial de la classe laborieuse rédigé par des ouvriers exclusivement ». Martin Nadaud dans ses *Mémoires* a dit son admiration pour cet effort pour l'entreprise :

> L'année 1840 marque une date des plus importantes dans l'histoire des classes ouvrières. On vit alors ce qui ne s'était jamais vu à aucune autre époque : un groupe d'ouvriers se réunissant pour fonder un journal, se disant que, pour

collaborer à leur œuvre, il fallait tenir l'outil pendant le jour et la plume le soir. Pendant dix ans, ils défendirent pied à pied les libertés de leur classe.

Convaincus qu'ils sont à même, mieux que tout autre, de dire ce qui leur est nécessaire et d'analyser les raisons pour lesquelles les luttes entre patrons et ouvriers gagnent chaque jour en intensité, ils rédigent, corrigent eux-mêmes leur journal. Ils n'acceptent pas de collaboration « bourgeoise », dirait-on aujourd'hui, et manifestent dans leurs études et leurs revendications, avant et après 1848, une lucidité qui explique pourquoi *L'Atelier* a été tenu en si bonne réputation pendant ses dix ans de parution, et après. Animée par des ouvriers d'imprimerie, qui au XIXe siècle ont été longtemps, avec les artisans du bois et de la bijouterie, à l'avant-garde des classes ouvrières militantes, l'équipe de *L'Atelier* (dont le principal rédacteur est Corbon) est démocrate, prône le suffrage universel et sur le plan social critique avec vigueur le « privilège industriel », recommandant l'organisation du travail... Rien d'original dans le programme. L'essentiel est la composition du comité de rédaction et surtout le rayonnement parmi les ouvriers qu'implique une pareille prise de conscience. Les hommes de *L'Atelier* sont pénétrés d'un sentiment de leur dignité, d'un sens de la fierté ouvrière qui leur permet de tout dire, voire de dénoncer la lutte des classes (en août 1841). « La lutte, l'antagonisme, ne cessent pas un moment entre le maître et l'ouvrier ; c'est cette lutte, toujours sourde quoique douloureuse, qui se révèle parfois au monde sous les noms d'interdiction, de mise bas, de coalition et de rassemblement, et qui se fait continuellement sentir dans chaque atelier. » En 1844, Guizot fait un procès à *L'Atelier* pour « provocation à la haine entre les diverses classes de la société » — sans succès d'ailleurs. Les tracasseries légales suivent, sur le timbre notamment. Le journal n'en poursuit pas moins sa carrière : c'est la république conservatrice des lendemains de juin 1848 qui a eu raison des ateliéristes, par le cautionnement c'est-à-dire par l'argent. Cette pensée ouvrière, clairement exprimée, sans phraséologie inutile — rassurante à certains égards, puisqu'elle prône la fidélité à l'Église catholique et l'amour du travail bien fait — a étonné les milieux bourgeois et la presse conservatrice et libérale qui fait bon accueil à ce confrère d'un nouveau style. Les grands thèmes de la pensée socialiste de l'époque se retrouvent dans ce journal qui a pour devise : Liberté, Égalité, Fraternité, Unité. Les ateliéristes ont une prédilection particulière pour l'entraide et les manifestations unitaires ; ils évoquent souvent une solidarité internationale, c'est-à-dire franco-anglaise à cette époque du chartisme (en septembre 1841) : « Il existe entre les intérêts de la grande famille ouvrière une communauté d'intérêts si entière, si complète, qu'aussitôt qu'une partie d'entre eux souffre ou éprouve seulement un malaise passager, les autres s'en ressentent immédiatement. » Par *l'Atelier,* la pensée ouvrière s'est affirmée, a pris sa place autonome dans la communauté française et a commencé une longue carrière.

Ainsi le quatrième État, ignoré hier, devenu simultanément sujet littéraire grâce aux plus généreux des romantiques, objet d'étude et de discussion pour les économistes et pour les socialistes surtout, présent dans toutes les conversations et préoccupations citadines, élevant enfin la voix avec une dignité et une assurance qui étonnent, ravissent et inquiètent — le quatrième État est au milieu du siècle une force nouvelle dans la société française ; février-juin 1848 va en compléter la démonstration.

4. La révolution de 1848

La monarchie orléaniste s'effondre comme la restauration Bourbon, sans gloire et sans résistance sérieuse ; en trois froides journées de février, de même qu'en trois beaux jours de juillet, dix-huit ans plus tôt, un régime usé et impopulaire tombe sous les coups des Parisiens ameutés du faubourg Saint-Antoine à l'Hôtel de Ville. Mais la ressemblance s'arrête à ce trait général. Février 1848 est plus qu'une révolution politique sans lendemain : la victoire parisienne n'a pas été escamotée, et la courte histoire de la deuxième République — au vrai de février à juin 1848 — est aussi la lourde histoire d'une révolte aux multiples visages, romantique, socialiste et bourgeois, qui s'achève dans le triomphe d'un napoléonide habile, vainqueur d'une triste conjuration d'apprentis sorciers. Cependant, par ses résonances européennes et par son œuvre politique et sociale, la deuxième République marque sa place dans le destin de la civilisation française contemporaine : du printemps des peuples à la République conservatrice des Falloux et Thiers, ces pages brûlantes informent encore certaines réalités contemporaines[1].

Février-mars

La Monarchie de Juillet a été abandonnée par la bourgeoisie qui l'avait mise en place : par la Garde nationale qui avait été le plus solide soutien du régime de 1831 à 1839 et qui refuse de répondre à l'appel de Guizot et Louis-Philippe en février. Ainsi la bourgeoisie parisienne, banquiers, commerçants, manufacturiers et hommes politiques comme Thiers, participe à la Révolution. La crise économique des années 1846-1848, qui a secoué le pays tout entier — famines et émeutes du pain dès 1846, crise financière et industrielle ensuite, entraînant faillites et chômage — a porté préjudice, dans leurs esprits, au gouvernement qui ne peut l'enrayer ; les troubles dans les villes où les boulangeries sont pillées et dans les campagnes où les paysans souffrent à la fois des mauvaises récoltes de blé et de pommes de terre et de la fermeture des chantiers de construction pour les chemins de fer, (qui licencient plus de cinq cent mille ouvriers à travers toute la France), ont

1. Il n'est pas question ici de reprendre le récit politique de cette révolution manquée. La célébration du centenaire a été l'occasion de nombreuses publications et études commémoratives : récits continus comme l'*Histoire de la Révolution de 1848 en France,* de J. DAUTRY, ou bien travaux d'une érudition plus ou moins poussée, publiés aux Presses Universitaires.

frappé la bourgeoisie non moins que les mécomptes financiers. De plus, les trop célèbres scandales de ces mêmes années, prouvant la concussion des administrations publiques, contribuent à discréditer le personnel en place. Enfin en 1847, au moment même où nombre d'acteurs de 1830 se détachent délibérément de Guizot et de son roi pour réclamer une réforme, les publications se multiplient qui réveillent dans la bourgeoisie cultivée le souvenir de 1789, en présentant des récits qui ne sont pas toujours concordants, mais raniment une sympathie révolutionnaire que le roi des barricades n'apprécie guère : Michelet, Louis Blanc et Lamartine publient presque simultanément leurs premiers volumes au printemps de 1847. La campagne des banquets de juillet 1847 à février 1848, cette tournée provinciale et gastronomique des partisans de la réforme électorale et parlementaire refusée par Guizot, joue aussi son rôle : les Thiers, Odilon Barrot et autres proposaient l'abaissement du cens électoral pour faire passer le corps électoral de 250 à 450 000 électeurs, et la réforme du statut des députés fonctionnaires qui formaient le gros de la majorité favorable au roi. Bien que la campagne des banquets soit bourgeoise et modérée, les radicaux (c'est-à-dire les républicains) y ont pris une part de plus en plus importante dès l'automne. Elle se situe dans cette atmosphère de mécontentement et d'exaltation.

Dans les derniers mois de 1847, publicistes et mémorialistes annoncent la Révolution de février : personne ne l'a préparée, aucun plan de réformes ou de réorganisation politique n'est prêt, même dans la poche d'un Louis Blanc — ou d'un Ledru-Rollin ; et pourtant, chacun la sent, la devine derrière les banquets et les émeutes, pressentiments d'une époque plus riche en intuitifs qu'en organisateurs. La deuxième République, de mars à mai 1848, est une généreuse improvisation, nourrie des souvenirs de la première, animée d'une confiance quasi mystique dans le peuple souverain et de foi aveugle dans la fraternité humaine ; c'est Lamartine, défenseur du drapeau tricolore qui « a fait le tour du monde », sûr du peuple plus que de lui-même : « une nation est incorruptible comme l'océan ». Les journées de février ont suscité l'enthousiasme d'un petit peuple urbain qui entrevoit la fin de ses misères ; la bonne entente momentanée des républicains modérés du *National* et des républicains socialistes de la *Réforme* dans le gouvernement provisoire est une promesse et même plus, une réalisation : l'établissement du suffrage universel, l'abolition de l'esclavage colonial, de la peine de mort pour crime politique, la création des Ateliers nationaux pour remédier dans l'immédiat au chômage parisien sont autant de mesures généreuses renouvelant et prolongeant l'œuvre de 1789-1793. Les clubs et les journaux, qui se sont multipliés, mieux que dans les premiers mois de la grande Révolution, entretiennent la pression politique sur le gouvernement provisoire dans une atmosphère bon enfant — qui n'a pas duré. Mais pendant quelques semaines, l'applaudissement des orateurs populaires, la bénédiction des arbres de la liberté par le clergé, les délégations pacifiques à l'Hôtel de Ville entretiennent l'impression d'un sûr triomphe du nouveau régime. Sans doute pour les socialistes, la nouvelle forme politique doit-elle être l'occasion et le moyen d'un affranchissement définitif des classes ouvrières ; cependant que les modérés voient moins loin ou plutôt regardent ailleurs : la province, qui a suivi sans protester, mais qui ne peut participer à l'exaltation révolutionnaire parisienne, à la vie ardente de ses clubs... Les Parisiens célèbrent en mars la révolution européenne : Milan et Berlin, Vienne et Francfort ; toute l'Europe, la Confédération germanique désunie et l'Italie morcelée, est secouée de ces révoltes urbaines qui réclament à la fois un régime libéral et l'unification nationale, refusés obstinément depuis 1815 par Metternich. Bien que les premières révoltes, en Italie, aient précédé l'insurrection parisienne de quelques semaines, les Parisiens ont l'impression que l'Europe s'éveille à leur appel pour libérer tous les peuples des servitudes politiques restaurées après les guerres impériales. Même si Lamartine, pacifique ministre des Affaires Étrangères, proclame la volonté de la République de ne pas s'immiscer dans les affaires intérieures de ses voisins, les Parisiens crient bien haut leur sentiment d'une solidarité internationale entre les mouvements populaires ; ils défilent encore aux cris de « Vive la Pologne » lorsque les affaires vont déjà plus mal. Cet optimisme qui n'est pas dépourvu de naïveté, la grandiloquence de ces tribuns et leur impréparation politique (les ministres du gouvernement provisoire ont dû garder le personnel de la Monarchie de Juillet) expliquent assez l'expression souvent employée et péjorative de « quarante-huitard », toujours en usage. Ce printemps précoce de 1848 tourne mal dès le mois de mai, et surtout en juin ; l'incapacité politique des dirigeants et l'âpreté de la lutte bourgeoise contre les démocrates en rendent compte ; mars-avril 1848 est pourtant resté dans la mémoire collective des ouvriers parisiens un grand moment d'espérance fraternelle : ce qui compte dans la vie psychologique d'un peuple.

Juin

La révolution a été confisquée par les républicains modérés lorsqu'en juin (22-24 juin), l'insurrection ouvrière est abattue par la garde nationale et les gardes mobiles, troupes nouvelles recrutées au lendemain de février parmi les jeunes chômeurs parisiens, par le gouvernement provisoire. De ces terribles journées, suivies d'une lourde répression, date le recul de la République ; conservatrice, elle légifère contre les classes populaires, puis se laisse subjuguer par le Prince-Président à la fin de 1851 ; privée définitivement de tout appui parisien, la seconde République a été le jouet de Louis-Napoléon Bonaparte.

Les journées de juin sont l'aboutissement du conflit entre les cent mille ouvriers rassemblés dans les Ateliers nationaux et l'Assemblée constituante, composée en majorité de monarchistes et de républicains modérés. Le suffrage universel n'a pas rendu de bons services à la République : en avril, il a élu une assemblée qui aurait pu s'accommoder de Louis-Philippe, voire de Louis XVIII ; quelques mois plus tard, il désigne à la présidence de la République le neveu de l'empereur. Inexpérience politique des neuf millions d'électeurs, dit-on. En réalité, la masse de la population qui est encore rurale, et qui n'a pas pu être touchée par la propagande républicaine — celle des sociétés secrètes avant 1848 ou celle des journaux et des clubs après février — a voté pour les notables ou pour Napoléon — c'est-à-dire pour ceux qu'elle connaissait : notaires, hobereaux, médecins déjà, qui se déclarent tous républicains et qui n'ont eu à combattre que les candidatures socialistes (ou communistes), celles des « partageux », des « rouges » ou des partisans du gouvernement provisoire qui vient d'augmenter les impôts de 45 p. 100 (les 45 centimes au franc) ; de même, ni Cavaignac général de l'armée (de métier) d'Afrique, ni Ledru-Rollin ne peuvent prétendre être connu des campagnes comme ce Louis-Napoléon Bonaparte que toute la légende napoléonienne édifiée par la génération romantique à force de lithographies et images d'Épinal a servi à merveille. Monarchistes et républicains modérés recueillent en avril presque autant de voix, et les mêmes, que Louis-Napoléon en décembre.

Entre cette Assemblée hostile au gouvernement provisoire et la seule réalisation sociale, inspirée par Louis Blanc, mal dirigée par Marie, que sont les ateliers nationaux, il n'y a pas d'accord possible : les revendications sociales en général font peur et la mentalité dominante reste celle des libéraux — en économie — de l'époque précédente. La caricature d'aide aux travailleurs parisiens réalisée au Champ de Mars facilite encore la tâche d'une majorité qui ne se fait pas de scrupules inutiles ; les ateliers coûtent cher, ne produisent pas, puisque rien n'a été fait pour utiliser les ouvriers selon leurs compétences ; les patrons qui ont siégé à la Commission du Luxembourg peuvent même prétendre sans vergogne qu'ils manquent de main-d'œuvre... La dissolution des ateliers nationaux cependant, venant après l'échec de Blanqui et Barbès le 15 mai, provoqua un soulèvement général des quartiers Est et Sud, du Panthéon au Père Lachaise ; pendant quatre jours, les gardes mobiles et nationaux, renforcés de gardes nationaux appelés de province, ont dû reconquérir, rue après rue, les quartiers insurgés. Dirigés par Cavaignac et d'autres généraux de l'armée d'Afrique habitués aux rudes coups de main de la conquête algérienne, les troupes de la république ont mené une répression sans merci, jusqu'au dernier bastion du faubourg Saint-Antoine, où l'archevêque de Paris, médiateur un soir de reddition, a trouvé la mort. Des centaines d'exécutions au lendemain du 26 juin, vingt-cinq mille arrestations, des milliers de déportations annoncent la répression de la Commune en 1871. Proudhon évoque ces journées :

> « Cette insurrection est plus terrible à elle seule que toutes celles qui ont eu lieu depuis soixante ans. Le mauvais vouloir de l'Assemblée en est la cause... Des massacres atroces de la part de la garde mobile, de l'armée, de la garde nationale ont eu lieu... On fusille à la Conciergerie, à l'Hôtel de Ville, quarante-huit heures après la victoire, on fusille les prisonniers, blessés, désarmés... on répand les calomnies les plus atroces sur les insurgés afin d'exciter contre eux la vengeance... Horreur ! Horreur ! »

Et Lamennais fait écho, maudissant Cavaignac, Falloux et les autres dans son dernier article, le 11 juillet :

> « Le peuple Constituant a commencé avec la République, il finit avec la République. Car ce que nous voyons, ce n'est pas, certes la République... mais autour de sa tombe sanglante, les saturnales de la réaction. Les hommes qui se sont faits ses ministres, ses serviteurs dévoués, ne tarderont pas à recueillir la récompense qu'elle leur destine... Chassés avec mépris, courbés sous la honte, maudits dans le présent, maudits dans l'avenir, ils s'en iront rejoindre les traîtres de tous les siècles... »

Journaux supprimés, clubs fermés, population désarmée, sauf les régiments de la garde nationale qui ont été éprouvés sûrs dans la lutte, le règne de la peur est arrivé ; les pleins pouvoirs de Cavaignac, les habiletés de la Constituante, puis de la Législative, la domination du parti de l'ordre où M. Thiers, Marrast, Falloux sont les maîtres, c'est la grande peur de 1848. Commencée dans l'union victorieuse de la bourgeoisie et des classes ouvrières, la république a perdu en juin ce premier visage : la lutte des classes lui prête maintenant son masque grimaçant ; mais la république avait été l'œuvre des ouvriers descendus dans la rue en février, elle a perdu ses défenseurs qui ne bougent plus, ni en décembre 1851, ni en 1852...

Thiers et Falloux

Animée par une majorité conservatrice, présidée par un ambitieux qui de l'Élysée prépare en toute quiétude un nouveau Brumaire, la république des années 1849-1851 se laisse entraîner par MM. Thiers, Falloux — et à l'occasion Montalembert — sur la voie d'un régime censitaire, protégé par le clergé et débarrassé de ses trublions encombrants. Louis-Napoléon Bonaparte pourra s'amuser ainsi à rétablir le suffrage universel et paraître plus républicain que ces députés conservateurs bornés : M. Thiers a légitimé la loi électorale qui élimine les classes populaires (trois millions d'électeurs sur neuf) par l'allongement du délai de résidence de six mois à trois ans : habile formule pour éloigner des bureaux de vote les ouvriers des compagnonnages, les journaliers ruraux, les victimes du chômage et de la crise récente ; pour le grand stratège de l'assemblée législative, c'est « écarter la vile multitude ». Loi électorale sans lendemain, où l'intention compte surtout. La loi Falloux du 15 mars 1850, qui porte atteinte au statut de l'Université impériale (et dont certaines dispositions n'ont jamais été abolies), est d'une autre importance, car elle organise « la liberté de l'enseignement » pour de longues années ; et tout en créant un motif profond de division scolaire en France, par l'institution d'un enseignement privé à côté de l'enseignement public, elle a ravivé et exalté l'anticléricalisme, qui éclate à l'époque suivante. Œuvre de catholiques, Montalembert et Falloux, la loi donne satisfaction à ces défenseurs de l'école « libre », qui pendant de longues années, avaient lutté sous Louis-Philippe contre le monopole de l'Université. Elle accorde aux particuliers le droit d'ouvrir des écoles, et de façon fort libérale, puisque l'unique obligation imposée à l'ouverture d'un cours secondaire privé est, pour le seul directeur, d'avoir enseigné ou surveillé cinq ans et de posséder un brevet de capacité ou le baccalauréat ; dans l'enseignement primaire, les ministres des cultes autorisés sont de droit instituteurs sans autre formalité. La loi autorise de plus les municipalités et conseils d'arrondissement ou de département à subventionner tous ces établissements, – après avis du Conseil académique. D'autre part, la loi Falloux place l'enseignement public sous le contrôle du clergé : l'instituteur est sous la tutelle du curé et du maire ; les congréganistes peuvent être instituteurs publics ; les écoles normales peuvent être supprimées par simple décision du conseil général ou par un arrêté ministériel ; l'enseignement secondaire est aussi sous contrôle ecclésiastique, par l'intermédiaire des Conseils académiques où entrent des membres du clergé. Malgré l'opposition de tous les libéraux de l'Assemblée législative, Victor Hugo en tête et même Cavaignac, la loi Falloux fut adoptée à une large majorité, entraînée en particulier par M. Thiers – persuadé que tous les instituteurs sont socialistes – et freinée par des catholiques eux-mêmes, tels l'abbé Dupanloup et Roux-Lavergne. La lutte oratoire du petit voltairien Thiers et de Victor Hugo suffit à caractériser le débat et les deux états d'esprit. Thiers affirme :

> « Je suis prêt à donner au clergé tout l'Enseignement primaire... je demande formellement autre chose que ces instituteurs laïques, dont un trop grand nombre sont détestables... je demande que l'action du curé soit forte, beaucoup plus forte qu'elle ne l'est, parce que je compte beaucoup sur lui pour propager cette bonne philosophie qui apprend à l'homme qu'il est ici pour souffrir... Je dis et je soutiens que l'Enseignement primaire ne doit pas être forcément et nécessairement à la portée de tous ; j'irai même jusqu'à dire que l'instruction est, suivant moi, un commencement d'aisance, et que l'aisance n'est pas réservée à tous...

Cependant Victor Hugo répond :

> « L'Enseignement primaire obligatoire, c'est le droit de l'enfant, qui, ne vous y trompez pas, est plus sacré encore que le droit du père... Un immense Enseignement public donné et réglé par l'État, partant de l'école du village, et montant de degré en degré jusqu'au Collège de France, plus haut encore, jusqu'à l'Institut de France ; les portes de la Science toutes grandes ouvertes à toutes les intelligences. Partout où il y a un esprit, partout où il y a un champ, qu'il y ait un livre ! Pas de commune sans une école ! Pas une ville sans un collège !... Je repousse votre loi. Je la repousse parce qu'elle confisque l'Enseignement primaire, parce qu'elle dégrade l'Enseignement secondaire, parce qu'elle abaisse le niveau de la science, parce qu'elle diminue mon pays... »

Le Prince Président approuve cette loi qui donne toute satisfaction au clergé (encore que quelques évêques et Veuillot l'ultramontain aient réclamé plus, ou protesté contre le contrôle de l'hygiène institué dans les écoles privées) ; devenu empereur, il complète la loi Falloux par l'institution du serment, par une épuration qui frappe Guizot, Michelet, Quinet et par de nouvelles réformes qui suppriment les agrégations de philosophie, histoire, lettres et grammaire (remplacées par une seule dite de lettres), celles de mathématiques, physique, chimie et science naturelle (une seule de sciences), imposent le port constant de la robe, ordonnent aux professeurs de raser leurs moustaches...

En décembre 1851, Louis-Napoléon Bonaparte se débarrasse de ses plus coriaces adversaires ; un an plus tard, il proclame l'Empire : la lourde dictature des premières années n'a pas duré. Napoléon III, à l'inverse de beaucoup d'autres amateurs de pouvoir personnel, adoucit le régime après 1860, et finirait presque comme il a commencé : en président d'une république parlementaire. Mais ses hésitations et ses reculs n'importent plus : la France vit enfin sous son règne sa révolution industrielle, connaît une prospérité jamais vue, s'ouvre au monde — au moins au monde colonial — dans une atmosphère de conquête positive, de progrès technique et scientifique qui annonce des temps nouveaux. L'heure romantique est passée et le temps des révolutions de faubourgs aussi.

ORIENTATION BIBLIOGRAPHIQUE

A. JARDIN et A.J. TUDESQ, *La France des notables, 1815-1848,* 2 vol., 1973.

Louis CHEVALIER, *Classes laborieuses et classes dangereuses à Paris pendant la première moitié du* XIXe *siècle,* 1959.

Albert BEGUIN, *L'Ame romantique et le rêve,* 1956.

Jean GUÉHENNO, *L'Évangile éternel, Étude sur Michelet,* 1927.

André MAUROIS, *Olympio ou la vie de Victor Hugo,* 1954.

André MAUROIS, *Lélia ou la vie de George Sand,* 1952.

Max MILNER, *Littérature française* XIXe *siècle,* t. 1, 1820-1843, 1973.

Michel LIOURE, *Le Drame de Diderot à Ionesco,* 1973.

Charles LEDRÉ, *La Presse à l'assaut de la monarchie 1815-1848,* 1960.

Maxime LEROY, *Histoire des idées sociales en France, de Babeuf à Tocqueville,* 1950.

Armand CUVILLIER, *Hommes et idéologies de 1840*, 1956.

Georges DUVEAU, *1848,* 1965.

Maurice AGULHOU, *1848 ou l'apprentissage de la république 1848-1852,* 1973.

Jean CLAY, *Le Romantisme,* 1980.

CHAPITRE XV

La France positiviste 1850-1900

Ce grand demi-siècle a vécu, surtout de 1850 à 1880, une transformation des genres de vie, un renouvellement des activités économiques qui laissent loin derrière les précédents mouvements de populations, les innovations techniques et scientifiques des siècles passés. Acteurs d'une seconde et d'une troisième révolution industrielle, nous sommes tentés d'oublier combien le XIXe siècle a renouvelé déjà la vie des Français. S'il est vrai que l'homme de 1870 est encore très proche de son ancêtre du XVIIe ou du XVIIIe siècle — surtout s'il est campagnard — les années 1880 semblent bien des années décisives ; le grand tournant est là, cette expression déjà citée s'impose sans nul doute plus pour le XIXe siècle que pour le XVIe. La vie quotidienne de millions d'hommes commence à se transformer et le mouvement ne fait que s'accélérer ensuite : conditions matérielles et intellectuelles, niveaux de culture comme alimentation se trouvent profondément modifiés. Le tournant du XVIe touche quelques centaines de milliers d'individus ; celui du XIXe, les masses. En ces temps la machine à vapeur, fixe ou mobile, commence à fournir aux hommes une énergie dont les rendements, décriés au milieu du XXe siècle, n'y sont pas moins très supérieurs à ceux de l'eau courante, de l'homme ou du cheval — au moment où le fer, la fonte et l'acier prennent une place grandissante dans l'architecture comme dans la vie domestique : de la Tour Eiffel à la popularité inépuisable jusqu'au Godin de nos grands-pères. La première révolution industrielle bouleverse villes et campagnes, la vie financière de la Bourse fiévreuse et l'économie multiséculaire du village languedocien ou auvergnat avec une force, une puissance, qui impose des adaptations immédiates, malgré le protectionnisme, cette aide de l'État qui parut alors la seule sauvegarde.

Les tenants et les aboutissants de ces transformations subies plus que voulues, peu de Français à l'époque les réalisent avec une conscience claire ; sans doute parce que progrès technique et progrès scientifique ne sont pas liés aussi étroitement qu'aujourd'hui : de l'invention à la vulgarisation technique de celle-ci, la marge reste grande et les années nombreuses ; mais de la recherche scientifique à l'invention technique, quel autre fossé ! La marmite de Papin date des années 1680 ; les premières locomotives sont construites un bon siècle plus tard ; la conquête de la France par les voies ferrées n'intervient qu'après 1850, dans cette période-ci. Cependant les mieux informés des contemporains de Napoléon III et de Mac-Mahon, ceux qui ont feuilleté Saint-Simon et maintenant se passionnent en lisant Auguste Comte et Renan, n'hésitent point : l'ère industrielle est le corollaire de l'essor scientifique, du progrès qui s'annonce dans toutes les sciences et qui accroît sans cesse la prise de l'homme sur la nature et sur lui-même ; physique, chimie, médecine, astronomie surtout attestent le triomphe proche des mathématiques. Cette génération, qui répudie les élans mystiques du romantisme, qui vante le réalisme même le plus prosaïque, est aussi passionnée pour la science rationaliste, mais d'une passion raisonnée en train de triompher, qui inspire toute l'élite étudiante des années 1860, tout ce personnel convaincu de la troisième République, qui œuvre de 1877 à 1890, et même au-delà, puisque Clémenceau, par exemple, en est un bon représentant.

Le triomphe du scientisme dans un pays renouvelé dans ses structures sociales et économiques, s'accompagne (le terme est prudent, mais peut-on affirmer plus, un lien de cause à effet ?) d'une vie publique nouvelle où les sentiments démocratiques tiennent la plus grande place, supplantant, un siècle après la Révolution de 1789, la foi monarchique qui se survit à grand-peine dans quelques bastions inégalement résistants : le Quartier latin bien sûr, et quelques recoins provinciaux, cantons bretons ou Maillanne de Mistral... Cependant la vie des classes ouvrières se transforme, favorisée par l'énorme appel de main-d'œuvre pour l'équipement industriel, par la hausse des salaires et les progrès de l'urbanisme ; et la pensée ouvrière poursuit sa carrière, liée au mouvement contemporain des idées et séparée à la fois, animée toujours par les cadres parisiens qui, depuis longtemps, fournissent hommes d'action et écrivains, stimulée par l'exemple parisien qu'est la Commune de 1870 et ses audacieuses initiatives. Ici et là, de nouveaux aspects de la vie française prennent corps, se consolident avec un bonheur inégal suivant les moments et les lieux : après 1895, le temps des organisations solides apporte les consolidations nécessaires et consacre l'avènement des « prolétaires » à la vie nationale.

1. La première révolution industrielle : une nouvelle France économique et sociale

Sans trop s'avancer, n'est-il pas possible d'affirmer que la France de la seconde moitié du XIXe siècle a vécu sa première grande transformation industrielle ? Après tant d'initiatives malheureuses de l'État, tant de manufactures végétant malgré les subventions, les commandes, les privilèges dès Colbert, après le temps des fabricants qui ne fabriquaient pas, mais groupaient ou distribuaient matières premières et production artisanale, ce pays, qui est encore en 1850 plus riche d'artisans que d'ouvriers et qui produit toujours son fer au bois dans les plateaux et montagnes forestières et ignore presque le haut fourneau au coke, se renouvelle de façon décisive, s'industrialise d'un mouvement continu, malgré les crises de la spéculation et de la surproduction – nouveau type de crise économique promis à une longue destinée, semble-t-il. C'est la naissance de la France contemporaine où les villes grandissent et les campagnes commencent à se dépeupler brutalement, où Paris et la Seine gagnent un million d'habitants tous les vingt-cinq ans et construisent plus de cinquante mille immeubles au même rythme. Dans cette France saint-simonienne (où les industriels protestants sont sans doute aussi nombreux et efficaces que les disciples d'Enfantin), quel est l'élément moteur de la transformation ? La machine à vapeur joue assurément un grand rôle, puisqu'elle entraîne avec elle le renouveau des transports et le rééquipement des grandes industries. Mais, dans ce pays qui produit encore peu de charbon et qui manque de capitaux à investir, la grande industrie naissante, métallurgique, n'a pu se développer sans la généralisation de l'association financière, sans la multiplication des établissements de crédit, sans même l'abondance extraordinaire de l'or (pendant les vingt premières années). L'essor de l'économie française et ses crises (de 1873 à 1895) sont liés évidemment au rythme de l'économie européenne et mondiale ; y compris les conséquences les plus apparemment nationales, comme la colonisation, puis l'impérialisme des années 1880. Des Péreire et Tabalot jusqu'à Jules Ferry, défenseur d'une grande politique coloniale, c'est le capitalisme libéral français qui ne cesse de progresser.

Les chemins de fer

L'équipement des industries françaises en machines à vapeur s'est fait à un rythme rapide : de 6 000 en 1848, elles sont déjà 28 000 en 1870, équipant près de 23 000 établissements et représentant une puissance de 340 000 chevaux-vapeur. Ce mouvement, qui se poursuit au-delà de 1870 (84 000 en 1900 pour 2 millions de chevaux-vapeur) et jusqu'à la veille de 1914, explique la stagnation des effectifs ouvriers pendant cette période (même s'il faut tenir compte d'une définition plus précise de l'ouvrier, à mesure que progressent les grandes usines, au détriment de l'artisanat et des chambrelans) ; mais cette progression qui rend compte à elle seule des bonds en avant de la production (de toutes les industries, textiles comme alimentaires) a sans doute moins visiblement bouleversé — malgré hautes cheminées et forêts de courroies dans les usines — la vie française que la machine mobile, la locomotive. Le chemin de fer devient en quelques décennies le moyen de transport long par excellence : capable à la fin du siècle de ruiner la batellerie fluviale ou canalisée, sur la Garonne et la Loire, il anime, complété par un réseau routier de 400 000 kilomètres, jusqu'aux bourgs les plus reculés, au moment même où l'automobile va le relayer : 3 000 kilomètres en 1850, 17 000 en 1870, 45 000 à la fin du siècle, la voie ferrée dispose de plusieurs centaines de milliers de wagons, 12 000 locomotives et fait vivre près d'un demi-million de « cheminots »... C'est sous le second Empire que se sont fondées les compagnies qui se partagent les grandes lignes rayonnant autour de Paris, à la façon des routes royales héritées du XVIIIe et de la monarchie bourgeoise. Les réseaux, qui ont subsisté jusqu'en 1937 et se sont prolongés après la nationalisation sous les noms de régions, ont été fondés au début de l'Empire : Nord, Paris-Orléans, Paris-Lyon et Lyon-Méditerranée en 1852 ; Midi, ct l'éphémère Grand Central en 1853 ; l'Est et l'Ouest en 1854... Paris-Lyon-Méditerranée est une fusion postérieure (1862). Ainsi toute une activité nouvelle a pris place dans le pays, devenue rapidement indispensable, transformant les régions les plus éloignées des grands centres. Mais la construction, la réalisation de cet équipement ferroviaire ont nécessité un effort économique extraordinaire : les capitaux indispensables à ces grandes entreprises, que sont les compagnies, ne peuvent être rassemblés que par la Bourse ; la production métallurgique française est encore trop faible pour satisfaire aux besoins et l'Angleterre fournit aciers et locomotives pendant de longues années, malgré tous les progrès des industries françaises dans le Centre et le Nord-Est ; la construction de l'infrastructure (ballasts, tunnels, ponts, gares) déplace à travers la France des dizaines de milliers d'ouvriers du bâtiment, appel de main-d'œuvre sans précédent sur les campagnes, les petites villes encore somnolentes. Assurément les compagnies de chemins de fer ont récupéré, de façon ou d'autre, une partie du personnel de roulage sur les grandes routes : entre Marseille et Lyon,

50 000 rouliers vivaient de la route en 1850 ; mais le bouleversement ferroviaire, dès l'époque de la construction, est très grand : Thabault dans sa monographie sur Mazières-en-Gâtine l'a remarquablement montré. Mais ces migrations sont mal connues.

La consommation de houille et de fer, à cause de cet équipement ferroviaire, dépasse la production, malgré les gros progrès réalisés dans toutes les régions de France, et spécialement dans le Nord, qui prend le premier rang sur le bassin stéphanois au cours du second Empire ; l'emploi du convertisseur Bessemer, les perfectionnements apportés par Siemens et Martin au four à puddler dans les années 1860-1870 permettent d'accroître la production de fer et d'acier dont les usages se multiplient : dès l'Exposition de 1867, des ponts, des navires, des phares sont présentés tout en fer, sans parler des charpentes métalliques qui deviennent un élément essentiel de l'architecture nouvelle. La production de houille s'élève en 1850 à 4 millions de tonnes ; la consommation à 7,5 millions ; en 1870, les chiffres respectifs sont 13 et 18. Le mouvement se poursuit : en 1899, grâce au bassin du Nord qui passe de 4 à 20 millions, la production atteint 33 millions ; mais la consommation est de 45 millions. Les progrès de la fabrication de l'acier, l'utilisation du fer lorrain, grâce au procédé Thomas après 1878, ont permis par contre de réduire le déficit métallurgique : en 1870, la France produit 110 000 tonnes d'acier, en 1880, 380 000 tonnes, en 1903, 4 630 000. Cependant les industries métallurgiques ne sont pas concentrées et n'ont pas adopté les techniques les plus perfectionnées, en quelques années ; à la fin du second Empire, elles sont encore dispersées — outre les quatre grands centres : Nord, Lorraine, Saint-Étienne et le Creusot — dans la France entière, depuis les Landes jusqu'à la Basse-Indre, l'Ardenne, la Seine-Inférieure. Le Comité des Forges constitué en 1864 organise la profession de maîtres de forges qui groupe d'abord les plus grands noms de l'époque : Wendel et Schneider, les Cail de Paris, Marrel de Rive-de-Gier. Dès la fin du second Empire, les Schneider disposent au Creusot de 15 hauts fourneaux,

13. Les chemins de fer en 1890.
(D'après Lartilleux, *La S.N.C.F.*, éd. Chaix, p. 98)

A la fin du XIXe siècle, lorsque paraît l'automobile, c'est l'équipement ferroviaire maximum du pays ; les départements complètent les réseaux édifiés par les compagnies avec les petits « tortillards » ; les voies d'eau ne sont animées que dans le Nord de la France. La vie du rail est la vie économique de la France. Comparer à la carte des routes de poste à la fin du XVIIIe siècle, p. 119.

30 marteaux-pilons, 130 fours à puddler, 85 machines à vapeur : et ils emploient 10 000 ouvriers. Des établissements importants, bien équipés, se créent et progressent, grâce auxquels le prix de la tonne d'acier diminue de moitié en vingt ans, tandis que végètent les petites forges forestières de l'Aveyron ou du plateau de Langres, en attendant la fermeture. La région stéphanoise possède ainsi les aciéries de la Marine à Saint-Chamond et à l'Horme et les petits ateliers d'armuriers qui travaillent encore à domicile dans des conditions plutôt mauvaises ; les établissements de Wendel animent la grande métallurgie lorraine alors que les petits ateliers de la Haute-Marne voisine produisent toujours du fer au bois. La métallurgie prend ainsi forme, éliminant lentement les vieux procédés artisanaux, fixant sur les bassins houillers — et bientôt sur les grands gisements de fer — la sidérurgie lourde, hauts fourneaux, aciéries, tréfileries et laminoirs et maintenant dans quantité de centres traditionnels la métallurgie différenciée qui produit outillage industriel, clous, couteaux, faux et faucilles... puis vers 1890, se tourne vers la bicyclette — en attendant l'automobile — et un autre destin.

Banques et sociétés anonymes

Grandes compagnies de chemins de fer et grosses entreprises métallurgiques, sont menées par ces fortes personnalités du temps, liées les unes aux autres par tant d'alliances familiales ou par contrats d'affaires, siégeant à la fois aux conseils d'administration et au Corps législatif, véritables maîtres de la France nouvelle, tels Eugène Schneider ou Paulin Talabot ; un polémiste de l'époque dénombre en 1869 ces maîtres de chemins de fer et de la grande métallurgie, des paquebots et du gaz, des banques et des sociétés de crédit, et il en trouve 183. Soixante ans plus tard, journalistes et chansonniers parleront des 200 familles. Réalité déformée, qui vit et se survit à la façon d'un mythe. Tous ces grands établissements ont dû se constituer avec l'aide de l'épargne publique, avec l'appui du crédit. Dans ce domaine, l'œuvre importante a été réalisée sous le second Empire. D'une part « pour favoriser le développement du Commerce et de l'Industrie en France », sont créées les principales banques françaises, qui vont former l'armature bancaire de la France contemporaine. Le Crédit foncier fondé en 1852, le Crédit mobilier (des Péreire) de la même année et qui est le seul grand établissement de crédit à ne pas se maintenir, victime à la fois des ambitions démesurées de ses dirigeants, nouveaux Law, disait-on, et de ses concurrents ; le Comptoir d'Escompte de 1853 ; le Crédit Lyonnais (1863) ; la Société Générale (1864). Le Crédit Foncier, fondé avec un capital de 60 millions, accuse 250 millions à la fin du siècle. Multipliant, comme la Banque de France elle-même, à partir de 1857, les succursales provinciales, elles fournissent un réseau très souple, adapté au commerce et aux industries locales, drainant les fonds plus que organismes de prêts pendant longtemps ; elles épongent l'épargne aisée qui recherche les titres de 500 ou 1 000 F, et qui veut des placements sûrs, recommandés par les directeurs d'agence en qui le client a confiance. Elles relaient les banques anciennes, petites banques régionales qui ont cependant pris leur part du renouveau économique, mais aussi les banques parisiennes (Mallet, Rothschild, Mirabaud) qui sont surtout tournées vers les emprunts d'État et les affaires internationales. Spécialisées de façon très inégale, (le Crédit foncier par exemple dans les prêts hypothécaires), banques d'affaires pour la plupart, elles assument un rôle essentiel dans la vie économique (que ne jouent pas les Caisses d'épargne, municipales ou nationales, qui attirent les capitaux des petits épargnants, au seul bénéfice des finances publiques).

D'autre part la fondation des grandes entreprises s'est trouvée accélérée après 1867, une loi nouvelle ayant fourni toutes les facilités souhaitables au développement des sociétés anonymes qui se multiplient à l'époque. Les déclarations permettent d'en suivre le rythme : 191 en 1868, 200 en 1869, 223 en 1870... Les sociétés anonymes par actions se constituent grâce aux capitaux rassemblés par la vente des actions ; elles sont dirigées par des conseils d'administration désignés dans les assembles générales d'actionnaires, où chaque participant a autant de voix qu'il dispose d'actions : ce qui, dans les faits, favorise les seuls gros participants ; les détenteurs, les plus nombreux, de quelques actions, se contentent de toucher leurs coupons, sans se soucier des assemblées ; d'où la souplesse, très supérieure à celle des sociétés en commandite déjà existantes, de la nouvelle formule, qui permet à la fois de rassembler des capitaux imposants et de les laisser à la gestion de petits groupes, souvent unis par leur participation commune à de grandes affaires similaires et liés par des intérêts communs : aussi bien les valeurs cotées se multiplient-elles en Bourse, d'année en année, et de façon continue, malgré les crises, jusqu'à la guerre de 1914 — concurremment il est vrai avec la spéculation sur les fonds d'État, français et étrangers, qui ne cessent d'intéresser un certain nombre de banques et leur clientèle. Mais dès le second Empire, l'argent et la Bourse sont devenus un thème littéraire banal, de Feydau à Zola : c'est le monde des grands financiers ; et l'armée très nombreuse des employés de banques forme la piétaille indispensable de ces activités nouvelles.

Les grands magasins

Le progrès des transports et de la production industrielle a entraîné aussi l'essor des métiers du commerce jusque dans les campagnes où l'auberge se double d'une épicerie-bazar au matériel hétéroclite, qui ruine les colporteurs en quelques années. Mais le mouvement est plus net encore dans les villes, à cause de la création des grands magasins : galeries de tous noms, et nouvelles galeries, faute d'imagination ; grands établissements parisiens, du Bon Marché à la Samaritaine ; Le Bon Marché en 1852 ; le Louvre en 1855 ; le Printemps en 1865 ; la Samaritaine en 1869 ; les Galeries La Fayette en 1889. A l'essor de ces magasins est lié le progrès de l'élégance féminine urbaine, que Michelet a cru voir en 1842, lorsque le prix du coton s'est effondré ; mais qui ne connaît la page célèbre du *Peuple :*

> Toute femme portait jadis une robe bleue ou noire qu'elle gardait dix ans sans la laver, de peur qu'elle ne s'en allât en lambeaux. Aujourd'hui son mari, pauvre ouvrier, au prix d'une journée de travail, la couvre d'un vêtement de fleurs. Tout ce peuple de femmes, qui présente sur nos promenades un éblouissant iris de mille couleurs, naguère était en deuil.

L'année 1842 n'a certes pas suffi à faire ce printemps féminin ; les grands magasins ont leur part de cette « révolution » ; et les campagnardes restent encore longtemps « en deuil ». Ces grosses maisons ont connu un succès que nous n'imaginons plus, habitués que nous sommes au service libre et aux nouveaux circuits de distribution des supermarchés. Zola l'a bien vu : c'est le « bonheur des dames » qui peuvent voir et revoir, sortir sans acheter, revoir et revenir, payer sans marchander, palper sans essayer... Tout un rythme et aussi toute une technique nouvelle du commerce de détail : à la veille de la publicité et de ses réussites sensationnelles au XXe siècle, le grand magasin de la fin du XIXe siècle est le premier stimulant du commerce nouveau ; aussi bien là encore jouent la concentration et surtout l'élargissement du marché intérieur. La fonction commerciale se développe, ses effectifs doublent entre 1860 et 1900.

Cet essor économique et industriel a trouvé enfin une aide d'une efficacité extraordinaire dans l'accroissement de la circulation monétaire : la découverte et l'exploitation de mines nouvelles en Californie vers 1850, plus tard au Transvaal, ont amené sur l'Europe et la France un flot d'or qui explique pour une part l'élévation des salaires et l'accélération des échanges, pendant une bonne vingtaine d'années. Au bénéfice d'abord de ces maîtres de forges, de ces grands industriels, de ces membres de conseils d'administration, qui sont dans une large mesure les nouveaux riches de ce XIXe siècle, parfois partis de rien (tant Paris, sinon la France, est le lieu d'une poussée économique « à l'américaine »), plus souvent mis en selle par les réussites (qui furent surtout financières) de l'époque précédente :

14. Les industries métallurgiques en cours de révolution : 1850-1880

Carte dressée d'après les indications recueillies dans G. Duveau, *La Vie ouvrière sous le second Empire*. C'est le moment de la grande adaptation. Les fours au bois se sont maintenus longtemps ; quantité de petits centres abandonnent la fonte pour se consacrer au travail différencié uniquement. Les découvertes de Thomas et Gilchrist viendront encore modifier cette carte à la fin du siècle, ainsi que les progrès de l'électro-métallurgie : au profit de la Lorraine, du Nord, des Alpes.

Cognac-Jay de la Samaritaine, bien connu de ses acheteurs attendris sur ce beau destin par toute une publicité familiale, parfois maladroite ; Boucicaut de même ; et les obscurs, comme ce filateur normand, Fouquet Lemaître, ouvrier devenu maître cotonnier, qui meurt laissant trente-deux millions. C'est pour ces nouveaux riches que le Paris d'Haussmann se reconstruit (sans doute de grandes préoccupations stratégiques ont-elles joué leur rôle, c'est acquis ; de même, les opérations financières très lucratives sur les expropriations : « Les Comptes fantastiques d'Haussmann », comme disait Jules Ferry). Le nouveau Paris, ce sont de beaux immeubles sur les boulevards, aux perspectives bien dégagées, sur lesquelles piaffent les chevaux des fiacres ; ce sont les « folies » des Champs-Élysées, d'Auteuil et de Passy, les théâtres où la vie parisienne, légère, frivole, style Belle Hélène et opéra-bouffe, déroule des fastes d'un goût parfois douteux ; les Tuileries donnent le ton et le faubourg Saint-Germain boude, hautain ; c'est pour ces nouveaux riches encore que les premières villégiatures estivales s'organisent ; proches de Paris, où les affaires retiennent ce monde de spéculateurs inquiets : Deauville, Dieppe et Enghien, puis les stations thermales plus éloignées, Vichy, Royat, Plombières ; mais c'est encore pour ce même monde que naît, entre 1860 et 1880, la haute couture parisienne — bénéficiaire, comme la confection, de la machine à coudre — qui habille une clientèle élégante et de plus en plus internationale : de grandes maisons comme Paquin ont, et gardent jusqu'au siècle suivant, une renommée en Angleterre et aux États-Unis, malgré la concurrence de Vienne et Berlin. Ainsi cet essor du capitalisme financier, commercial et industriel, a favorisé Paris, à cause de l'avance acquise, à cause de la centralisation administrative, et ferroviaire, et bancaire : une capitale nouvelle se fonde, illuminée au gaz.

Financiers associés en groupes puissants qui sont souvent en rivalité, spéculateurs hardis qui se font un métier de jouer à la Bourse, en « coulisse », industriels, hommes d'affaires qui ne dédaignent pas l'action politique utile — qui ne connaît la charge terrible d'Alphonse Daudet, *Numa*

Roumestan ? – tout ce monde enfiévré, cosmopolite, mêlé de relations étrangères importantes, est dans une large mesure une « féodalité du rail », fille du raccourcissement des distances et de l'essor industriel qu'ont signifiés les chemins de fer. Mais ceux-ci ont bouleversé aussi la vie rurale : de façon moins visible sans doute, en ce sens que l'éclat de la ville, le bruit de ses scandales répercuté par une presse meilleur marché, sans ménagements pour les grands de ce monde dès que le malheur les abat, l'attrait d'une capitale plus brillante qu'elle n'a jamais été, dans son clinquant même, toute cette splendeur urbaine a rejeté dans la grisaille les commencements paisibles d'une révolution agricole, qui n'est pas encore achevée.

Spécialisation et innovations rurales

La circulation accélérée et facile des produits de la terre – mais aussi des engrais et des machines – explique la spécialisation régionale, qui est le grand progrès agricole de la fin du siècle : inégale suivant les régions, plus ou moins rapide selon la structure de la propriété et de l'exploitation, cette transformation que réalise la commercialisation massive des produits, a commandé la vie agricole pour un siècle jusqu'à la crise actuelle. L'exemple le plus frappant – car chaque région réagit différemment, et les thèses de l'école géographique française, de la *Picardie* de Demangeon à la *Basse Alsace* d'E. Juillard, en témoignent – est celui du Languedoc : pays de polyculture méditerranéenne, vignoble de la Coustière, pacages de moutons transhumant l'été dans les Cévennes, et labours de blé dans la plaine, le Languedoc après la construction du chemin de fer s'est voué à la vigne, abandonnant presque complètement les cultures anciennes en une dizaine d'années. Simultanément, la viticulture a délaissé le Nord ; d'une façon générale, le sens de la spécialisation est clair, c'est une adaptation aux conditions climatiques régionales, abandonnant les préoccupations de suffisance que comportait la polyculture traditionnelle. Ici et là, dans le Comtat, l'irrigation perfectionnée a permis de remédier à la sécheresse estivale : débuts d'une réussite qui ne s'est plus démentie ; ailleurs les sols siliceux de la Creuse et de Combraille sont améliorés par le chaulage, si bien que les surfaces cultivées en blé ne diminuent pas, au total. La facilité des échanges permet l'essor d'un marché national, et bientôt international, pour les produits les plus fragiles d'abord : fleurs de la Côte d'Azur, primeurs de Bretagne et du Midi méditerranéen, fruits...

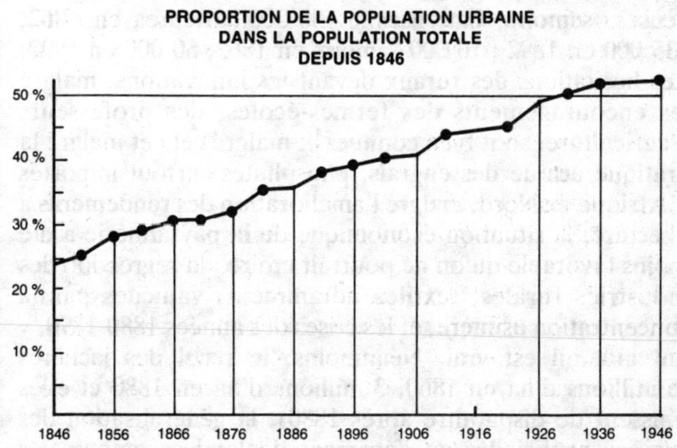

15. POPULATION RURALE ET POPULATION URBAINE DU XIXe AU XXe SIÈCLE

L'exode rural : un mouvement séculaire. Sur le plan démographique, le fait essentiel de la France actuelle.

Cependant cette spécialisation n'a pas entraîné de modifications fondamentales dans la propriété et l'exploitation. Dans des pays voisins, Allemagne et Angleterre, où la grande exploitation est plus importante, la deuxième moitié du XIXe siècle a vu un exode rural beaucoup plus net et une extension considérable de ses modes de culture. Le mouvement le plus net, celui de dépopulation rurale, encore que la population des campagnes reste majoritaire en 1900 (59 p. 100), n'implique pas un progrès de la grande propriété, mais essentiellement le départ des journaliers vers les villes et une augmentation de la superficie de la petite propriété exploitante ; mais sans grand regroupement des terres. La solidité des traditions n'a pu empêcher la conversion des cultures, le recul du blé en Normandie, de la vigne en Aquitaine ; elle a maintenu le morcellement des sols, la répartition des lots sur chaque partie du terroir communal. D'où les lents progrès de l'outillage, faucheuses, moissonneuses, semoirs, batteuses... 100 000 batteuses en 1862, 235 000 en 1892 ; 10 000 semoirs en 1862, 50 000 en 1892. Les hésitations des ruraux devant les innovations, malgré les encouragements des fermes-écoles, des professeurs d'agriculture, sont bien connues [1] ; malgré cela et malgré la pratique accrue des engrais, phosphates surtout importés d'Afrique du Nord, malgré l'amélioration des rendements à l'hectare, la situation économique de la paysannerie a été moins favorable qu'on ne pourrait croire ; la régression des industries rurales, textiles notamment, vaincues par la concentration usinière, et les crises des années 1880-1890, y ont aidé, il est vrai. Néanmoins, le recul des jachères (5 millions d'ha en 1860, 3 millions d'ha en 1880 et elles finissent de disparaître après 1880), la généralisation des prairies artificielles au détriment de landes communales bien souvent, l'amélioration des forêts qui trouvent de nouveaux débouchés, et, entretenues par les Eaux et Forêts, deviennent d'un rapport sans cesse croissant et témoignent sur l'ampleur de la rénovation agricole.

Le village aussi se transforme : sans doute compte-t-il toujours de ces paysans-artisans, qui, dans l'économie traditionnelle, cumulant deux métiers, fournissaient au paysan l'essentiel des produits fabriqués — roues, outils, pièces de tissus — nécessaires. Mais leur nombre recule en proportion directe de la proximité du chemin de fer : les villages se

1. THABAULT, *Mon village*, qui analyse toutes ces réalités psychologiques fondamentales.

peuplent de petits fonctionnaires, instituteurs, facteurs et retraités, et surtout d'artisans à temps plein ; la place du bourg compte quelques magasins, cabarets surtout vivants le dimanche après la messe, épiciers, qui vendent quelques journaux par semaine et « font bazar », à la fois quincailliers et marchands de sucre ; dans les chefs-lieux de cantons, médecins, pharmaciens, notaires, percepteurs, charrons dépositaires de machines agricoles constituent une bourgeoisie rurale déjà importante, dont l'implantation dans des bourgs qui comptent moins de deux mille habitants contribue à dissimuler, dans nos statistiques, la diminution des effectifs vivant directement de la terre[1].

La France rurale reste donc très diverse : le fermier beauceron de la fin du XIXe siècle, qui compte dix à quinze chevaux à l'écurie, toutes les machines de l'époque sous le hangar, et récolte blé et betterave à sucre aux meilleurs rendements ; le métayer du Bourbonnais, qui prend chaque lundi les ordres du « maître » et partage les maigres récoltes à moitié ; le petit exploitant direct de l'Aquitaine, resté fidèle, grâce à un climat et un sol également favorables, à une polyculture encore rentable, sont personnages fort dissemblables ; et ils ont inégalement tiré parti de cette large ouverture sur le marché national qu'a offert l'équipement ferroviaire : même le métayer, qui est le moins bien placé, en a cependant profité.

La dépression de 1873

Ce demi-siècle n'a pourtant pas été une période de prospérité constante. La période de « lancement » elle-même, qui coïncide à peu près avec le second Empire, de 1850 à 1873, a connu des heurts, non négligeables, parce qu'ils ont affecté de façon différentielle la vie économique du pays : crise de spéculation de 1857, difficultés du textile après 1860, lorsque le traité libéral signé par Napoléon III ouvre le marché français aux produits anglais, prolongées

1. Cf. GARAVEL, *Les Paysans de Morette ;* THABAULT, *op. cit.*

jusqu'en 1866-1867 pour le coton, par la guerre américaine de Sécession ; s'il est vrai que l'industrie française a protesté en 1860, avant d'avoir souffert, il reste que cette tentative hardie de confronter l'économie industrielle et agricole française à celle de l'Angleterre, qui possédait depuis près d'un siècle une avance technique confortable, et s'était depuis dix ans vouée au libre échange, a troublé une vie économique limitée traditionnellement à un cadre national protégé. Dès 1871, le retour au protectionnisme préoccupe les successeurs de Napoléon III.

Mais leur triomphe est venu avec la grande dépression des années 1873 à 1895 : fait mondial, et non pas simplement français, la crise de 1873 peut être due à une raréfaction de l'or, doublée de l'abandon du bimétallisme dans de nombreux pays. Sans doute la France, restée encore fortement agricole, a-t-elle moins ressenti ce marasme que d'autres pays, comme l'Angleterre. Mais l'agriculture française a été touchée, à la fois par la baisse des prix due à l'essor des pays neufs, à l'afflux en Europe du blé américain, de la laine argentine et australienne — c'est le moment du grand déclin du troupeau ovin français — et par la crise viticole causée par le phylloxéra qui apparaît vers 1875 et se prolonge jusqu'en 1890, touchant la totalité du vignoble de la métropole ; reconstitué avec des porte-greffes américains, ce vignoble a perdu des positions importantes en Aquitaine, dans les Charentes, et a rencontré la concurrence nouvelle de la production algérienne. Les industries textile, chimique et métallurgique ont été touchées de 1882 à 1885 ; et pour l'industrie textile, avec le handicap particulier du transfert partiel des industries mulhousiennes sur le versant ouest des Vosges après l'installation allemande en Alsace. Le remède trouvé à cette nouvelle crise économique fut l'adoption en 1892 (après un premier essai en 1882-1883) des tarifs protecteurs de Méline ; ce conservateur vosgien a orienté l'économie française de façon décisive, puisque son protectionnisme n'a jamais été nettement révoqué jusque dans les années 1960 : la reprise qui suit 1895 s'est faite dans le cadre national, agrandi par les conquêtes impériales, il est vrai.

A cet égard, la dépression de 1873-1895 n'a pas eu d'autres conséquences en France que dans les autres pays de l'Europe occidentale également touchés ; l'expansion outre-mer apparaît comme une nécessité consciemment assumée par les gouvernements, puis plus tard par l'opinion publique qui évolue assez vite de 1885 à 1895 : l'Empire colonial français, œuvre, en premier lieu de chevaliers d'aventure, de missionnaires, isolés et mal soutenus des pouvoirs publics, devient seulement à partir de 1890-1892 une œuvre nationale. De cette définition, relève l'adjonction aux résidus du premier domaine colonial (Réunion, Saint-Pierre et Miquelon, Martinique et Guadeloupe, comptoirs du Sénégal et de l'Inde) des « conquêtes » de 1830 à 1870 : Algérie, Gabon, Cochinchine et Cambodge, Sénégal, Djibouti ; la grande époque est bien, de 1880 à 1900, celle qui donne forme à l'Empire avec la Tunisie, le Tonkin et l'Annam, l'Afrique Occidentale et l'Afrique Équatoriale, Madagascar, le Maroc enfin. La Ligue maritime et coloniale, société de propagande auprès de la jeunesse, le nouveau ministère des Colonies fondé en 1892 y ont une grande part. Cette œuvre a cependant suscité beaucoup de réticences dans la petite bourgeoisie parisienne restée très revancharde, dans les classes ouvrières hostiles au colonialisme par humanitarisme ; beaucoup d'ignorance enfin, surtout dans les milieux ruraux. Conçu par la bourgeoisie d'affaires comme un débouché sûr, protégé et vaste à la fois, pour la production industrielle et comme une source stable de matières premières, alimentaires et industrielles, l'Empire colonial a un rôle économique bien défini : nul ne doute aux environs de 1895 qu'il ne soit le « dépanneur » qui permettra de surmonter la crise. Très vite, l'exploitation de dix millions de kilomètres carrés, l'administration de soixante millions d'hommes, de langue, de culture, de couleur différentes, ont posé des problèmes difficiles, que les impérialistes de 1890 soupçonnaient à peine, les missionnaires exceptés : la prise de conscience est venue plus tard.

Néanmoins cette stagnation, dont les effets considérables ne peuvent être minimisés, ne peut dissimuler le gain d'ensemble, la progression économique de toute la période. La hausse des salaires, agricoles et industriels, si marquée jusqu'en 1880, le développement du commerce extérieur, qui dépasse dix milliards à la fin du siècle grâce aux grandes sociétés (Messageries maritimes et Compagnie transatlantique), grâce à Suez surtout qui fait la nouvelle fortune de Marseille — enfin l'amélioration générale du niveau de vie sont là pour l'attester : pendant les vingt années impériales, la consommation de blé augmente de 20 p. 100 (la boulangerie devient un métier libre en 1863) ; la consommation de sucre s'accroît de 50 p. 100, celle de la pomme de terre de 80 p. 100 ; celle du vin double, du café triple... chiffres globaux, qui n'ont pas une portée générale : le vin se fait plus fréquent sur la table paysanne ; mais non le café qui n'y est pas encore, et ne devient boisson populaire que dans les villes. L'alcool gagne aussi et sans doute plus à ce moment-là, dans les villes que dans les campagnes. Mais, au total, ces chiffres traduisent bien le progrès économique et, si la population s'accroît de 1850 à 1900 de quatre millions d'habitants (de trente-cinq à trente-neuf millions), c'est déjà par l'allongement de la durée moyenne de la vie, exprimant de meilleures conditions d'existence et les progrès de la médecine ; non par l'abondance des naissances, qui diminuent au contraire. C'est la conséquence normale, disent certains, d'une amélioration physiologique qui est évidente ; bien que moins sensible sans doute aux contemporains que les transformations de la rue, les usines nouvelles, les grands travaux entrepris à travers villes et campagnes, bouleversant les paysages familiers. Dans des villes qui déjà deviennent tentaculaires et dans des campagnes, où le pain blanc et la viande sont de consommation plus fréquente, les Français de la fin du XIXe siècle vivent mieux que parents et grands-parents d'avant 1850, même lorsque la misère, le chômage ou la maladie les guettent encore, dans un monde qui n'a pas cessé d'être dur.

2. Science et scientisme

Ce progrès économique n'est pas né d'une transformation sociale : la société capitaliste et libérale de la Monarchie de Juillet reste fondamentalement la même, mais elle dispose d'une puissance accrue sur les choses ; le profit qu'en tirent les maîtres de cette société est évidemment plus grand que celui du manœuvre et du salarié. Mais la source de ce profit est sans nul doute l'acquisition d'une maîtrise nouvelle sur la nature, sinon sur les hommes : maîtrise due au progrès scientifique qui s'accélère pendant le demi-siècle d'une façon encore jamais vue. C'est bien, suivant une expression heureuse, le début d'une seconde création : l'homme crée un monde nouveau.

L'Avenir de la Science

Dans l'Europe entière, les savants sont de plus en plus nombreux dans tous les secteurs de connaissance ; les sciences de la nature se diversifient, à tel point que le savoir universel, si longtemps possible, devient irréalisable, même dans une discipline seule, comme la physique ou la chimie. Expliquer comment et pourquoi tant de siècles de recherches empiriques ou méthodiques, de Descartes à Monge, de Mersenne à Kepler et Newton, d'Ambroise Paré à Jenner et Laënnec, deviennent prodigieusement féconds, entraînerait trop loin : il faudrait suivre les naturalistes pas à pas de Paré à Buffon et de Cuvier à Lamarck ; les mathématiciens, non moins prudemment, sur des voies plus difficiles, jusqu'à cette géométrie non euclidienne de Riemann, qui paraît une recherche de l'esprit pur au milieu du siècle et qui prend une telle importance cent ans plus tard. Il est plus important d'indiquer ici l'esprit dans lequel la science triomphe, au moment même où Renan s'en fait le héraut dans ce grand livre, *L'Avenir de la Science :* déclaration de confiance en la raison, sûre de ses moyens et fière des résultats obtenus ; la méthode scientifique, dialogue de l'hypothèse et de l'expérimentation, est magistralement exposée quelques années plus tard par Claude Bernard[1], et cette leçon de méthode s'encadre chronologiquement entre

1. *L'Introduction à la médecine expérimentale* est de 1862. *L'Avenir de la Science* a été écrit en 1848, mais publié plus tard.

les découvertes les plus brillantes de l'époque : de l'application stricte des mathématiques à l'astronomie (Leverrier et la planète Neptune déduite par calcul avant d'être observée) aux révélations de Pasteur sur la vie microbienne. Alors les spéculations d'Auguste Comte sur les trois âges de l'humanité paraissent se réaliser pleinement : elle entre dans l'âge positif, scientifique, où toute métaphysique perd sa raison d'être, parce qu'elle perd sa réalité. La génération spontanée disparaît des postulats de la médecine nouvelle ; la chimie de Berthelot réalise les premières synthèses (alcool méthylique, acétylène) ; la lumière et l'électricité sont expliquées et maîtrisées, à vrai dire plus maîtrisées qu'expliquées.

Un catalogue chronologique de toutes ces inventions retentissantes qui se transmettent d'un pays à un autre, qui s'enchaînent, occuperait des pages : il suffit sans doute de rappeler que l'essentiel du travail scientifique tourne autour de la chimie et sa théorie atomique, de la théorie ondulatoire de la lumière, de l'électricité et de l'électromagnétisme, enfin de la géologie : chimie thermo-dynamique, électricité et biologie multipliant les ponts entre science et technique. De rappeler aussi l'étonnement sans bornes des contemporains qui suivent cette marche en avant. Victor Hugo note un jour que l'Académie des Sciences, enregistrant dans ses séances du samedi les progrès de la chimie, est en train de restaurer et de rendre vie aux vieux rêves des alchimistes. Encore n'a-t-il pas connu ce que les hommes du XXe siècle ont vu : la transmutation du mercure en or, la fin de la grande quête de tous les docteurs Faust du Moyen Age. Renan dès 1848 a écrit que la science est une religion qui va donner aux hommes toutes les explications que leur nature exige. Sans doute les progrès de la médecine sont-ils apparus comme les plus extraordinaires : d'abord parce que la « révolution » pasteurienne, l'antisepsie, l'asepsie, les découvertes des disciples dans les instituts Pasteur et dans les pays tropicaux, ont fait progresser l'espérance de vie d'une vingtaine d'années, en une génération ; mais aussi parce que l'application au corps humain d'une chimiothérapie sans cesse perfectionnée démontrait l'unité de la

16. LE PARIS D'HAUSSMANN
(D'après P. Lavedan, *L'œuvre du baron Haussmann, P.U.F.*, p. 54-55)

Les traits appuyés indiquent les grandes percées par Haussmann pendant son « règne » sur la capitale : boulevards extérieurs et grands axes (Saint-Michel – Sébastopol, Opéra, etc.)

science, la légitimité d'une unification scientifique totale, des sciences de la nature aux sciences de l'homme.

Les triomphes mathématiques

Car les triomphes scientifiques des années 1850 à 1880 sont des triomphes du mesurable, c'est-à-dire des mathématiques : trouver les instruments permettant d'observer (ou d'expérimenter) sur l'infiniment petit cellulaire, ou microcellulaire, l'infiniment grand (lorsque naît l'astro-physique), c'est toujours progresser sur le même chemin ; la biologie fait le lien des sciences de la nature aux sciences de l'homme et démontre la facilité d'un passage que la théorie de l'évolution, étayée des premières grandes explorations préhistoriques, soutient magistralement [1]. Les découvertes multipliées dans le domaine des sciences naturelles ont donc suscité un enthousiasme, qui est le fond du scientisme : la foi dans un progrès scientifique susceptible de rassembler toutes les sciences dans un seul savoir à base mathématique, qui rendrait compte de l'univers et ses galaxies, de l'homme pensant bien sûr — voire de Dieu par surplus.

C'est dans ce même mouvement que les sciences de l'homme se renouvellent, délimitent leurs domaines, répudiant toute ambition artistique, pour rechercher les lois générales d'un déterminisme humain, plus difficile à établir et à analyser, que les lois physiques : l'expérimentation quasi impossible, la part de conjecture que porte l'affirmation : le cerveau sécrète la pensée comme le foie emmagasine le sucre — expliquent ces difficultés, mais ne contredisent en rien la tentative. Taine explique, non sans peine, la littérature anglaise par le milieu physique, la race et les circonstances ; l'histoire de Fustel de Coulanges se voue à la recherche analytique patiente des causes et des consé-

1. DARWIN, *L'Origine des espèces,* publié en 1859, traduit presque immédiatement dans toutes les langues parlées par le monde savant international.

quences, dans lesquelles le déterminisme géographique tient une grande place ; mais avant lui, Renan a publié sa *Vie de Jésus* (1863), dont il conclut audacieusement : « un homme incomparable ». Karl Marx du *Capital,* à la poursuite d'une évaluation exacte de la plus-value, relève du même état d'esprit, ce fondateur du socialisme scientiste. Et à la fin du siècle, Durkheim, reprenant un mot — et une idée — d'Auguste Comte, fonde la sociologie, étude scientifique des collectivités humaines[1]. Les sciences humaines seront le couronnement de l'édifice scientifique rêvé par Auguste Comte pour l'âge positif : en 1868, Victor Duruy fonde l'École Pratique des Hautes Études, pour favoriser la recherche scientifique libre de contraintes universitaires et hâter cet avènement. Mais ce n'est évidemment pas à dire que la France entière soit devenue positiviste : les sciences nouvelles, même les plus utiles à l'homme, sont encore ignorées, et parfois défiées : dans bien des campagnes, on préfère le « conjureur » — disons le rebouteux — au médecin ; dans la Loire, les campagnes pratiquent un dicton fréquent : « Langue d'un chien vaut la main d'un médecin. » Le scientisme, comme le mouvement scientifique, est le fait d'une minorité.

La foi scientiste est agressivement rationaliste, d'une agressivité qui ne cache pas un certain dédain pour les religions et particulièrement pour le catholicisme. Évidemment *La Vie de Jésus* a fait crier, Renan y a même perdu sa chaire au Collège de France ; mais le darwinisme est trop vite apparu comme une arme contre les enseignements de l'Écriture ; peut-être enfin, Pie IX a-t-il aidé à opposer la science moderne et l'Église, en condamnant solennellement et globalement toutes les erreurs du modernisme et autres doctrines en isme : libéralisme, naturalisme, indifférentisme, socialisme, par le *Syllabus* de 1864 ; comme une citadelle assiégée, l'Église romaine fait front avec grandeur, mais avec une inhabituelle raideur (peut-être motivée par l'ampleur de l'assaut), lorsqu'elle proclame le dogme de l'Immaculée Conception, ou l'infaillibilité pontificale en 1870.

1. *Règles de la méthode sociologique* (1895).

Cependant les destinées de l'Église de France ne sont pas étroitement liées à ces grandes proclamations, non plus qu'aux vicissitudes des relations difficiles entre clergé et gouvernement : protégée de Napoléon III à ses débuts, traitée moins délicatement à partir de 1860 en raison des remous provoqués par la question romaine, à nouveau alliée du pouvoir sous l'ordre moral (qui autorise, en 1875, l'enseignement supérieur catholique, dernière étape d'une reconquête commencée en 1833 et 1850), malmenée dans les années 1880, lorsque les républicains adoptent la loi du divorce et organisent l'enseignement primaire... Tout ceci ne saurait dissimuler la vitalité catholique française : vitalité de la masse et surtout de la masse rurale, où le clergé reste très écouté ; pour relever des croix, pour recruter des zouaves pontificaux, peupler les séminaires, fournir les milliers de missionnaires qui partent évangéliser l'Afrique et l'Asie, défiler en pèlerinages interminables auprès du curé d'Ars, au Puy, et bientôt à Lourdes[1], alimenter les dévotions nouvelles aux Sacrés Cœurs de Jésus, de Marie, de Joseph, le clergé ne fait jamais appel en vain aux campagnes, particulièrement dans l'Ouest, et aux pays de montagnes ; la vie catholique française ne manque alors ni de saints, ni d'enseignants, ni de missionnaires. Mais son action est surtout rurale : dans les villes, le clergé n'est plus assez nombreux, les masses prolétariennes lui échappent ; la bourgeoisie est partagée, mais le voltairianisme reste de bon ton même chez les légitimistes du Faubourg. Et dans les villages enfin, se dessine déjà un mouvement, qui gagne dans le dernier quart du siècle et se maintient après 1900 : le clergé s'appuie surtout sur les femmes, qui ne lisent pas, qui ne sortent pas, sauf pour la messe dominicale, et qui ne vont pas à l'école ; le catholicisme français faiblit en profondeur, lorsqu'il devient « affaire de femmes », dont le chef de famille se désintéresse, devenu un observant saisonnier, selon la pittoresque expression de G. Le Bras ; repli et

1. Les premières « apparitions » de la Vierge sont de 1857 : le culte marial a connu à cette époque une prospérité incomparable, qui est de lourde signification.

vitalité ne sont pas contradictoires – mais annoncent le ghetto.

L'anticléricalisme

La jeunesse intellectuelle qui s'est formée sous l'Empire, et qui porte la marque du scientisme, de Ferry à Clemenceau, de Vallès à Zola, est anticléricale avec fougue. Michelet, qui corrige ses premières œuvres, et Hugo donnent le ton ; les loges franc-maçonnes recrutent largement et forment, dans le secret encore bien gardé de leurs rites initiatiques, les cadres de la troisième République : le triomphe de la science doit être la fin des superstitions ; et des jeunes gens exaltés prêtent des serments « rationalistes » pour hâter cette fin : le jeune Clemenceau jure au Quartier latin de n'avoir jamais recours à un prêtre, en quelque circonstance que ce soit... Soucieux de méthode cependant, ils se préparent à travailler efficacement pour le régime nouveau qui doit succéder à l'Empire, élaborant programme de réformes politiques et plans de diffusion de la science, tout à la fois. Futurs médecins, avocats, journalistes, ces lecteurs passionnés des philosophes du XVIIIe siècle applaudissent aussi les publications qui portent atteinte aux traditions : Zola se fait un nom en quelques mois en 1867 grâce à Thérèse Raquin. La passion rationaliste se retrouve partout, non seulement chez Vallès ou Zola, mais dans maintes pages de Littré ou des premiers Larousse ; un seul exemple peut le montrer : pris dans le Larousse de 1867, l'article Casuel : « L'esprit mercantile ne s'arrête même pas devant le cercueil ; tout le monde sait que la longueur des prières est proportionnée à l'importance de la somme payée... »

Reprochant à l'Église de prendre position dans les débats politiques des années 1871 à 1879, réprouvant le « catholicisme politique », les anticléricaux, tout en prenant bien soin de distinguer religion et cléricalisme, se sont appliqués à dépouiller le clergé de ses moyens d'action sur la société : c'est en ce sens que la Ligue de l'Enseignement avait été fondée en 1866 par Jean Macé, en Alsace, à Blebenheim. La Ligue de l'Enseignement n'est pas une émanation de la franc-maçonnerie ; s'il est vrai que les francs-maçons y adhèrent, beaucoup de protestants y viennent également, pour faire pièce au cléricalisme catholique. C'est avec la même volonté d'enlever au clergé la formation exclusive de la jeunesse, que les lois scolaires de 1880-1886 ont été promulguées après des débats passionnés à la Chambre et au Sénat. La collation des grades, que l'Ordre moral en 1875 avait partagée entre professeurs publics et professeurs libres, est restituée aux seuls maîtres de l'enseignement supérieur public. L'enseignement primaire est organisé de six à treize ans : obligatoire pour tous les jeunes Français — et sous la responsabilité en principe des parents — gratuit, par la suppression des rétributions instituées par la loi de 1833 (sans aller jusqu'à la gratuité des fournitures, laissée au bon vouloir des municipalités) ; laïque enfin, le jeudi étant laissé à la disposition des parents pour faire donner, hors de l'école, l'enseignement religieux de leur choix à leurs enfants. Le clergé perd tout droit de contrôle sur le personnel enseignant, qui est recruté par des écoles normales primaires départementales, « séminaires laïques » ; des milliers d'écoles furent construites dans toute la France dans les années 1885-1900 et la scolarisation de millions d'enfants assurée dans des délais très brefs. En outre en 1880, l'enseignement secondaire féminin est institué avec des lycées et collèges copiés sur les établissements masculins, non sans différences notables, qui ont été résorbées par la suite ; ce qui porte une atteinte considérable au monopole absolu dont le clergé jouissait dans ce domaine, grâce aux couvents féminins où s'élevaient les jeunes filles de la bourgeoisie urbaine. Cependant, signe de préjugés solidement ancrés, les étudiantes ne prennent place dans l'enseignement supérieur qu'au lendemain de la première guerre mondiale. Jusqu'en 1914, les seules étudiantes de la Sorbonne sont des jeunes filles étrangères, russes notamment.

La loi de 1884 autorisant le divorce civil, la suppression des prières au début des sessions parlementaires, l'application stricte de lois jamais abolies interdisant les congrégations en France traduisent le même état d'esprit anticlérical. Les Jules Ferry, Naquet, Camille Sée préparent ainsi et sanctionnent en même temps, une importante évolution de la mentalité publique ; dans ce pays où les non-baptisés sont encore une très faible minorité, où le catholicisme reste la religion de la grande majorité des Français, les lois de 1880 annoncent la Séparation ; et forment l'opinion à l'idée — qui n'est sans doute pas neuve, mais qui n'a pas encore été poussée jusqu'à ces conséquences-ci — de la séparation totale du pouvoir spirituel et du pouvoir temporel : 1880-1886 prépare 1905-1907.

Dépression culturelle

Est-ce encore dans la perspective scientiste de ce monde de vapeur et de fer que se situe l'évolution artistique ? Alors que « la richesse tient lieu de tout », alors que l'ingénieur qui connaît sa technique, apparaît comme l'homme de l'avenir, la vie intellectuelle est entraînée vers des spéculations à la petite semaine : ce que Renan appelle, dans la *Prière sur l'Acropole,* la *panbéotie,* est la marque d'un temps, qui a trouvé dans le cruel Flaubert son témoin sans pitié : une dépression culturelle marque l'avènement de cette bourgeoisie industrielle, qui n'a plus le temps de lire et qui n'a pas toujours derrière elle des générations formées par de solides études comme celles du siècle précédent. Dépression morale également, encore que dans ce domaine la généralisation soit plus difficile : on mesure cependant sans peine le fossé qui sépare sur ce plan la bourgeoisie conquérante du XVIIe siècle, janséniste, et le monde des affaires de Panama, des décorations. La charge fort connue de Forain (« Il n'a que ma parole ») n'y est jamais passée pour inadmissible. Bouvard, Pécuchet, Homais sont les témoins caricaturés, pris dans un vertige de mauvais aloi, de cette « bonne société » nouvelle pour qui toutes les valeurs, traditionnelles ou non, ont perdu leur signification. Bon témoin encore de cette régression béotienne, le personnel politique de la troisième République, qui supprime les subventions au Théâtre italien et au Théâtre lyrique et qui refuse, en 1897, la donation Caillebotte, trop riche en Manet, Cézanne et Renoir, ces novateurs. Le second Empire avait sans doute été mieux inspiré ; Napoléon III a notamment supprimé, dès 1863, le contrôle étroit exercé par l'Académie des Beaux-Arts sur la vie artistique en décernant le prix de Rome, réglant les achats de l'État et fixant l'activité des pensionnaires de Rome. Sous la troisième République, l'académisme sévit sans discontinuer : presque seul, un Clemenceau s'intéresse à la nouvelle peinture.

Réaction contre les tourments et les générosités romantiques, mais surtout alignement sur l'objectivité scientifique, la littérature veut être une chronique photographiée, une tranche de vie non interprétée, ni transfigurée : le roman réaliste est la meilleure expression de cet art qui prétend refuser tout choix, pour faire plus vrai. Zola écrit une chronique sous le second Empire, Flaubert peint les mœurs de la province normande ; la poésie passe de mode, et va se réfugier à la fin du siècle dans les cénacles fermés, inaccessibles, des symbolistes aux recherches difficiles. Balzac est apprécié comme le maître de l'art nouveau, parce que *La Cousine Bette, Le Père Goriot* et *Eugénie Grandet* annoncent ceux-là qui prétendent à la critique biographique et à la reconstitution savante : de *La Comédie humaine* aux *Rougon-Macquart,* à *L'Assommoir,* à *La Bête humaine.* Puis Maupassant œuvre dans le même sens.

A vrai dire, la littérature a été précédée, de quelques années au moins, par la peinture : Courbet, ce solide Franc-Comtois, qui peint comme le pommier produit des pommes et qui dédaigne l'Orient de Delacroix, se contentant de sa terre natale, a lancé le réalisme avec le tableau historique d'*Un enterrement à Ornans* (1851), *Les Casseurs de pierres, Les Demoiselles de village ;* Millet et Corot suivent, qui donnent tant de semeurs et de scènes campagnardes ; dédaignant toute mythologie, toute sélection savante des sujets, attaché au rocher comme à la figure, Courbet libère la peinture de l'esclavage du sujet académique, tel que Puvis de Chavannes le pratique encore avec autant d'application que Courbet met de fougue puérile à imposer « sa » peinture.

L'impressionnisme

Mais, en face de Zola et Courbet, Baudelaire, le Baudelaire des *Correspondances,* Debussy et Mallarmé un peu plus tard sont soutenus et retrouvés dans le plus riche renouvellement que la peinture française ait jamais connu : l'impressionnisme, dont les plus grands fastes datent des expositions de 1874-1876, mais qui anime les quarante dernières années du siècle, préparant et annonçant les recherches de l'École de Paris. Au temps de Cézanne, Degas, Manet, Monet, Renoir et combien d'autres, le génie poétique de la France semble fait de la seule peinture, tant les œuvres se font nombreuses, riches de lumière et de couleur, de joie de vivre et d'émotions contenues : les peintres dépassent les poètes, lorsque ceux-ci se perdent dans les recherches de Mallarmé et Valéry. Le style nouveau est une redécouverte de la couleur pour elle-même et du plein air : au moment où la photographie prend forme, et se fait d'abord art du portrait, fixe des traits et donc un dessin, le peintre (que l'on dira impressionniste dans les années 1870) se tourne vers la couleur : premier mouvement que suivra, à la fin du siècle, une recherche nouvelle, non théorique s'entend, sur la forme. Qui ne connaît l'aventure de Claude Monet, creusant une tranchée, montant un échafaudage, des poulies dans son jardin, pour réaliser en 1867 les célèbres *Femmes au jardin ;* et le premier étonnement des contemporains à voir abandonner la lumière blanche des ateliers et à remarquer, sous l'ombrelle, les ombres bleues et vertes sur le visage. Puis dans les années suivantes, les toiles se multiplient où les miroitements de la lumière sont rendus avec une sorte de passion : leur prédilection pour les rivages, *La Seine à Argenteuil, L'Oise à Pontoise,* pour les reflets sur l'eau, tient à cet amour de la couleur, placée par touches successives et sans contours, souvent sur le trait du dessin cependant conservé, à cette recherche de la couleur, qui est la grande réussite de tous les impressionnistes, quel que soit leur génie particulier, du tendre Renoir amoureux de la vie gaie et des femmes de Paris jusqu'à Manet, peintre de tous les paysages parisiens, et à Pissarro, toujours à la recherche de nouveaux procédés ; en attendant les inquiétudes et les formules neuves encore, de Cézanne, Van Gogh et Gauguin, dans les années 1885-1890.

Refusés et bannis des salons officiels, réduits parfois à la misère, les impressionnistes ont été maltraités par la critique académique jusqu'après la première guerre mondiale. Pourtant, grâce à eux, la peinture est devenue à l'époque moderne l'expression dominante de l'art moderne, reléguant au second plan musique et même littérature : non pas que la musique française soit décadente, ni même qu'elle soit le privilège d'un petit nombre comme la poésie de Mallarmé. La musique d'opéra, de Gounod et Bizet, est populaire. Wagner reste, pendant tout ce demi-siècle, l'idole des concerts qui se créent alors, entre 1860 et 1880 (Pasdeloup, 1861 ; Colonne, 1873). Mais ce public musical est plus restreint que celui des salons. Grâce à ceux-ci, *Le Boulevard des Capucines* et *La Gare Saint-Lazare, La Forêt de Fontainebleau* et *Les Guinguettes de la Seine* sont entrés dans notre patrimoine artistique d'un même mouvement, grâce à Monet, Sisley et Renoir ; de même un peu plus tard, *La Maison du Docteur Gachet, Le Pont de l'Anglais* et *La Ferme au Pouldu*...

3. Vie publique et sentiments démocratiques

Comment la France est-elle devenue républicaine ? Alors qu'en février 1871 elle a envoyé à Bordeaux une assemblée où les nobles, partisans de la monarchie, sont plus nombreux que ne l'étaient leurs ancêtres aux États généraux de 1789, la France vote républicain ensuite, et de façon continue... Et ce n'est pas seulement la France des villes, qui, depuis bien longtemps, sont gagnées à des idéologies

« avancées » ; mais aussi la France des villages, des campagnes reculées, encore mal liées aux agglomérations urbaines parce que le chemin de fer départemental est à peine construit, parce que la bicyclette n'a pas encore pris sa place dans la vie quotidienne des ruraux. A vrai dire, le problème n'est pas simplement celui des élections partielles de 1871 à 1875, de la propagande de Gambetta, commis voyageur dévoué qui visite les villes ; il déborde ce cadre chronologique, parce qu'il traduit une évolution, qui n'est pas un changement de sympathie politique, mais une transformation de psychologie collective.

Pour expliquer pleinement les progrès d'une mentalité démocratique, il va de soi que la seule époque 1850-1900 ne saurait suffire : l'affirmation du parlementarisme sous la monarchie constitutionnelle, l'habitude de nos juristes, dès le début des Temps Modernes, d'opiner selon la pluralité des suffrages, comme la vie collective de nos communautés rurales, dans des temps plus reculés encore, tous ces grands faits, traditions, méthodes de travail en commun ont joué leur rôle. Mais, des lendemains du 2 décembre à l'Affaire Dreyfus, une évolution s'est brusquement accélérée, qui n'est pas sans lien avec les transformations économiques et sociales.

Dans ce domaine, les dix premières années du second Empire comptent ; pour la première fois depuis 1815, où se pratiquent, dans le calme, des élections au suffrage universel, les guides traditionnels de l'opinion sont en désaccord : le château, frustré d'une restauration déjà espérée en 1848-1849, a ses candidats ; ou plutôt n'approuve pas le clergé, et ne soutient pas ceux du régime. Le presbytère, qui suit docilement, dans la plupart des cas, l'épiscopat allié à Napoléon III, a les siens qui sont les candidats officiels, suivant la pratique instaurée par Morny, affiches blanches, circulaires préfectorales... et donc faveur du clergé. Le neveu de Napoléon Ier a rétabli le suffrage universel, mutilé par M. Thiers et ses amis, si bien que le débat est porté sur la place publique, ou plutôt dans la conscience de chacun. Lors des élections de 1848, rien de semblable ne s'était passé, et les notables avaient été élus en grand nombre. En

1852 et en 1857, les candidats officiels passent en rangs serrés, et ces élections dirigées, aux résultats trop beaux, semblent des élections sans histoires. En réalité, sous ces apparences dictatoriales, elles cachent un éveil lent et sûr aux réalités politiques : le conflit du Monsieur et du curé, parfois marqué de petits esclandres, toujours bien perçu dans les campagnes où les foires et marchés sont de plus en plus fréquentés — ce conflit a une large portée. Dès cette époque, le bulletin de vote est devenu pour le paysan l'occasion de faire l'épreuve de sa liberté politique : ses conseillers habituels ne parlent pas le même langage pour un temps. Après 1860, les remous terribles de la question romaine ont créé des difficultés entre le régime napoléonien et le clergé. L'Empire s'est fait libéral. Les situations politiques rurales sont beaucoup plus confuses. Mais la prise de conscience est en marche. Seules les campagnes protestantes du Midi, des Cévennes n'ont pas vécu cette division d'un moment ; mais la longue pratique calviniste leur a conféré une « avance » démocratique considérable : elles sont républicaines, sans discussion, dès 1848.

Instituteur et curé

Plus important sans doute est le débat qui s'est ouvert sur la place du village, entre l'instituteur et le curé, dans les années 1880 : ouvert, ou plutôt élargi ; dès 1848, la bourgeoisie conservatrice ne reprochait-elle pas aux instituteurs d'être d'horribles socialistes, par la voix de M. Thiers, en un temps où l'école primaire publique et les écoles normales étaient placées sous le contrôle du clergé ? Or ce contrôle est supprimé par Jules Ferry ; l'enseignement religieux n'est plus donné en classe, et l'instituteur enseigne la morale « naturelle » et le civisme, sans plus. Pour le clergé des années 1880-1890, l'école laïque est l'école sans Dieu ; elle le reste longtemps. Si le conflit était déjà ouvert, les conditions dans lesquelles les lois instituant l'école primaire publique ont été votées rendaient le durcissement à peu près inévitable. Les paroles rassurantes de Ferry au cours des débats, le soin apporté à ménager au clergé le temps nécessaire à une éducation religieuse correcte n'ont pas pesé lourd, face à la conviction ancrée dans les milieux ecclésiastiques d'assister à une entreprise diabolique de déchristianisation. Inutile de rechercher ailleurs les origines d'un conflit qui a été pendant un bon quart de siècle la lutte de deux autorités intellectuelles au sein de la communauté villageoise. Les jeunes instituteurs, formés dans les écoles normales à donner un enseignement général, plus humaniste qu'adapté aux milieux locaux, préparés aussi à subir les assauts oratoires du clergé soutenu souvent par les grands propriétaires, ont généralement pris à cœur leur immense tâche de formation culturelle et d'information civique : issus des classes populaires, fils et filles de métayers, de petits fermiers, de facteurs, de cheminots, pénétrés du sentiment d'une mission, ils ont accepté un combat qui ne pouvait être uniquement d'idées et de principes... Si tant est que les combattants eux-mêmes avaient conscience de la tranformation qu'apportait, sur le plan spirituel, l'idée laïque, l'idéal d'une égale liberté de toutes les croyances et de toutes les divergences d'opinion. Très vite, le débat a glissé ; les généralisations abusives ont fait de l'instituteur un matérialiste sans foi, dont la présence à l'église paraissait un sacrilège ; du curé, un défenseur de toutes les superstitions obscurantistes, un ennemi de la science et du monde nouveau. Mais en deçà de ce vocabulaire et des injures trop généreusement échangées, il faut prendre en considération la controverse instituée, parfois jusque dans chaque foyer : choc de mots et rencontres d'idées, suscitant curiosité et intérêt, lectures et discussions, peu à peu ; et par-dessus le marché, ce classement des Français en deux groupes, stables dans leurs oppositions, droite et gauche, droite synonyme de conservatisme social, appuyée sur le clergé, les valeurs politiques et morales traditionnelles, le regret longtemps nourri de la monarchie ; gauche, expression d'une volonté de progrès social et politique, foi démocratique libérée des contraintes religieuses ou sociales, foi dans un avenir terrestre.

Stables dans leurs postes jusqu'à faire toute leur carrière

dans le même village, maîtres d'une situation sociale importante grâce à leur culture qui leur permet de tenir conversation avec le médecin, le juge de paix, l'agent voyer, grâce aussi au secrétariat de mairie, qui leur est si souvent dévolu, les instituteurs ont réussi, et l'école primaire est devenue sous la République le premier personnage du village français ; signe de leur succès, le recul de l'analphabétisme mesuré dans les conseils de révision : grâce à une pratique sévère des « mécanismes de base », lire, écrire, compter ; grâce aussi au goût des idées générales développé patiemment et avec plus de difficulté, l'école primaire réussit à faire disparaître les illettrés du nombre des conscrits : à partir de 1900, leur pourcentage devient négligeable. Mais il est important de voir combien les vertus de dévouement, de persévérance des instituteurs ont été servies par l'évolution sociale : la population rurale est venue à l'école, parce que celle-ci répond à un besoin sans cesse croissant de connaissances et de culture ; le bourg envoie les enfants avec autant de régularité qu'il se fait en ville ; les écarts, dans des pays comme le Massif central, sont plus lents à y venir. De tout temps, la fréquentation scolaire a baissé pendant les mois d'été et de printemps (de mai à fin juillet), où les enfants rendent service aux champs. L'obligation, en principe surveillée par les délégués cantonaux, amis de l'école, désignés par l'inspection académique, n'est pas sanctionnée en cas de défaillance : le succès de l'école s'explique en fait par l'autorité morale et intellectuelle des maîtres solidement formés dans les écoles normales, par l'utilité sociale du bagage scolaire acquis entre six et treize ans, enfin, dans une moindre mesure, par un certain sentiment de dignité qu'attestaient hier encore tant de certificats d'études encadrés et installés en bonne place dans la plus belle pièce des logements les plus modestes. Car l'école est nécessaire : non pas pour ses cours d'agriculture, en général peu appréciés, quelle que soit leur valeur, mais pour la formation humaine qui est indispensable : parler français, et non patois ; lire, déchiffrer la notice d'utilisation d'une faucheuse ; compter en mètres carrés et non en journaux ou bosselées, en stères et non en cordes ; écrire, de façon à se faire comprendre, pour traiter d'une succession ou de l'achat d'un semoir à la ville voisine ; connaître les départements et leurs préfectures à la veille de partir faire son service militaire ; autant d'intérêts pour l'école, qui font passer outre aux sarcasmes et aux attaques du curé — à ses réserves dans les meilleurs cas. Ainsi l'école publique, indiscutée en ville, où la fréquentation maxima et le zèle sont la règle, a-t-elle fait la conquête des campagnes françaises ; et avec elle, cette foi — de charbonnier — dans le progrès humain et dans la république, qui est l'essentiel de son enseignement moral. Action réciproque bien évidente : le développement d'une agriculture commercialisée, l'équipement ferroviaire, les progrès techniques ont contribué à répandre cette confiance, scientiste en son fond ; l'esprit républicain est, lui aussi, un produit de ce mouvement économique : la République est, pour une part, fille de la machine à vapeur, la formule n'est même pas un paradoxe.

L'affaire Dreyfus

La mesure de ce sentiment républicain est donnée, à la fin du siècle, par le retentissement dans tout le pays d'un des plus grands débats collectifs qu'ait connus l'histoire des hommes : l'affaire Dreyfus. Ce n'est certes pas à dire que trente-cinq millions de Français (ou même vingt en éliminant les enfants) aient connu l'affaire et se soient classés parmi les dreyfusards et les antidreyfusards ; mais il est permis d'affirmer qu'il n'est pas de bourg où ces positions n'aient été prises par ces nouveaux notables du village, petits commerçants et fonctionnaires, informés du train des choses, recevant les journaux de Paris ou du centre régional ; et si les écarts, les hameaux de la France bocagère ont certainement ignoré le déroulement d'un conflit difficile à suivre, à interpréter, ignoré parfois le nom même de Dreyfus, il reste néanmoins que l'opinion tout entière en a connu très vite le thème général : Justice et Vérité d'un côté, Patrie et Honneur de l'armée de l'autre. C'est en ce sens que « l'affaire » est la principale des crises subies par la troisième République, bien plus importante que le boulangisme, cette poussée de fièvre parisienne, et que Panama, ce scandale de financiers.

La portée de l'affaire se mesure aux discussions de 1898-1899 : pendant des mois, l'incertitude demeure sur l'innocence de Dreyfus ; d'où les débats qui touchent tous les milieux, divisent les familles, classent les partisans d'une nouvelle enquête dans la Ligue des Droits de l'Homme — qui subsiste ensuite et continue à servir une cause précieuse pour les démocrates — et les partisans de l'autorité de la chose jugée dans la Ligue de la Patrie française. C'est au moment de l'affaire, plus qu'au temps de Boulanger, que s'est faite une mutation importante dans les traditions politiques : les intellectuels de gauche ont été amenés à prendre des positions sévères contre l'État-Major et à laisser à la droite le monopole, bruyamment revendiqué, du patriotisme militariste. Après l'intermède de 1914-1918, ce clivage garde son importance jusqu'en 1940. Depuis la publication de la lettre de Zola, *J'accuse,* jusqu'à l'aveu du colonel Henry (janvier-août 1898), l'affaire enflamme républicains et nationalistes, anticléricaux et clergé ; les manifestations de rues, les procès de presse et les débats du Parlement révèlent cette passion où tant de grands principes se trouvent engagés. Après les aveux du colonel Henry, les positions antidreyfusardes, pour inconfortables qu'elles soient devenues, ne sont pas désertées pour autant : l'armée représentée par le conseil de guerre de Rennes, malgré l'évidence, condamne encore Dreyfus en révision avec des « circonstances atténuantes » ; la « Patrie française », persuadée que l'armée ne peut se déjuger sans perdre tout son prestige va même, en février 1899, jusqu'à mettre sur pied un coup de main contre l'Élysée... Mais l'important demeure, dans cette crise, le combat où Justice et Honneur, Vérité et Patrie se sont affrontés si longuement que tant de Français ont pu prendre conscience des principes et des droits sur lesquels se fonde le régime politique — dont ils se sont dotés par un concours heureux de circonstances, et presque par inadvertance, en 1875 : toute une génération a vécu là une épreuve de civisme incomparable ; tout un peuple s'est persuadé, dans ces vingt dernières années du siècle que le régime républicain était le meilleur des régimes, en lui attribuant sans doute bien des vertus qu'il ne peut avoir en soi : à commencer par celle d'améliorer ses conditions d'existence.

Le civisme

Mais c'est là un des traits principaux de cette mentalité politique nouvelle : son civisme. Elle est entretenue par l'école, où l'instituteur ne manque jamais une occasion de célébrer la France et le régime, où les bataillons scolaires animent un amour du panache militaire qui reste vivant jusqu'aux tranchées de 1914-1918 ; la foi républicaine a ses rites qui n'ont rien d'artistique, car la République n'est athénienne qu'à Paris – et avec une modeste prudence, mais qui portent dans leur simplicité. Le goût pour les trois couleurs se manifeste en maintes occasions : pour le 14 Juillet bien sûr ; mais dans les grandes villes et à Paris, pour les fêtes comme l'inauguration des expositions universelles : en 1878, tout Paris pavoise, Monet et Manet en témoignent *(Rue Montorgueil, Rue Mosnier aux drapeaux)* ; la célébration du 14 Juillet est l'objet, dans les plus petits bourgs, d'une série de réjouissances qui en fait à la fois une fête officielle, grave, avec *Marseillaise,* retraite aux flambeaux, discours évoquant les grands ancêtres de 1848 et surtout de 1789, et une réjouissance bon enfant des jeunes et des vieux : jeux, courses, bals et banquets...

Ce civisme est encore quotidien, en ce sens que la gestion des affaires municipales – sinon nationales – passionne : partout les séances publiques du conseil municipal ont des auditeurs attentifs, qui surveillent gestes et paroles des élus ; les réunions qui précèdent les élections législatives sous les préaux d'écoles, sont suivies par la majorité des citoyens, qui le plus souvent ne posent pas de questions, mais écoutent avec une gravité qui surprendrait aujourd'hui. Enfin ce sens civique est un patriotisme, attaché aux gloires nationales (exaltées à l'école où l'histoire enseignée est résolument moralisante) et surtout à l'Alsace et la Lorraine, au lendemain de 1870 et encore jusqu'à la veille de la guerre de 1914. L'énumération n'est pas complète : il faut dire encore civisme patriotique pour les si nombreuses sociétés de musique, fanfares (tambours et clairons), plus rarement harmonies — qui partout sont à la fois des préparations aux musiques de régiment et une distraction appréciée à la campagne et à la ville ; et toujours très portée sur le répertoire patriotique : marches militaires et musique cocardière... Il y aurait ici tant à dire : orgueil de petites gens, pour la plupart bien doués, formant un groupe d'amis animés du même amour de la musique et consacrant leurs soirées au piston, au trombone... Heureux de participer à des concours départementaux, nationaux, internationaux : fanfares de Bagnolet, de Fontenay-sous-Bois...

Malgré tant de chocs et de heurts, où le régime paraît en danger, de Boulanger à la Séparation, malgré tant de crises ministérielles et de violences, de l'assassinat de Carnot à l'affaire Caillaux, malgré les brocards et les intrigues du faubourg Saint-Germain, de la duchesse d'Uzès et du Jockey Club, la France des années 1900 est devenue profondément républicaine. Et ce n'est pas là choix électoral, révocable d'une élection à l'autre : c'est un fait durable de psychologie collective.

4. Vie et pensée ouvrières

Cependant les classes ouvrières restent un monde à part ; nul n'en doute, ni les ouvriers, même les plus embourgeoisés, ni ceux qui ne portent pas le bourgeron et tiennent leurs distances. La lutte des classes est une réalité sociale, qu'il n'est pas encore de bon ton de nier comme une billevesée de théoricien ; en tout cas, M. Thiers qui chante victoire à Versailles en mai 1871 au nom de « l'Ordre, la justice et la civilisation » ne s'y trompe pas ; et Gambetta non plus qui fonde la République avec l'aide d'une nouvelle couche sociale, qui n'est pas ouvrière mais petite-bourgeoise, faite de fonctionnaires subalternes, de commerçants détaillants, d'employés de banque ou d'industrie.

Lutte des classes

Cette séparation des classes est de plus en plus sensible aux uns et aux autres, à mesure que passent les années. Sans doute l'événement politique n'y est-il pas pour rien, puisque en juin 1848 et en mai 1871 les meilleurs se font tuer dans Paris, chaque carnage étant suivi d'un long silence, de 1848 à 1860, de 1871 à 1890 ; mais surtout la vie industrielle, l'évolution économique ont pesé lourdement en ce sens ; l'haussmannisation de Paris et des grandes villes comme Lyon et Lille, la pression démographique aboutissent partout à un reclassement géographique : à Paris, presque tout l'Est est ouvrier, des alentours de la Bastille jusqu'à Belleville et Ménilmontant, tandis que les boulevards et surtout les quartiers qui entourent l'Arc de Triomphe sont bourgeois. La cohabitation de toutes les classes dans les immeubles du vieux Paris tend à disparaître, l'implantation périphérique des industries nouvelles, chimiques notamment, provoque des déplacements de population dans le même sens : la « ceinture rouge » s'est constituée au XIXe siècle. Proudhon a vociféré contre le Paris d'Haussmann, ses squares, ses casernes neuves, son macadam, ses légions de balayeurs. Corbon dit plus simplement : « la transformation de Paris ayant forcément fait refluer la population laborieuse du centre vers les extrémités, on a fait de la capitale deux villes : une riche, une pauvre. Celle-ci entourant l'autre ». De plus la concentration industrielle et capitaliste contribue à séparer les hommes : les relations corporatives n'ont plus de raisons d'être, les confréries sont mortes avec les corporations ; et le patron, même quand il n'est pas le président d'un conseil d'administration, ou un directeur salarié, devient un personnage insaisissable, avec lequel ses ouvriers sont rarement en contact. Les rapports quotidiens deviennent ainsi — dans la grande industrie au moins — des relations de classe. D'autant plus que, la crise des années 1873-1895 aidant, l'ascension sociale devient de plus en plus difficile : les ouvriers devenus petits patrons sont encore légion sous l'Empire ; et ces belles carrières sont possibles en province comme à Paris. Sous la République, alors que s'accélère la formation de grandes sociétés, cette perspective se ferme. D'où l'impression lourde d'un monde clos, replié sur lui-même. Viennent les défenseurs de la capacité politique des classes ouvrières, l'orgueil né de cet antagonisme se fortifie, et la conscience de classe n'est pas moins vive chez les ouvriers que de l'autre côté.

Conditions ouvrières

La condition ouvrière — qui n'est pas une, tant s'en faut, de l'ouvrier d'art parisien habitant au Marais, solidement installé au cœur d'une ville qu'il connaît bien, jusqu'au prolétaire qui n'a que ses bras, vit en camp volant rue de Lappe et n'est pas sûr du lendemain — cette condition s'est cependant améliorée dans ces cinquante années : les salaires ont doublé, en gros ; les prix ont augmenté sous l'Empire, baissé ensuite, si bien que l'alimentation — sinon le logement — a fait de grands progrès : ainsi, malgré la tuberculose et l'alcoolisme qui touchent toute la société, mais font plus de victimes là où l'organisme est moins résistant, l'ouvrier de la fin du siècle est plus solide, a meilleure mine que celui de la monarchie de Juillet. Le vêtement se fait plus soigné aussi, au moins pour les jours de fête, car la blouse reste une tenue de travail, à longueur de semaine. Mais ces améliorations ne transforment pas en bourgeois ces travailleurs, même les mieux lotis, ceux des industries de luxe parisiennes ou ceux de la métallurgie nouvelle (dont les patrons sont volontiers paternalistes, construisent pour leur personnel, créent dès cette époque des cantines). Il leur manque, pour se confondre avec la petite bourgeoisie, une aisance suffisante, et surtout la sécurité ; les ouvriers, bien ou mal payés, ne gagnent pas assez pour assurer une vie décente à leur famille : les femmes travaillent, les enfants souvent aussi, car la loi de 1841 est ouvertement tournée par les patrons et le personnel ; l'apprentissage n'est pas plus protégé, et le métier s'apprend au petit bonheur, dans un mélange très dur de traditions compagnonniques et d'exploitation sordide. L'atmosphère pénible de ce travail des adolescents a été l'objet d'enquêtes et de témoignages multiples : le plus remarquable est le chef-d'œuvre d'un écrivain prolixe, qui a par ailleurs décrit bien d'autres professions, Pierre Hamp[1]. Enfin la journée de travail est longue, rarement inférieure à dix heures ; comme les femmes sont généralement payées moitié moins que les hommes, même à travail égal, comme la province est très désavantagée par rapport à Paris, le travail ouvrier, toujours pénible, use le travailleur : la moyenne de vie s'accroît beaucoup moins là qu'ailleurs ; le vieil ouvrier, blanchi sous le harnais, n'existe pratiquement pas ; il est mort avant de blanchir.

C'est aussi que le prolétaire, comme l'ouvrier spécialiste, a vécu une triste vie, sans cesse menacée : la maladie, désastre sans remède faute d'assurances, faute même de secours suffisants de la part des mutuelles ouvrières ; le chômage dû à la crise économique, au mauvais vouloir du patron toujours libre de chercher meilleure main-d'œuvre si l'occasion s'en présente ; rien ne garantit l'emploi, et le travailleur se sait à la merci de cette constante menace, qui explique le succès des caisses d'épargne dans ces milieux : maigre protection au prix d'un effort quotidien en prévision de mauvais jours si redoutés. Ce sentiment d'insécurité explique assez le besoin qu'éprouvent les ouvriers de s'unir, de se grouper pour défendre non pas des avantages quelconques, mais leur droit à l'existence ; la vie ouvrière est ainsi volontairement une vie collective ; en dehors même de l'usine, les réunions sont fréquentes, ne serait-ce qu'au cabaret ; il est le rendez-vous rêvé (puisque l'habitation particulière est trop souvent exiguë), parce que le café offre les boissons à consommer et surtout le journal à lire, à commenter en commun pour suivre les événements, en

1. *Mes Métiers,* Paris, 1943.

même temps que se discute la vie du mouvement ouvrier. Selon une formule célèbre, « le cabaret tient, pour les classes ouvrières dans la société actuelle, la place de l'église dans la société passée ». Car conditions de vie, traditions héritées de 1848 et même des vieux compagnonnages, conscience de classe, tout pousse les ouvriers à constituer des groupements, des associations qui revendiquent leur place au soleil.

Mouvement ouvrier

L'importance de ce mouvement ouvrier frappe tous les observateurs, dès l'Empire : *La Revue des Deux Mondes* publie, le 1er avril 1863, un article de grand retentissement, où un esprit libéral, M. de Rémusat, constate : « Il faut bien se le tenir pour dit, ce qui grandit en ce moment, ce sont les classes ouvrières... un progrès intellectuel et moral se manifeste dans leur sein ». Ce n'est évidemment pas à dire que les ouvriers sont tous des modèles de vertu et d'intelligence : l'ivrognerie, le libertinage sévissent là comme ailleurs, sinon plus qu'ailleurs. Les Sublimes, les habitués polissons du bal Mabille ou du banc de Terre-Neuve (les boulevards de la porte Saint-Denis à la Madeleine) sous l'Empire sont aussi des types d'ouvriers : mais ils n'apportent rien à leur classe. Parlant et agissant au nom de tous, quelques centaines d'hommes à travers la France discutent avec les théoriciens, comme Proudhon — qui se veut ouvrier d'ailleurs jusqu'à sa mort — et Marx ; avec les gouvernements aussi : ils forment une élite surtout parisienne. Par ces hommes, à qui revient le beau qualificatif de militants, les classes ouvrières ont affirmé leur présence, ont revendiqué et obtenu dès l'Empire les libertés nécessaires pour permettre à tous de lutter efficacement avec le patronat et de réclamer leur vraie place dans la vie nationale.

Rien n'est plus remarquable, à cet égard, que l'intérêt porté par les cadres ouvriers aux questions d'éducation[1].

1. Cf. G. DUVEAU : *La Pensée ouvrière sur l'éducation sous la Seconde République et le Second Empire,* livre passionnant.

Dotés d'une instruction primaire, la plupart du temps reçue à l'école publique, mais parfois (en Alsace, dans la région lyonnaise) chez les Ignorantins et les Maristes, ils trouvent trop léger ce bagage intellectuel. Beaucoup d'entre eux, formés par l'enseignement mutuel à l'honneur dans les écoles publiques, ont une passion pour l'éducation, lisent beaucoup, gardent jusque dans leur vie publique le ton et les méthodes de l'enseignant ; la Ligue de l'Enseignement, fondée par Jean Macé pour favoriser le développement de l'instruction, voire lutter contre les préjugés bourgeois qui présentaient l'école comme une préparation à la révolution, a eu beaucoup d'adhérents ouvriers ; Victor Duruy est populaire parmi les ouvriers parisiens, lorsque, ministre, il fonde dans les lycées l'enseignement spécial de trois à quatre ans, sans latin ni grec, pour préparer aux carrières commerciales ; de même lorsqu'il favorise la création et l'extension des écoles primaires publiques. Enfin des hommes comme Benoît, Corbon, Proudhon, autodidactes, ont réfléchi aux problèmes généraux de l'éducation et ont des plans d'organisation, où une large place est assurée à l'enseignement professionnel et à l'instruction des adultes : plans qui font confiance à l'instruction universaliste, moteur du progrès social.

Cependant le problème de l'éducation est envisagé au sein du plus grand débat : l'avènement d'un monde meilleur, d'un monde fraternel où le travailleur cesse d'être prolétaire, c'est-à-dire exploité ; le mouvement ouvrier est un mouvement d'émancipation, dont l'instruction est une condition nécessaire. La génération des Varlin, Tolain, Benoît Malon, qui anime la conscience ouvrière française jusqu'en 1870, a subi deux influences et, déchirée entre deux pensées opposées, témoigne dès cette époque de divergences qui n'ont cessé de s'affirmer jusqu'à nos jours : c'est la lutte de Proudhon et de Marx.

Marx et Proudhon

Les deux hommes, qui se sont connus à Paris sous la Monarchie de Juillet et se sont assez bien entendus un moment, ont rompu à la veille de 1848, brutalement ; et jusqu'à la mort de Proudhon (1865), rien ne les a rapprochés ; cette hostilité de tempérament est devenue peu à peu hostilité de doctrine et de méthode. Ni dans l'étude de la société capitaliste, ni dans les moyens à utiliser pour la détruire (ou la réformer), ils ne sont d'accord. Proudhon est un moraliste : ouvrier qui fait confiance à l'instinct du peuple plus qu'à sa raison, il veut réaliser la justice et compte pour y parvenir sur le monde ouvrier au milieu duquel il a vécu ; lorsqu'il étudie ce qu'est la propriété privée, les contradictions économiques ou la capacité des classes ouvrières, il dénonce avec une plume virulente les réalités inhumaines des rapports économiques, c'est-à-dire les injustices. Pour y remédier, Proudhon n'a pas de système, de plan d'ensemble — encore moins une vision du monde : il sait seulement que les classes ouvrières n'ont à compter que sur elles-mêmes, sur leur action professionnelle, leurs associations de défense, ou leurs groupements de production ; il a rendu l'espoir à ceux qui, pendant dix ans, ont vécu sous le coup de la répression de juin 1848 : il les a incités à se regrouper, à accepter les facilités offertes par le gouvernement de Napoléon III après 1860. Non pas qu'il soit bonapartiste ; il est hostile à l'État, à l'armée et, s'il entrevoit une société future, c'est une juxtaposition anarchique de petites communautés libres travaillant dans la joie. Proudhon a enseigné aux militants ouvriers parisiens à se défier de toute politique, de tout autre moyen d'action que professionnel ; ce faisant, il détache les ouvriers des républicains, ce qui ne pouvait déplaire à Napoléon III. Ainsi, de son vivant, Proudhon a tracé les lignes de force d'une pensée ouvrière, hostile à la fois à l'État et à la vie politique, attachée à l'amélioration quotidienne des conditions de vie, convaincue que l'émancipation ouvrière sera le fait des seuls salariés agissant sur ce seul plan professionnel. Renouvelées, précisées par la suite, ces idées forment le fond de la tradition ouvrière « anarcho-syndicaliste ».

Marx écrit d'une autre encre et sa pensée, plus lente à s'imposer en France qu'en Allemagne ou en Angleterre, offre des perspectives différentes : Marx est à la fois le fondateur du socialisme scientifique, un scientiste et un lutteur comme Proudhon ; il appelle les prolétaires de tous les pays à s'unir parce que, même après avoir montré l'avènement nécessaire du socialisme, il sait bien que les ouvriers peuvent et doivent y aider. Théoricien, Marx est aussi l'homme d'action qui consacre de longues journées à Londres à préparer les congrès de l'Internationale, à écouter ses compagnons de route, à rédiger des manifestes ; mais l'essentiel chez Marx est évidemment le système — cette théorie abhorrée d'un Proudhon — qui explique, démonte les mécanismes de la société capitaliste pour en prédire la fin. Du *Manifeste communiste* (1847) au premier tome du *Capital* (1867), Marx se révèle le plus grand sociologue de son temps ; l'étude des rapports de production, la théorie de la plus-value, la lutte des classes sont autant d'expressions, devenues courantes, de l'analyse marxiste, tout comme les formules qui concernent les structures : « tout l'ensemble des rapports de production forme la structure économique de la société, c'est-à-dire qu'il est la base réelle sur laquelle s'élève une superstructure juridique et politique, à laquelle correspondent des formes sociales déterminées de la conscience. Le mode de production de la vie matérielle détermine en général le processus social, politique et intellectuel de la vie. Ce n'est pas la conscience de l'homme qui détermine sa manière d'être, mais sa manière d'être sociale qui détermine sa conscience ». Sans doute doit-il à ses prédécesseurs, à Saint-Simon et Cabet, bien des éléments de ses démonstrations. Personne, avant lui, n'a réussi une systématisation aussi nette ; Marx analysant les modes de production peut généraliser son matérialisme à l'ensemble de l'évolution historique, en une vaste fresque qui n'est pas sans grandeur : il veut ainsi fonder une histoire des sociétés humaines qui soit scientifique ; et son but ultime, qu'il n'a pu atteindre de son vivant, serait sans doute une mathématique sociale, chiffrant la plus-value et le profit capitaliste, établissant les lois et les formules algébriques de l'exploitation de l'homme par l'homme. Mais sans parvenir à ce but, Marx, analysant les luttes des classes en France, plus tard racontant la Commune aux témoins mêmes, n'a pas peu contribué à faire passer dans la conscience collective des ouvriers ses idées, et surtout l'espoir d'un monde meilleur : stimulés en quelque sorte par la pensée que le jeu des forces économiques à l'intérieur de la société capitaliste travaille contre cette société et ses maîtres, les ouvriers mettront plus d'ardeur à réaliser cette libération qui sera la société sans classes, la société socialiste... Marx fournit donc au mouvement ouvrier, à la fois un instrument incomparable d'analyse sociale (dont ses disciples n'ont pas toujours su se servir et en respecter toutes les nuances dialectiques) et une raison d'espérer, un encouragement à accélérer cette marche de l'histoire dans laquelle le prolétariat est promis par le philosophe au plus grand rôle.

Proudhoniens et marxistes ne se sont guère affrontés dans les associations corporatives, mutuelles, compagnonnages, qui vivotent au début de l'Empire. Lorsque le droit de grève est reconnu par Napoléon III (1864), lorsque, la même année, Tolain fonde avec ses amis anglais la première Internationale (1864-1872), l'« Association internationale des travailleurs », la vie militante se fait plus active : ce qui surprend le gouvernement, l'inquiète bientôt, et le patronat encore plus. La section française de l'Internationale est, pendant les premières années, proudhonienne ; mais à la veille de 1870, dans l'agitation des grandes grèves (La Ricamarie, Aubin, Le Creusot), la doctrine marxiste, qui l'emporte depuis le début à l'étranger, gagne en France : c'est le moment même où elle devient la doctrine officielle de l'Internationale (Congrès de Bruxelles, 1868 ; Bâle, 1869). Poursuivie et dissoute par le gouvernement, l'Association s'est fait connaître des ouvriers ; elle compte deux cent quarante mille adhérents à la veille de la guerre (quelques centaines dans les premières années). Celle-ci provoque cependant sa ruine, mais fournit au mouvement ouvrier français l'occasion d'une épopée exemplaire : la Commune.

La Commune

Du 18 mars au 28 mai 1871, Paris a été gouverné par une poignée de révolutionnaires, qui n'étaient qu'en minorité internationalistes, qui n'avaient pas de programme très précis (si ce n'est quelques formules, dont la plus célèbre est « la terre au paysan, l'outil à l'ouvrier, le travail pour tous ») et qui d'ailleurs n'ont pas eu le temps de faire d'importantes réformes. Née à la fois de la « fièvre obsidionale » et des provocations de Thiers, qui a préféré à la négociation une guerre organisée avec la complicité des Prussiens assiégeant encore la capitale, la Commune est un grand moment de la tradition socialiste : les communards n'ont-ils pas assuré la vie administrative, pratiqué une scrupuleuse gestion des fonds publics, empêché tout pillage, de la Banque de France notamment, en même temps qu'ils affirmaient leur foi dans l'avenir d'une société socialiste par leur œuvre fragmentaire : réglementation du travail, organisation des chambres syndicales ? La Commune, gouvernement du peuple par le peuple, a valeur d'exemple. Varlin, Courbet, Delescluze et Rossel ont tenu parole et démontré que les ouvriers sont capables de gouverner eux-mêmes.

Ils ont encore pour eux leur martyre : la semaine sanglante du 21 au 28 mai a fait des milliers de victimes ; et pour quelques actes de vandalisme, incendie des Tuileries et de l'hôtel de M. Thiers, pour les fusillades d'otages — dans l'atmosphère terrible de la guerre des rues — combien de victimes, de la rue de Rivoli au Père Lachaise ? Thiers et Galiffet triomphent sans pudeur ni mesure en mai 1871 et les historiens de la Commune évaluent à cent mille les Parisiens touchés par la répression. Mais jusqu'à nos jours chaque année, en mai, « le mur des Fédérés » au Père Lachaise est fleuri par les organisations ouvrières, qui n'oublient pas « la lutte héroïque du prolétariat ».

Après la Commune, les travailleurs conservent les droits acquis sous l'Empire : le droit de grève légalement reconnu depuis 1864 et qui permet aux ouvriers de lutter contre leurs patrons avec quelque efficacité ; le droit, acquis par tolérance depuis 1868, de constituer des associations professionnelles. Cependant la répression parisienne a été si lourde que le mouvement ouvrier ne s'en remet pas. Pendant dix ans, c'est le silence, presque complet : quelques petits congrès après 1876, quelques appels, et l'activité presque solitaire d'un Jules Guesde…

De 1880 à 1895, le mouvement ouvrier cherche ses voies dans la réorganisation des syndicats (autorisés officiellement par la loi de 1884) ; mais aussi, à côté des Fédérations nationales de métiers, qui groupent les travailleurs par corps de métier (en 1879 se fonde la Société générale des ouvriers chapeliers de France ; en 1881, la Fédération française des Travailleurs du livre ; en 1892, après plusieurs tentatives infructueuses, la Fédération des ouvriers mineurs) ; à côté des Bourses du travail, qui sont des groupements locaux sans distinction de spécialité, ces années voient se former des partis socialistes ouvriers, très divisés, selon les personnalités de leurs animateurs, leurs ascendances révolutionnaires : blanquistes, marxistes, réformistes proudhoniens forment autant de petits groupes, agités et bavards, peu à peu assez écoutés dans les masses ouvrières pour qu'en 1893 cinquante socialistes siègent à la Chambre. Ainsi se précise, dans la vie quotidienne ouvrière, la division fondamentale entre les associations proprement professionnelles, les syndicats et les partis politiques, nullement indifférents aux revendications ouvrières, mais décidés à utiliser la force politique ouvrière qu'offre le suffrage universel.

En même temps, les premiers congrès ouvriers, et, en particulier, ceux qui précèdent la fondation de la Confédération Générale du Travail, discutent des moyens de pression dont disposent les travailleurs pour mener leur lutte : Aristide Briand est alors le promoteur de la grève générale, qui entraînerait une paralysie totale du pays et permettrait une victoire décisive sur le patronat ; non sans quelques illusions, s'exalte l'idée d'une action révolutionnaire indépendante de toute politique, de tout parti. L'éducation reste au premier plan des préoccupations ouvrières : les Bourses du Travail ont des bibliothèques, organisent des cours professionnels et surtout des cours de formation scientifique et économique ; avec l'aide de techniciens et de membres de l'enseignement, instituteurs et professeurs, se créent les premiers collèges du travail, surtout à Paris.

Enfin l'action ouvrière, la lutte quotidienne s'accentuent dans les années de dépression de 1885 à 1895 : les grèves locales se multiplient, qui prouvent l'ardeur combative des militants et provoquent l'enthousiasme des dirigeants ; en 1891, la fusillade de Fourmies, le jour du 1er mai, donne un nouveau sens à cette fête du mai fleuri, qui devient la fête des travailleurs, le jour où ils se réunissent pour célébrer les conquêtes réalisées sur la bourgeoisie, pour prendre la mesure des progrès à faire encore ; pendant de longues années, le 1er mai va rester aussi une journée commémorative du souvenir des morts ouvriers.

Ainsi la vie ouvrière militante reprend-elle peu à peu : les grandes lignes directrices de son action sociale sont déjà esquissées. Dans la période suivante, sous l'impulsion de personnalités de premier plan, Pelloutier et Griffuelhes pour la C.G.T., Jaurès pour le parti politique, le monde ouvrier va fixer organisation, doctrine et divisions pour de longues années.

ORIENTATION BIBLIOGRAPHIQUE

Louis BERGERON, *Les Capitalistes en France au XIXe siècle (1780-1914)*, 1978.

Jean BOUVIER, *Les Rothschild*, 1967.

Pierre LAVEDAN, *L'Œuvre du baron Haussmann*, 1953.

Jacques LÉONARD, *La France médicale au XIXe siècle*, 1978.

René RÉMOND, *L'Anticléricalisme en France de 1815 à nos jours*, 1976.

Germain BAZIN, *L'Univers impressionniste*, 1982.

Jacques LETHÈVE, *Impressionnistes et symbolistes devant la presse*, 1959.

Jacques OZOUF, *Nous les maîtres d'école*, 1967.

Georges WEIL, *Histoire du parti républicain en France 1814-1870*, 1928.

Roger BELLET, *Presse et journalisme sous le Second Empire*, 1967.

Daniel HALÉVY, *La Fin des notables*, 1930.

Georges DUVEAU, *La Vie ouvrière* sous *le Second Empire*, 1946.

Pierre PIERRARD, *L'Église et les ouvriers en France 1840-1940*, 1984.

Jacques ROUGERIE, *Procès des Communards*, 1964.

CHAPITRE XVI

L'aube d'une civilisation scientifique 1895-1914

Au tournant du siècle — entre la grande crise économique des années 1873-1895, et la « Grande Guerre » de 1914-1918 maintenant devenue, non sans cynisme, la première guerre mondiale — la France vit des moments de fièvre, accumulés comme par quelque implacable fatalité : crises intérieures de l'Affaire Dreyfus et la Séparation de 1905, chocs impérialistes, de Fachoda et la guerre des Boers aux affaires marocaines, Tanger, Agadir et le « bec de canard » ; et enfin cette excitation, cette montée de haine et de crainte, qui forment le fond de la psychose de guerre et qui préparent l'été douloureux de 1914. Paris vibre chaque jour d'une passion nouvelle : l'esprit revanchard qui n'est pas mort et le pacifisme germanophile des Caillaux, les grands débats socialistes et l'anticléricalisme animent les conversations et les luttes. La capitale, plus que jamais, se détache à l'avant de la masse paysanne qui constitue le corps de la nation ; elle vit intensément l'incident politique, la crise internationale, dont les échos assourdis parviennent mal dans les bourgs et les écarts. Paris ne prend plus le temps de respirer, d'absorber l'événement, comme la province : l'Exposition de 1900, la visite pacifique du roi d'Angleterre, tout est occasion de manifestations nerveuses, d'inquiétudes exprimées avec feu.

L'enfer quotidien, la vermine et le souffle de la mort imposés quatre années durant à cette génération née entre 1890 et 1900, ont seuls pu la convaincre, parvenue au bord de la vieillesse, que ces années 1900 furent une Belle Époque : oubliant tant de violences et de misères, oubliant Béziers et Fourmies, elle s'est persuadée, et nous veut persuader, quarante et cinquante ans plus tard, que Paris et la France n'ont jamais été si beaux. Et avec quel talent ! Le cinéma parlant y fait une carrière étonnante, depuis le lointain et délicieux *Mariage de Chiffon,* d'Autant-Lara, jusqu'au *French Cancan,* de Jean Renoir : c'est tout un mythe de la Belle Époque, qui se nourrit d'images admirables, de poncifs attendris (le directeur du Moulin Rouge, le prince oriental charmant, l'officier irrésistible), de refrains et de rengaines à la vie tenace — et qui trahit hardiment, par « cristallisation », ce moment si tourmenté de notre passé. L'époque 1900 a pu être cependant un âge d'or, mieux que beaucoup d'autres moments passés : non pas grâce au Moulin Rouge, à Robinson ; même pas grâce à ce goût du rococo dont témoigne encore aujourd'hui tant de façades parisiennes et provinciales, aux balcons tarabiscotés, aux fers forgés trop travaillés ou, mieux encore, les constructions extérieures du Métropolitain...

L'attrait — passionnant — de ce moment français, c'est le mouvement scientifique qui le lui donne : sensible à tous, au moins sous les dehors visibles que représente l'essor parallèle des techniques, en ces années où la bicyclette, « petite reine », prend place dans chaque foyer (le Tour de France commence sa longue carrière), où l'automobile déjà relaie le cheval dans les rues des villes ; où enfin, à la veille de la guerre, l'homme vole et traverse la Manche ; essor scientifique, vertigineux aussi pour ceux qui lisent et suivent, haletants, le rythme des découvertes, la carrière des Curie et de Langevin, l'audace d'Albert Einstein, les expériences de Planck. Dans cette Europe qui vit les derniers moments de sa plus grande gloire, toutes les sciences semblent promises à un renouvellement bouleversant : c'est la fin du scientisme, moins proclamée que perçue clairement par tous ceux qu'atteignent la relativité généralisée et les pages les plus brillantes d'Einstein sur le nouvel espace-temps.

Les sciences de la nature et de l'homme informent, elles ne commandent pas encore la vie quotidienne ; et l'art nouveau de vivre, celui du XXe siècle, n'est pas encore né. Mais déjà le nouvel esprit scientifique, qui anime les sciences physiques, puis peu à peu les autres, trouve un écho incertain, hésitant comme une correspondance mal assurée, dans la vie intellectuelle, littéraire et artistique : recherches picturales et musicales, dont les nouveautés effraient les conformistes, et les autres ; désarrois anarchistes de la littérature engoncée dans ses traditions et ses arts poétiques. Cependant la déroute scientiste — totale en son fond, mais beaucoup moins patente qu'il ne se devrait — se traduit surtout et d'abord par l'amorce d'un renouveau religieux — et plus exactement catholique — qui n'a pas cessé de s'élargir et de gagner depuis les années difficiles où Péguy, Sangnier et quelques autres s'engageaient dans une lutte quotidienne, et où Bergson, nouveau romantique d'une philosophie instinctive, réhabilitait avec fougue, dans une langue riche de prestiges, l'irrationalisme.

La France tourmentée, déchirée et accablée par les immenses tâches qu'elle assume à travers le monde, puissance coloniale et patrie des révolutions, est encore, au cœur de l'Europe savante et conquérante, un des premiers foyers de civilisation, lorsque la guerre de 1914 lui impose la plus rude épreuve qu'ait, à ce jour, subi une grande nation moderne.

1. Le renouveau scientifique

Moins que jamais, la vie scientifique, dans cette Europe savante du XIXe siècle finissant, n'est proprement française : depuis des siècles — depuis le temps où le Père Mersenne recevait aux Minimes ses amis italiens, hollandais et organisait de véritables colloques de mathématiciens — les découvertes scientifiques et leur rayonnement ne connaissent pas de frontières, ni de nationalisme jaloux ; les savants travaillent pour tous, voyagent d'autant plus volontiers que le règne des passeports n'est pas encore établi, au moins en Europe occidentale ; le progrès scientifique est donc un progrès international. Pierre et Marie Curie à Paris, Einstein à Berne ou Zürich, Rutherford à Cambridge, Planck à Berlin — comme plus tard Langevin et de Broglie à Paris, Fermi à Rome — tous forment une société savante dispersée aux quatre coins de l'Europe (en ce temps où Américains et Russes comptent assez peu). C'est assez dire que le renouveau des premières années de ce XXe siècle n'est pas français — plus qu'allemand ou anglais — et appartient à chacun des grands noms qui en ont marqué une étape décisive et aux laboratoires, aux aides qui ont participé à des découvertes sensationnelles.

La physique nouvelle

Des travaux effectués par les Curie en 1895 jusqu'à la relativité restreinte de Einstein en 1905 et à la relativité généralisée en 1915, c'est une véritable révolution copernicienne qui se fait, créant une nouvelle physique, découvrant des perspectives extraordinaires à l'astrophysique et aux hypothèses sur la structure de l'univers ; plus rapidement — et plus sûrement qu'aux temps de Copernic et de Galilée — s'effondrent toute une mécanique et toute une explication newtonienne du monde, sur laquelle des générations de savants avaient vécu paisiblement. Paul Langevin, étudiant les masses atomiques des corps simples, et Max Planck, édifiant sa théorie des quanta pour suppléer à l'insuffisance reconnue de la théorie ondulatoire de la lumière, jouent l'un et l'autre un rôle capital dans cette transformation. Nourrissant la pensée scientifique d'un stimulant si puissant qu'il a alimenté toutes les recherches de l'après-guerre, le « père de la relativité » fournit aussi à cette pensée par l'exemple, par l'utilisation des géométries non euclidiennes, par la définition même de l'espace-temps, l'apport d'une conception nouvelle de la science ; si bien que ces premières années du XXe siècle constituent une étape décisive, non pas seulement par les découvertes ainsi provoquées, mais par le recul d'un déterminisme mathématique, qui a fait vivre la science moderne pendant trois cents ans.

Radio-activité et relativité étroitement liées constituent donc l'événement scientifique de l'époque. Dans le court laps de temps d'une dizaine d'années, tous les savants, tous les chercheurs sont touchés par l'ampleur des découvertes et leur signification ; alors que tous, ou presque, vivent dans l'atmosphère des principes de la mécanique, dans un univers ordonné dont ils n'imaginaient pas que l'expérimentation pût jamais les faire sortir, cette succession d'expériences et de théories les amène à une vue nouvelle du monde : même un

Henri Poincaré, dont l'œuvre mathématique est si vaste — et proche de la relativité restreinte — s'en trouve bousculé, et troublé. Revanche de la physique sur les mathématiques, serait-on tenté de qualifier cette « révolution scientifique », si cette simplification n'était abusive. Mieux vaut constater encore l'immense champ de recherches que la théorie atomique et la relativité offrent au monde savant : le XXe siècle ouvre sur ce monde d'isotopes, de neutrons et d'électrons (qui vont entrer si vite dans le langage courant), sur ces recherches qui annoncent la mécanique ondulatoire de Louis de Broglie (1925) et la fission de l'atome d'uranium par Frédéric Joliot-Curie (1938) jusqu'au cyclotron et à la pile atomique.

Les sciences humaines

La première conséquence de la révolution des physiciens aurait dû être, semble-t-il, de rendre leur autonomie aux sciences de l'homme échappant aux ambitions scientistes — se dégageant de leurs mécanismes mathématiques et de leurs grands axiomes (il n'est de science que du mesurable, etc.). En réalité, les transformations de la physique sont intervenues, au moment même où ces sciences humaines fixaient leurs règles : en histoire, Seignobos et Langlois publient en 1897 leur *Introduction aux études historiques,* bréviaire de « méthode objective » ; au moment même où un esprit littéraire aussi subtil que Paul Valéry se révèle dans son *Introduction à la Méthode Léonard de Vinci* le fidèle et intrépide disciple de ses maîtres scientistes. Au déterminisme universel des scientistes fait place un déterminisme des sciences humaines, comme attardé en deçà de la nouvelle physique. Ainsi se comprend ce texte de Rambaud, dans son *Histoire de la civilisation française* (qui date des premières années de ce siècle) : « la politique même n'est pas uniquement, comme certains semblent le croire, affaire d'opinion. Bien comprise, elle est une science, elle fait même partie des sciences dites expérimentales... elle doit aboutir, si on la traite avec un esprit vraiment scientifique, à des lois aussi certaines que celles de la physique, de la chimie ou de la physiologie. »

De ce retard funeste à leur développement, les sciences humaines avaient une explication à portée de main : au moment où mathématiques, physique et chimie s'entraident et se confondent — sans qu'il soit question de faire de l'une la « servante » de l'autre (selon le mot de l'École) — au moment où la chimie biologique progresse à pas de géant, le grand souci pour les sciences de l'homme est de cloisonner, de délimiter des frontières et de surveiller les postes — frontières avec une vigilance sans défaut : psychologie, sociologie, économie politique, histoire, géographie se définissent non sans querelles qui sentent la chapelle, le petit clocher (entre historiens et sociologues par exemple) ; et dont les programmes et les sujets de notre baccalauréat de philosophie se ressentent encore, un demi-siècle plus tard.

Tant et si bien que les esprits les plus fins, les mieux doués d'antennes et de savoir, qui dans ces sciences humaines, surent montrer les voies et dépasser le scientisme ont pris figure de précurseurs, discutés, persiflés, brocardés pendant longtemps — au sein même de l'*Alma mater*. En 1902, Henri Berr fonde la *Revue de synthèse historique* et plaide non seulement pour une histoire qui n'oublierait pas la journée de synthèse dans les délices des années d'analyse, mais aussi pour une histoire qui ne soit point coupée, ni des sciences auxiliaires, ni surtout des sciences voisines, sociologie, géographie..., indispensables à une compréhension solide du passé humain. Au même moment, Vidal de La Blache plaide avec plus de talent encore pour une géographie humaine, largement tributaire de l'histoire, de l'ethnographie et fonde la géographie régionale, œuvre de synthèse à l'échelle du « pays », cette réussite de l'École géographique française, rapidement illustrée par les Demangeon, Sion, Brunhes ; enfin l'histoire essaie discrètement de se renouveler : Jean Jaurès dirige une histoire socialiste, qui, pour des motifs idéologiques sans doute, voit large et ne se cantonne pas dans l'histoire politique et diplomatique ; Lucien Febvre de son côté publie en 1911 sa thèse, *Philippe II et la Franche-Comté*, étude d'histoire politique, religieuse et sociale, vaste panorama d'une province et de son climat social dans la seconde moitié du XVIe siècle. Suivra en 1922 — mais médité et écrit en partie dès 1913 — un des premiers volumes de la collection l'*Évolution de l'humanité,* fondée par Henri Berr, *La Terre et l'Évolution humaine* qui porte au déterminisme du milieu géographique, à force de démonstrations lumineuses, des coups dont celui-ci ne s'est jamais relevé ; mais pour une cause facilement gagnée, que de résistances et de lenteurs à côté ! *Oportet haereses esse,* écrivent les précurseurs mal compris. Mais longtemps après encore, ils reçoivent coups et nasardes. Tel, pour les historiens, ce trait décoché en 1946 à Henri Berr : « aucun des volumes qui, sous le titre l'*Évolution de l'humanité,* composent la vaste collection historique dont (il) a assumé la direction, ne porte — en dehors de (ses) préfaces... la moindre marque des idées dont, soit dans ses livres, soit dans ses articles, il s'est fait depuis près d'un demi-siècle l'apôtre infatigable »[1].

Le scientisme vulgarisé

Mais le scientisme a trouvé mieux que cette survie sans gloire et sans œuvres : il s'est diffusé, vulgarisé dans les milieux urbains, même populaires — et jusque dans les campagnes, par l'intermédiaire de cette bourgeoisie rurale, en plein développement depuis un siècle, qui constitue peu à peu une nouvelle classe dirigeante — ou sous-dirigeante. La science (ou plus exactement ses applications mécaniques) éblouit et donne force d'opinion courante à un matérialisme assez simple, nourri d'abord de ces réussites matérielles qui, d'année en année, changent le décor et les moyens des hommes : la diffusion du scientisme se confond, pour une large part, avec les progrès de la vitesse, dans un monde où l'homme ne se déplace plus à son pas.

Nous n'en sommes pourtant qu'au passage de la vapeur à l'électricité et au moteur à explosion : les pleins effets des inventions de Bergès et Deprez, de Lenoir et Forest ne sont sensibles qu'après la guerre de 1914-1918. Pourtant les contemporains de Delcassé en ont vu assez pour béer d'admi-

1. L. Halphen, *Introduction à l'histoire,* 1946, p. 94.

ration — et attribuer au progrès scientifique, à l'ingéniosité des savants et des techniciens ces merveilles : l'éclairage électrique, le moteur et la traction électriques, tramways et métropolitain parisien, le cinéma des frères Lumière et de Georges Méliès, qui projettent le théâtre filmé, les scènes de la vie quotidienne *(L'Arroseur arrosé)* et les premières actualités ; la bicyclette montée sur pneus pleins, puis gonflés grâce à Édouard Michelin, qui s'est répandue très vite et fait la fortune de certains industriels stéphanois, qui ont su vanter « ce coursier d'acier » ; l'automobile enfin, qui, à la veille de la guerre, peut atteindre 70 à 80 kilomètres-heure, remplace déjà dans les villes l'omnibus à chevaux et oblige les municipalités à prendre des arrêtés pour limiter la vitesse dans les traversées d'agglomérations : mesures de sécurité indispensables pour les hommes et les animaux ! Nuages de poussière, cris de frayeur, allures esquimaudes des voyageurs, quelles images réjouissantes le progrès n'offre-t-il pas, au moment où Armand Peugeot et Louis Renault fondent leurs entreprises ! Dans les dernières années de cette période, naît aussi l'aviation : en 1909 Blériot a traversé la Manche, en 1913 Roland Garros la Méditerranée, et les avions se déplacent déjà à 200 kilomètres-heure.

Le moteur électrique gagne d'année en année du terrain, c'est-à-dire de nouvelles utilisations dans les usines ; la chimie des colorants, des engrais — des explosifs aussi — fait de grands progrès ; mais surtout l'électrochimie (l'électrolyse) devient un procédé courant dans la préparation des métaux, parmi lesquels le duralumin fait son apparition à la veille de la guerre. Et les premières matières plastiques, galalithe et bakélite, sont contemporaines de la soie artificielle, entre 1900 et 1914 ; nouvelles installations industrielles, nouveaux produits, tout ce qui modifie la vie quotidienne sort des laboratoires, sort des mains et des instruments compliqués des savants.

Encore, dans ce domaine de l'émerveillement scientifique, la plus étonnante découverte, celle de Branly et Marconi, n'a-t-elle pas été assez connue pour jouer son rôle dans l'épanouissement d'une mentalité populaire scientiste : le poste à galène est encore trop rare ; de même dans le domaine plus simple du téléphone et du télégraphe, l'invention n'a pas encore assez d'usagers... Mais les prodiges de la vitesse et de l'éclairage y suffisent amplement. Tout n'est pas expliqué sans doute par ces progrès techniques. Il s'y mêle d'autres éléments, hérités de l'époque précédente, répandus peu à peu par la presse quotidienne, ses dessins satiriques, sa publicité, où l'image et la photographie tiennent une grande place : convictions acquises à force de coups acérés portés par Forain et tant d'autres ; échos ressentis profondément des querelles et des grands débats, récents et présents : curé et instituteur sur la place du village divisé, Affaire Dreyfus et loi de Séparation. Le scientisme s'est répandu comme une foi dans l'avenir de l'humanité et de la France ; donc une répudiation des forces « obscurantistes et aveugles » du passé ; la foi dans le progrès est aussi un anticléricalisme virulent — parfois doublé d'antimilitarisme, là où l'Affaire a eu les plus grands retentissements. La conviction que le monde d'aujourd'hui est plus beau que celui d'hier est une force vitale, une espérance pour tous ; et qui va loin : jusqu'à attendre des savants la prolongation indéfinie de la durée de la vie humaine, parfait exemple de cette confiance dans le pouvoir illimité de la science.

Et dans ce corps d'idées reçues, acquises au prix d'expériences personnelles simples, interprétées sans recherche au fil des événements, le refus d'une théologie et d'une théogonie est sans doute le moment essentiel : l'attitude de l'Église hostile au monde moderne, condamnant sans fin depuis un demi-siècle toutes les transformations qui touchent de près ou de loin à son domaine — quelques nuances qu'elle y apporte, surtout lorsque parle le pape (mais dans ce domaine-ci, l'attitude quotidienne des curés et des évêques, les vengeurs contre l'école sans Dieu, le monde sans âme, comptent plus que les prudences romaines) — tout travaille au progrès de l'indifférence, sinon de l'anticléricalisme : la Science et la Technique, sa fille, paraissent, trop vite sans doute, les suppléantes de la Religion vaincue, jusqu'à convaincre le commun des mortels d'une incompatibilité totale de l'une aux autres. Quelle meilleure illustration de cet état d'esprit que ce titre d'un ouvrage, au demeurant de faible diffusion, paru en

1912 : *Peut-on croire sans être un imbécile?* Le fait est d'autant plus important qu'au même moment le catholicisme retrouve son audience dans les milieux intellectuels, sinon universitaires, et amorce une remontée qui n'a cessé de se confirmer jusqu'à nos jours.

2. Le redressement catholique

Sans doute cette reprise catholique des vingt années qui précèdent la Grande Guerre est-elle inséparable de la bataille idéologique parisienne qui se mène dans les assemblées politiques, dans la presse et sur la rive gauche de la Seine : de l'Affaire Dreyfus à la Séparation de l'Église et de l'État en 1905-1907, le lien est évident ; et s'il est vrai que la France donne alors au monde le spectacle d'une construction hardie dans l'élaboration pénible de relations nettes et en partie neuves entre les pouvoirs spirituel et temporel, il est sûr aussi que l'Église catholique a fait figure dans ce combat d'accusée, réduite à la défensive : à telle enseigne que l'inventaire des biens d'église fait en application de la loi de 1905, occasion de manifestations parfois violentes, à travers toute la France, ne suscita aucune modification des positions prises sous le ministère Combes. De la même façon est-il encore possible de relever, dans beaucoup de positions en faveur de la religion, une volonté de défendre un ordre social que les progrès du socialisme paraissent menacer sérieusement, lorsque l'Internationale ouvrière affirme la solidarité agissante des prolétaires de tous les pays : un Bazin, un Bordeaux, apologistes romanesques de la famille, de la patrie en même temps que du catholicisme, soutiennent une thèse — comme Zola la sienne, quelques années plus tôt. Il reste cependant que le renouveau catholique est encore plus fils de ce « tremblement de terre » scientifique rapidement évoqué à l'instant. Toute une pensée philosophique, servie avec magnificence par la réussite littéraire, universitaire et mondaine de Bergson, lui a donné la base sur laquelle ont proliféré pensée, littérature et action catholique, Claudel et Léon Bloy, Bourget et Estaunié, Sangnier et Péguy...

Bergson

Évidemment ni l'œuvre de Bergson, ni les premières discussions sur la valeur de la science ne datent de 1895[1] : Brunetière, détenteur d'un poste universitaire-clé, n'a pas craint de proclamer, dans son ardeur à pourfendre Berthelot et Renan, la faillite de la science. Bien d'autres, cherchant appui, qui chez Descartes, qui chez Emmanuel Kant, se sont contentés d'affirmer les limites de la science, incapable de connaître le monde moral, irréductible aux phénomènes physiques. Petits débats en fait, jusqu'à ce que *L'Évolution créatrice* en 1907, tirant parti de l'indéterminisme physique, exploitant les données immédiates de la conscience, vienne fournir un fonds nouveau à la pensée irrationnelle.

La pensée de Bergson a eu un retentissement tel qu'il est devenu presque du jour au lendemain le maître à penser indiscuté de toute une élite intellectuelle : la limpidité de sa prose — après tant de philosophes difficiles à lire, à travers le XIXe siècle — le bonheur de certaines formules qui ont fait mouche, à commencer par le trop fameux « élan vital », la réussite très parisienne d'un enseignement au Collège de France l'expliquent assez. Donnant une place de premier rang au flux de la vie, au mystère du moi profond, à l'intuition réhabilitée — contre les excès raisonnants des scientistes — comme la source première de connaissance, Bergson démolit allégrement la prétention du rationalisme tel que le conçoit Berthelot. Dans la bataille qu'il livre, peu importe que la démonstration ne soit pas toujours très convaincante ; que parfois elle revienne à des jeux sur les mots, sur la nature naturante et la nature naturée : bien d'autres philosophes, ses prédécesseurs, s'en étaient permis autant. Mais la critique du scientisme est faite : la conscience bergsonienne est tournée vers l'absolu métaphysique, vers Dieu qui rend compte de toutes choses et d'abord des insuffisances de la connaissance scientifique.

Ce philosophe, qui n'est pas catholique, a fait plus pour la renaissance catholique que les Blondel et Le Roy : il a donné

1. *L'Essai sur les données immédiates de la conscience* est de 1889.

l'impression que le desséchant intellectualisme rationaliste était définitivement condamné et, *a fortiori,* que le matérialisme, à quoi revenaient nombre de positivistes par des voies plus ou moins détournées, était identifié à la plus monstrueuse erreur que le XIXe siècle ait pu produire. Ce dynamisme vital, philosophie de l'irrationnel sous les oripeaux d'une intelligence précieuse, fait écho, qu'il le veuille ou non, à toute une pensée étrangère, qui exalte la défaite de la raison devant l'instinct et les forces de la vie : de Schopenhauer à Nietzsche. Il n'est pas question de surhomme chez Bergson assurément ; dans le Collège de 1905, la formule serait d'une audace trop grande ; passe pour un Drumont, qui écrit pour un public sans culture ; mais l'inspiration, l'idée fondamentale reste la même. Ainsi se comprennent les résonances multiples d'une philosophie, dont le prestige n'a pas survécu à son auteur et dont les faiblesses ont été très vite dénoncées jusque par ses disciples — mais qui est venue à l'heure où une grande révision scientifique rendait plus facile une réaction antirationaliste — ou, plus simplement, un dépassement du rationalisme d'inspiration scientifique. Ce qui fut l'attitude concrète de beaucoup de savants et de philosophes insensibles aux charmes de la prose bergsonienne. Les enchantements de ce style sont bien clairs. Il suffit de relire l'*Essai sur les données immédiates de la conscience :* « mais les moments où nous nous ressaisissons nous-mêmes sont rares, et c'est pourquoi nous sommes rarement libres... Nous vivons pour le monde extérieur plutôt que pour nous ; nous parlons plus que nous ne pensons ; nous sommes agis plus que nous n'agissons nous-mêmes. Agir librement, c'est reprendre possession de soi, c'est se replacer dans la pure durée. » Qui pouvait résister à une prose aussi entraînante...

Littérature de piété

Au demeurant, la philosophie nouvelle n'aurait jamais eu tant d'adeptes si la littérature ne s'était mise de la partie au même moment. Comme si le naturalisme avait fait son temps, la vie littéraire s'anime grâce à toute une cohorte d'écrivains ;

ils font un tel étalage de leurs sentiments religieux que leurs adversaires souvent veulent y voir une attitude payante. Le terrible Léon Bloy s'en prend même à l'occasion à cette troupe de convertis qui font la satisfaction du clergé et du public ; et il fustige Huysmans comme Coppée et Brunetière. Ce pamphlétaire-né, qui appartient à la petite littérature, n'est pas, sous ses outrances, mauvais juge de ce temps qui l'a rejeté et laissé dépérir dans la misère. Ainsi écrit-il d'Huysmans, le transfuge de Médan : « Converti au plus juste prix, sans foudroiement, sans entorse, ni tours de reins, il s'est mis à la littérature de converti, celle qui rapporte... » ; Brunetière est aussi bien traité : « ce pédant au style de proviseur... ». Mais ce bon témoin confirme le succès de la littérature « bien-pensante ».

Dans celle-ci, deux voies sont à distinguer, qui ont connu un succès égal par ailleurs : la bonne prose, pieuse à souhait, qui vit de bons sentiments en un temps où le *best-seller* est Georges Ohnet, *Le Maître de forges ;* Paul Bourget, psychologue profond pour une sentimentalité simplette, Henri Bordeaux un peu plus tard fournissent une ample production de romans édifiants sur des thèmes qui vont devenir classiques, riches de bonnes idées reçues : *Le Disciple, Un Divorce, Le Démon de Midi,* autant de titres, autant de programmes, qui révèlent la thèse — non moins que les *Roquevillard* ou *Le Chêne et les roseaux.* Bordeaux et Bourget sont en quelque sorte des têtes de file ; derrière eux, ou à côté dans les meilleurs cas *(L'Empreinte* d'Estaunié), combien de bons — ou moins bons romanciers — alimentent les feuilletons des revues, des *Veillées des Chaumières,* de la *Bonne presse* qui prend son essor à l'époque : tout un monde sur lequel manquent des statistiques. Religion, travail, patrie, famille, bonnes lectures pour officiers qu'ennuie la vie de garnison, pour une bourgeoisie qui hésite entre les audaces voltairiennes d'un Anatole France et les valeurs traditionnelles toujours bien portées.

Un ton plus haut, c'est la poésie catholique et les grands noms, qui, en dehors des cénacles et des écoles, chantent leur foi : Péguy, du *Mystère de Jeanne d'Arc,* de la *Tapisserie de Notre-Dame,* inépuisable chantre de Chartres et de son pays ;

Claudel, publiant en 1912, *L'Annonce faite à Marie,* mystère médiéval ; et peu après *L'Otage,* cette vision romaine de la captivité de Pie VII. L'un et l'autre révèlent leur foi de néophytes avec une richesse verbale et une puissance dramatique qui, à elles seules, expliqueraient leur succès. Débuts d'une longue carrière de diplomate, homme d'affaires et poète, ou chants lyriques d'un homme d'action qui se hâte d'entreprendre, *L'Annonce* et la *Tapisserie* sont les monuments de ce renouveau du sentiment religieux.

Depuis les années 1880 — où aucun écrivain n'osait se dire catholique et où une sorte de commisération était réservée à quiconque affichait sa foi — le spiritualisme chrétien a conquis un public intellectuel qu'il n'avait pas eu depuis deux siècles. Il suffit de voir, pour s'en convaincre, le cercle d'amis qui entoure le plus irascible, le plus exigeant aussi de ces écrivains catholiques, Léon Bloy, dans ses dernières années (il meurt en 1914) : des savants, comme le géologue Pierre Termier ; des écrivains, René Martineau, Jacques Maritain ; des musiciens, Félix Raugel, Georges Auric ; des peintres, Georges Desvallières, Rouault, dont la *Sainte Face* évoque bien la foi tourmentée de l' « aventurier de Dieu ». Les filles de Bloy fréquentent la *Schola Cantorum* de Vincent d'Indy, et la nouvelle musique religieuse, celle de Vierne et de Franck, n'est pas inconnue aux rendez-vous de Bourg-la-Reine où ce « catholique exalté » entraîne à sa suite des âmes passionnées.

Dernier trait : dans ce renouveau littéraire et artistique, la place des hommes d'Église est plus que mesurée ; c'est à peine si, auprès des philosophes, le Père Laberthonnière fait bonne figure ; tous ces grands convertis du début du siècle sont venus au catholicisme en s'adressant à des laïques, et au dernier moment seulement aux prêtres : à croire que beaucoup de ceux-ci ne vivent pas leur foi avec la même intensité ; question de formation ? conséquence de l'application « républicaine » du Concordat de 1801 ? ou plus simplement parce que le clergé engagé dans une lutte sans trêve, de 1880 à 1907, s'y consacre entièrement et ne peut pas être à la pointe de cette reconquête d'une élite intellectuelle ? C'est probablement, enfin, parce que ce clergé est déjà divisé entre modernistes et intégristes qui s'affrontent dans un débat typiquement français.

Politiques catholiques

Sans doute l'ordre moral, les belles années 1874-1875 et surtout la restauration d'une monarchie française, avec ou sans drapeau blanc, gardent leurs partisans ; les catholiques royalistes sont même, à la veille de la guerre, dotés d'un chef de file qui, pendant plusieurs décennies, va former ou plutôt marquer des générations d'intellectuels : Charles Maurras et l'*Action française,* tribune quotidienne du nationalisme d'extrême-droite à partir de 1908. C'est tout un courant de pensée politique, servi par de grands talents d'écrivains : Maurras, Daudet, Bainville. Et Barrès, qui n'est pas du groupe, mais n'a pas peu contribué à développer les thèmes nationalistes, peut leur être adjoint. Cependant l'*Action française* a surtout exercé son influence dans l'entre-deux-guerres ; en dépit de sa condamnation par Rome, la pensée maurassienne qui est d'abord une pensée critique, hostile au régime républicain, a maintenu son rayonnement jusqu'à la fin de la troisième République. Enfin son rôle, après la « divine surprise », est d'une autre nature. Pourtant là n'est pas la dernière originalité du renouveau catholique : la pensée royaliste-catholique apparaît plutôt comme une survivance, et bientôt un mythe politique avec ses slogans (« les quarante rois qui en mille ans firent la France ») ; le trait important des années 1900, c'est la renaissance du catholicisme libéral et social, à la fois sous l'impulsion du pape Léon XIII dont l'enseignement social n'a pas eu hors de France le même retentissement que dans notre pays, et par l'initiative de catholiques hors série : Marc Sangnier et Charles Péguy.

En 1891 et 1892, Léon XIII a pris deux initiatives capitales : l'une politique en conseillant aux catholiques français le ralliement à la République consolidée par dix ans d'exercice ; attitude prudente, conforme sans nul doute à la tradition politique romaine récente, qui en 1801 a accepté la négociation avec le premier Consul et en 1848 a reconnu la deuxième République. Cependant beaucoup de politiciens conservateurs ont hésité à suivre Albert de Mun, les années ont passé dans l'expectative et le drame de l'Affaire a ruiné cette politique de réconciliation avec le régime. En fait le ralliement, affaire proprement française, compte moins que l'encyclique *Rerum Novarum,* par laquelle Léon XIII se penche sur la condition des ouvriers. Délimitant une véritable doctrine sociale de l'Église, rendue urgente par les progrès de l'industrialisation et surtout par le développement des luttes de classes, l'encyclique est encore considérée aujourd'hui dans certains milieux comme le fond même de la politique sociale de l'Église catholique[1]. Réfutant les solutions socialistes de propriété collective, de suppression des classes, le chef de l'Église catholique fixe les devoirs de charité et de justice des deux classes : « Que le riche et le patron se souviennent qu'exploiter la misère et la pauvreté et spéculer sur l'indigence sont choses que réprouvent également les lois divines et humaines. Ce qui serait un crime à crier vengeance au ciel serait de frustrer quelqu'un du prix de ses labeurs. *Voilà que le salaire que vous avez dérobé par fraude à vos ouvriers crie vers vous et que leur clameur est montée jusqu'aux oreilles du Dieu des armées.* » Et il leur donne pour but l'union, préconise notamment la création de corporations catholiques, qui travailleront dans ce but : « ... il faut louer hautement le zèle d'un grand nombre des nôtres, lesquels se rendant parfaitement compte des besoins de l'heure présente, sondent soigneusement le terrain, pour y découvrir une voie honnête qui conduise au relèvement de la classe ouvrière... Nous nous promettons de ces corporations les plus heureux fruits, pourvu qu'elles continuent à se développer et que la prudence préside toujours à leur organisation... on doit prendre pour règle universelle et constante d'organiser les corporations, de façon qu'elles fournissent à chacun de leurs membres les moyens propres à lui faire atteindre, par la voie

1. Complétée par l'encyclique de Pie XI, *Quadragesimo anno* (1931) sur la restauration de l'ordre social ; et depuis peu par les décisions capitales du dernier Concile.

la plus commode et la plus courte, le but qu'il se propose et qui consiste dans l'accroissement le plus grand possible des biens du corps, de l'esprit, de la fortune. » Dans aucun pays plus qu'en France, l'encyclique n'a eu plus d'échos — parmi les laïques et parmi les prêtres — n'a suscité plus d'initiatives diverses, pour donner corps à ce programme social catholique.

Initiatives peu connues, même aujourd'hui, incomprises à la fois par les milieux conservateurs et par les anticléricaux dans les premières années de ce siècle, les premiers syndicats, composés d'employés plus que d'ouvriers, épars à travers Paris et la province, se constituent peu à peu ; souvent malmenés et confondus avec les syndicats « jaunes » subventionnés par le patronat pour semer la division parmi les travailleurs, ils défendent péniblement leur indépendance contre les patrons et contre les syndicats plus puissants de la C.G.T. ; dans cette lutte obscure, se forment les cadres de la future Confédération chrétienne, les Gaston Tessier, Poimbœuf. En 1904, un groupe d'intellectuels animé par Marius Gonin fonde les Semaines Sociales, session annuelle d'études de style universitaire : conférences, discussions, carrefours — portant sur des sujets sociaux, syndicats et contrats de travail, fonction sociale des pouvoirs publics. Les Semaines Sociales rassemblent ainsi quelques centaines d'auditeurs — beaucoup plus nombreux que les participants actifs ; mais les ouvriers sont toujours en très petits effectifs dans ces assises qui s'adressent à une élite intellectuelle et qui n'évitent pas l'écueil d'un certain académisme. D'autres sont enfin à la recherche de modalités nouvelles d'action sur les masses : des expériences sont faites, de petits groupements formés, qui préparent l'action catholique d'après guerre.

Péguy

Cependant deux personnalités dominent ce grand essor du christianisme social : Péguy, celui des *Cahiers de la Quinzaine,* dont la prose brûlante malmène aussi bien la myope Sorbonne que l'épiscopat empêtré dans sa politique monarchiste. Péguy n'aime pas en particulier les historiens de la Sorbonne, et il les sermonne souvent : « les historiens font ordinairement de l'histoire sans méditer sur les limites et les conditions de l'histoire ; sans doute, ils ont raison ; il vaut mieux que chacun fasse son métier ; d'une façon générale, il vaut mieux qu'un historien commence par faire de l'histoire sans en chercher aussi long ». Cœur assoiffé de justice, impatient de donner à la France le visage généreux qu'il imagine pour elle, Péguy est le poète combattant qui plaide toutes les bonnes causes et s'attaque à tous les privilèges, à tous les vices. Ancien socialiste qui a répudié l'anticléricalisme et l'antimilitarisme de ses premiers amis, catholique perpétuellement mécontent d'une Église qui trahit sa mission selon lui, Péguy assume d'apparentes contradictions et annonce, par son « enseignement » — qui est un exemple — un type français nouveau, une des originalités de la civilisation française contemporaine : Péguy catholique n'a pas une pensée pour le royalisme ; il est républicain et démocrate, spontanément proche des siens, du petit peuple qui souffre et qui a faim ; Péguy est à gauche (quelque usage qui ait été fait de son nom trente ans plus tard) et c'est bien le propre du chrétien social qui ne craint pas de citer les Écritures pour s'en justifier : « l'horreur de Jésus, dit-il, pour les riches est effrayante. Il n'aime que la pauvreté et les pauvres ». Péguy accepte l'héritage de la Révolution de 1789 et même celui des révolutions du XIXe siècle. Catholique fervent, il n'en renie pas pour autant ses maîtres d'hier, l'école laïque, dont il est le premier catholique à avoir reconnu publiquement (et dans quelle atmosphère) la grandeur : il pressent, et il dit combien cette école peut rendre de services à une vie religieuse nouvelle, acceptant le pluralisme spirituel français, fondant ses méthodes et ses buts sur cette réalité franchement admise. Dans ses *Cahiers* qui offrent un des plus précieux panoramas de la France à la veille de la Grande Guerre, Péguy est explicite : « Nous ne croyons plus un mot de ce que nous enseignaient nos maîtres laïques. Nous sommes intégralement nourris de ce que nous enseignaient les curés... Or nos maîtres laïques ont gardé tout notre cœur et ils ont notre entière confiance. Et malheureusement nous ne pouvons pas dire que nos vieux curés aient absolument tout notre cœur ou qu'ils aient jamais eu notre confiance... » Éveilleur d'idées, maître à penser, lu avec avidité par toute une jeunesse studieuse, charmée et rebutée à la fois, Péguy montre une voie ; il est un moment de la conscience française contemporaine.

Sangnier

Idéaliste, convaincu de la nécessité d'abattre les barrières entre les classes et les castes, plus proche de l'action politique que Péguy, Marc Sangnier, fondateur du *Sillon,* représente le même mouvement, d'une façon plus efficace peut-être : Sangnier a vu, à l'instant même où la Séparation se prépare et se réalise, l'immense profit que représente pour l'Église cette rupture qui la détache de tout lien organique avec le pouvoir temporel et qui peut faire du clergé autre chose que l'allié des classes dirigeantes ; un rapprochement en direction des classes populaires, une indépendance totale, c'est une Église nouvelle qui peut naître... Au-delà des moments difficiles, au-delà de ce temps où le premier sillon est si malaisé à tracer, Marc Sangnier voit une France délivrée de l'anticléricalisme, réalisant dans la paix une justice sociale conforme à l'idée chrétienne. Autour de Sangnier, tout un groupe se constitue, dont la pensée, sociale plus que politique, dépasse largement les audaces des hommes du Ralliement dix ans plus tôt. Le *Sillon* est condamné par Rome en 1910 (en 1907, le pape Pie X a déjà condamné de façon générale tout modernisme comme fauteur d'hérésies, et s'est déclaré le défenseur intransigeant du dogme et des positions traditionnelles) ; en 1912, Marc Sangnier fonde la Jeune République, ligue comparable à la Ligue des Droits de l'homme plus qu'à un parti politique, petit groupement numériquement négligeable, dont l'idéal démocratique et chrétien exerce son influence dans la vie politique de l'après-guerre.

Sans doute à lire tant de condamnations du catholicisme libéral signées de Pie X et même de Léon XIII dans ses dernières années, à voir les bagarres sordides aux portes des monastères et des églises lors des inventaires, à entendre sifflements et hurlements dans les premiers cinémas lorsqu'un prêtre paraît sur l'écran – la voix des Péguy et Sangnier paraît-elle bien faible pendant ces années hargneuses : c'est pourtant tout un visage neuf du catholicisme français qui est en train de prendre forme – et date. Le renouveau catholique n'est pas simplement la réapparition d'une religion traditionnelle, un moment ébranlée et dépassée : c'est une rechristianisation qui se prépare.

3. L'individualisme anarchiste

Dans ce pays, patrie de Montaigne et de Pascal, de Proudhon et d'André Gide, dans ce monde français où depuis des siècles l'exploit personnel suscite plus d'admiration que l'œuvre collective, le triomphe de l'individualisme ne saurait être présenté comme le fruit de circonstances, de rencontres fortuites ou concertées. Qu'en politique comme en littérature, qu'au théâtre comme devant les chevalets, ce début du XXe siècle soit marqué par la recherche individuelle, l'ambition personnelle de la découverte ou de la réussite ; que les partis les plus solidement organisés dans une époque où la politique est plus affaire de tempérament que de doctrine, soient eux-mêmes touchés par l'anarchisme militant – tout comme les écoles littéraires, dans la mesure où le terme a encore un sens, au temps de Valéry et d'Apollinaire – tout ceci ne s'est pas développé, épanoui sans liens avec un passé riche d'exemples, de recherches similaires, sans relations avec des traditions solides. Mais il n'en est pas moins vrai que ces années 1900 et leur atmosphère – au moins parisienne, et spécialement rive gauche – de déroute du positivisme, de faillite du scientisme (sinon de la science aux yeux de littérateurs peu avertis), ces années où le ciel étoilé au-dessus de nos têtes est remis en question non moins que la loi morale au fond des cœurs, ont particulièrement favorisé cette explosion d'individualisme – au bon et au mauvais sens du mot ; enfin convient-il de s'étonner que, du grand mouvement de ce monde troublé, les artistes, peintres, musiciens ou poètes aient été, plus que tous autres, les témoins très sensibles ?

Politique et syndicalisme

Dans la vie politique, le destin des forces qui se consacrent à la défense des classes ouvrières est le plus probant ; non pas que les partis radicaux, républicains de gauche ou de droite soient indifférents : groupements inconsistants autour de quelques fortes personnalités qui dominent les assemblées, ils illustreraient fort bien, par leur absence de discipline, d'organisation à l'intérieur et hors des Chambres, cet individualisme, dont le parti radical finit par se faire gloire, s'il est vrai qu'Alain, le « citoyen contre les pouvoirs », est le théoricien du radicalisme, cet « anarchisme de gouvernement ». (La formule est de Proudhon, et ce patronage n'est pas fortuit. Mais Alain, en ses *Propos,* regorge de traits aussi paradoxalement saisissants.) Pourtant le sort des organisations ouvrières est exemplaire. Cette époque est en effet pour elles le temps de l'organisation : les socialistes, dispersés en petits groupes aux idéologies précises, parviennent à l'unité grâce à Jules Guesde et Jean Jaurès : marxistes, blanquistes, possibilistes, allemanistes se retrouvent au sein du parti S.F.I.O., qui, en 1914, est une force parlementaire non négligeable. Appuyé sur le prolétariat, les petits fonctionnaires, les paysans dans les régions de métayage comme le Bourbonnais, le parti socialiste, dominé par Jaurès, prend figure — au moins à partir du Congrès de 1905 — du plus solide et du plus structuré des partis français ; adhérent de la IIe Internationale, il participe aux échanges d'idées, aux confrontations doctrinales de celle-ci ; il oppose son efficacité parlementaire à la stérile intransigeance théorique du parti socialiste allemand dirigé par Liebknecht et Kautsky ; les Congrès de Paris en 1900, d'Amsterdam en 1904 fournissent la preuve de sa vitalité.

Au même moment, le mouvement syndical réalise aussi son unité : grâce à Fernand Pelloutier, puis à Victor Griffuelhes, la Confédération Générale du Travail prend forme : les Bourses du Travail, organisations locales, les unions départementales, groupant tous les corps de métier, et les Fédérations nationales d'industries se réunissent dans un seul organisme, qui ne cesse de progresser (malgré de graves difficultés, après 1908). A la veille de la guerre, cette organisation s'est perfectionnée : les Bourses du Travail – même si le nom est resté sur les bâtiments qui abritent les permanences syndicales, et dans le vocabulaire – ont cédé la place aux Unions départementales, obligatoires. Les Fédérations nationales se sont regroupées, dans le sens d'une simplification : Ardoisiers et Mineurs, Cuivre et Métallurgistes. L'ensemble compte six cent mille cotisants en 1912.

Cependant dans leurs congrès et leurs publications, les militants – ouvriers, artisans, ouvriers qualifiés parisiens, autodidactes et « bourgeois » venus au socialisme par idéalisme – n'échappent pas à l'atmosphère de leur temps : les proudhoniens l'emportent sur les marxistes et le socialisme français en porte la marque, visible encore aujourd'hui ; à la différence de l'Angleterre voisine, dont le mouvement ouvrier est plus puissant et mieux organisé, le socialisme français reste divisé. Là où les Britanniques et les Belges ont mis sur pied un seul organisme groupant syndicats et partis, qui travaille à la même œuvre d'émancipation du prolétariat, les Français établissent deux organisations complètement indépendantes au moins en principe ; le parti et la confédération peuvent bien viser, l'un et l'autre, à la révolution sociale ; le but est identique, les moyens sont différents. Le parti de Jaurès – qui lui-même n'est pas marxiste, et pratique un réformisme parlementaire, tant que l'Internationale le permet – peut bien essayer d'« envelopper » la C.G.T. Les syndicalistes n'ont pas confiance dans la politique ; ils méditent avec amertume les carrières ministérielles des « transfuges », Millerand, Viviani, qui agissent par la corruption et la menace ; et Briand qui fut le théoricien de la grève générale ; ils croient à la vertu propre de l'action révolutionnaire, spontanée sur le plan professionnel ; Griffuelhes écrit : « Le syndicalisme français se caractérise par l'action spontanée et créatrice... Cette action n'a pas été commandée par des formules et des affirmations théoriques quelconques. » Ils pensent à l'abolition de la condition prolétarienne par des conquêtes successives dans l'usine, comme la journée de huit heures ; le recours suprême dans cette lutte incessante étant la grève générale qui paralyserait totalement la vie économique de la nation. Ainsi ces « syndicalistes révolutionnaires » ne peuvent concevoir le syndicalisme qu'indépendant de la vie politique ; et ils ont imposé cette définition, typiquement française, au Congrès confédéral d'Amiens, en 1906 ; c'est la charte d'Amiens dont n'a cessé de se réclamer jusqu'à nos jours toute une partie du mouvement ouvrier français. L'essentiel de la charte tient en ces deux formules de conclusion, qui ont été les plus contestées après la guerre et dont l'exacte compréhension soulève encore d'ardentes polémiques dans les milieux ouvriers :

1° « En ce qui concerne les individus, le Congrès affirme l'entière liberté pour le syndiqué, de participer, en dehors du groupement corporatif, à telle forme de lutte correspondant à sa conception philosophique ou politique, se bornant à lui demander, en réciprocité, de ne pas introduire dans le syndicat les opinions qu'il professe au-dehors.

2° « En ce qui concerne les organisations, le Congrès déclare qu'afin que le syndicalisme atteigne son maximum d'effet, l'action économique doit s'exercer directement contre le patronat, les organisations confédérées n'ayant pas, en tant que groupements syndicaux, à se préoccuper des partis et des sectes qui, en dehors et à côté, peuvent poursuivre, en toute liberté, la transformation sociale. » Fortifié à la fois par les discussions théoriques *(Réflexions sur la violence* de Georges Sorel ou études plus minces mais plus lisibles de Pouget, Merrheim et Griffuelhes) et par la lutte sévère menée contre le patronat et le gouvernement de 1907 à 1911, au cours de grèves incessantes (la plus importante étant celle des cheminots en 1911, brisée brutalement par Aristide Briand), le syndicalisme révolutionnaire est alors la force ouvrière la plus dynamique en face du socialisme parlementaire cantonné dans l'opposition systématique depuis 1905. D'où le long prestige de cette tradition syndicale, malgré une perte de vitesse certaine dans les années qui précèdent immédiatement la Grande Guerre.

Ce syndicalisme anarchiste a grandi sous l'égide de Proudhon, sous la protection de Bergson aussi par l'intermédiaire de Georges Sorel. Il est d'abord l'œuvre de personnalités de premier plan, Monatte, Griffuelhes, Merrheim ; par ce trait, par le dédain de ses cadres pour la masse « ignorante…., qui lit des saletés..., qui joue d'interminables manilles », le mouvement ouvrier reste le fait d'une petite minorité qui n'a pas encore une grande prise sur le monde du travail. Mais d'autre part, le militant ouvrier, conscient de ses devoirs, accablé de responsabilités, traqué par le gouvernement (la prison préventive, à la veille du 1er mai, est une méthode consacrée), pionnier sinon héros, n'est pas un témoin aberrant de cette époque individualiste.

Gens de lettres

Moins encore les hommes de lettres, qui respirent l'angoisse de cette avant-guerre pressentie pendant une dizaine d'années, dans tous les milieux. Peu importe que les maîtres de cette grande littérature ne soient lus que d'un petit nombre de Français ; que la *Revue blanche* n'ait qu'un faible tirage, comparable à celui des *Cahiers* de Péguy. La *Revue blanche* est prise, en l'occurrence, comme exemple : bien d'autres « petites » revues pourraient illustrer ce propos, notamment de grandes entreprises, comme le *Mercure ;* ou de moins importantes, telle la *Nouvelle Revue française* à ses débuts, dont Gide note en février 1912 : « Nous avons cinq cent vingt-huit abonnés et nous faisons deux cent quarante-quatre services ». Ce monde littéraire du temps de l'exposition 1900 et de l'avant-guerre est furieusement individualiste : le culte du moi est sa première règle ; depuis le jeune Léon Blum, qui se passionne pour Stendhal — moins le critique romain que l'égoïste, le père de Julien et Fabrice — jusqu'à Barrès qui recommande aux jeunes écrivains la solitude, celle qui permet de s'appartenir tout entier et de conserver sa vie intérieure. C'est donc le moment où la littérature appartient aux réprouvés, honnis par le commun, mais aussi par les autres, les héritiers de Rimbaud réprouvant également, refusant le monde que leur offre le XIXe siècle finissant. Certains s'évadent dans le rêve, vers un autre monde : *Le Grand Meaulnes* d'Alain-Fournier est un roman du refus. D'autres choisissent leur voie, hors des sentiers battus : Nathanaël est guidé d'une main sûre vers les nourritures terrestres que lui offre le plus étonnant écrivain du temps, celui qui a créé aussi Lafcadio ; Proust écrit au même moment le roman d'un monde qui se sent disparaître, et qui se sait surtout trop riche d'intelligence et de sensibilité. Mais le plus typique sans doute, d'abord parce qu'il a connu un succès, une audience que les autres n'ont reçus qu'après guerre — reste Barrès : le Lorrain au patriotisme exaspéré, l'auteur des *Déracinés,* maître d'une morale individualiste non moins exigeante que celles de *L'Immoraliste* ou de l'auteur du *Mariage.*

Successeurs et héritiers de Mallarmé, comme Valéry et Apollinaire, les poètes écrivent pour de petits cénacles d'initiés, seuls capables de comprendre ; et bientôt il sera nécessaire d'avoir un commentaire pour lire les œuvres les plus réussies : ainsi *La Jeune Parque* ou *Le Cimetière marin* sont-ils expliqués à l'usager dur d'oreille et d'entendement par un ami du poète. Alors que le roman populaire ou mondain ne cesse d'accroître son rayonnement aidé par la création des premiers prix littéraires à la suite du prix Goncourt, la plus grande littérature devient un domaine réservé à quelques-uns, capables d'apprécier à la fois l'intelligence aiguë et le sensualisme caché de cette poésie hermétique ; derrière quoi s'abrite encore la même inquiétude que tant d'autres expriment plus simplement : « Il faut tenter de vivre », s'écrie l'auteur du *Cimetière marin.*

Ainsi les écoles sont mortes avec le siècle : aucune étiquette, même la dernière-née, celle des symbolistes, ne convient à désigner plus qu'un auteur, plus qu'une chapelle ; le dernier des romantiques est mort en 1885, dans la pompe de funérailles nationales que sa popularité fit justement grandioses ; parnassiens, naturalistes ne comptent pour ainsi dire plus. Mais le mal d'écrire, et d'être original en écrivant, n'en est pas moins répandu : le meilleur signe de cet anarchisme littéraire est peut-être le goût croissant pour le journal, ce mémorial des menus faits individuels, complaisamment racontés jour après jour ; lointain héritage romantique sans doute, relayé par les Goncourt et quelques autres, la chronique quotidienne, en attendant de devenir un genre et une source de profits, est de pratique courante : elle représente bien le triomphe impudique du moi.

Musiciens

Au vrai, à suivre le train des manifestes tapageurs, des discussions passionnées qui ne cessent de rebondir, c'est toute la vie artistique de l'époque que l'on pourrait placer sous le signe de l'individualisme — et non pas seulement la gent littéraire accablée par une lourde hérédité. Cependant musiciens et peintres, qui tiennent une si grande place — et autant dire la première — à la pointe de la civilisation européenne, autour de 1900, sont plus qu'individualistes. Même s'il est recommandable de ne pas s'attarder aux écrits critiques, théoriques, voire aux propos de table qui foisonnent à leur sujet, force est bien de leur reconnaître une signification très large, un crédit plus important qu'aux pointes symbolistes et qu'aux méditations de Narcisse. La chronique déjà ne s'y est pas trompée qui a consacré l'École française (de musique) et l'École (picturale) de Paris, grâce au rayonnement international de l'une et de l'autre.

Avec la fin du XIXe siècle, Paris — et derrière elle les grandes villes de province — a vécu l'essor de la musique symphonique, qui se crée peu à peu un public ; elle prend sa place à côté de la musique de théâtre, Opéra et Opéra-comique, qui n'a cessé de connaître de beaux jours de Rossini à Gounod. Là le répertoire se fixe et ne s'enrichit plus au même rythme qu'au temps de Bizet et Massenet ; le plus grand succès du genre est la *Louise* de Charpentier, attendrissante à souhait : opéra et opéra-comique sont dès lors considérés comme « populaires » dans certains milieux ; et l'opérette, genre mineur, fait carrière. Mais la « grande » musique (on dit aussi la musique pure) ne cesse de progresser, servie par toute une série d'institutions : non seulement le vieux Conservatoire, où chaque musicien fait ses classes, peu ou prou ; mais la Société Nationale de Musique fondée en 1871 par Saint-Saëns dans la hargne de la défaite, plus libre et plus audacieuse que la vieille maison ; la *Schola Cantorum,* l'œuvre de Vincent d'Indy (fondée en 1896) — et enfin les Sociétés de Concerts, qui chaque hiver créent les nouvelles œuvres, leur assurent un public et aussitôt la sanction du succès — ou de l'échec. Franck, Saint-Saëns, Fauré, d'Indy ont alimenté les premiers — et non sans éclat — ce renouveau de la musique française, à l'heure où la production allemande — et particulièrement Wagner — dominait la vie musicale internationale.

Cependant quels que soient leurs mérites et leurs œuvres, ils comptent moins dans l'École française que Debussy, Ravel et Stravinski — en dépit des liens qui unissaient certains d'entre eux, tel Fauré, aux poètes du temps ; Debussy a été aussi lié au groupe symboliste, à Mallarmé surtout. Mais Claude Debussy importe plus sans doute par la correspondance lointaine qui s'établit entre ses recherches — et ses réussites — de technique musicale et le grand mouvement scientifique contemporain ; de même Ravel et Stravinski, qui, par des audaces semblables, remettent aussi en question toute une tradition technique musicale, instituée depuis le XVIe siècle peu à peu et considérée comme aussi immuable dans ses succès — ceux de J.-S. Bach et aussi ceux de Rossini — que la géométrie euclidienne, mère de la physique de Newton ; Claude Debussy, avec *Pelléas et Mélisande* (grand événement de 1902), avec *La Mer,* impose une musique toute neuve, faite de gammes à tons entiers, d'accords de septièmes, neuvièmes, onzièmes, acceptant les dissonances habituellement exclues ; sans abandonner les techniques classiques, il utilise ces ressources nouvelles qui ont fait crier les critiques, provoqué de longs débats sur son « verticalisme », et préparé les audaces musicales d'aujourd'hui.

Maurice Ravel — dont l'œuvre la plus connue se situe après guerre — passe avant 1914 pour le disciple même de Debussy, utilise avec la même audace les mêmes innovations et acquiert très vite un renom aussi grand que celui de son maître — célèbre auteur, dès 1905, de *Shéhérazade,* de *Jeux d'eau,* en attendant bien d'autres titres de gloire, comme la *Rapsodie espagnole* et même *Ma Mère l'Oye.* Mais la musique de Ravel, encore « classique » dans sa finesse, fit moins scandale que les grandes créations d'Igor Stravinski : *L'Oiseau de feu* en 1910, et surtout *Le Sacre du Printemps* en 1913. Rythmes et tonalités ont provoqué des discussions interminables, lorsque *Le Sacre* a été présenté à Paris devant un public pourtant déjà préparé depuis une dizaine d'années ;

le musicien russe, qui a été naturalisé français après la guerre, apparaît dès lors comme l'égal de Debussy, et l'un des grands fondateurs de la musique moderne.

Anarchistes, Debussy et Stravinski, puisqu'ils ne respectent pas les règles consacrées ; mais par cette raison même, beaucoup plus que de simples individualistes : jamais dans l'histoire de la musique un si grand bouleversement n'a été effectué, renouvelant l'harmonie traditionnelle, perfectionnant les ressources de l'expression, donc de l'invention musicale : chacun sait tout ce que lui doivent le fameux groupe des six de l'entre-deux-guerres et tant d'autres.

Peintres

Le monde de la peinture est encore plus foisonnant : les peintres se sont racontés plus encore que les musiciens et les théories picturales les plus échevelées ont pu être discutées au temps des nabis, des néo-impressionnistes, des fauves et des cubistes ; la critique d'art, inaugurée par Stendhal (bien plus que par Diderot dont les *Salons* sont de la critique littéraire), illustrée par Baudelaire, devient alors un métier avec ses maîtres patentés et ses apprentis, sa presse, ses canons et ses paradoxes ; enfin à l'occasion de l'Exposition de 1900 et dans les années qui suivent, la rencontre des arts exotiques, nègre et japonais, voire celle des Ballets russes, n'a pas peu contribué à permettre de savantes élaborations en « isme » sur les arts plastiques. Ainsi les discussions d'atelier et les pages tonitruantes des critiques ajoutent encore à la recherche, partie empirique, partie empreinte de système, que font tous les peintres de l'époque, prolongeant les efforts de Manet, Renoir, Van Gogh et Cézanne ; d'où la difficulté, même à cinquante ans de distance, et avec le fameux recul de l'histoire, à caractériser, sinon expliquer ce monde regorgeant de richesse qu'est la peinture française de l'avant-guerre. Cette admirable richesse dont la signification a été si bien soulignée par André Gide au détour d'une page des *Faux monnayeurs :* « Je me suis souvent demandé par quel prodige la peinture était en avance et comment il se faisait que la littérature se soit ainsi laissé devancer... »

Combien d'artistes vaudraient d'être situés cependant : ne serait-ce que l'étrange Toulouse-Lautrec, peintre d'affiches et lithographe, peintre de maisons closes et de cirques, d'animaux et des premières scènes sportives. A se borner aux plus signifiants de l'époque, deux groupes tiennent une plus grande place : les fauves qui, par-delà la lignée des impressionnistes, mais aussi de Van Gogh, Gauguin et Seurat, poursuivent la recherche de la couleur : Matisse, Derain, Vlaminck les représentent bien ; et surtout peut-être, le dernier, le peintre coureur cycliste, qu'il est plus facile de ranger derrière ce drapeau parce qu'il n'a pas cherché plus loin, et n'en est pas sorti comme Matisse, ou Dufy. Les hardiesses brutales des couleurs demeurent le fonds commun dans lequel tous ont versé, au moins quelque temps : le fauvisme a connu de grandes heures autour de 1905.

Toutefois les fauves importent moins, somme toute, que le cubisme ; les meilleurs d'entre eux s'y sont laissé entraîner, très vite ; et autour de 1910, la nouvelle école domine au point de faire proliférer les études doctrinales : cubismes physique, analytique, décoratif. Picasso (d'avant 1914), Braque, Dufy, Léger ont fait une révolution dans la peinture : raisonnant leur art, et surtout analysant leur sensation et sa représentation, ils ont imaginé, repensé un espace plastique nouveau recomposé sur la toile : natures mortes, corps humains — et non paysages — sont ainsi les nouveaux objets de leurs études, à la fois théoriques et empiriques. Le cubisme est un art pensé, recherchant les rapports entre le monde objet et le moi pensant ; réaliste et irréaliste à la fois, il est une découverte du monde, animée par le sentiment profond du relativisme de la connaissance : selon une belle formule de Pierre Francastel, qui l'a souvent souligné, un Picasso et un Dufy ont mieux compris (et senti) la relativité que beaucoup de physiciens.

Par sa hardiesse dans une vision neuve du monde et par cette correspondance profonde avec la révolution scientifique, le cubisme représente l'étape la plus importante de la vie picturale parisienne, depuis les années 1865 où l'impressionnisme a pris place ; Picasso et Braque autour de 1910 ont bien pu hérisser leurs contemporains — et parfois les faire rire, par l'inattendu de certaines figurations. Ils leur ont néanmoins imposé leur marque ; et leur art — signe conventionnel, figuratif et géométrique — continue à inspirer cinquante ans plus tard tous ceux qui sont venus après eux, Gischia, Fougeron, Pignon... Par ses audaces dans le déchiffrement de l'espace, la peinture cubiste exprime encore sa confiance en l'homme et surtout l'aspect conquérant du siècle scientifique. Ces recherches commandent aussi bien des aspects de la vie contemporaine, même quotidienne : la schématisation (disons une sorte de stylisation) cubiste retentit à trente ans de distance sur le mobilier, sur la fabrication des objets ménagers ; plus vite, par l'intermédiaire de l'affiche, déjà transformée par Lautrec, les cubistes ont imposé pour une large part leurs visions nouvelles au commun qui, dans le métro et le long des palissades, apprend à lire d'un trait inattendu et d'une tache de couleur tout le pouvoir de suggestion que possède ce langage non écrit. Ainsi le cubisme domine-t-il — au-delà de la guerre plus qu'avant, bien sûr — une vision du monde : celle de l'École de Paris, que le monde entier (au moins dans ses capitales) découvre et adopte peu à peu.

Assurément écrivains, musiciens et peintres ne touchent qu'un public parisien ; et jusqu'à l'après-guerre, la vulgarisation de la radio, la multiplication de l'affiche, une minorité de ce public : un petit nombre d'initiés, en des groupes qui se recoupent rarement — malgré quelques exceptions qui s'appellent Gide, Blum, M. Denis, Fauré, Debussy. Pourtant, en dépit de ces limites, en dépit des réticences académiques (les Beaux-Arts vont bientôt vanter les impressionnistes pour mieux refuser les cubistes, et Maurice Ravel échoue au grand prix de Rome en 1905), malgré incompréhensions et lazzi, ces grands moments de la vie artistique française constituent la partie la plus vivante de cette civilisation.

La Grande Guerre

D'une bataille de la Marne à l'autre, la France a soutenu pendant quatre ans le plus lourd poids de la Première Guerre mondiale : envahie sur un cinquième de son territoire, obligée de fournir des hommes sur le front d'Orient, d'aider ses alliés sur mer, elle a payé plus cher que toute autre puissance la victoire de 1918. D'un mot, indiquons qu'en 1939, lorsque

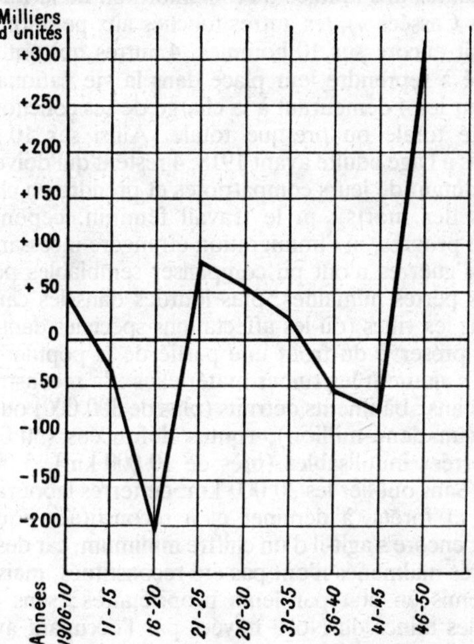

17. BALANCE DES NAISSANCES ET DES DÉCÈS AU COURS DU PREMIER XXe SIÈCLE

Le poids des guerres mondiales sur la vitalité française. Quel pays au monde a été plus éprouvé, tout compte fait, dans cette seconde décennie du XXe siècle ?

vingt ans plus tard éclate la Seconde Guerre, ce pays n'a pas fini de récupérer ; il porte encore la marque dans sa démographie, dans les lenteurs de son évolution économique, dans sa psychologie collective surtout, des pertes et des souffrances subies pendant les quatre ans de la première guerre totale.

Depuis plus d'un demi-siècle, la population française ne s'accroissait que très lentement ; la natalité diminuait sans cesse, mais grâce aux progrès de la médecine, la durée moyenne de la vie s'allongeait ; les pertes humaines dues à la guerre n'en furent que plus lourdes : 1 400 000 morts, soit 1 pour 25 habitants ; mais plus exactement encore, ce chiffre représente 2 hommes (jeunes) sur 10 enlevés à la vie du pays. A quoi il faut ajouter 3 000 000 de blessés, plus ou moins diminués, les uns mutilés d'un membre ou de la face (« Les Gueules Cassées »), les autres touchés aux poumons par les gaz : soit encore sur 10 hommes, 4 autres qui ont quelque difficulté à reprendre leur place dans la vie nationale, 1 au moins sur les 4 demeurant à la charge de ses concitoyens par invalidité totale ou presque totale. Ainsi sur 10 hommes parvenus à l'âge adulte avant 1918, 4 restent qui doivent aider à vivre autant de leurs compatriotes et prendre en charge les familles des morts : ni le travail féminin, cependant en constant progrès, ni l'immigration étrangère incessante entre les deux guerres n'ont pu compenser semblables pertes.

A ces pertes humaines, plus lourdes dans les campagnes que dans les villes (où les affectations spéciales dans l'industrie ont préservé du front une partie de la population masculine), s'ajoutent les ruines matérielles : la reconstruction a duré dix ans ; bâtiments détruits (plus de 300 000) ou endommagés (un demi-million), routes défoncées (50 000 km), voies ferrées inutilisables (près de 10 000 km), 5 000 ponts coupés. Sans oublier les 30 000 km^2 de terres labourables, de prairies et forêts, à déminer et à reconstituer pour l'agriculture ; encore s'agit-il d'un chiffre minimum, car des milliers d'hectares malmenés n'ont pas été reconstitués, mais simplement remis en état par leurs propriétaires ; sans compter encore les mines du Nord noyées par l'occupant avant son départ, et les installations industrielles saccagées.

Peu à peu, Reims, Arras, Senlis, Lunéville retrouvent leurs aspects de vieilles villes françaises, ces réussites des siècles écoulés, si vite anéanties sous les coups de l'artillerie. Verdun, même, lieu de la plus grande bataille de cette longue guerre, retrouve, à côté de ses ossuaires, un visage urbain. Pendant que cet immense travail de remise en état absorbe les forces économiques du pays tout entier, les États qui n'ont pas subi de tels désastres peuvent pousser leur équipement industriel, accentuer leur avance économique sur la France saignée à blanc : les États-Unis, la Grande-Bretagne, l'Allemagne elle-même.

Mais les souffrances morales — et l'évolution des mentalités collectives qui en est résultée — sont non moins importantes ; les Anciens Combattants ont été marqués pour leur vie par l'existence menée dans les tranchées pendant des années : la boue, les rats, la vermine, les gaz et l'alerte permanente, les combats corps à corps et les pilonnages d'artillerie ont imposé à ces hommes une usure physique que personne n'imaginait supportable ; les nerfs, les poumons, le système digestif (car la guerre de position n'a pas peu contribué à généraliser l'alcoolisme) ont été atteints. Héros obscurs d'une lutte d'usure, les soldats de 14-18, marqués dans leur chair, ont fait de la solidarité dans leur misère (« Unis comme au front ») un *credo* civique. Les civils ont été touchés d'autres manières : dans les régions occupées de la pire façon, puisque les otages et les incendies ont été mesure courante ; mais l'arrière même a subi une psychose de guerre aux conséquences lointaines : les flots de fausses nouvelles, les pieux mensonges de l'État-Major, tout le « bourrage de crâne » que la presse et le gouvernement ont pratiqué sans scrupules ont laissé des traces : la grande crise défaitiste de 1917, qui n'a épargné ni le front, ni l'arrière, témoigne du trouble des esprits et de l'incertitude morale vécue par la nation tout entière, au plus fort combat, alors que Russie et États-Unis modifient les données de la guerre. Mais ces débats de conscience n'ont pas pris fin en 1918.

Ne serait-ce qu'en raison du sens donné peu à peu à cette guerre : commencée par respect des alliances et pour honorer des « chiffons de papier », dont l'importance n'était soupçonnée que d'une minorité de Français, la Première Guerre mondiale se termine, grâce à Wilson, sous le signe d'un slogan : « La Der des Der », qui justifie tous les sacrifices consentis par toutes les familles françaises. Le 11 novembre 1918 est la fin d'un combat épuisant, mais aussi la promesse d'un avenir « où l'on ne reverra jamais cela » ; les traités de paix, la Société des Nations devaient concrétiser cette espérance. En fait, dès 1919, le traité de Versailles était dénoncé en France même comme un *diktat,* imposant toutes les humiliations aux Allemands, y compris la responsabilité unilatérale de la guerre (le fameux article 231) ; et la S.D.N., privée du concours américain, n'a pas mis lontemps à faire la preuve de son impuissance à instaurer cette paix bientôt considérée par certains comme le plus grand des biens. Au-delà de la détente qui suit — normalement — une si longue et si lourde épreuve (les années 1919 à 1924), la Grande Guerre a pour longtemps commandé des attitudes d'esprit, voire des options politiques dont les Français vivaient encore, lorsqu'en 1939...

ORIENTATION BIBLIOGRAPHIQUE

Antoine Prost, *Petite histoire de la France au xxe siècle,* 1979 (nouvelle édition, 1984).

Jules Marouzeau, *Une Enfance,* 1946.

Jean Guéhenno, *Changer la vie,* 1974.

André Siegried, *Mes Souvenirs de la IIIe République,* 1952.

Pierre Hamp, *Mes Métiers,* 1943.

Eugen Weber, *La Fin des terroirs,* 1983.

Pierre Francastel, *Nouveau dessin, nouvelle peinture. L'École de Paris,* 1946.

J. Prinet et A. Dilasser, *Nadar,* 1966.

Jacques Lethève, *La Caricature et la presse sous la IIIe République,* 1961.

A. Ducasse, J. Meyer et G. Perreux, *Vie et mort des Français 1914-1918,* 1959.

A. Kriegel et J.-J. Becker, *1914. La Guerre et le mouvement ouvrier,* 1964.

CHAPITRE XVII

Le premier XXe siècle français : sciences, arts et techniques 1919-1939

De cet entre-deux-guerres, les Français qui l'ont vécu gardent autant de mauvais souvenirs qu'ils vantent — inconsidérément — la Belle Époque 1900. Et avec quelque raison : car, passée l'ivresse de la victoire et du soulagement après un si long effort, les années sombres n'ont pas manqué, dans ce pays resté sensible à toutes les palpitations, à tous les soubresauts du monde : révolution russe, effondrement économique américain de 1929, réveil musulman, fascismes européens ont leurs échos à Paris, sinon dans toute la France ; cependant que le pays reste aux prises avec ses difficultés « intérieures », politiques et économiques...

Ainsi entendons-nous évoquer pour ces vingt ans pénibles, d'abord la crise économique, qui a suivi la crise mondiale avec deux ans de retard : à partir de 1931, la France a connu à son tour le marasme des affaires, la baisse des prix et des salaires, la déflation terrible de 1934 ; jusqu'en 1938, jusqu'au coup de fouet artificieux qu'a été l'effort de guerre, la langueur persiste qui signifie pour des millions de Français le chômage, la misère, au moins la gêne ; ouvriers, petits paysans, petits fonctionnaires ont vécu de dures années malgré l'espérance de 1936.

C'est aussi l'affaissement du régime : la troisième République n'a plus son prestige d'avant 1914. Comme si, dans le domaine politique, un ressort était cassé, après les grandes réalisations des quarante années précédentes : les intrigues parlementaires, les roueries de couloirs inquiètent et dégoûtent parfois les citoyens informés ; ni les institutions, ni le personnel ne sont adaptés aux tâches nouvelles de l'État ; jusqu'au triste jour de juillet 1940, où les parlementaires eux-mêmes ont supprimé cette République qui avait déjà bien failli passer un soir de février 1934.

Enfin ces vingt années sont celles d'une crise internationale d'intensité croissante : malgré quelques éclaircies dues aux efforts de Briand et Stresemann, quelle longue suite d'angoisses, de l'occupation française de la Ruhr à la conquête allemande de la Tchécoslovaquie ; la faillite de la paix, cette lente dégradation des espoirs et des réalisations de Versailles, s'est accélérée après 1933 et surtout après 1936 : guerre d'Espagne, réoccupation de la rive gauche du Rhin, guerre d'Éthiopie, occupation de l'Autriche, jusqu'à Munich et jusqu'à Dantzig, la guerre des nerfs et de la propagande a assiégé et malmené les Français bien avant le mois de septembre 1939.

Cependant au milieu de ces troubles, qui, à la surface de l'événement, trahissent les inquiétudes et les heurts d'un monde en profonde transformation, la civilisation française se renouvelle encore ; malgré tous ces handicaps si lourds, malgré le dénigrement systématique de ses voisins et parfois de certains de ses fils, malgré la guerre du Rif et les trompe-l'œil de l'Exposition coloniale, elle continue à représenter une forme originale de vie collective, un style de vie, parisien et français, qui, vu avec quelque recul et comparé à celui des autres États européens, voire à celui des sociétés coloniales, jeunes ou anciennes, n'a pas d'équivalent à travers le monde ; un style qui reste apprécié, à voir le nombre d'étrangers vivant à Paris, fixés là quelques mois par an ou à demeure, pour jouir de ce climat humain inimitable ; à voir le succès mondial de l'Exposition de 1937, malgré tant d'embûches dans sa brève carrière. Au moment où les peuples de la planète sont rapprochés les uns des autres par les nouveaux moyens de transport et d'échanges culturels, au moment où la civilisation mécanicienne fait des progrès extraordinaires, aux États-Unis comme en Europe occidentale et peu à peu en U. R. S. S., l'originalité française reste non moins sensible qu'un ou deux siècles plus tôt, et elle acquiert une audience nouvelle.

C'est que la France participe en bon rang à l'essor

scientifique et technique du siècle ; plus lente sans doute à s'adapter – dans le secteur agricole surtout, et même commercial – que l'Allemagne et l'Angleterre, moins favorisée que l'Amérique du Nord, elle se donne une industrie automobile puissante en même temps qu'elle électrifie ses campagnes, jusque dans les écarts alpestres, et construit barrages et routes. Peut-être ses ingénieurs et ses savants doivent-ils de plus en plus compter avec la « concurrence » de l'étranger sur le marché international des brevets d'invention et de la recherche scientifique : du moins tiennent-ils encore leur bonne place.

Même présence de la France – plus remarquée peut-être encore – sur le plan de l'expression et de la transmission de la pensée : une atmosphère de libre recherche intellectuelle, étroitement liée aux conditions créées à l'époque précédente, baigne l'ensemble des activités de l'esprit ; en dépit des indigences de la presse et de la radio dominées par des intérêts financiers et économiques qui ne sont en rien comparables aux mécènes généreux du XVIe siècle, la vie ardente des intellectuels français exprime cette réussite sans égale qu'est le libéralisme de ce pays.

Progrès technique et libéralisme encadrent les mouvements profonds de la vie sociale : l'essor industriel, la seconde révolution des transports ont accentué l'exode rural en même temps que l'élévation du niveau de vie : pendant les dix années de reconstruction (1919-1929), la vie matérielle des Français progresse. Si le paysan de la Haute-Loire continue à moissonner à la faux, battre au fléau et se nourrir sur son bien, il devient rapidement un anachronisme. Et les villes, plus confortables et plus riches de distractions, de décennie en décennie, en possèdent un attrait d'autant plus grand : la proportion villes-campagnes bascule alors au bénéfice de la population urbaine, malgré le frein de la crise économique après 1931.

Mais tant de renouvellements, jusque dans la géographie de la population, bouleversent aussi la vie sociale : des élites nouvelles se sont constituées, qui pénètrent la bourgeoisie, la copient et la reconnaissent comme classe dominante, malgré toute la phraséologie révolutionnaire ; ainsi, par osmose, la société française se donne de nouveaux cadres, alors que la crise assume l'effondrement définitif des plus anciens ; masses et élites continuent à s'opposer pourtant, qui ne participent pas des mêmes formes de culture, qui n'ont pas le même idéal de la vie nationale, et qui semblent irréconciliables dans leur impuissance égale à s'imposer. Au-delà des oppositions électorales, du clivage traditionnel entre droite et gauche, la « vertu » révolutionnaire semble bien perdue : 1936, malgré l'enthousiasme un moment soulevé, en témoigne. Masses et élites s'éloignent les unes des autres, par toute la puissance de l'argent inégalement réparti par la société capitaliste : aux uns, les réussites sans égales du théâtre, de la haute couture, de la peinture devenue objet de snobisme ; aux autres, les saines joies du Tour de France, des « westerns » bon marché, et des rengaines de Tino Rossi. C'est la France vue de profil, ou vue de face : visages tellement différents...

1. Techniques nouvelles : énergie et transports

Ce qui frappe l'homme du XXe siècle qui réfléchit sur son temps et sur ce qui l'entoure, c'est la rapidité avec laquelle le monde où il vit se transforme : la vitesse des déplacements quotidiens n'a de comparable que cette accélération générale de tous les mouvements et de l'histoire elle-même. Ainsi perçoit-il que son grand-père, qui en 1880 a déjà vu le chemin de fer et quelques autres nouveautés, était en fait beaucoup plus proche de son ancêtre du XVIIe siècle ou même du XVIe, que de nous-mêmes ; le Français de 1930 vit dans un environnement technique absolument différent de celui de 1880, où la machine à vapeur, le gaz et les chemins de fer, les ponts en fer représentaient le dernier mot du progrès matériel ; mais plus encore que le renouvellement provoqué par l'électricité, le pétrole et le cinéma, c'est l'ampleur du mouvement qui compte. Chaque année apporte une nouveauté qui transforme l'objet d'utilisation courante, le moyen de transport ou la machine. La recherche technique devient une obligation pour l'industriel ; à son défaut, la connaissance des réalisations nouvelles : salons annuels et revues trimestrielles, mensuelles se multiplient, pour établir entre l'utilisateur et l'inventeur l'information nécessaire ; les expositions du XIXe siècle, tenues à longs intervalles de sept, de onze ans, ne suffisent plus à cette tâche, et l'habitude s'en perd tout naturellement. En outre cette obligation est mal comprise souvent : l'innovation technique est lente à s'imposer, parce que l'état d'esprit scientifique (y compris le calcul rationnel des amortissements et même des prix de revient) n'est pas répandu ; sans parler du goût pour la recherche technique. Marc Bloch notait encore en 1940 : « nous avons de grands savants et nulles techniques ne sont moins scientifiques que les nôtres ». Ainsi la vie quotidienne tout entière se trouve placée dans la dépendance du progrès technique : la machine devient un auxiliaire de chaque jour pour la paysanne qui utilise une écrémeuse centrifuge électrique, comme pour le comptable des grands magasins doté d'une machine à calculer. Cette présence de la technique qui ne cesse de s'accroître pendant vingt ans, traduit une réalité scientifique : l'écart, qui sépare habituellement la théorie, la découverte de laboratoire ou de calcul et les applications, ne cesse de s'amenuiser ; les laboratoires de recherche appliquée, créations du siècle, établissent ce passage. Ce qui reste lent finalement, c'est la généralisation de l'emploi, pour des raisons économiques sans doute (le prix parfois élevé des nouveaux instruments de travail), pour des raisons techniques dans une moindre mesure, car la machine d'usage courant nécessite rarement une formation professionnelle poussée de l'utilisateur, pour des raisons psychologiques surtout : l'aspirateur dans l'appartement citadin et le tracteur à la campagne n'ont pas eu de plus grand obstacle à vaincre que l'habitude du balai et du joug. Ainsi peut-on concevoir au demeurant que l'automobile elle-même, « inventée » dès 1890, ne soit répandue qu'à quelques dizaines de milliers d'exemplaires[1] à travers le pays à

1. Gide se rend à l'enterrement de Charles-Louis Philippe : à Moulins, pour rejoindre Cerilly, les entrepreneurs de louage ne veulent pas atteler. Et il faut chercher — longuement — une automobile.

la veille de la guerre de 1914, et ne circule d'abondance qu'autour de 1930. Même constatation pour le téléphone, le cinéma ou le disque... Le signe qui marque ces vingt ans, c'est l'extension de l'électricité et du moteur à explosion.

Du moins faut-il l'affirmer : ce sont les applications qui ont le plus transformé la vie française, sans tenir pour négligeables les progrès des arts ménagers (lents à s'affirmer cependant en dehors d'une petite clientèle urbaine), ni les énormes réalisations de la biochimie et de la pharmacie nouvelle, qui fait la fortune de Rhône-Poulenc... ; ni même l'essor des matières plastiques dans les années qui précèdent immédiatement 1939. Les nouvelles industries nées de l'essor de la chimie ont été dispersées géographiquement et techniquement, en raison de leur étroite spécialisation : depuis les laboratoires parisiens de pharmacie jusqu'aux usines d'acétate du Péage de Roussillon (Rhodiaceta). De là encore leur moindre importance relative, en dépit d'exceptionnels progrès.

Moteurs nouveaux

Le moteur électrique et le moteur à explosion ont fourni à la civilisation mécanicienne un double pouvoir : ils mettent en usage deux sources nouvelles d'énergie pour l'industrie, à l'heure où les gisements houillers exploités depuis un ou plusieurs siècles commencent à menacer d'épuisement ; l'électricité d'origine hydraulique présentant de plus l'avantage, sur le charbon et le pétrole, d'être inépuisable, alimentée par les pluies. Mais pétrole et électricité ont aussi offert à l'homme de nouveaux moyens de transport, compléments et bientôt concurrents du chemin de fer, qui fut la réussite du siècle précédent : automobile, motocyclette, avion ; si vite adoptés, ils permettent encore une prise plus complète de l'homme sur la nature.

La production charbonnière de la France était insuffisante dès avant 1914 à assurer la vie industrielle. A la veille de 1939, la France produit 45 millions de tonnes de charbon ; elle importe d'Allemagne et d'Angleterre les 10 millions qui lui manquent. D'où notamment le décalage entre sa production minière en fer (30-35 millions de tonnes) et la faible production d'acier, 6 millions de tonnes. La mise au point de nouvelles ressources énergétiques ne pouvait que favoriser l'essor de la mécanisation. Mais l'équipement hydraulique, livré à des compagnies électriques régionales aux moyens financiers souvent limités, a été lent, surtout après 1930 ; malgré les bonnes conditions du transport sous haute tension à grande distance, les centrales thermiques (de création plus aisée, mais de rentabilité inférieure puisque grosses consommatrices de charbon) se multiplient dans les ports et sur les bassins houillers. A la veille de la guerre, la production thermique est presque égale à la production hydraulique : en 1936, électricité thermique, 7 600 000 KWH ; hydraulique, 8 900 000, dont la moitié pour les Alpes, le quart pour le Massif Central. Pour le pétrole, la prospection, poussée sans enthousiasme et avec des moyens très peu perfectionnés, n'a pas donné de résultats : un seul gisement, repéré dès 1904 en Alsace par les Allemands, est exploité à la veille de 1939, Pechelbronn, qui produit le centième de la consommation française ; le Moyen-Orient, les États-Unis, le Mexique fournissent le reste, raffiné ou non.

Malgré ces handicaps, les moteurs électriques et les moteurs à mazout ont pris une place importante dans la vie industrielle ; d'abord la force électrique qui a une souplesse d'utilisation que ne possède pas la machine à vapeur — chaque machine peut être dotée de son moteur, dans le textile et la métallurgie notamment ; et surtout l'électricité peut animer jusque dans les campagnes les ateliers de faible importance, rendre au textile montagnard de la région lyonnaise et à l'artisanat jurassien, une activité menacée par la concentration de l'époque précédente. D'où le double succès simultané, dans les grandes entreprises et dans les petits ateliers, de l'équipement énergétique électrique, notamment pour les tissages et filatures, mais il demeure moins important en fait que la rénovation des transports, par suite des lourds frais d'installation.

Dans le domaine des relations intérieures et extérieures,

électricité et moteur à essence apportent des innovations beaucoup plus considérables encore : le moteur électrique et le moteur Diesel équipent chemins de fer et voies urbaines ; les rendements sont très supérieurs, l'économie en charbon considérable, la régularité dans l'accélération meilleure, toutes conditions qui expliquent assez qu'au moment même où certains découvraient le charme à la machine à vapeur, elle recule : le Paris-Orléans-Midi (actuel Sud-Ouest), utilisant les lacs d'altitude dans les Pyrénées, s'équipe presque totalement de la traction électrique ; de même une partie de l'Ouest, et de grands projets sont préparés pour toutes les lignes à forte pente, en montagne. Pour les manœuvres, les petits parcours, les compagnies mettent aussi en ligne des Diesel, machines puissantes ; enfin les grandes villes se couvrent d'un réseau ferré urbain électrique, qui décline presque aussitôt après avoir connu son apogée vers 1930, sous les coups de la concurrence automobile. Lent recul puisque Paris garde ses dernières lignes jusqu'en 1935-1936 ; puisque, aujourd'hui encore, des centres provinciaux comme Lyon, Saint-Étienne, n'y ont pas totalement renoncé, malgré la souplesse de l'autobus à essence et même du trolleybus.

Transports

Le moteur à explosion a transformé, beaucoup plus encore que l'électricité, les transports : l'automobile devient alors le moyen de transport le plus important du pays. Utilisée comme complément du train avant 1914 — des gares aux villages et petites villes non desservis — puis comme objet sportif et enfin comme véhicule urbain, l'automobile gagne chaque année de nouveaux utilisateurs. L'automobile, comme la bicyclette aux environs de 1900, a été l'objet d'une passion collective (qui se prolonge aujourd'hui) : les boulevards chantaient en 1930 : « Enfin j'ai une auto, enfin j'ai une auto... » ; et elle trouve de nouveaux emplois : camions et camionnettes pour les transports légers et à faible distance, ou pour les denrées périssables ; autobus, taxis et voitures particulières pour les hommes. L'industrie qui se crée autour de Paris surtout, se concentre en quelques mains, justement célèbres, Renault,

Peugeot, Citroën ; et les petites entreprises artisanales d'avant 1914, genre De Dion Bouton, disparaissent peu à peu, absorbées par ces grandes firmes qui dominent le marché français. A la veille de la guerre, l'ensemble de la production s'élève à 200 000 voitures par an : presque 2 millions de véhicules circulent sur les 300 000 km de routes goudronnées, dotées par une fabrique de pneus bien inspirée (Michelin) de panneaux signalétiques, qu'une circulation importante a vite rendus indispensables ; l'automobile est à la fois un instrument de travail plus souple que le train pour le démarcheur, le représentant, le commerçant ; mais aussi un jouet, un moyen de distraction pour les promeneurs du dimanche qui étendent leur rayon d'action et s'évitent les fatigues de la bicyclette comme les contraintes du chemin de fer.

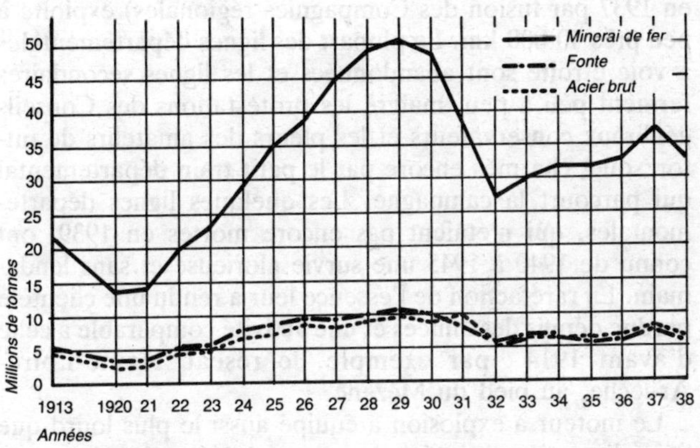

18. L'INDUSTRIE MÉTALLURGIQUE FRANÇAISE ENTRE LES DEUX GUERRES

Grand producteur de minerai de fer, la France doit vendre pendant vingt ans une bonne part de ce minerai pour se procurer les cokes métallurgiques nécessaires à sa sidérurgie. A partir de 1930, la crise atteint la vente et l'extraction du minerai : la fabrication de fonte et d'acier suit le mouvement. La baisse se maintient jusqu'à la veille de la guerre, où le réarmement intensif provoque la reprise.

A partir de 1925-1930, les autobus sont sortis des villes et des liaisons à court rayon autour des gares, pour assurer des transports plus longs : Paris-Côte d'Azur, Paris-Côte basque.... Les camions de déménagements, les transports fruitiers et maraîchers ont pratiqué le « porte à porte », de ville à ville, du Roussillon à Paris. Et les transports routiers ont ainsi fait une sérieuse concurrence à la voie ferrée. A la veille de la guerre, le problème n'était pas résolu de cette rivalité dans laquelle le rail, encombré de servitudes publiques (tarifs, réductions, obligations légales sur l'entretien des lignes et la fréquence des trains...) perdait sans cesse du terrain, fermant certaines lignes et stations, remplaçant les trains-vapeur légers par l'autorail plus léger encore — en face de transports routiers libres de leurs tarifs, de leurs itinéraires, de leurs horaires, soumis simplement à des contrôles formels de sécurité... En 1939, la Société Nationale des Chemins de fer français (nationalisée en 1937 par fusion des Compagnies régionales) exploite à peu près 40 000 km. La plupart des lignes départementales à voie étroite sont abandonnées et les lignes secondaires ferment peu à peu, malgré les protestations des Conseils généraux conservateurs et les pleurs des amateurs de pittoresque, charmés encore par le petit train départemental qui parcourt la campagne. Les quelques lignes départementales, qui n'étaient pas encore mortes en 1939, ont connu de 1940 à 1945 une survie glorieuse et sans lendemain. La raréfaction de l'essence leur a rendu une clientèle perdue depuis des années et une activité comparable à celle d'avant 1914 : par exemple, le réseau Haute-Loire-Ardèche, au pied du Mézenc.

Le moteur à explosion a équipé aussi le plus lourd que l'air : l'aviation, qui a fait de gros progrès pendant la guerre de 1914, jusqu'à intervenir durant les dernières années dans les opérations, devient un moyen de transport international, puis intercontinental. En 1927, Lindbergh réussit la traversée de l'Atlantique ; les aérodromes se construisent auprès de chaque grande ville, étapes et écoles de pilotage ; l'aviation de ligne prend son essor au temps glorieux de Mermoz, Doret et Saint-Exupéry : c'est l'aéropostale et la liaison avec l'Amérique du Sud. Puis des services réguliers rayonnent à partir du Bourget, assurent les transports voyageurs les plus rapides, en Europe. En 1936, ils transportent déjà soixante-dix mille passagers et parcourent presque dix millions de kilomètres. Malgré ses hauts tarifs, l'avion prend place parmi les moyens de transport usuels, surtout pour le courrier.

Enfin électricité et pétrole ont rénové aussi la navigation maritime et fluviale : les paquebots et les cargos équipés au mazout prennent peu à peu la première place ; les chalands automoteurs se multiplient sur les rares canaux et fleuves qui, dans le Nord et le cœur du Bassin parisien, ont une activité notable. Sur près de 10 000 km de voies d'eau, le quart est navigable par des bateaux de plus de 300 tonnes ; quelques centaines de kilomètres seulement peuvent porter, comme le Rhin, des péniches de 3 000 tonnes. Dans le domaine de la navigation transocéane, la technique française, toujours orientée vers la performance, tient un bon rang, et même le premier lorsque est mis en circulation le paquebot *Normandie* de la Compagnie Générale Transatlantique. Ce qui compte moins finalement que les progrès de la flotte marchande. Elle jauge presque 3 millions de tonnes brut à la veille de la guerre. La France occupe là le 7e rang dans le monde. Et elle construit peu : environ 40 000 tonnes par an.

Mais Le Havre-New York sur le *Normandie,* « Ruban bleu » de l'Atlantique Nord, ou Paris-Vienne en service régulier d'aviation sont des voyages réservés à une petite minorité de Français ; automobile, motocyclette et bicyclette — à côté du chemin de fer, bien sûr, qui n'a pas fini sa carrière — sont parmi ces nouveaux moyens de transport les seuls qui aient bouleversé la vie quotidienne, activant les échanges par les facilités nouvelles qu'ils offrent, aidant à une circulation des hommes telle que jamais le pays n'en a connue, de village à village, de la ferme au champ, de la ville à la campagne, et de ville à ville. C'est un brassage incessant, que la création des congés payés en 1936 par le Front Populaire a encore décuplé. C'est aussi une mentalité nouvelle qui se crée peu à peu : même dans les villages montagnards où la voiture à âne et le mulet gardent leurs partisans attardés, la bicyclette, lourde et robuste, puis la motocyclette à la mécanique plus compliquée, mais au « rendement » très supérieur, sont entrées dans les mœurs : ce moyen de « faire les bals » le dimanche a précédé et préparé la mécanisation de la petite propriété, l'avènement du tracteur qui attend la seconde après-guerre. Pour les citadins, la voiture, dernier modèle ou antique B2 Citroën si vite démodée, la motocyclette aussi ont été l'instrument d'échanges plus fréquents avec la campagne voisine ou lointaine : parties de pêche et chasse en fin de semaine, randonnées des vacances, c'est encore la France qui devient plus petite pour beaucoup de ses habitants, et mieux connue : la métropole du moins, et non l'Empire, dont l'exploration comme l'exploitation se trouvent réservées à une petite minorité, audacieuse et entreprenante, mais coupée du reste de la population par cette barrière du grand voyage ; le progrès des communications a peu servi cette familiarité coloniale, souhaitée souvent, mais jamais réalisée.

Liées à ce progrès des communications sur de courtes et moyennes distances, les transformations urbaines de notre pays avancent lentement : la progression des moyennes et grandes agglomérations se ralentit. Certaines grandes villes sont même en régression comme Lille et Saint-Étienne à l'avantage des banlieues, des villages et petites villes voisines de la grande, où l'habitant trouve l'espace et le silence qui font défaut au cœur de la cité industrieuse et commerçante : ainsi vient-on travailler à Lyon depuis Villefranche, Grigny et Vaugneray. De grandes maisons comme Michelin à Clermont-Ferrand, Schneider au Creusot construisent des cités loin des usines, avec services de cars collecteurs de main-d'œuvre ; elles encouragent même le maintien des travailleurs à la campagne à 25 et 30 km du lieu de travail, ouvriers-paysans moins remuants que la main-d'œuvre urbaine. Paris a perdu soixante mille habitants de 1931 à 1936 alors que progressent les communes de Seine et surtout de la Seine-et-Oise, qui se dépeuplent de leur population active chaque matin et se repeuplent chaque soir. Ce qui a considérablement aidé l'agglomération parisienne (enrichie d'industries nouvelles puissantes : chimie, pharmacie, automobiles) à absorber les forces françaises : le grand Paris compte cinq millions d'habitants en 1930, le huitième de la population française. Desservi en 1930 par un réseau urbain et suburbain énorme : sans compter les voies ferrées normales, et leur réseau banlieue qui transportent chaque jour 500 000 personnes, ni les automobiles particulières (100 000 environ), Paris possède une centaine de lignes de tramways (plus de 1000 km), autant d'autobus sur 600 km, et 150 km de métropolitain.

Cette seconde révolution des transports n'a pas seulement facilité les échanges d'hommes et de marchandises ; ni même commandé une nouvelle évolution de l'habitat ; elle a fait entrer dans les habitudes la vitesse ; non seulement l'accoutumance aux déplacements toujours plus rapides, même sur de petits parcours, mais bien plus le goût sportif du record, de la forte moyenne, l'émulation de la poursuite sur les routes et les pistes, le plaisir d'aller toujours plus vite : courses cyclistes, courses automobiles expriment cette passion nouvelle, qui a été d'abord une passion citadine, lentement répandue chez les ruraux : les Français du XIXe siècle, avec le chemin de fer, ont eu les moyens de se déplacer rapidement ; leurs petits-enfants au XXe ont acquis une seconde nature, ils aiment la vitesse, devenue un cadre habituel de leur comportement.

2. Climats intellectuels

La vie intellectuelle de ces vingt années conserve un grand prestige. Cependant le rôle de ce pays à la pointe de la recherche scientifique s'amenuise alors que les moyens nouveaux de diffusion offrent à la culture une résonance qu'elle n'a jamais eue ; alors que surtout l'atmosphère de liberté dans laquelle créent savants et penseurs demeure une réussite unique. Ce n'est pas à dire que la science française décline : elle tient son rang, et parfois mieux que son rang dans l'essor scientifique mondial du siècle. Les grandes réussites des chirurgiens groupés autour de Leriche, des phtisiologues, de l'Institut Pasteur, des radiologues de Villejuif sont connues dans le monde entier ; et les hôpitaux de Hanoï ou de Brazzaville, mais aussi de bien des pays européens, adoptent les méthodes françaises qui font des maîtres de la médecine, à la fois des chercheurs, des enseignants et des praticiens. L'équipement sanitaire sert ainsi la science ; et la médecine – de plus en plus spécialisée – voit son efficacité croître d'année en année ; des maladies comme la typhoïde, le tétanos, disparaissent complètement, la tuberculose peu à peu recule...

Réussites scientifiques

A la pointe de la recherche physique, les laboratoires français dirigés par Irène et Frédéric Joliot-Curie, Jean Perrin, Paul Langevin, Louis de Broglie (ce dernier qui « construit » la mécanique ondulatoire, dernière conquête de la relativité, peu après la première guerre mondiale) restent au premier plan ; à la veille de la guerre de 1939 les Joliot-Curie, au Collège de France, réalisent la première réaction nucléaire, au moment même où savants allemands, italiens, anglais et américains sur les mêmes voies multiplient les découvertes importantes.

Et encore, dans les sciences physiques, la production française est-elle plus imposante que dans les sciences humaines : soucieuses toujours de délimiter leur objet et leurs méthodes comme la sociologie, absorbées dans des polémiques d'école telle l'économie politique, beaucoup d'entre elles n'ont pas de rayonnement ; les philosophes se dégagent lentement de l'emprise bergsonienne à son apogée dans les années 1920, mais l'irrationalisme garde toutes ses séductions par la grâce du surréalisme ; à la veille de la guerre, les premiers existentialismes d'importation allemande (Heidegger), prennent le relais. En histoire, une fièvre de manuels s'empare du monde universitaire, les grandes collections à l'usage des étudiants – et non du grand public, livré à une histoire de seconde zone et de piètre qualité — se multiplient avec un bonheur inégal[1], et absorbent les forces intellectuelles de nombreux savants, plus enseignants que chercheurs. Par contre la géographie, sur la lancée de Vidal de La Blache, conquiert sa place aux côtés de l'histoire, grâce à Demangeon, Jules Sion, Roger Dion, André Allix, E. de Martonne. De même, la psychologie de Georges Dumas et Henri Wallon, la linguistique première manière de Dauzat et Brunot...

Il n'empêche qu'au total le ralentissement — comparé à la vie scientifique à l'étranger ou à l'époque précédente — est évident : par manque d'hommes, ici comme dans bien d'autres domaines, c'est le poids de la guerre ; mais aussi pour d'autres raisons. L'ensemble des recherches, menées dans dix et vingt pays à la fois, sur des problèmes difficiles, devient lourd à suivre simplement, pour un seul savant : le travail en équipes, l'échange de documentation s'imposent, et en France moins aisément que dans d'autres pays : ici, chaque savant travaille pour sa thèse, dans son domaine étroitement délimité, aux risques de perdre les perspectives larges que la fréquence des découvertes, dans les secteurs voisins, rend plus nécessaires que jamais. Les historiens, repliés dans l'histoire « événementielle », « historisante » — ou bien ouverts aux synthèses et aux collaborations des autres sciences humaines — en sont un bon exemple, mais non le seul. Enfin la recherche, aussi bien dans les laboratoires de psychologie qu'auprès du cyclotron, devient coûteuse : le temps n'est plus où des chercheurs travaillant dans une soupente ou une cave, rafistolant leurs appareils de ficelles et de vieux journaux peuvent réussir des expériences d'autant plus sensationnelles. Les savants, dotés de maigres crédits de recherche par les universités où ils enseignent, manquent de fonds, de livres, d'appareils, souvent même de locaux où travailler. Ainsi les centres de

1. Certaines encore inachevées à l'heure actuelle : GLOTZ, *Evolution de l'humanité ;* d'autres plus « scolaires », *Peuples et Civilisations, Clio.* La vie de la science historique n'est évidemment pas là, mais dans les efforts de quelques audacieux : Georges Lefebvre, Albert Mathiez, Marc Bloch, Lucien Febvre, Henri Pirenne.

recherche et d'enseignement, les universités ont été à la fois « prisonnières des pires routines[1] » et privées d'argent.

Le gouvernement du Front Populaire en 1936, conscient de cette double indigence, chercha à y remédier et créa le Centre National de la Recherche Scientifique (quelques années auparavant un timide essai d'encourager la vie scientifique avait déjà été tenté par la création d'une Caisse des sciences, de faibles moyens et médiocre efficacité) ; sous l'autorité de Mme Joliot-Curie, puis de Jean Perrin, s'organisa donc une institution nouvelle, étroitement liée aux universités par son recrutement, mais indépendante, dotée de crédits importants, et consacrée à la recherche, théorique et appliquée. Elle était encore en rodage lorsque éclata la guerre.

L'imprimé, la radio, le cinéma

En même temps que la vie scientifique se fait plus difficile, la vie intellectuelle est bouleversée par les moyens nouveaux de diffusion de la pensée qui entrent dans les mœurs peu à peu : c'est toute une vulgarisation quotidienne qui devient possible, c'est aussi la création d'un public averti plus important, au moins pour les aspects les plus accessibles de la vie de l'esprit ; non sans danger de simplifications « pédagogiques ».

L'imprimé progresse : la presse utilise de nouveaux procédés, comme le bélinogramme, qui permettent une reproduction très rapide des clichés photographiques. Mais le journal français, abandonné à des influences économiques et politiques souvent inavouables, très porté sur l'image et le gros titre, n'est pas un instrument important de culture. L'article, même dans les hebdomadaires (surtout soucieux d'engagements politiques, de *Marianne* à *Gringoire,* alors que la grande presse, style *Petit Parisien* et *Paris-soir,* prétend à un apolitisme factice) est toujours un billet vite écrit, par un scribe à la science très courte, plus soucieux du mot, du tour élégant que de pensée juste. Même le journal

1. Le mot, trop dur, est de M. Bloch, dont nous citons souvent *L'Étrange Défaite,* ce très grand livre, longtemps tenu sous le boisseau, et récemment réédité.

qui passe pour le plus sérieux, *Le Temps,* est d'information assez maigre et ne supporte guère la comparaison avec son homonyme anglais.

Le livre est, de toute évidence, plus important que le journal et même la revue (quel que soit le relatif prestige de la *Nouvelle Revue Française* ou d'*Europe).* Cependant, en dehors de l'abondante production didactique destinée à l'enseignement et qui fait la fortune de la librairie Hachette et de quelques autres, l'essentiel de la production est consacré à la littérature, surtout romanesque : le goût du public mondain (les salons très parisiens), l'attrait des prix d'automne toujours plus nombreux, l'éveil des productions étrangères généreusement traduites et diffusées en France, tous ces feux croisés de la vie littéraire en favorisent la prééminence. Gallimard et Grasset attestent la fortune de cette « littérature », en face de laquelle de vieilles maisons comme Larousse et Colin, de plus jeunes comme les Presses Universitaires s'efforcent de maintenir sur le marché une production de qualité scientifique indiscutable, mais de faible rayonnement. Ainsi la *Géographie Universelle, l'Histoire de l'Art* chez Armand Colin, l'*Encyclopédie française* de Larousse sont de belles réalisations savantes. Mais les tirages ne sont pas à comparer avec ceux de la production romanesque de Gallimard.

La transmission et l'expression de la pensée échappent néanmoins de plus en plus au livre, ce moyen vieux de quatre siècles, au profit de la radio et du cinéma. Et même au profit du téléphone, qui devient un instrument de travail intellectuel aussi précieux que la revue, tant il permet d'échanges de vue rapides et précis entre particuliers. Jusqu'à supplanter en partie la correspondance ; Gide le note dans son *Journal,* en artiste : « que de belles lettres perdues dans les conversations téléphoniques... » La radio a une autre portée : installée dans chaque foyer, très rapidement, tant cette boîte sonore a vite conquis le plus vaste public pour qui elle est le signe même du progrès scientifique, la radio diffuse quotidiennement les nouvelles de toutes sortes avec la plus grande efficacité, assiégeant l'auditeur du matin au soir, hors de son travail, loin de tout contact critique avec son encadrement social habituel. Disposant à la fois d'une présence et d'un pouvoir de persuasion supérieurs à tout autre moyen d'information, la radiodiffusion a été, paradoxalement, laissée en France à la disposition des intérêts privés. Poste parisien, Radio Paris — alimentés financièrement par une publicité qui a abusé de ce moyen d'imposer ses slogans musicaux ou parlés — ont fait concurrence à la radio d'État, et très rapidement la propagande l'a emporté sur l'information — malgré quelques efforts pour promouvoir des centres d'éducation radiophonique : causeries de vulgarisations scientifiques, informations professionnelles, juridiques, ouvrières, chroniques régulières. En fait, hormis la retransmission théâtrale, musicale ou sportive, dans le domaine de la vie intellectuelle, la radio s'est contentée de fournir l'information la plus rapide qui soit, précédant le journal sans le remplacer ; et de donner à la propagande comme à la publicité, la tribune la plus obsédante ; sans que la République ait su en tirer pour sa propre cause, si fortement dénigrée, le même parti qu'Outre-Rhin, le nazisme.

Le cinéma, qui prend sa large place dans la vie française après 1918 en même temps que la radio, offre des ressources différentes, mais non moins que la radio, supérieures à l'imprimé à partir des années 1930 surtout où la parole s'ajoute à l'image pour commenter la démonstration visuelle. Cependant, là encore, un maigre parti a été tiré du cinéma, mises à part les réussites scientifiques de Jean Painlevé (et quelques films proprement pédagogiques, destinés à l'enseignement et réalisés à la veille de la guerre).

Le rôle intellectuel du cinéma s'est trouvé limité à deux domaines : l'actualité hebdomadaire, journal filmé au fil de l'événement, sans plus de portée explicative que les éditoriaux des quotidiens — en dépit des moyens démonstratifs qu'offrent les images ; le film documentaire, simple complément de programme, souvent borné à un folklore de pacotille, à l'exotisme le plus pittoresque par des producteurs peu exigeants, soucieux surtout de servir un hors-d'œuvre à peu de frais.

Ainsi radio et cinéma, d'ailleurs plus répandus encore à la ville qu'à la campagne, ont-ils élargi la vie intellectuelle de ce pays, mais, dans une certaine mesure, par une vulgarisation de mauvais aloi ; d'où la presse aidant, l'essor du charlatanisme scientifique, des fausses sciences diffusées comme les autres, et parfois mieux : astrologie, para-médecine, occultisme ont d'autant plus d'adeptes que les conquêtes scientifiques sont plus sensationnelles ; ainsi le prestige de la médecine fait le succès de Knock ; il sert aussi les guérisseurs. Sans doute, les hommes de science retenus par leurs multiples tâches n'ont-ils pas vu les avantages et les dangers de ces nouveaux moyens de diffuser leur pensée et sont-ils restés hommes de laboratoire et de cabinet, professeurs face à leurs publics déjà nombreux d'étudiants. La rhétorique et le sensationnel ont ainsi présidé à cet élargissement du public cultivé. Une planification aurait sans doute seule pu l'éviter ; et un effort d'éducation, hors de proportion avec les mesures prises à l'époque : gratuité de l'enseignement secondaire en 1932 ; ébauches d'une réforme générale de l'enseignement peu avant guerre ; allongement de la scolarité obligatoire de douze à quatorze ans sous le ministère Jean Zay.

Laïcité

Reste enfin à l'actif de la vie intellectuelle française entre les deux guerres ce climat de liberté spirituelle, permettant toutes les rencontres, tous les dialogues, mieux que dans aucun pays au monde. Sans doute ce libéralisme est-il l'héritage de longues traditions : du fait que, faute de pouvoir s'exterminer, les familles spirituelles opposées ont dû se supporter depuis très longtemps ; ainsi catholiques et protestants en premier lieu. En cherchant plus loin dans le temps, il faut reconnaître que la tradition gallicane de l'Église de France a travaillé dans le même sens, opposant gallicans et ultramontains en rudes confrontations sans vainqueurs dès le Moyen Age ; de même le débat ouvert entre tenants de l'ancien régime et admirateurs de la Révolution au long du XIXᵉ siècle ; la tradition libérale universitaire du XIXᵉ siècle, telle qu'elle s'est constituée peu à peu, de Louis-Philippe à la troisième République commençante, a exprimé, au niveau de l'enseignement supérieur, ce climat de libre confrontation spirituelle, qui est resté sa règle. Les coups reçus par l'Université ayant largement aidé à démontrer la nécessité d'une vie libérale de l'enseignement et de la recherche notamment, la querelle de Michelet et des jésuites et les révocations de Napoléon III.

Mais, entre les deux guerres, c'est toute la vie intellectuelle française qui s'épanouit dans cette atmosphère de recherche ouverte : à la fois parce que le mouvement scientifique récent, celui du début du siècle, est apparu, aux yeux des hommes cultivés, comme la condamnation dernière de tout dogmatisme ; parce que la séparation de l'Église catholique et de l'État, après les protestations et les cris de l'opération faite à chaud, a produit ses fruits : une totale indépendance de l'Église, dont les plus clairvoyants des catholiques n'ont pas craint de se féliciter très vite ; et réciproquement l'État « laïque » libéré des charges où l'incompétence du personnel politique tournait à sa confusion.

Enfin et surtout l'affaiblissement progressif des luttes entre les deux écoles a été un élément essentiel de la paix spirituelle : non pas qu'ait disparu par enchantement l'instituteur sectaire, anticlérical et franc-maçon non plus que les curés bornés et les bigotes vitupérant l'École sans Dieu. Mais l'école publique est de plus en plus adoptée par l'immense majorité des Français, au moins pour le premier degré : elle est de ce fait point de rencontre où toutes les confessions peuvent vivre ensemble sous couvert de la « neutralité » scolaire. Et s'il existe encore des rivalités, dans le domaine post-scolaire surtout, ce sont des concurrences loyales, entre organisations de structures fort semblables : Mouvements d'Action Catholique, Jeunesses ouvrière, agricole, étudiante chrétiennes — et les différentes « Ufos » (Unions françaises des œuvres laïques d'Éducation sportive, artistique...) rassemblées sous l'égide de la vieille Ligue de l'Enseignement, devenue en 1926 Confédération générale des œuvres laïques. Patronages, sociétés d'éducation sportive, musicale, premiers cinés-clubs assurent ainsi une tâche d'éducation populaire immense, les œuvres laïques avec l'aide de l'État, les autres financées par une partie des catholiques. Ce qui rend ces problèmes difficiles à éclairer, c'est la variété des attitudes catholiques en présence des œuvres laïques, écoles ou œuvres post et parascolaires : pour la plupart, et ce d'autant plus que s'estompent les luttes de l'avant-guerre, ces institutions sont acceptées et souvent jugées préférables aux collèges ou écoles libres ; ainsi s'explique par exemple le succès des Éclaireurs de France en face des Scouts de France. Mais, pour des catholiques plus « intégristes », rien ne vaut l'école libre, où l'éducation religieuse oriente toute l'instruction, où l'enfant est à l'abri des contacts avec les hérétiques de tout poil, qu'il pourrait rencontrer à la « laïque » : ceux-là subventionnent et animent collèges et mouvements de jeunesse — avec une mentalité qui ne peut manquer de perpétuer les vieilles querelles.

Ainsi la laïcité française prend-elle, dans les dernières années de la période, un nouveau visage, particulièrement sensible dans l'enseignement secondaire et supérieur — sinon primaire : abandonnant l'anticléricalisme de l'époque scientiste, dépassant le slogan facile de la neutralité, elle devient synonyme de liberté dans la recherche et dans l'expression de la vérité, synonyme de compréhension à l'égard des différentes familles spirituelles qui ont acquis droit de cité : du matérialisme dialectique à tant d'idéalismes. Par là même, la laïcité ouverte s'offre à toutes les attaques : de même que la République démocratique se refuse à imposer silence à ses adversaires, qui prônent autorité, tradition, dictature, etc., de même la laïcité ne peut se justifier qu'en laissant parler aussi ceux qui ne craindraient pas d'imposer leur Vérité, en détruisant la laïcité. C'est dans cette atmosphère que se comprend le mouvement d'intérêt suscité entre 1932 et 1939 par *Esprit,* la revue du personnalisme chrétien fondée par Emmanuel Mounier ; de même les décades de Pontigny ouvertes à tous, ou encore la grande entreprise collective que fut *l'Encyclopédie française* d'Anatole de Monzie et Lucien Febvre... C'est encore en fonction de ce climat ouvert à tous les courants intellectuels et spirituels, que se comprend la position particulière de l'Église gallicane au sein de l'Église romaine : bien plus novatrice que toutes les autres églises nationales, et parcourue par tous les courants de pensée qui animent le catholicisme romain – y compris ceux qui condamnent sans appel cette « laïcité ». De l'*Union rationaliste* à la *Ligue féminine d'Action catholique et sociale,* en passant par les jeunesses des partis politiques (en général squelettiques) et les jeunesses rassemblées dans les mouvements laïques, catholiques, protestants, israélites, autant de groupements où la vie intellectuelle et spirituelle est très inégalement importante, mais qui reflètent tous, par leur présence même, ce libéralisme typiquement français.

3. Niveaux de vie

Progrès scientifique et progrès technique n'ont pas également profité à l'ensemble de la population, pas plus qu'ils n'ont marché de pair dans ce pays de vieille tradition, qui a vu, en 1928 seulement, sa population urbaine égaler celle des campagnes. A la veille de la guerre, les villes l'emportent de peu (53 p. 100-47 p. 100), et la statistique compte parmi celles-ci les gros bourgs assoupis, les chefs-lieux de département ou d'arrondissement qui ne sont pas gagnés, tant s'en faut, par le rythme nécessaire de la modernisation : « la chère petite ville, comme l'écrit M. Bloch, ses journées au rythme trop lent, la lenteur de ses autobus, ses administrations somnolentes, les pertes de temps que multiplie à chaque pas un mol laisser-aller, l'oisiveté de ses cafés de garnison, ses politicailleries à courte vue, son artisanat gagne-petit, ses bibliothèques aux rayons veufs de livres, son goût du déjà vu et sa méfiance envers toute surprise capable de troubler ses douillettes habitudes. » Déjà se dessine, dans la vie matérielle de la France, pendant ces vingt ans, l'opposition si nette aujourd'hui entre le Nord de la Loire – où agriculture et industrie d'un même mouvement, entraînées par l'essor de la métallurgie, s'équipent, se modernisent et adaptées aux techniques les plus neuves assurent l'élévation du niveau de vie général – et le Sud, englobant tout le Massif central, montagnes et plaines méridionales, où l'industrialisation touche quelques centres épars et où l'agriculture, qui continue à commander la prospérité régionale, se renouvelle à un rythme très lent, non sans hésitations, retours en arrière, régressions marquées. Ainsi les Basses-Alpes, les Hautes-Alpes, la Lozère se dépeuplent, abandonnent les terroirs labourés à la lande ou à la pierraille ; tandis que le Nord, la Seine-et-Marne, la Seine Inférieure, la Moselle maintiennent leur population et leur prospérité, malgré d'importantes évolutions dans la propriété et l'exploitation des terres. Sur le plan géographique comme sur le plan social, les transformations accusant l'évolution commencée avant 1914, sont de grande portée et fortement nuancées. Tout ccci est maintenant comptabilisé, mesuré avec beaucoup de soin par la Statistique générale de la France, qui perfectionne sans cesse ses instruments de mesure, depuis les années 1890 où elle a pris son départ : chiffres, moyennes, courbes sont le domaine des statisticiens et des économistes concrets. Sur cette question des niveaux de vie, salaires, prix et monnaie sont les principaux baromètres employés ; et à eux seuls ils fournissent une documentation d'une grande complexité – et d'interprétation souvent discutable. Il y a là tout un domaine de recherches neuves qui commence à peine à être exploité méthodiquement. Les grandes lignes seules peuvent être indiquées ici.

Progrès des niveaux de vie moyens

Le premier fait et le plus important est l'augmentation du niveau de vie général : constatation qui résulte de moyennes – avec tout ce que peut avoir de fallacieux une moyenne portant sur 40 millions de personnes, de tous âges et de toutes conditions – mais constatation probante. En vingt ans, les villes françaises achèvent de s'équiper en ce qui nous paraît maintenant un confort minimum, l'eau, le gaz, l'électricité ; les campagnes reçoivent l'électricité et, selon les ressources locales, commencent le plus difficile équipement en eau. La construction et l'habitat progressent plus sporadiquement : les régions sinistrées et les banlieues des grandes villes seules lotissent et font bâtir, grâce aux facilités offertes par la loi Loucheur. La chute brutale des loyers depuis la guerre explique en partie cette langueur de la construction : être propriétaire ne fait plus vivre, lorsque le salarié parisien consacre 6 à 7 p. 100 de son salaire à son logement ; avant 1914, le pourcentage était de 16 à 20 p. 100. Les Français se déplacent de plus en plus, surtout dans les dernières années où les populations citadines se voient reconnaître le droit aux loisirs (par la loi de 1936 sur les congés payés) : en vingt ans, le nombre de bicyclettes déclarées double et plus ; le nombre d'automobiles est multiplié par quinze. Cependant les progrès les plus nets, les moins discutables aussi – car la répartition des 1 500 000 voitures prêterait à bien des commentaires, alors que, c'est bien clair, l'estomac du descendant de Rothschild n'est pas d'une contenance supérieure à celui de l'ouvrier agricole briard – sont les progrès de l'alimentation : la consommation annuelle de sucre par habitant passe de 18 à 23 kilogrammes, celle du café de 29 à 44 hectogrammes, du vin de 100 à 116 litres... Dans ce domaine les transforma-

CONSOMMATION MOYENNE PAR AN ET PAR TÊTE D'HABITANT
1830-1930.
(D'après Fourastié, *Machinisme et Bien-être.*)

	1830	1880	1930
Froment (en q)	1,4	2,4	2,2
Pommes de terre (en q)	1	2,8	3,4
Vin (en l)	26	71	121
Sucre(en kg)	2,3	8,6	22
Café (en kg)	2,5	15	43
Bière (en l)	9	23	35
Tabac (en kg)	0,3	0,9	1,3
Coton (en kg)	0,9	4,1	8,7
Laine (en kg)	1,5	4	7,4

tions sont déjà de sens variables : la consommation moyenne de viande augmente, mais en fait recule dans les villes où les progrès de la diététique entraînent une forte demande de fruits et de légumes au détriment du pain et de la viande, plus appréciés avant 1914 ; par contre les campagnes fréquentent plus volontiers le boucher qu'autrefois, et surtout l'épicier : d'où l'essor de la consommation des produits « coloniaux », café, chocolat, thé, bananes, oranges, qui passent dans la consommation de masse. Jean Guéhenno dans son *Journal d'un homme de quarante ans* a écrit une page émouvante sur l'orange annuelle qu'avant 1914 on achetait à la campagne, pour Noël et qui pourrissait sur le haut de la cheminée, contemplée chaque jour par l'enfant à qui elle était promise comme une récompense inestimable.

Enfin si la consommation de laine et de coton reste stationnaire pendant ces vingt ans, il est difficile d'en conclure à une stagnation, car une mutation du goût a joué là un grand rôle tant dans l'habillement — simplifié et allégé, surtout l'été — que dans l'ameublement, où triples rideaux et housses deviennent des « vieilleries » délaissées. Malgré les années difficiles de la déflation et du chômage après 1930, l'amélioration du niveau de vie général est nette par rapport à l'avant-guerre — quelle que soit l'ampleur du fléchissement technologique dénoncé par les économistes, qui comparent la France au reste du monde, notamment aux États-Unis. Ainsi se comprend surtout, si l'on compare à l'Europe méditerranéenne ou orientale, la facile immigration d'Espagnols, Italiens ou Polonais — nombreux, dans les pays miniers, le Nord, la Lorraine, le bassin stéphanois, à exercer les métiers les plus pénibles — nombreux encore comme ouvriers du bâtiment à travers tout le pays. Ils sont attirés en France par ce niveau de vie, décrit chez eux de la façon la plus simple, en termes de salaires et de prix des biens de consommation courante. C'est donc une immigration différente de celle des intellectuels et artistes qui viennent chercher à Paris une atmosphère de travail ; une troisième catégorie d'immigrants, nombreuse pendant ces vingt ans, plus variée encore est celle des réfugiés politiques qui tiennent eux aussi une grande place dans la vie nationale.

Ce niveau de vie envié a pu être maintenu grâce à l'inflation sanctionnée par les dévaluations de 1926 et de 1936 — c'est-à-dire la multiplication de la monnaie — papier qui supplante la monnaie métallique du XIXe siècle, et permet des jeux monétaires en rapport lointain avec les réserves de la Banque de France ; grâce aussi au protectionnisme, hérité de l'avant-guerre et que la politique française n'a cessé de renforcer pour protéger tant sa paysannerie que son industrie mal équipée : le marché national français — et dans une mesure plus faible, le marché impérial — tend ainsi à l'autarcie. Mais cette politique de haut niveau de vie — battue en brèche par la crise mondiale — a cependant ses bénéficiaires, et ses victimes.

Paysans

Dans les campagnes, les victimes sont les petits propriétaires exploitants, dont le faire valoir direct assure péniblement l'existence : paysans du Massif central, du Sud-Ouest et des montagnes, attachés sentimentalement à l'héritage paternel au point de paralyser tout effort de remembrement, incapables faute de capitaux de mécaniser leurs travaux (ce qui n'aurait pas grand sens, tant les parcelles sont éparses et petites), sans antennes sur le marché national pour adapter leurs productions à la demande urbaine, ils végètent, continuent à faire un peu de tout, seigle ou froment, pommes de terre et quelques fourrages, à entretenir un bétail à tout faire, trait, lait, viande, et qui ne rapporte guère. Derniers témoins, dans la Haute-Loire, la Lozère, etc., d'une agriculture de suffisance, un système condamné qui a la vie dure. Par exception, ici et là, quelques réussites, tels ces tout petits propriétaires du Vaucluse et du Roussillon, groupés en coopératives, qui se sont spécialisés dans la production fruitière et maraîchère ; exception encore les paysans-artisans des fruitières jurassiennes ; et les quelques secteurs de grande exploitation, dans la Limagne, les plaines de la Saône, du Forez, où se retrouvent les traits de la grande culture du Nord.

Victimes plus conscientes peut-être, mais encore proches — sinon de la misère — au moins de la médiocrité des petits paysans, sont les châtelains, les hobereaux des pays de fermage ou métayage, comme le Bourbonnais, la Vendée et la partie méridionale de la Bretagne : les revenus diminuent, car la main-d'œuvre, attirée par la ville, se fait rare, le métayage disparaît, peu à peu condamné par l'évolution des marchés et des mentalités. Les paysans du Centre, libérés d'une tutelle contraignante, gardent un respect de tradition pour le château, lui fournissent même souvent quelques journées de travail chaque année, mais ne lui donnent pas... leur bulletin de vote. Perte moins lourde que celle des fermages — et d'un autre ordre.

En revanche, au Nord de la Loire, la vie paysanne est plus aisée, même pour l'ouvrier agricole de la ferme mécanisée, en Beauce et en Brie, dans le Pas-de-Calais, car la proximité de la ville et de l'usine, qui permet au gros fermier de s'adapter si bien au marché de consommation, le contraint aussi, pour retenir la main-d'œuvre — peu nombreuse — dont il a besoin, à pratiquer des salaires plus élevés que dans le Midi. Dans les régions dévastées du Nord et de l'Est, la remise en état qui suit 1918 a favorisé le remembrement et permis au petit propriétaire d'aborder en meilleures conditions le marché régional ou national. Enfin, s'il est vrai que dans le Nord comme dans le Sud, le pré gagne sur le labour, l'élevage — laitier surtout — sur les céréales, il est aussi vrai qu'en Normandie, le paysan, même propriétaire de quelques hectares seulement, est assuré d'une bonne rente « à regarder pousser l'herbe ». Cependant les plus grandes réussites terriennes se situent dans la région parisienne et le Nord, où la grande exploitation, riche de capitaux et de machines, novatrice, pratiquant les assolements les plus complexes, la connaissance chimique des sols, s'adaptant d'année en année aux besoins du marché, tire des bénéfices d'autant plus substantiels de cette avance technique et commerciale, qu'elle est en concurrence avec les producteurs « arriérés » (techniquement au moins) du Midi et du Centre.

Bourgeoisies

La bourgeoisie — la très haute, qui peuple les grandes administrations par l'intermédiaire de l'École des Sciences politiques et de Polytechnique, et les conseils d'administration des sociétés anonymes — la moyenne bourgeoisie des rentiers, des industriels et du grand commerce, tout en continuant à tenir grand train, s'est sentie peu à peu frustrée, surtout après 1936 et, anxieuse, est devenue une classe dirigeante aigrie. Ainsi, tout en conservant une sécurité et une aisance très supérieures à celles des classes populaires, paysannes ou ouvrières, très comparables à celles de la vieille noblesse en voie de disparition, la bourgeoisie a senti l'amenuisement relatif de son train de vie : jusqu'à s'indigner, en voyant le manœuvre trouver le loisir d'aller au cinéma.

Elle continue pourtant à mener la vie d'une classe dominante : se distinguant moins du commun par l'habillement qu'autrefois, mais avec encore la marque du bon faiseur ; réduite sans doute à une domesticité moins nombreuse, mais les métiers de maison trop dépendants sont de moins en moins recherchés et, d'autre part, les arts ménagers permettent de compenser sans trop de peine ce manque de main-d'œuvre ; riche encore de bienséances, salons et jours de réception, qui se conservent jusqu'à Deauville et jusque sur la Côte d'Azur l'hiver ; peuplant les beaux quartiers des grandes villes, le XVIe parisien et les Brotteaux lyonnais, avec toujours le minimum de confort, salle de bains, ascenseur, téléphone..., qui révèle alors une fortune solide.

Mais précisément jamais la fortune n'a paru aussi instable : après un bon siècle de stabilité monétaire (1801-1926), et une révolution économique réussie à son profit, celle de la vapeur, voilà que la fortune bourgeoise, ébranlée aussi par la guerre, s'effrite en partie sous les coups de la seconde révolution industrielle. L'expansion industrielle et commerciale des États-Unis, grandement accélérée de 1914 à 1918, celle d'autres pays neufs se réalisent au détriment des capitalismes européens ; ainsi la rente fond, sans que les rentiers réalisent bien pourquoi cette quiète ressource des coupons, revenu unique de nombreuses familles en 1914 encore, s'évanouit si rapidement, dès avant la crise des années 1930. Vivre de ses rentes devient de plus en plus rare et le régime retraite des fonctionnaires fait des envieux chez ceux-là mêmes qui s'en gaussaient vingt ans plus tôt.

La bourgeoisie industrielle connaît aussi ses déboires, moins graves peut-être, plus irritants parce qu'ils s'exaspèrent dans la lutte des classes. Confinés dans la médiocrité (sauf quelques grandes entreprises comme Citroën, Renault et Peugeot, Rhône-Poulenc...) à la fois par le manque de capitaux — toujours attirés vers l'étranger et les fonds d'État, malgré l'expérience russe — par le retard dans l'équipement et par le fallacieux protectionnisme qui évite la concurrence allemande, anglo-saxonne ou japonaise, mais ferme aussi les marchés extérieurs, les industriels travaillant pour un marché national limité et pour le marché colonial sans ampleur se débattent dans des calculs de gagne-petit, grognant contre une fiscalité dont les bases ont été établies par Napoléon Ier et jamais révisées de façon méthodique ; ils luttent contre leur personnel ouvrier et employé qui fait bloc pour la défense de ses salaires. Chaque crise amène ainsi de nouvelles difficultés, le profit s'amenuisant moins certes qu'ils ne le proclament pour attendrir le contrôleur des contributions, et jamais assez pour susciter le renouvellement technique et commercial qui serait nécessaire. Le faible développement de l'enseignement technique, livré en grande partie à l'initiative privée, négligé par le petit patronat qui reçoit l'entreprise par héritage et forme son personnel sur le tas comme les vieux compagnons d'autrefois, explique pour une part cette stagnation.

Les professions libérales pour d'autres raisons, n'ont pas été plus à l'abri d'un relatif nivellement des conditions de vie : les cadres fonctionnaires ont vu sans aucun plaisir se fermer l'éventail hiérarchique des traitements, au bénéfice des moyennes et petites catégories ; les avocats, les médecins doivent travailler finalement beaucoup plus pour maintenir leur rang ; obligés de payer de leurs personnes au point de négliger cette culture qui est l'orgueil d'une classe dominante ; au point de se sentir attelés à la tâche comme des employés, ils ressentent amèrement la dureté des temps.

Dans la bourgeoisie française de l'entre-deux-guerres, inquiète et d'autant plus ardente à jouir de ses privilèges de classe qu'ils lui échappent peu à peu, rares sont les optimistes, satisfaits du train dont vont les choses : les maîtres de la banque, du grand commerce, surtout du commerce alimentaire ; les colons d'Afrique du Nord, grands viticulteurs d'Oranie, propriétaires d'oliveraies tunisiennes, de grands domaines marocains, qui, chaque été, viennent dépenser leurs revenus et soigner leur foie dans les stations thermales de la métropole ; satisfaites encore, sans doute, ces couches nouvelles venues du peuple, qui, par la lente osmose des bourses d'enseignement[1], de la promotion ouvrière et par d'exceptionnelles réussites personnelles, assurent un très lent renouvellement de la bourgeoisie ; peu d'éléments au total. Ce qui explique assez la panique de 1936 lors de l'avènement du Front Populaire : industriels et commerçants en tête. Même les plus libéraux des hommes d'affaires n'ont pas échappé à ce mouvement de peur pour leurs quatre sous : les industriels protestants du textile alsacien, soucieux longtemps de réalisations ouvrières, paternalistes peut-être, mais bienfaisants, sont devenus du jour au lendemain des adversaires acharnés de leur personnel... Mais juin 1936 n'aurait jamais provoqué cette cassure brutale en deux blocs, de la société française, si la classe dominante, inquiète, ne s'était sentie frustrée depuis de longues années : peu importe qu'elle ait pu se rassurer très vite devant la timidité de ceux qui voulurent « laisser au capitalisme libéral sa dernière chance ». C'est l'effroi lui-même qui est significatif.

Masses citadines

Les masses populaires urbaines présentent un tableau non moins nuancé : une partie d'entre elles reste, pour ainsi dire, en dehors des transformations techniques de l'époque

1. Cf. l'admirable petit livre de J. MAROUZEAU, *Une enfance.*

et voit son niveau de vie, comparativement et absolument, diminuer : artisans rivés à leur échoppe, qui continuent de vieux métiers, de réparations surtout, cordonniers, forgerons, charrons ; ce sont aussi les artisans des bourgs ruraux, où peu à peu l'électricien et le mécanicien distributeur d'essence prennent la place du charron et du forgeron ; on peut de même y inclure des milliers de meuniers, qui, au long des rivières, font tourner leur meule quelques semaines par an, ruinés par la grande meunerie industrielle ; ce sont encore les petits boutiquiers de quartiers, vivant grâce à une rente du moindre effort, les gérants mal payés de grandes sociétés de distribution (Potin, Casino, etc.), menacés les uns et les autres par l'essor des Prisunic. Tout un monde qui végète, se prolétarise, sans oser le reconnaître et constitue le gros de la troupe mécontente qui attend aide et secours des pouvoirs publics, ou d'un parti de « rénovation sociale », dans les années de la crise.

Moins bruyant, moins voyant cependant que le prolétariat ouvrier : le développement du machinisme industriel, la concentration des entreprises, si nette dans les branches industrielles les plus touchées par le progrès technique (métallurgie, chimie) entraînent la formation d'une masse ouvrière nombreuse, qui acquiert, au moins dans les grandes villes et les établissements importants, une conscience de classe aiguë et qui affronte ses problèmes spécifiques. Il serait abusif de parler d'une classe ouvrière : l'écart reste grand, tant en termes de conscience de classe qu'en termes de niveau de vie, entre l'ouvrier Renault et le compagnon d'un petit atelier provincial, où souvent encore l'ouvrier est inconnu de l'Inspection du Travail. Mais il y a nivellement et conscience plus vive d'une solidarité au moins nationale de métier. Pour le prolétariat, ces vingt ans signifient améliorations importantes du niveau de vie : au lendemain de la guerre en 1919, la loi de 8 heures assure à l'ouvrier la satisfaction d'une revendication syndicale ancienne et, limitant la durée du travail, accorde au personnel des usines une part du bénéfice que comporte le progrès technique réalisé depuis de longues décennies ; en 1936, la semaine de 40 heures et les congés payés constituent un nouveau progrès dans le même sens — bien que les 40 heures se soient révélées difficilement applicables dans l'immédiate avant-guerre. Quant à l'autre amélioration que les ouvriers peuvent attendre du progrès technique, l'augmentation des salaires, elle a été l'objet de luttes diffuses pendant vingt ans, de la grève au contrat collectif, dominées par le grand mouvement « sur le tas » de juin 1936, qui aboutit aux accords Matignon sur les conventions collectives.

Deux problèmes cependant dominent la condition ouvrière : d'abord l'insécurité, qui n'est pas d'hier certes, mais que la révolution économique n'atténue pas. Sans doute les assurances obligatoires — respectées peu à peu, mais lentement — sur les accidents du travail et la maladie aident à supporter des jours difficiles. Mais l'insécurité majeure est celle de l'emploi lui-même : les progrès du machinisme ont multiplié les emplois d' « ouvriers spécialisés », qui, sur le tour automatique, par exemple, ne demandent pas de qualification spéciale — et raréfié les ouvriers qualifiés, indispensables à la marche d'une entreprise, formés par des années de pratique. D'où une malléabilité de la main-d'œuvre à la merci du patronat qui, surtout après 1930, débauche facilement au moindre ralentissement des affaires. Le poids de cette insécurité du lendemain sur la mentalité ouvrière se mesure assez bien, d'une part, au prestige de la fonction publique dotée de retraites, ou à l'attrait de métiers comme les postiers, par exemple, et, mieux encore, à mi-chemin entre fonctionnaires et ouvriers, comme les cheminots ; c'est très sensible dans la littérature syndicale des Confédérations ; c'est un des facteurs les plus puissants de la solidarité (jusqu'à ces grèves de pure entraide, si mal comprises par les « bourgeois ») et de la conscience de classe ; d'autre part, le grand nombre de chômeurs que la crise a engendrés, maintient, jusqu'à la guerre, une « masse de manœuvre » imposante et encombrante, au profit du patronat : quatre cent mille chômeurs secourus, chaque année, en 1932 et 1938.

Le second problème est celui des conditions de travail ; l'homme attaché à la machine, fixé sur une chaîne à un travail parcellaire qu'il ne domine pas, qu'on ne lui demande pas de comprendre, devient un automate. La machine déshumanise le travail, même lorsqu'elle supprime des travaux pénibles de manutentions, de nettoyage entre autres ; les tâches sont de plus en plus nombreuses qui sont dépourvues d'initiatives et de responsabilité, s'il est vrai qu'à côté d'elles, celles qui touchent à la fabrication ou l'entretien des machines exigent toujours plus de qualification et d'attention. Mais, dans l'ensemble d'une entreprise, ce sont toujours les tâches d'automatisme qui l'emportent, où la fatigue, la monotonie du travail posent aux ingénieurs des problèmes délicats de physiologie du travail. La rationalisation, copiée du taylorisme américain, avec ses chronométreurs, ses accélérations du rendement, menace le prolétariat d'affaiblissement physique et mental à la fois. Georges Friedmann cite le cri de Merrheim en 1913, au moment où les premières tentatives de taylorisme ont eu lieu dans la métallurgie parisienne : toute la réflexion des milieux du travail pendant vingt ans tourne autour du thème que Merrheim a formulé, de façon outrancière : « Comment a-t-on pu penser que le syndicalisme pourrait jamais admettre la méthode Taylor ?... Ne voit-on pas qu'elle est l'expression la plus aiguë du mépris du capitalisme pour la classe ouvrière ? Au lieu d'accroître le peu d'initiative des travailleurs, on leur dit : deviens une machine. Au lieu d'utiliser les individus suivant leurs qualités, leurs aptitudes, on écarte tout producteur moyen pour n'utiliser que les brutes... l'intelligence est chassée des ateliers et des usines. Il ne doit y rester que des bras sans cerveaux, des automates de chair et d'os adaptés à des automates de fer et d'acier... Les travailleurs n'ont pas seulement à se défendre contre le vol de leur travail : ils ont à se sauvegarder de la déchéance physique, ils ont à sauver leur droit à être des humains doués d'intelligence »[1]. Une adaptation des machines à l'homme, une révision du rythme du travail, une refonte de l'apprentissage sont

1. G. FRIEDMANN, *Problèmes humains du machinisme industriel*, p. 25.

étudiées à la fois par les syndicats, les médecins, les sociologues, les psycho-techniciens : toute une science de l'homme au travail se crée peu à peu, dans les universités populaires comme dans les milieux de l'enseignement technique, nécessaire pour « humaniser » cette forme nouvelle du travail : le machinisme industriel, tel que le Charlot des *Temps Modernes* l'a caricaturé.

Peut-on le dire : il faut avoir travaillé en usine, dans le tintamarre des ponts roulants, des tours lardant l'acier, au rythme des pauses et des courses au magasin, des réparations et du rendement, pour réaliser ce que représentent huit heures quotidiennes de cette vie ; et combien huit heures de comptoir commerçant ou dix heures dans un bureau directorial suscitent une fatigue différente ! Assurément l'ouvrier de 1930 travaille moins longtemps chaque jour que celui de 1860 et moins aussi que son ingénieur, ou son patron. Mais les nuances de la fatigue humaine interdisent cette comparaison trop simpliste. De même, comparer le mécanicien de la locomotive à vapeur et le receveur des billets à la gare, etc. La mentalité ouvrière n'ignore pas ces différences dans l'intensité de l'effort, dans la fatigue et distingue dans chaque corps de métier une hiérarchie parfois sévère, sinon injuste. Mais, tout bien pesé, ces conditions de travail définissent la condition ouvrière ; et ce n'est pas hasard si les foules ouvrières de 1935-1936, au poing levé, ont fait preuve de quelque hargne dans leurs revendications — et d'une grande espérance.

4. Masses et élites

Rencontre des mots et des faits, des théories et de la révolution technique et économique : la lutte des classes, cette pièce-clé du marxisme, a fini par être admise comme une réalité fondamentale par la bourgeoisie elle-même, en ce temps où la crise de l'économie française exaspère les conflits sociaux. Ainsi s'est creusé un fossé entre deux mondes, bourgeois et ouvrier, qui constituent, l'un et l'autre, la part la plus vivante de la société française : un peu comme si le monde paysan, lent à s'assimiler les idéologies comme les nouveautés techniques, à adopter la radio et plus encore le cinéma, à voir au-delà des frontières du pays sinon de l'arrondissement, ce monde paysan encore fidèle à tant de traditions perdues en ville, fidèle à tant de respects sociaux et religieux, se trouvait en dehors du grand débat.

Lutte des classes

La bourgeoisie, classe dominante de ce pays depuis plus d'un siècle, va-t-elle, doit-elle passer la main ? Forte des positions acquises, de ses succès passés, de sa culture dont les plus hautes manifestations continuent à éblouir l'Ancien et le Nouveau Monde, elle n'en croit certes rien : quitte à répudier la démocratie libérale dont la mécanique égalitaire finit par se retourner contre elle, quand progresse l'émancipation des travailleurs ; un fort courant à l'intérieur de cette classe regarde avec nostalgie les régimes autoritaires voisins ; quitte à se convaincre de la dégénérescence des classes populaires, voire de la nation tout entière ; jusqu'à douter du destin de la patrie : voilà le fruit de la réflexion critique de la brillante et dangereuse école maurassienne qui tient une si grande place pendant ces vingt ans. Mais de l'autre côté d'un fossé qui n'a cessé de se creuser de 1934 à 1940, au rythme de chocs chaque fois plus durs (6 février 1934, juin 1936, septembre 1938, juin 1940), les militants de la classe ouvrière proclament l'avènement imminent — et surtout nécessaire, selon la meilleure orthodoxie marxiste — du quatrième État et de la société sans classes : espérance de tous ceux que les nouvelles techniques asservissent chaque jour un peu plus, éloignent de la tradition culturelle française au profit de distractions abêtissantes et commercialisées ; comme l'a si bien dit Marc Bloch : « dans le Front Populaire — le vrai, celui des foules, non des politiciens — il revivait quelque chose de l'atmosphère du Champ de Mars, au grand soleil du 14 juillet 1790 ».

La mauvaise conscience d'une bonne partie de la bourgeoisie est trop évidente. La gratuité de l'enseignement secondaire décidée en 1932 ne relève-t-elle pas aussi du même état d'esprit ? C'est le signe d'un libéralisme hérité d'une longue tradition — en fait Condorcet et les révolutionnaires de la Convention, c'est donc un héritage jacobin ; mais aussi la conscience d'un nécessaire renouvellement des classes dirigeantes. La plupart de nos chefs d'industrie, de nos grands administrateurs, de nos officiers d'active — c'est-à-dire une fraction importante de nos classes dirigeantes — sont convaincus que le système politique auquel ils obéissent est totalement corrompu, le pays incapable d'effort et inapte à résister au moindre choc, économique ou militaire, le peuple tout entier dégénéré, perverti par des propagandes malsaines. Ces condamnations sans appel, qui sont la tarte à la crème de toute une presse, de toute une littérature, oublient seulement que ce régime et ce peuple sont aussi ce que les dirigeants les ont faits.

Mais cette mauvaise conscience révèle surtout l'essoufflement des classes dirigeantes : elles ont perdu la foi en leur mission et transfèrent la responsabilité de cette chute sur autrui. Les raisons matérielles en sont évidentes, et par un retour des choses, qui montre encore combien les thèses marxistes simplifiées sont passées dans la conscience commune, ce déclin économique leur semble entraîner tout le reste : le « matérialisme sordide » dans ces années 1930 n'est pas là où un homme politique a dit. Ainsi vivre à la petite semaine devient une habitude, sinon un idéal : l'incivisme fiscal, la dérobade devant l'impôt n'est pas le fait des salariés, mais de ceux qui peuvent dissimuler, transférer des revenus à l'étranger, opérer dans la comptabilité des entreprises des jeux d'écriture ; mieux encore, le recours à l'État, au budget public, devient une forme courante de fuite économique : la nationalisation des compagnies de chemins de fer, depuis longtemps déficitaires et renflouées par les finances publiques, n'a pas été une mauvaise opération ; de même lorsque s'organisent les réseaux départementaux d'autobus, il est caractéristique de voir, dans les régions de montagne, les sociétés privées se réserver les lignes de plaine, de profil facile et de gros trafic, pendant que la société départementale doit couvrir les lignes non rentables. Et la concurrence rail-route présente aussi ce caractère. C'est la forme la plus voyante d'un « libéralisme » économique assez différent de celui que prônaient les théoriciens du XIXe siècle. Dès cette époque, le capitalisme libéral français s'aide de l'État discrètement et rejette l'intervention des pouvoirs publics lorsque celle-ci est gênante.

Cet essoufflement n'est pas seulement d'ordre matériel ; l'amenuisement des fortunes et des revenus a révélé de singulières déficiences. Les témoignages littéraires sont à jauger ici à leur poids. Zola à la fin du XIXe « révélait » les misères morales et matérielles des pauvres gens ; entre 1919 et 1939, Mauriac « révèle » celles de la bourgeoisie. Une vision du monde toute « provinciale », même pas à l'échelle de l'Empire colonial, rarement à l'échelle de l'Europe, si bien que les clairvoyants, savants, universitaires, techniciens prévoyant l'avenir ont prêché dans le désert ; comment préparer les lendemains de la révolution technicienne, les troupes d'ingénieurs, de chercheurs nécessaires, alors que cette bourgeoisie avaricieuse paie moins bien les professeurs de ses enfants que ses domestiques ? Et ce n'est qu'un exemple. Dans l'après grande guerre, des mœurs incontestablement plus libres qu'autrefois se sont acclimatées dans les villes : ce fut une réaction après quatre ans de souffrances et aussi le fait d'une croyance généralisée dans un monde meilleur que l'électricité, le cinéma, la radio rendent quotidiennement plus vraisemblable... Mais la classe dominante, aux abois, cesse de donner le ton ; si ce n'est pour manifester un antiféminisme (lenteur du développement de l'enseignement secondaire féminin, refus du droit de vote et des modifications au Code civil) nettement dépassé par l'évolution économique et la place croissante prise par la femme dans la vie sociale, depuis 1914 ; — si ce n'est pour faire de la pratique religieuse — souvent réduite à un conformisme dominical sans ferveur — le signe même de l'appartenance à la classe dirigeante des « bien-pensants ». Autant de réactions de faiblesse. Au fond le meilleur signe de cet essoufflement serait sans doute « le lâche soulagement » de Munich en 1938 ; mais la bourgeoisie n'est pas seule en cause dans ces jours difficiles.

Culture

Cependant, portée par de riches traditions, servie par une pléiade d'artistes de génie, la culture française, toute réservée qu'elle est de plus en plus à un public étroit et cosmopolite à la fois, brille encore de mille feux ; alors même que l'huile baisse, la flamme monte et illumine plus fort, à la veille des années noires. Mais, signe du temps, à Paris plus exclusivement que jamais : les conservatoires de musique provinciaux s'étiolent, mais Paris n'a jamais été aussi riche en compositeurs qui, continuant les recherches de l'époque précédente, utilisant les nouvelles ressources que leur offre le cinéma, multiplient les créations musicales, acquises très vite au répertoire des grands concerts. Même réussite exclusive dans le domaine de la haute couture : les grandes maisons françaises, type Chanel, émerveillent un public international qui, jusqu'à la guerre, n'a cessé d'acheter rue de la Paix, place Vendôme et alentours, ces réussites de grâce et de goût d'autant plus inimitables que la couture s'est annexé les accessoires qui achèvent le « chic » de leurs créations : sur des bases industrielles et commerciales fragiles, c'est un véritable art de l'élégance féminine que la haute couture parisienne a perfectionné pendant ces vingt ans. De même encore, l'École de Paris, aux divers visages touchés d'ailleurs par les fantaisies surréalistes, envahit galeries et expositions de ses productions qui heurtent et séduisent à la fois critiques et amateurs : l'École toujours dominée par l'abondante et diverse production de Picasso, Matisse et Braque.

Mais la plus étonnante carrière artistique est la renaissance du théâtre parlé, enlisé à la fin du XIXe siècle dans le style déclamatoire romantique du Français. Préparée par le travail de Copeau et Dullin avant guerre, cette renaissance groupe quelques grands noms : les initiateurs, qui sont restés des maîtres jusqu'à leur mort, G. Baty, G. Pitoëff et surtout Louis Jouvet. Ce dernier, servi par sa rencontre avec Jean Giraudoux et Jules Romains, par l'extraordinaire génie du décor que fut Christian Bérard, a animé un moment de l'art français, retrouvant le vrai sens du théâtre dans le respect du texte : de 1923 à 1934 à la Comédie des Champs-Élysées, de 1934 à 1939 à l'Athénée-Louis Jouvet, et dans ses tournées en province ; cet acteur metteur en scène domine la vie théâtrale française, lorsqu'il crée en 1936 avec *L'École des femmes* un nouveau style de l'interprétation des classiques. La générale de *L'École des femmes,* le 9 mai 1936, a été un événement français — bien plus que l'événement parisien mondain habituel. Il suffit de rappeler le ravissement des meilleurs critiques ; Pierre Scize écrit dans *Comoedia :* « Décor exquis de Christian Bérard. On n'est jamais allé plus loin dans l'art de suggérer un style sans le copier... Où sommes-nous ? Rien ne rappelle exactement une époque et pourtant le plus inculte des spectateurs ne saurait s'y méprendre : c'est le XVIIe siècle français, c'est Paris, c'est la Place Royale, le Marais, c'est le luminaire du vieux théâtre, c'est le décor éternel de la Comédie dell'arte... ». Louis Jouvet travaillait à ce décor depuis dix ans... Avec ses amis Baty, Copeau et Dullin, il prend alors en charge, sous la direction d'Édouard Bourdet, la Comédie française, que pendant trois ans l'art de ces artisans de la scène pénètre, lui assurant un renouveau dont elle vit encore. Au moment même où les salles de province, ruinées par le cinéma, ferment les unes après les autres, ou bien ne vivent plus que de tournées épisodiques, la scène parisienne retrouve sa grandeur, et un public plus averti et plus nombreux qu'aux beaux temps de Sarah Bernhard et de Mounet-Sully.

Culture populaire

A cet éclat de la civilisation française dans ses réussites les plus raffinées, les masses ouvrières ne participent pas — ou n'en reçoivent que de vagues reflets, des échos entr'aperçus — comme les badauds curieux qui, massés à l'entrée du Bal des Petits Lits blancs, ou d'une Première à l'Opéra, voient dans un éclair le dernier cri de la mode ; qui connaissent Jouvet, bien sûr, non point par son théâtre, mais par le cinéma, *Knock, Entrée des Artistes, Hôtel du Nord ;* pour qui Picasso reste synonyme de dessin farfelu, au moment même où la plus commune affiche publicitaire atteste l'influence du cubisme : reflet trop lointain encore et toujours.

A cette séparation, il suffit de proposer quelques explications qui sont assez claires : l'éducation ouvrière, d'ailleurs soucieuse d'information politique et sociale plus que culturelle, touche quelques centaines de militants chaque année ; et le grand mouvement des universités populaires, d'avant-guerre, s'est endormi, faute de cadres et d'usagers à la fois ; aller au peuple n'est plus une forme du civisme, et le peuple est attiré ailleurs : la radio et le sport-spectacle (le cinéma étant à part). Ainsi les meilleurs militants ouvriers, ceux qui, par la clarté de leur pensée et de leur parole, par leur caractère, dirigent les masses, un Monmousseau par exemple, se sont-ils formés surtout par leur travail personnel, loin des écoles, en autodidactes ; ces exceptions témoignent du rayonnement croissant de la tradition culturelle — mais elles demeurent des exceptions.

Pour la masse, par le disque peu à peu perfectionné, la radio a répandu sur toutes les longueurs d'ondes et à longueur de journée, la musique facile et légère, de la rengaine à la mode ; sans doute savons-nous que de tous temps, la Ville (sinon la Cour) a fredonné et brocardé, en musique, Mazarin comme Marie-Antoinette. Mais avec la radio, et de toute la puissance de millions de récepteurs, la chansonnette politique a été supplantée par la romance sentimentale, pleurnicharde ou gaillarde, mais toujours « chanson d'amour » auprès de qui les vieux succès d'avant-guerre paraissent des chefs-d'œuvre de goût et de mesure. M. Chevalier, Ch. Trenet, T. Rossi en sont les têtes de file, les vedettes nationales. Trente ans plus tôt, leurs homologues parisiens avaient été simplement des vedettes du boulevard. La radio a certes également répandu le goût d'une musique moins facile : l'opéra-comique, l'opérette, l'opéra retransmis chaque semaine, sont aussi volontiers écoutés — beaucoup plus certainement que les concerts de « grande musique ». Mais ceci n'a pas de commune mesure avec le triomphe de *Marinella, Valentine* ou *Fleur bleue.*

Les citadins (et les ruraux) ont ainsi quotidiennement le concert vocal à leur disposition à la maison. Cependant les foules urbaines se rassemblent encore : mais ce n'est plus à l'église, car la coupure entre l'Église catholique et les masses ouvrières est totale : fruit d'une longue évolution, commencée au XIXe siècle et qui s'achève dans cet entre-deux-guerres ; la vie religieuse dans le monde ouvrier y est plus faible qu'aujourd'hui, où cette déchristianisation n'est plus seulement déplorée, mais efficacement combattue. Le sport-spectacle a pris la place de l'église ; commercialisé par les Fédérations sportives qui recherchent bénéfices et financement de leurs activités éducatives dans les exhibitions dominicales — à défaut d'une aide substantielle de l'État : ainsi pour la boxe, le football, le tennis, le rugby, le cyclisme. Championnats nationaux à nombreux épisodes, compétitions individuelles et collectives, les manifestations sportives, vantées par la presse, la radio et le cinéma, attirent des foules immenses, pour qui les « dieux du stade » sont de véritables héros nationaux : champions cyclistes et vainqueurs de la Coupe de France de football, en premier lieu.

Sans nul doute, la République n'a pas eu le souci démocratique de donner à ces foules citadines la culture à laquelle elles ont droit, n'a pas su ressusciter pour elles « les antiques péans », où tout un peuple peut communier : les fêtes nationales, commémorations sans flamme, se limitent la plupart du temps à une parade militaire, de belle tenue à Paris, de moindre venue dans les petites villes sans garnison, où pompiers et sergents de ville fournissent le gros du défilé. Et si le 14 Juillet, surtout à Paris encore, est plus que cela, si ses bals sur les places publiques constituent une tradition sans pareille, ils n'en sont pas moins l'expression d'une très ancienne pratique de jeu sans lien profond avec l'événement. Un effort a été cependant fait de 1936 à 1939

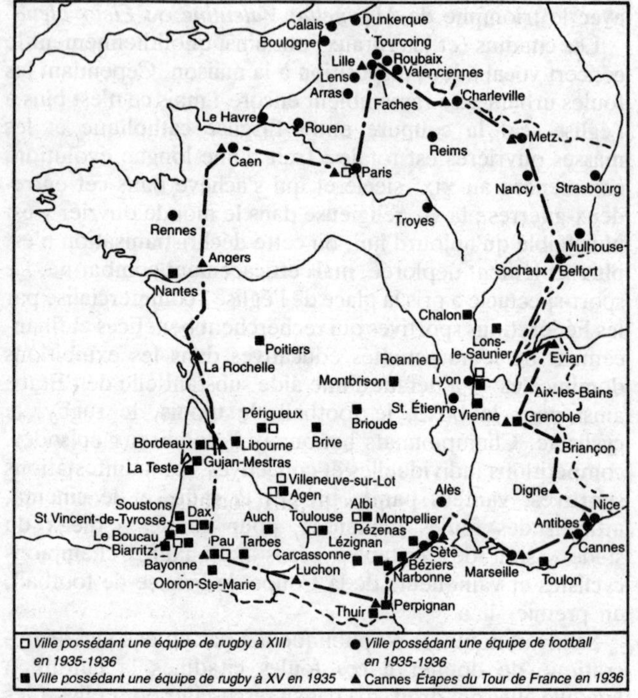

19. Le sport professionnel en 1935-1936

Une des expressions de la civilisation moderne, le sport commercial n'a-t-il pas sa géographie ? Le rugby est un sport méridional, le football est mieux distribué, mais ne touche pas le Sud-Ouest. Le cyclisme a ses « classiques », Paris-Tours, Paris-Roubaix, Bordeaux-Paris, Paris-Nice, et le Tour est un véritable événement national en juillet chaque année.

sous les gouvernements de Front Populaire, pour « organiser les loisirs » : initiation théâtrale et cinématographique, auberges de la jeunesse, maisons de la culture, ce programme, auquel est resté attaché le nom de Léo Lagrange, n'a pas duré le temps nécessaire aux grandes réalisations ; il a de plus subi les dénigrements sournois, les brocards et le boycott des milieux bourgeois... Enfin, livrées à ces maigres ressources, ces masses urbaines ne peuvent chercher plus loin, tant les accablent les conditions de travail.

Le mouvement ouvrier

Aussi bien est-ce d'abord vers l'amélioration de leur sort que sont orientées leurs énergies : les cadres ouvriers sont les militants des syndicats et ceux des partis qui se réclament de la classe ouvrière. L'espérance révolutionnaire, si puissante à la fin du siècle dernier, vit toujours : diminuée par l'expérience jamais oubliée des déceptions parlementaires, troublée par la guerre, de l'assassinat de Jaurès aux crises de 1917, bouleversée par la Révolution soviétique. Au lendemain de Versailles, le parti socialiste et la C. G. T. ont connu des moments difficiles : le succès inattendu de Lénine a provoqué une crise de conscience socialiste ; la dictature du prolétariat et l'enseignement marxiste, qui n'avaient jamais connu un grand prestige dans la pensée ouvrière française, prennent alors valeur exemplaire. Après des débats douloureux au fameux Congrès de Tours (1920), la majorité socialiste fonde le Parti communiste, adhérant à la troisième Internationale créée par Lénine l'année précédente, tandis que la minorité reste fidèle à la deuxième ; en 1921, à Lille, la C. G. T. éclate à son tour, la majorité fidèle à la charte d'Amiens, la minorité fondant une C. G. T. unitaire, alliée du parti communiste sur le plan de la profession. La division des forces ouvrières s'est maintenue jusqu'à nos jours : une tentative syndicale d'unification en 1936, sur les bases de la charte d'Amiens, n'a pas duré, ruinée dès 1938 par Munich. Les deux partis politiques et les deux centrales syndicales, avec leurs presses, leurs écoles de militants, leurs jeunesses, n'ont cessé de se disputer une clientèle que la division même rendait rétive ; cette concurrence, sans faire oublier les grands problèmes de la conquête du pouvoir, de la socialisation d'un pays capitaliste, a lourdement pesé par elle-même sur la vie du socialisme français. Disputes doctrinales interminables, querelles de personnes entre états-majors frères et ennemis, multiplication des postes de responsables (jusqu'à une certaine routine dans la machine administrative embourgeoisée), toutes ces réalités expliquent la faiblesse du mouvement ouvrier pendant ces vingt ans ; faiblesse particulièrement nette sur le plan syndical : les rivalités à l'échelle de l'entreprise ont détaché les ouvriers du syndicalisme, et une petite minorité, seule, cotise ; elles ont permis aussi aux syndicats chrétiens un essor considérable. La C. F. T. C. — Confédération Française des Travailleurs Chrétiens — a été la grande bénéficiaire de ce pluralisme syndical.

Il a fallu la tentative fasciste du 6 février 1934, ce coup de main de boutiquiers et de sous-officiers mécontents, menaçant sérieusement les institutions républicaines, pour rapprocher ces deux partis de la gauche et le parti radical. Du 12 février 1934, grève générale « antifasciste », aux accords Front Populaire de 1935 à 1936, le mouvement ouvrier retrouve dans l'unité d'action vigueur passagère (la C. G. T. réunifiée quintuple ses effectifs en quelques mois) et espérance ; mais jusque dans le succès de mai-juin 1936, ces élections où la nouvelle Chambre compte 150 socialistes et 70 communistes, les arrière-pensées, les calculs enveloppants et trébuchants subsistent : le Front Populaire tourne court dès 1937, moins sous les attaques de ses adversaires que par les divisions des participants. Munich, et le sursaut de la conscience nationale à l'automne de 1938 firent le reste. Le quatrième État, comme disaient les contemporains de Rémusat et Tocqueville, n'est pas encore prêt à prendre le relais de la bourgeoisie...

Les années de l'immédiate avant-guerre (1936-1939) sont des années-clé : entre une classe dominante que l'inquiétude sur son propre destin pousse à condamner la nation tout entière, et le monde ouvrier qui se refuse à faire sa révolution, annoncée depuis si longtemps, un abîme d'incompréhension, de peur et de haine parfois même, s'est creusé. Les plus lucides des Français s'en effraient, d'autant plus que les premiers mois de guerre, dans le désarroi d'une mobilisation improvisée, n'ont pas fait taire les passions – pas plus que Munich l'année précédente. Lourd malaise de deux classes au sein d'une même nation, se persuadant peu à peu qu'elles sont étrangères l'une à l'autre ; non sans exagération, tant le climat culturel d'un pays d'aussi ancienne civilisation comporte d'échanges, même peu visibles, d'un groupe à l'autre : la langue et le style de la presse, de l'information en général, de l'affiche ; la connaissance, plus ou moins assimilée, des trésors de pierre, témoins des siècles passés ; les échanges personnels multipliés par la circulation des hommes, la vie professionnelle, les loisirs généralisés, la lente montée de l'élite prolétarienne – non sans risques d'embourgeoisement ; enfin par ces groupes importants, à la charnière des deux classes, que sont les petits fonctionnaires, le commerce de détail, les cadres inférieurs de l'industrie...

Le cinéma parlant

Mais surtout, il est un dénominateur commun, qui renouvelle la sensibilité culturelle des populations citadines et qui marque de façon décisive la vie urbaine française, c'est le cinéma. Dans les grandes villes et surtout à Paris, les publics varient selon les salles et les quartiers ; mais il n'est pas possible de distinguer, comme pour la musique, public du music-hall et usagers des grands concerts : le cinéma attire toutes les classes sociales, les publics les plus raffinés et les plus incultes. Les quelque deux mille salles du cinéma commercial (environ deux millions de places) des grandes et petites villes sont devenues pendant ces vingt ans les lieux de spectacles les plus fréquentés : cet art nouveau, par sa souplesse commerciale comme par ses réussites proprement artistiques, est devenu, en quelques années, le spectacle le plus apprécié. Comme en beaucoup d'autres pays, la civilisation urbaine devient civilisation de l'image parlante urbaine. Dans les campagnes, malgré l'existence d'entreprises ambulantes, malgré les tentatives faites par diverses associations culturelles, le succès est moins grand. Sans doute parce que le rythme cinématographique est trop rapide pour le paysan ; et aussi parce que les programmes sont faits de rebuts, de copies usagées.

Le cinéma français de l'époque a une longue et complexe histoire : à la veille de la guerre, Pathé avait exercé une sorte de monopole mondial dans la production et la distribution des films. Après 1918, l'essor du cinéma américain puis des autres industries nationales a mis un terme au monopole français. Au contraire, le marché de l'après-guerre a été envahi par les productions hollywoodiennes. Peu à peu, jusqu'en 1929, fin du muet, se sont à la fois constitués : le réseau de distribution, c'est-à-dire les salles dont les propriétaires louent les films, composent leurs programmes, font leur publicité locale ; d'autre part, au stade de la production, toute une industrie chimique de production de pellicule vierge, et l'industrie du cinéma lui-même dans les studios (nullement comparables à ceux de Californie) de la région parisienne et de la Côte d'Azur. Entreprises considérables, demandant d'énormes capitaux si bien que la production cinématographique, artistique en elle-même, s'est trouvée liée à des conditions industrielles qui ont pesé lourdement sur la qualité : le producteur, fournisseur des fonds, prétendant les récupérer, et préconisant des formules au succès certain, théâtre filmé, vaudeville ou comédie musicale, etc. Le choix des programmes par les directeurs de salles, soucieux d'emplir leurs permanents de 14 à 24 heures, a aussi une importance non négligeable : il joue dans le même sens de la facilité, de la vulgarité bon enfant et mélodramatique.

L'importance du cinéma tient aux vertus propres de ce nouvel art. Muet ou parlant, il s'impose au spectateur, isolé dans la salle obscure, avec une force d'envoûtement — que les psychologues n'ont pas fini d'analyser — qui fait à la fois le charme magique de ce spectacle et ses dangers souvent

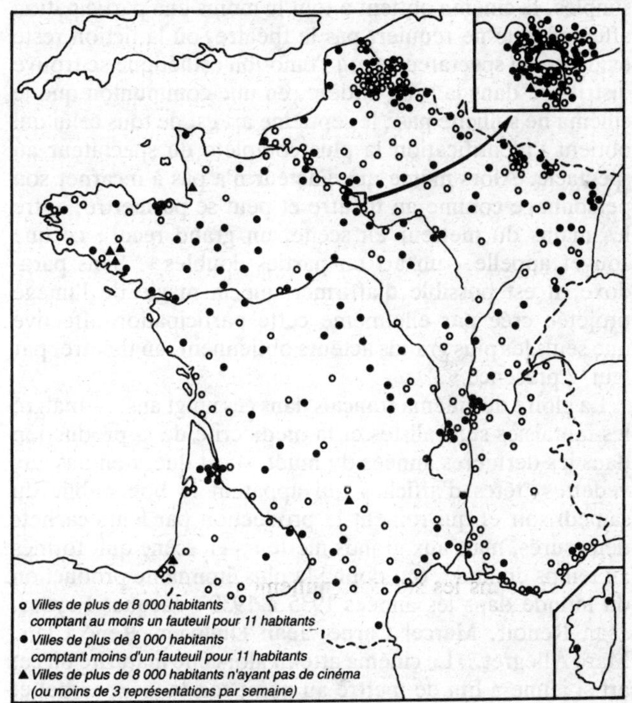

20. LE CINÉMA
ÉQUIPEMENT DES VILLES
(COMPTANT PLUS DE 8 000 HABITANTS EN 1936).

Cette carte, qui reflète la répartition de la population urbaine dans la France d'avant-guerre, donne une image assez nuancée de la place prise par le cinéma dans notre pays : le chiffre de 1 fauteuil pour 11 habitants est la moyenne nationale ; les villes sont donc les unes bien équipées ○ ; les autres mal ● ou très mal ▲. Les banlieues sont les plus défavorisées : Nord, région parisienne, Saint-Étienne, Lyon. Par contre le Midi (au Sud d'une ligne Bordeaux-Grenoble) a adopté le cinéma ; la Bretagne, les Vosges, le Massif central présentent des zones de résistance : le cinéma « prend mal ». La vallée moyenne de la Loire est aussi « réfractaire ». Problème à résoudre.

mis en avant : véritable fascination sur les enfants et les simples, le cinéma obtient à tout le moins une participation affective que ne requiert pas le théâtre, où la fiction reste évidente au spectateur et où l'émotion esthétique se trouve distribuée dans la salle entière, en une communion que le cinéma ne sollicite pas ; le septième art est de tous celui qui obtient l'identification la plus complète du spectateur au spectacle. Alors même que l'acteur n'a pas à incarner son personnage comme au théâtre et peut se permettre, entre les mains du metteur en scène, un grand recul : ce que Jouvet appelle « un art en parties doubles ». Sans paradoxe, il est possible d'affirmer que la magie de l'image projetée crée par elle-même cette participation affective que seuls les plus grands acteurs obtiennent, au théâtre, par leur « présence ».

La gloire du cinéma français dans ces vingt ans, — malgré les fantaisies surréalistes et la médiocrité de la production dans les dernières années du muet — est due, non pas aux vedettes, têtes d'affiches qui appâtent le bon public du samedi soir et qui ruinent la production par leurs cachets démesurés, mais aux grands metteurs en scène qui, formés au temps du muet, ont donné la plus étonnante production du monde dans les années 1935 à 1939 : Jacques Feyder, Jean Renoir, Marcel Carné; Jean Duvivier, René Clair, Marc Allégret... Le cinéma atteint alors une maturité où cet art si jeune a fini de mettre au point son langage visuel et sonore et où chaque metteur en scène affirme son propre style comme l'auteur dramatique, les peintres ont le leur ; où enfin les publics se différencient : grands connaisseurs des ciné-clubs, amateurs éclairés qui choisissent selon les critiques et selon le générique, gros public qui revient tous les samedis à la même place, quel que soit le programme... le prestige du cinéma se mesure à ses millions de spectateurs et à la popularité des plus grandes vedettes, Raimu, Gabin, Michèle Morgan...

Films américains de cow-boys, films de Charlot et de Disney, films français réalistes avec une prédilection marquée pour les mauvais garçons, mais révélant toujours des caractères sociaux bien dessinés, tous ces spectacles informent et nourrissent sensibilités et intelligences, avec une efficacité jamais égalée encore. La « consommation » cinématographique est en passe, en 1939, de devenir l'élément majeur de la culture nationale.

ORIENTATION BIBLIOGRAPHIQUE

Robert DELAUNAY, *Du Cubisme à l'Art abstrait,* 1946.

J.-L. DAVAL, *Journal des avant-gardes. Les années vingt, les années trente,* 1980.

Pierre BRISSON, *Le Théâtre des années folles,* 1943.

Louis JOUVET, *Témoignages sur le théâtre,* 1952.

Maurice NADEAU, *Histoire du surréalisme,* 1945.

Georges SADOUL, *Histoire d'un art, le cinéma,* 1956.

Philippe BERNARD, *La Fin d'un monde 1914-1929,* 1975.

Henri DUBIEF, *Le Déclin de la III*[e] *République 1929-1938,* 1976.

Antoine PROST, *Les Anciens combattants 1914-1940,* 1977.

Eugen WEBER, *L'Action française,* 1964.

Georges LEFRANC, *Histoire du Front populaire,* 1974.

Jean LACOUTURE, *Léon Blum,* 1977.

CHAPITRE XVIII

A la recherche de la France contemporaine

Un demi-siècle a passé depuis ces années trente en demi-teinte. Et ces cinquante ans ont compté double. Que de contrastes, en effet, entre la France qui, en 1931, célèbre l'étendue et la pérennité de son empire dans les fastes de l'Exposition coloniale et voit un recensement indiquer, pour la première fois, une population urbaine supérieure à la population rurale, et celle des années quatre-vingt qui, rétractée sur l'hexagone, ne conserve plus que des « confettis d'empire » et a connu, dans le même temps, la « fin des paysans » ! Et que de commotions entre-temps : en moins d'une vingtaine d'années, de 1940 à 1958, un régime est mort de mort violente, deux autres se sont succédé, et un quatrième a connu une naissance au forceps dans l'effervescence d'un printemps algérien. Les années quarante ont été le cadre de la défaite de l'armée alors considérée comme la première du monde, de l'occupation, par maints aspects, véritable « guerre franco-française » autant que guerre étrangère, et de la pénurie qui, le ministère du Ravitaillement n'étant supprimé qu'en 1949, aura duré toute la décennie. Quant aux années cinquante, elles verront la France touchée de plein fouet par les deux grandes ondes de dimension universelle qui parcourent alors la planète : la guerre froide et, plus encore, la décolonisation, qui mettra à bas une République née de la Libération et incarnation de ses espérances.

Pourtant, à l'échelle de l'histoire, l'essentiel n'est sans doute pas là. Par-delà l'écume des événements, la France a connu en un demi-siècle la mutation la plus rapide de son histoire ; tout dans le décor et chez les acteurs, le paysage comme l'habitat, la sociabilité comme les mentalités, atteste un changement radical. La houle des modifications sociales et mentales s'est creusée en vagues plus rapides que de coutume, à tel point que la distinction classique et féconde de Fernand Braudel entre temps long du social et du mental et « temps court » de l'événement perd ici une partie de sa valeur opératoire et la décennie redevient dès lors un étalon applicable à tous ces « temps ». L'historien dispose-t-il pour autant du recul suffisant pour se lancer à la recherche de la France contemporaine ? Les obstacles à une telle investigation apparaissent, en première analyse, difficilement contournables. Pour isoler les traits constitutifs et les caractères originaux d'une civilisation, pour en percevoir le sens et la respiration, la distance semble indispensable : à traquer de trop près les décennies proches, ne risque-t-on pas de brosser une fresque où, contrairement au projet initial de cet ouvrage, les « thèmes les plus largement significatifs » ne seraient plus « ordonnés », et dont la trame explicative deviendrait pointilliste ? Ou expressionniste si l'historien, forcément inséré dans son pays et dans son époque par de multiples adhérences, jalonnait ces décennies au gré de la perception qui fut la sienne, nouant de bonne foi les dates qui rythment l'évolution de la civilisation française contemporaine en un entrelacs personnel. Sans compter — et c'est un troisième obstacle — que pour démêler cet écheveau et ébaucher une synthèse, l'apport du savoir historique semble encore limité : pour les raisons mêmes que l'on vient d'évoquer, la recherche universitaire française n'a pas encore largement abordé aux rivages de l'histoire proche, trop souvent assimilée à « l'histoire immédiate » abandonnée aux journalistes.

Pourtant, à y regarder de plus près, une production scientifique existe, disparate mais importante, et elle devrait permettre de tracer des coupes à travers la sédimentation des faits sociaux et culturels que la France a connue depuis cinq décennies, de distinguer l'essentiel de l'accessoire, de scruter les facteurs de continuité et de discontinuité, et de mener à bien cet agencement des phénomènes et leur mise en perspective ; autant de tâches qui constituent l'essence même du travail de l'historien, mais que le recul rend plus aisées par décantation aux chercheurs scrutant des périodes plus éloignées. Elle devrait permettre également d'aspirer sinon à l'objectivité, au moins à une certaine équité, pour sonder les strates d'un demi-siècle riche en paradoxes et qui débuta dans la lumière incertaine d'une décennie fatale à la « synthèse républicaine ».

1. Les années noires

La décennie qui court du milieu des années trente à l'été 1944, des fièvres parisiennes de février 1934 aux combats de la Libération, présente, en effet, par-delà la chronologie traditionnelle rythmée par la paix et la guerre, sinon une unité, du moins une cohérence. Et « l'étrange défaite » sur laquelle s'interrogea l'historien Marc Bloch devient, à la lueur de la période immédiatement antérieure, davantage intelligible. Car la palette des attitudes des Français dans l'orage de la Seconde Guerre mondiale se nourrit de leurs divisions au moment où les nuées s'accumulèrent.

Langueur

Assurément, le ciel ne s'était pas alors assombri tout à fait. La culture française, comme l'a montré le chapitre précédent, « brille encore de mille feux » et le Front populaire a bien été pour la gauche française cette « embellie » souvent célébrée. Il reste que ces années gardent avant tout, avec le recul, une teinte crépusculaire. La France semble atteinte d'une langueur incurable : plus tardivement et moins profondément touchée par la crise économique mondiale que la plupart des autres grandes puissances, elle demeure en revanche comme engourdie, ne parvenant pas, tout au long de la décennie, à sortir réellement de l'ornière. Une crise morale affecte en profondeur le corps civique, et ses trois symptômes principaux, la crise des institutions, la division des esprits et la prégnance du thème de la décadence chez les intellectuels de tous bords, alimenteront la réaction vichyste. Face aux régimes totalitaires menaçants, la démocratie française apparaît de plus en plus paralysée par ses blocages. Certes, le danger fasciste n'y eut pas la réalité que lui prêtèrent sur le moment les partis du Rassemblement populaire. D'une part, si l'école historique française a identifié dans le tissu social les ferments d'un « fascisme à la française », elle a établi, en même temps, que le phénomène est resté localisé et n'a jamais réellement pris d'ampleur. D'autre part, des thèses récentes ont montré que, de son côté, le régime a bénéficié, tout au long de la période, de garde-fous. Le parti radical, étudié par Serge Berstein, a continué à canaliser l'expression politique des classes moyennes — dont la dérive, en d'autres pays, a nourri le fascisme —, les maintenant ainsi soudées à la République. Et les anciens combattants, dont Antoine Prost a brossé le portrait, n'ont pas été ces factieux désireux d'abattre le régime, auquel ils sont demeurés, dans leur grande majorité, attachés.

Il reste que le régime a connu alors une paralysie de plus en plus patente et, fait plus grave, que celle-ci a été perçue comme telle par les contemporains. Situation d'autant plus inquiétante qu'au trouble des esprits s'ajoutait leur division. Par-delà l'opposition classique entre tenants des différentes composantes du jeu démocratique, on relève alors les indices d'un clivage qui transcende et brouille le jeu partisan, même si les élections de 1936 en avaient apparemment épousé étroitement les contours. Cette fragmentation du paysage politique s'articule en effet désormais autour de l'antifascisme et de l'anticommunisme et, de ce fait, le débat est rythmé bien plus que par le passé par la conjoncture extérieure, c'est-à-dire à la fois l'évolution des grands États et la politique étrangère. La vie de la cité devient ainsi une caisse de résonance où se répercutent les craquements d'une décennie de tempêtes, et les débats civiques, notamment chez les intellectuels, s'en nourrissent. Dès lors, aucune définition commune de l'intérêt national ne sera plus possible, et cette incapacité porte en germes l'une des causes de l'effondrement de 1940 : à cette date, en effet, l'Union sacrée ne sera pas au rendez-vous. Tout au contraire, la Guerre mondiale se doublera d'une « guerre franco-française », qui prend sa source dans les tensions internes et externes des années trente.

Cet affaiblissement du régime et ce premier « grand schisme » intellectuel ne sont pourtant pas les seuls facteurs qui font de cette décennie la matrice du désastre et de l'affrontement fratricide qui suivirent. Dans cette archéologie de causes enfouies de la défaite, une autre strate doit être ici invoquée, et qui, plus encore que les deux précédentes, a modelé le visage de la France des années de guerre. Cette strate a été déposée par la grande secousse tectonique du premier conflit mondial et a porté alors plusieurs noms : « pacifisme », « attentisme », « défaitisme », « esprit de Munich ». La saignée de 1914-1918, présente dans le paysage par ses innombrables monuments aux morts et dans la pyramide des âges par les échancrures des « classes creuses », a plus encore, en effet, marqué les consciences. La reculade de Munich, mise en perspective, apparaît avant tout comme le symbole d'une France saignée à blanc vingt ans plus tôt et qui, instinctivement, par un réflexe venu du tréfonds de ses structures démographiques, refuse un nouveau carnage.

« Drôle de guerre » et « étrange défaite »

La « drôle de guerre » durant laquelle, du début septembre 1939 au 10 mai 1940, l'armée française campe sur ses positions, procède, à y regarder de plus près, de la même inclination collective. Assurément, durant l'hiver 1938-1939 et plus encore après la violation par l'Allemagne des accords de Munich en mars 1939, un sursaut avait eu lieu. Une partie des socialistes, derrière Léon Blum, s'étaient prononcés pour la fermeté face à Hitler et, à droite, les partisans de la même attitude se font aussi entendre. On est loin, à l'été 1939, dix mois après la crise de septembre, de l'approbation parlementaire massive aux accords de Munich, où seuls un député socialiste et un député de droite, Henri de Kérillis, s'étaient joints aux représentants communistes pour voter contre leur ratification. Certes, rien ne rappelle l'Union sacrée de 1914, puisque les communistes, après le pacte germano-soviétique, condamnent la « guerre impérialiste », qu'une frange droitière, où se recruteront bien des partisans de l'armistice en juin 1940, est ouvertement pacifiste, et que nombre de socialistes et de syndicalistes, invoquant l'exemple de Jean Jaurès en 1914, continuent à condamner les « bellicistes ». Mais la majorité du pays, résignée, accepte la déclaration de guerre. Elle répugne pourtant, selon toute vraisemblance, à l'ouverture de véritables hostilités. Le pacifisme ambiant de l'entre-deux-guerres n'a pas disparu avec le relatif consensus du corps civique sur la politique de fermeté, et la « drôle de guerre », dans cette perspective, correspond sans doute à une aspiration collective : la fermeté, oui, mais sans la guerre, la véritable, celle que des affrontements d'envergure à la frontière franco-allemande rendraient irréversible. Il y a donc adéquation entre les considérations stratégiques des dirigeants politiques et des chefs militaires, tournées vers la défensive, et cette aspiration inconsciente ou semi-consciente du corps social. La guerre qui éclate en septembre 1939 est une guerre subie plus que souhaitée. Elle ne sera, pour cette raison, jamais réellement assumée, ce qui constitue peut-être la principale explication de la désagrégation en six semaines des armées françaises. Et si le pétainisme en tant que phénomène de masse — « quarante millions de pétainistes », a pu écrire Henri Amouroux — est né de cette désagrégation, et du recours au sauveur qu'elle engendre, il procède aussi de son consentement à la défaite, — puisque cette naissance est liée à l'affirmation qu'il « faut cesser le combat » —, qui répond à l'attente d'un peuple qui n'avait jamais réellement endossé la déclaration de guerre.

Non, du reste, que la France ait été vaincue sans combattre. Elle perd au contraire plus de 100 000 hommes en six semaines. Mais, durant cette période qui va de l'attaque allemande du 10 mai 1940 à l'armistice entré en vigueur le 25 juin, rien n'y fera, ni le changement de généralissime, Weygand succédant à Gamelin, ni la « défense coordonnée du territoire » qui tente à plusieurs reprises de reformer un front cohérent. Les armées françaises sont bousculées et refluent bientôt sur les routes. Elles s'y engluent au milieu des millions de Français qui fuient l'avance allemande. Cet exode, véritable « grande peur », est composé en fait de plusieurs grandes ondes, les unes provoquées par des décisions prévues de longue date, les autres procédant bien davantage de réactions irrationnelles. Si l'évacuation de la zone des combats avait, en effet, été décidée et planifiée, c'est bientôt par pans entiers que les populations du Nord, de l'Est et même de la région parisienne s'écoulent devant l'avance allemande et, tel un glissement de terrain, viennent s'enchevêtrer au sud de la Loire. L'ampleur de l'effondrement, qui touche donc aussi bien la société civile que les armées françaises, et la rapidité du désastre sont directement à l'origine du changement de régime.

Dès lors, la France s'enfonce dans quatre années d'occupation, qui, malgré le renouvellement des générations, pèsent encore sur les consciences près d'un demi-siècle plus tard. Interrogés par *L'Express*, en 1983, sur les événements les plus importants des dernières décennies, les Français avaient largement placé en tête... la libération... l'armistice, c'est-à-dire les deux événements qui engendrent et mettent fin à la France des années noires.

Une France morcelée

Mais peut-on encore parler de la France au singulier au cours de ces quatre ans ? Le pays va se trouver en effet morcelé entre plusieurs visions de la guerre et entre les différentes attitudes qui en découlent. La France de Vichy est née du désastre, elle accepte la défaite et, tablant sur une victoire allemande, souhaite signer la paix. La France de Londres prône une autre « idée de la France » et, dans une perspective de guerre mondiale, se range aux côtés de la Grande-Bretagne. La France de l'ombre, des réseaux de Résistance, va naître progressivement à travers une pluralité d'attitudes de refus qui auront toutes en commun le rejet de la victoire allemande. La France « collaborationniste » de Paris, enfin, adhère à l'idéologie nationale-socialiste et reproche à Vichy sa tiédeur dans ses relations avec l'Allemagne. Quatre France donc, sans compter la France des colonies, qui devient rapidement un enjeu entre Londres et Vichy, et la France des camps de prisonniers qui, outre-Rhin, réunit en 1940 plus d'un million et demi de jeunes hommes qui, pour la plupart, passeront cinq années dans les *stalags* et les *oflags ;* et sans oublier la France de la vie quotidienne de quarante millions de Français, qui ont faim et grelottent en hiver.

Mais, entre les quatre France politiques, les relations furent, en fait, fluctuantes et le rapport des forces évolua. Sans doute est-il aisé et légitime de construire un spectre des attitudes face à l'Allemagne avec, d'un côté, Londres et la France de l'ombre et, de l'autre, Vichy et Paris, la bissectrice séparant deux conceptions de la France dans la guerre. Il reste que, jusque vers 1942, la perception qu'eurent de cette césure la majorité des Français ne fut sans doute pas aussi tranchée. Londres et Vichy revendiquent bien, dès le début, l'un et l'autre la légitimité du pouvoir : Vichy en vertu du vote des députés et des sénateurs qui le 10 juillet 1940 ont confié au maréchal Pétain les pleins pouvoirs constituants, Londres en niant — à travers notamment les articles du juriste René Cassin — le caractère constitutionnel d'une telle procédure et en faisant de l'appel du 18 juin l'acte fondateur d'une France en exil légitimée par son refus de l'inacceptable. Et, dès le début, ces deux France s'opposent : le général de Gaulle est condamné à mort par Vichy, et la radio de Londres stigmatise de son côté le régime de Vichy. Mais au début, c'est ce régime qui est reconnu par la communauté internationale, qui lui délègue ses ambassadeurs, tandis que la France libre, composée à l'origine d'une poignée d'hommes, aura longtemps du mal à se faire reconnaître par les Alliés. Bien plus, il est incontestable que Vichy a bénéficié d'abord d'un large soutien de l'opinion publique, pour les raisons évoquées plus haut. Il semble, en outre, que nombre de Français aient alors cru à un partage tacite des tâches entre de Gaulle et Pétain, le premier brandissant l'épée du sursaut national, tandis que le vainqueur de Verdun aurait tenu le bouclier et protégé la population des affres de l'occupation. Certes, historiquement, cette vision ne résiste pas rétrospectivement à l'analyse. Bien plus, des recherches récentes ont montré que l'opinion, dans ses rapports avec Vichy, aurait basculé dès 1941. Il demeure que l'assentiment du plus grand nombre a existé jusqu'à cette date, et que l'image de l'épée et du bouclier trouva, au début, un réel écho chez des millions de Français. Par ailleurs, si la bissectrice du consentement ou du refus de la défaite ne fut donc pas immédiatement perçue par la population, en outre, les relations des deux France qui constituaient chacun des deux côtés du spectre ne furent d'abord ni aisées, dans le camp du refus, ni souhaitées, entre « collaborateurs » et « collaborationnistes ». Entre Londres et l'ombre, il fut difficile au début d'établir des liens étroits. Il était matériellement difficile pour la France Libre d'entrer en contact avec une Résistance intérieure d'abord balbutiante et émiettée. Bien plus, cette Résistance intérieure, de son côté, fut dans un premier temps réticente à reconnaître la nécessité de se placer sous le contrôle d'un général considéré comme d'origine intellectuelle maurrassienne et suspecté, de ce fait, d'aspirer au pouvoir personnel. Il faudra attendre le printemps 1943 pour que les soldats de l'ombre, devenus plus nombreux, se fédèrent au sein d'un Conseil national de la Résistance, donnant ainsi une image plus cohérente des combattants de l'intérieur et de l'extérieur.

Le camp de leurs adversaires, à Vichy et à Paris, manquait lui aussi, à l'origine, de cohésion, même si, à la Libération, les uns et les autres furent poursuivis comme « collaborateurs ». C'est l'historien américain Stanley Hoffmann qui, dans un article de *Preuves* de 1969, a proposé la distinction devenue classique entre « collaborateurs », qui s'engagèrent dans une collaboration d'État à

État qui n'était pas forcément sous-tendue par une identité idéologique, et « collaborationnistes », acquis aux idées nationales-socialistes ou, en tout cas, admirateurs du régime allemand. Cette distinction n'avait pas été forgée à des fins d'absolution, mais pour tenter d'ébaucher une typologie de la collaboration. Dès lors, par exemple, la sourde hostilité qui animait les « collaborationnistes » contre Vichy, accusé de tiédeur dans ses rapports avec l'Allemagne, devient déchiffrable. Mais la fin de l'année 1942 introduit un changement sensible. L'occupation de la zone libre et, de ce fait, la fin d'une souveraineté, réelle ou fictive, en tout cas proclamée, de Vichy, l'entrée des « collaborationnistes » parisiens au sein du gouvernement de Pierre Laval, autant de signes qui attestent une osmose croissante entre les deux groupes.

Si certains ont donc pu soutenir, arguments à l'appui, que, jusqu'en 1942, le fossé n'était pas infranchissable entre Vichy et Londres et que, si le maréchal Pétain avait gagné l'Afrique du Nord après l'occupation de la zone libre en novembre 1942, il eût connu un tout autre destin, après cette date le doute n'est plus permis et on peut, pour les deux dernières années du conflit, souscrire à l'image, empruntée également à Stanley Hoffmann, d'une « guerre franco-française » parallèle à la guerre mondiale. Il faudra attendre la Libération pour que ce soit la France de Londres, devenue celle d'Alger, et la Résistance intérieure qui sortent victorieuses de cette forme de guerre civile. « La France rentre à Paris » déclare le général de Gaulle le 25 août 1944. A cette date, la France, morcelée quatre années durant, se ressoude, dans les faits sinon toujours dans les cœurs, et c'est la France Libre, née du sursaut d'une poignée d'hommes et de femmes blessés par la défaite de 1940, qui va présider à la reconstruction. L'épuration et ses séquelles témoignent à leur manière du bien-fondé de l'analyse de S. Hoffmann.

Vichy, un bloc ?

Tel est donc le décor de la France des années noires qu'il faut planter, avant d'essayer de brosser les grands traits de la vie culturelle sous l'occupation. Une approche politique

— qui n'est pas le propos de ce livre — devrait, avant tout, répondre, une fois ce décor dressé, aux grandes questions qui divisent parfois encore l'historiographie française. Ainsi, le régime de Vichy est-il né d'un complot contre la République, ou bien cette dernière n'est-elle morte que de la seule défaite militaire ? En d'autres termes, le maréchal Pétain n'a-t-il été qu'un syndic de faillite, ou bien a-t-il été peu ou prou responsable de cette faillite ? Résultat ou non d'un complot, l'instauration de la Révolution nationale a-t-elle été avant tout une revanche sur 1936 ? Faut-il voir, d'ailleurs, dans Vichy, comme Clemenceau dans la Révolution française, un « bloc » ? Par ailleurs, à travers Pétain, Flandin, Darlan et Laval, existe-t-il une gamme d'attitudes possibles au sein de la collaboration d'État ? Et ces politiques ont-elles précédé et dépassé l'attente des Allemands ou, au contraire, réussi à temporiser sur l'essentiel ? Les travaux fondés sur le dépouillement des archives allemandes et américaines d'Eberhard Jäckel et de Robert O. Paxton ont ranimé le débat. *La France de Vichy*, du second, notamment, traduit en France en 1973, et qui présentait l'image d'un régime ayant délibérément choisi une politique de collaboration, a suscité un vaste écho, même si ces conclusions ne sont pas admises par tous les historiens. Ce problème en suggère du reste un autre : Vichy a-t-il été réellement un bouclier efficace pour les Français, puisque telle a été son autojustification essentielle après la guerre ? Ce qui renvoie à une troisième question sur laquelle un autre ouvrage de Robert O. Paxton et de l'historien canadien Michael R. Marrus a apporté des matériaux importants : le problème de l'antisémitisme d'État de la Révolution nationale, avant même que s'exercent sur elle des exigences allemandes, et de sa responsabilité dans la déportation par les Allemands d'au moins 75 000 juifs vers les camps de la mort, même si le passage du versant législatif au versant policier à partir de juin 1942 et la participation aux rafles eurent lieu dans l'ignorance probable de la « solution finale ».

Il faudrait aussi, dans une étude politique, évoquer la geste gaulliste, depuis l'envol pour Londres en juin 1940 jusqu'à l'entrée dans Paris cinquante mois plus tard ; et rappeler la lente gestation de la résistance intérieure, sa progressive structuration en réseaux, et le sacrifice, dans la lutte contre l'occupant, de dizaines de milliers de Français. Or, dans cette guerre de l'ombre, combattirent aussi des écrivains et des artistes, même si la postérité a surtout retenu l'attitude « collaborationniste » de certains intellectuels.

Intellectuels occupés

La place tenue par ces derniers dans la mémoire collective s'explique aisément. D'une part, seule cette frange de l'intelligentsia, grâce à ses liens avec l'occupant, a pu se faire facilement lire et entendre, tandis que les autres se taisaient ou usaient pour s'exprimer de moyens détournés et donc de peu d'écho. D'autre part, à la Libération, l'épuration toucha plus largement les intellectuels que d'autres catégories aussi compromises avec l'Allemagne, leur conférant ainsi une importance historique rétroactive en partie usurpée. Car combien furent-ils, en fait, à collaborer ? A coup sûr une fraction non négligeable du milieu intellectuel français, mais qui n'en engloba jamais le plus grand nombre. Jean-Paul Sartre a pu écrire, après la Libération, qu'une grande partie de la collaboration s'était recrutée « parmi les éléments marginaux des grands partis politiques » et « parmi les ratés du journalisme, des arts, de l'enseignement ». Avec le recul de plusieurs décennies, l'observation conserve sa pertinence : si l'on s'en tient aux « collaborationnistes », force est de constater en effet que les grands intellectuels de l'entre-deux-guerres en sont massivement absents. Et, *a contrario,* il est vrai que pour nombre de journalistes et d'écrivains, jusque-là laissés pour compte, l'occupation et la collaboration furent saisies comme une revanche sociale : des places étaient à prendre et furent prises. Si les « ratés » ont ainsi afflué, plus intéressants restent cependant, pour l'historien, les intellectuels déjà engagés avant-guerre mais qui, pour reprendre le qualificatif appliqué par Jean-Paul Sartre au monde politique, étaient restés jusqu'en 1940 des « marginaux » par rapport aux courants intellectuels dominants des années trente. Pour eux, il s'agit moins d'une revanche sociale que d'une victoire idéologique.

Par-delà ce profil commun – ratés ou marginaux –, que de diversité, toutefois ! Ce qui frappe à l'examen du « collaborationnisme », c'est la variété des itinéraires antérieurs, des motivations et des générations concernées ; et donc, en définitive, des profils. Celui des dissidents de l'Action française, Robert Brasillach ou Lucien Rebatet, par exemple, offre un premier cas de figure. L'itinéraire du premier resurgit fréquemment dans les débats sur les responsabilités de l'intellectuel engagé et les sanctions qu'il encourt. Né en 1909, normalien de la rue d'Ulm, il s'occupe dès 1931 de la page littéraire de *L'Action Française,* mais l'attitude de Charles Maurras, le 6 février 1934, le déçoit et le jeune homme est entraîné, dès lors, dans une dérive parallèle à celle du journal dans lequel il écrit, *Je suis partout :* parti de la mouvance monarchiste, il connaît bientôt la tentation fasciste. Fasciné par les grand-messes de Nuremberg, il prônera, pendant la guerre, une collaboration avec l'Allemagne qui lui vaudra, malgré un retrait à partir de 1943, une condamnation à mort à la Libération. Lucien Rebatet, issu de la même mouvance, avait publié pendant la guerre *Les Décombres,* pamphlet incisif contre le régime englouti dans la défaite de 1940 et grand succès littéraire sous l'occupation ; ce qui, entre autres raisons, lui vaudra une condamnation identique en 1945. Si les deux écrivains appartiennent sensiblement à la même classe d'âge, qui n'a connu le premier conflit mondial qu'indirectement à travers les angoisses d'une mère et la mobilisation d'un père ou d'un frère aîné, Drieu La Rochelle appartient, lui, à la génération du feu, et la guerre de 1914-1918 a été pour lui décisive. Il en gardera sa vie durant une exaltation de la fraternité des tranchées et de la virilité du combattant. Après le 6 février 1934, il choisit la voie du fascisme, devenu plus révolutionnaire à ses yeux que le communisme un instant attirant. C'est lui qui, en décembre 1940, se chargera de faire reparaître *La Nouvelle Revue Française*, qui s'était sabordée après l'entrée des Allemands à Paris.

Si la Première Guerre mondiale a été, dans l'apprentissage politique de Drieu, capitale, elle a joué un rôle aussi déterminant dans l'évolution d'intellectuels de gauche vers la collaboration. Si les horreurs du nazisme ont conduit, à la Libération, par assimilation, au discrédit pour un temps de la plus grande partie de la droite française, et s'il est vrai que la collaboration a bien davantage recruté à droite qu'à gauche, il existe pourtant une « gauche collaborationniste », tout comme il exista une gauche ralliée à la Révolution nationale, un Belin, un Spinasse ou un Bergery par exemple. La gauche « collaborationniste » — s'exprimant notamment dans des journaux comme *la France socialiste* ou *Germinal* —, qui n'avait pas la plupart du temps répudié ses origines laïques et républicaines, n'avait guère de sympathie pour Vichy. Le terme « collaborationniste », dans son cas, appelle, du reste, une précision. L'historiographie française récente, en effet, après avoir mis en lumière ce courant de gauche, l'a assimilé aux autres tendances du « collaborationnisme » intellectuel. Et il est vrai qu'à ces tendances l'unissent au moins trois traits communs : l'acceptation de la victoire allemande, l'affirmation d'une collaboration nécessaire avec l'Allemagne, et l'expression de ces idées dans des organes de presse parfois étroitement contrôlés par l'occupant. Mais rares au sein de cette gauche, à l'exception de quelques marginaux qui avaient en fait quitté ses rangs bien avant 1939, sont ceux qui ont adhéré pour autant aux principes de l'Allemagne nazie. C'est le pacifisme, et dans certains cas l'anticommunisme qui ont déterminé leur analyse : la guerre est terminée pour la France, et la collaboration est un moindre mal.

Le régime de Vichy trouva lui aussi des appuis dans le milieu intellectuel. Là encore, les racines sont à rechercher dans la tourmente des années trente. La droite intellectuelle conservatrice, hostile aux sanctions contre l'Italie pendant la guerre d'Éthiopie, favorable à Franco pendant la guerre civile espagnole, soutiendra, le plus souvent, le maréchal Pétain. Révélatrice est, à cet égard, l'*Ode au*

Maréchal Pétain de Paul Claudel. Mais, les équations ne sont pas aussi aisées à établir. Une partie de la droite conservatrice prit vite ses distances vis-à-vis de Vichy : François Mauriac optera rapidement pour la Résistance, et l'ancien maurrassien Georges Bernanos, exilé en Amérique latine, adoptera lui aussi une attitude dépourvue d'ambiguïté. Ces deux catholiques avaient, il est vrai, quelques années plus tôt, condamné les troupes franquistes présentées par leurs pairs — l'Académie française, par exemple, au sein de laquelle siégeait François Mauriac — comme les paladins de l'Occident chrétien.

Dans le spectre des attitudes des intellectuels français entre 1940 et 1944, ces deux premières catégories, les collaborationistes et les tenants de la Révolution nationale, sont difficilement réductibles l'une à l'autre ; elles furent, d'ailleurs, souvent antagonistes et certains titres collaborationnistes de Paris, violemment hostiles au gouvernement de Vichy accusé de tiédeur, ont été interdits en zone libre. Il reste qu'elles se situent l'une à l'autre d'un même côté de l'éventail, au regard d'une troisième attitude possible : la Résistance intellectuelle. Celle-ci, on l'a dit, est plus complexe à saisir. Car c'est la diffusion de ses déclarations et de ses motions qui donne un poids au clerc dans la vie de la cité. Or, en ces temps de censure et de répression, ce dernier est contraint à l'anonymat, à la clandestinité et au tirage confidentiel. Pour ce qui est de son rôle propre, il perdait donc, sous l'Occupation, une partie de son pouvoir. Ce qui ne signifie pas que la pensée et la création françaises aient été absentes du combat de l'ombre. Ainsi, l'Université prit part à ce combat et le réseau du musée de l'Homme, tôt démantelé par la Gestapo, en fut l'une des premières manifestations ; le sort de l'historien Marc Bloch, père fondateur avec Lucien Febvre de l'école des *Annales,* entré en Résistance à près de soixante ans et fusillé dans la région lyonnaise en 1944, témoigne lui aussi de l'engagement de certains professeurs dans l'action directe. L'écrivain Jean Prévost, tombé la même année dans les combats du Vercors, ou le poète Robert Desnos qui appartenait au réseau Agir et qui trouva la mort en déportation, rappellent, quant à eux, le tribut payé par la littérature et, parmi ceux qui furent épargnés, l'engagement, même tardif, d'un André Malraux, chef de la brigade Alsace-Lorraine, ou celui de René Char, devenu le capitaine Alexandre, confirment qu'aux côtés d'autres catégories de Français, bien des hommes de lettres participèrent directement à la lutte contre l'occupant.

Mais cette lutte prit aussi une forme spécifique, certains intellectuels choisissant de combattre dans leur domaine propre, ainsi que l'atteste, par exemple, la naissance des *Lettres françaises* ou la fondation des Éditions de Minuit. Le premier numéro des *Lettres françaises,* organe de l'organisation clandestine qui prendra en février 1943 le nom de Comité national des écrivains (CNE), fut publié en septembre 1942. Le fondateur de la revue, Jacques Decour, avait été exécuté quatre mois plus tôt, et c'est Claude Morgan qui la dirigea ; à ses côtés se trouvait notamment Paul Éluard, revenu au Parti communiste sous l'Occupation après en avoir été exclu en 1933 avec André Breton. C'est Éluard également qui réunit, en juillet 1943, dans *L'Honneur des poètes,* des poèmes anonymes dus, entre autres, à Louis Aragon, Robert Desnos, Francis Ponge et Pierre Seghers. Cette anthologie de la poésie résistante constitue l'un des vingt-cinq volumes publiés par les Éditions de Minuit. Fondée par Jean Bruller et Pierre de Lescure, cette maison d'édition clandestine édita notamment *Le Silence de la mer* de Vercors (Jean Bruller), initialement tiré à 350 exemplaires et diffusé à l'automne 1942, et *Le Cahier noir* publié en août 1943, œuvre de Forez-François Mauriac, qui deviendra membre du CNE. Poètes et romanciers continuèrent parfois, parallèlement à cette lutte derrière l'écran des pseudonymes ou de l'anonymat, à publier sous leur propre nom. Ainsi Éluard réussit-il à tromper la censure et à publier, sous son nom, « Liberté » qui demeure, avec « Ballade de celui qui chanta dans les supplices » et « La rose et le réséda » qu'Aragon fit passer dans les revues clandestines, le symbole de la littérature française qui choisit le combat et un chant en l'honneur de ses martyrs.

Le silence de la mer ?

Par-delà le problème de l'engagement dans les rangs de la Résistance ou dans ceux de la Collaboration, pour nombre d'écrivains et d'artistes français, la question se posa sur un autre registre : devaient-ils choisir de suspendre délibérément leur œuvre créatrice, puisque toute expression de leur part devait subir préalablement la censure allemande et pouvait apparaître, dès lors, comme l'acceptation du fait accompli ? En d'autres termes, devaient-ils pratiquer la politique de la terre brûlée intellectuelle et faire de la France de l'Occupation un désert de l'esprit ou, au contraire, était-il de leur devoir de maintenir haut le pavillon de la pensée et de l'art français ? Bien malaisée est la réponse à une telle question qui prit à la Libération une acuité particulière dans le contexte de l'épuration et qui, de ce fait, irrite encore de nos jours des plaies mal cicatrisées.

Bien des indices montrent en tout cas qu'à se cantonner à ce débat, en fait le plus souvent rétrospectif, l'historien risque de passer à côté de l'essentiel : non seulement, en effet, il y eut une création culturelle française durant les années noires mais, en bien des domaines, celle-ci fut brillante et riche d'avenir. Se borner à constater que Jean-Louis Barrault monta alors *Le Soulier de satin* de Claudel, qu'Albert Camus publia *L'Étranger* et qu'eut lieu à Paris la première exposition du peintre Dubuffet ne constituerait assurément que des présomptions. Mais l'analyse plus détaillée prouve que ces signes ne sont pas isolés et démontrent au contraire que l'Occupation ne stérilisa pas la civilisation française. L'étude de la production cinématographique est, à cet égard, d'autant plus révélatrice que le cinéma français de cette époque a été, après la guerre, tenu pour négligeable.

Parce qu'il avait été conçu à l'époque de Vichy et en partie sous contrôle allemand, le cinéma français de l'Occupation a été longtemps méprisé ; bien plus, pesait sur certaines de ses créations l'accusation postérieure de collaboration. Accusation, au reste, parfois ambiguë. Ainsi, *Le Corbeau* d'Henri-Georges Clouzot, tableau d'une petite ville troublée par une épidémie de lettres anonymes, fut-il attaqué par Vichy comme démoralisateur, avant d'être dénoncé à la Libération. Un ouvrage de Jacques Siclier a tenté de faire une étude du septième art débarrassée de ce type d'ambiguïté. Quelques titres — *Les Visiteurs du soir* et *Les Enfants du Paradis* de Marcel Carné, *La Fille du puisatier* de Marcel Pagnol, *Le Corbeau, Goupi Mains-rouges* de Jacques Becker — attestent la richesse d'un cinéma qui connut, d'ailleurs, un succès foudroyant. La suppression des bals, les restrictions aux horaires des cafés et au ravitaillement des restaurants drainèrent vers le cinéma et vers les théâtres des foules que n'avait jamais connues un art devenu pourtant rapidement très populaire : en 1942, 310 millions de spectateurs se rendent dans les salles obscures contre 250 millions en 1938. Plus de deux cents films — deux cent vingt exactement — furent ainsi produits en quatre ans. Et une nouvelle génération donna alors ses premiers tours de manivelle : Robert Bresson, Henri-Georges Clouzot, Jacques Becker par exemple ; on conviendra que la cuvée, en dépit du millésime orageux, est brillante. Certes, à la Libération, outre le reproche adressé à certains de ces films d'avoir été financés par les Allemands, on taxa beaucoup de ces productions de pétainisme, car elles véhiculaient certains thèmes vichystes, notamment l'attachement à la famille ou à la terre ; mais, bien souvent, ces thèmes dépassaient la seule propagande de la Révolution nationale et se plaçaient dans l'air du temps — d'une France terrassée qui tente de reprendre pied ? — ou s'inscrivaient dans le droit fil d'autres œuvres des mêmes auteurs, antérieures à la guerre. C'est ainsi que si *La Fille du puisatier* est, par certains aspects, vichyste — une scène décrit par exemple le personnage principal écoutant un message du maréchal Pétain —, le thème du retour à la terre est déjà présent dans *Angèle* et *Regain,* tournés par le même cinéaste en… 1933 et 1937. Seuls un dixième environ des films alors produits sont des illustrations volontaires de l'idéologie de la Révolution nationale, comme *La Nuit merveilleuse* de Jean-Paul Chalin, où l'auteur met dans la bouche de Charles Vanel, qui joue un paysan, des citations littérales du maréchal Pétain. La plupart des autres films s'articulent, en fait, autour de sujets identiques à ceux de l'avant-guerre : l'intrigue policière, la comédie, le film historique ou le cinéma fantastique ; et le cinéma d'évasion, ni résistant, ni collaborateur, volontairement déconnecté de la réalité du temps, domine. Ce qui renvoie à d'autres critiques plus tard formulées à l'encontre de ce cinéma : devait-il ainsi favoriser l'évasion intérieure, ou se taire ?

Le même problème se pose d'ailleurs pour les autres formes d'expression. L'occupant contraignit le syndicat des éditeurs français à accepter un accord aux termes duquel était interdite la publication d'ouvrages considérés comme « d'esprit mensonger et tendancieux » — étiquette élargie par exemple aux écrivains juifs, francs-maçons ou communistes — et inscrits, de ce fait, sur les « listes Otto », qui conduisirent au pilon plusieurs centaines de titres. Dès lors, en conscience, les auteurs auraient-ils dû se taire ? L'historien se bornera à constater que les pages ne restèrent pas blanches sous l'Occupation. Et, s'il y eut incontestablement une littérature et un théâtre stipendiés, la plus grande partie de la production ne fut certes pas — et pour cause — résistante, mais pas non plus collaboratrice. Sous l'influence sans doute du lieutenant Gerhardt Heller, attaché à la Propagandastaffel à Paris, la publication de *L'Étranger* fut autorisée, et un avis favorable fut donné pour la représentation des *Mouches* de Sartre.

Comme les pages, du reste, les toiles ne restèrent pas non plus blanches. Les peintres avaient pourtant, à l'image de la population française, été dispersés par le coup de tonnerre de mai-juin 1940. A cette date, de nombreux artistes tels Chagall, Léger, Max Ernst, avaient quitté Paris. Les galeries avaient fermé et les revues cessé de paraître. Mais l'ébranlement n'a pas tari pour autant la création picturale française. Certaines villes du Sud, Toulouse par exemple, fournissent des bases de repli pour cet exode culturel. A Paris même, la galerie Braun accueille, en mai 1941, une exposition Jeune France, réunissant vingt peintres de tradition française, dont Pignon. Et jusqu'en 1944, d'autres expositions furent montées qui permettaient de percevoir, comme pour Jeune France, un double phénomène : l'émergence d'une nouvelle génération et l'influence, sur elle, de l'héritage du cubisme et du fauvisme.

A l'unisson de l'une des chansons à succès de ces années de guerre, *J'attendrai,* toute une production culturelle ne fut-elle pas, avant tout, sinon sécrétée au moins sous-tendue par un phénomène d'attente ? Attente d'un peuple foudroyé en 1940 et qui, malaisément, dans les affres de l'Occupation et d'une sorte de guerre civile larvée, cherche à conserver son identité, attente d'une culture qui se trouve à la croisée des générations et des styles et qui, à l'image du pays qui retient alors son souffle, joue souvent en sourdine et ne s'épanouira réellement qu'après la Libération.

2. Lever de rideau

« Nous rapportons à la France l'indépendance, l'empire et l'épée. » A l'été 1944, le général de Gaulle a gagné son pari du 18 juin : la France libre est devenue la France, et elle finit la guerre aux côtés des vainqueurs. Mais « autant qu'une fin heureuse », la Libération a été pour le pays « un lever de rideau » (François Bloch-Lainé).

Révolution, restauration ou rénovation ?

Rétrospectivement, l'analyse des années qui suivent la Libération s'est souvent coagulée entre deux pôles antithétiques, révolution ou restauration. « De la Libération à la Révolution » proclamait, en effet, en sous-titre, le quotidien le plus brillant de la presse issue de la Résistance, *Combat.* Mais comme en écho, Claude Bourdet, qui fut de l'aventure de *Combat,* sous-titre, trente ans plus tard, son livre *L'Aventure incertaine* « de la Résistance à la Restauration » et, déjà en 1965, Philippe Tesson, dans *De Gaulle Ier*, soutenait la même thèse. L'historien doit-il pour autant s'enfermer dans ce dilemme ? D'autant que des deux propositions contraires, l'une s'effondre d'elle-même, et l'autre ne convainc guère. De révolution, il n'y en eut pas. Ni les institutions, ni les structures économiques et sociales, les unes et les autres pourtant profondément amendées, ne connurent de bouleversement radical. Et le personnel politique, même s'il fut en partie refondu, au moins sur le moment, n'a pas non plus été l'objet d'une substitution totale d'une équipe à une autre. Aucun indice, donc, d'une de ces fractures du socle politique économique et social qui est l'essence des révolutions et, à tout prendre, la continuité l'emporte sans doute sur le changement.

Faut-il dès lors parler d'une restauration ? Les historiens restent divisés sur l'usage que l'on peut faire d'un tel concept. Sans même évoquer pour l'instant le court terme et les réformes de structures qui suivent la Libération, bornons-nous à constater qu'il sous-estime des évolutions capitales qui s'enclenchent à cette époque et deviendront manifestes au cours de la décennie suivante. C'est le cas notamment des mentalités collectives, à la fois miroir et moteur des autres évolutions. Dans ce domaine, le contraste avec l'entre-deux-guerres est saisissant : dans les années cinquante, la mystique de l'essor économique sous-tendu par la croissance industrielle gagne peu à peu les esprits et non plus seulement un noyau de « modernisateurs ». Les valeurs de frugalité et d'épargne sont peu à peu délaissées au profit de celles de consommation et d'usage du crédit. Le rentier, déjà tué au cours des décennies précédentes par l'inflation, meurt une seconde fois, en tant que type social, déclassé par le cadre conquérant. Cette translation des valeurs, jointe à la mutation sociale alors en cours, transformera progressivement, on le verra, les règles qui régissaient la communauté nationale et les tabous qui en délimitaient les lisières. Mutation d'autant plus profonde qu'elle se doublera à la même époque d'un changement d'horizon : la France, longtemps repliée sur l'hexagone et sur l'empire, s'ouvre sur le monde ; elle se lance dans l'aventure européenne, et son économie, longtemps protégée, se dilate aux dimensions de l'Europe et de la planète.

Mais il s'agit là, dira-t-on, d'évolutions à moyen terme et qui touchent de surcroît un domaine, celui des mentalités, qu'il est délicat pour l'historien d'étudier sans recul suffisant. Et, dans l'esprit de ses utilisateurs, le mot restauration désigne avant tout le court terme et sans doute, d'abord, en raison de sa connotation historique, le champ politique. Devient-il davantage approprié pour autant ? Rien n'est moins sûr. Assurément, certains chercheurs soulignent que, dès la première législature, entre 1946 et 1951, il y a restauration des forces politiques : sur les trois plus puissantes, deux, le PCF et la SFIO, appartiennent au jeu politique d'avant-guerre, et sur le nouvel échiquier une seule pièce d'importance a surgi : le MRP. Bien plus, les leaders de la plupart des formations ont repris leurs fonctions et leur position aux points stratégiques du champ politique : pour s'en tenir, par exemple, aux trois courants qui avaient constitué le Rassemblement populaire en 1936, Léon Blum exerce, à son retour de déportation, un magistère moral incontestable sur la gauche non communiste et, bien que mis en minorité au sein de son parti en 1946, il conserve un poids politique jusqu'à sa mort survenue quatre ans plus tard ; Maurice Thorez, revenu de Moscou et sacré « premier résistant de France », reprend les rênes de son parti, supplantant notamment les chefs historiques de la résistance communiste ; quant à Édouard Herriot, leader historique du radicalisme mais qui resta réservé à l'égard du Front populaire, même si son parti est affaibli par le discrédit de la IIIe République au sort de laquelle il paraissait organiquement lié, il est réélu maire de Lyon en 1945, et retrouvera bientôt la présidence de la Chambre des députés, devenue entre-temps Assemblée nationale. Mais cet exemple des leaders d'avant-guerre est, en fait, peu pertinent. C'est à droite, en effet, que le paysage politique a été brouillé et on ne peut, à son sujet, parler alors de restauration. Celle-ci date plutôt de la deuxième législature, après les élections de 1951. C'est cette Assemblée qui votera la loi d'amnistie, symbole assurément d'un certain retour du passé. Et l'investiture d'Antoine Pinay, l'année suivante, comme président du Conseil, marque de son côté la fin de la période du purgatoire de la droite française, discréditée à la Libération. Encore faut-il préciser que cette remontée du passé, pour évidente qu'elle soit, est loin d'être totale. Le courant gaulliste, notamment, même s'il tombe en hibernation après ces élections de 1951, reste susceptible d'être réactivé si le régime de la IVe République, qu'il a condamné dès 1946, échoue, d'autant que la personnalité du général de Gaulle, véritable statue du Commandeur face au personnel politique en place, demeure, si cet échec devenait patent, un recours. Bien plus, d'autres courants vont naître, en ces années cinquante, et notamment le mendésisme, qui va cristalliser autour de lui l'aspiration à la modernité qui touche alors une partie du corps social.

Cette aspiration, d'ailleurs, apparaît, dans quelques secteurs, dès la Libération, et même auparavant, en ce qui concerne certains aspects de la Révolution nationale. Et la constatation de son existence permet, en fait, de sortir du dilemme révolution-restauration. La continuité l'emporta sans doute sur le changement. Mais la rénovation supplanta tout de même alors la restauration. Ce que certains observateurs soulignèrent, du reste, dès cette époque. Raymond Aron, par exemple, dans deux articles intitulés « Révolution ou Rénovation » et publiés en octobre 1944 et août 1945, écartait toute perspective révolutionnaire et appelait à une rénovation nécessaire, esquissée à grands traits. Or cette aspiration n'est pas restée cantonnée à quelques individus. Un récent colloque organisé par la Fondation nationale des sciences politiques sur « la France en voie de modernisation 1944-1952 » a révélé à la Libération un incontestable projet modernisateur qui puise à plusieurs sources. Le traumatisme de 1940 a réactivé, en fait, une aspiration née dans ce laboratoire qu'a été « l'esprit des années trente », étudié par Jean Touchard. Cet « esprit » avait réuni des jeunes gens nés avec le siècle et qui, venus d'horizons politiques divers, formulaient devant la crise française de l'entre-deux-guerres, le même diagnostic et préconisaient la même thérapeutique : les institutions devaient être amendées dans le sens d'un renforcement de l'exécutif, et l'État devait prendre une part accrue dans la vie économique. Cette recherche d'une troisième voie entre libéralisme et communisme avait eu notamment comme supports de petites revues qui, au seuil des années 1930, avaient pour noms *Plans, X-Crise, L'Ordre nouveau, Esprit*... Mais les événements survenus en février 1934 et la bipolarisation de la vie politique qui s'ensuivit éteignirent apparemment ce courant médian, et les « non-conformistes des années trente » durent choisir leur camp, pour ou contre le Rassemblement populaire. Et, après 1940, certains se retrouvèrent à Vichy, d'autres dans la France libre ou la Résistance intérieure. Mais, dans chacun de ces camps, « l'esprit des années trente » connut, cette fois, un tout autre destin. Les « technocrates » de la Révolution nationale y puisèrent certains projets, incontestablement modernisateurs, du gouvernement de Vichy, tandis que leurs anciens camarades, passés « au maquis » ou à Londres, imprimaient leur marque au Conseil national de la Résistance. Henri Michel, en analysant les courants de la pensée de la Résistance, y a décelé cette prédominance des thèmes « anti » : refus de l'ordre bourgeois, ou condamnation du parlementarisme de la IIIe République. La déroute de 1940 a donc bien entraîné une résurgence de « l'esprit des années trente » et « l'esprit de la Résistance », à ce titre, en est largement issu.

Ses représentants, devenus quadragénaires, accèdent aux postes de commande à la Libération et peuvent tenter de mettre en pratique leur projet modernisateur. L'un des apports essentiels du colloque évoqué plus haut a été de mettre en lumière l'ampleur de ce projet et le consensus qui s'est forgé à son sujet au sein d'une nébuleuse « d'avant-gardes » (R. Rémond) : ampleur, puisqu'il touchera aussi bien le politique, avec l'aspiration à de nouvelles institutions, que le social — la Sécurité sociale par exemple —, l'économique (les nationalisations et la planification) et le culturel (la réforme de l'enseignement) ; consensus, puisque la haute fonction publique comme les partis politiques, des syndicalistes ouvriers ou paysans, une partie du patronat et l'intelligentsia prônent un tel changement. On ne peut toutefois étendre ce consensus à l'ensemble de la nation. Ces élites novatrices forgent, en effet, leur projet sinon à contre-courant, au moins dans une certaine indifférence – en janvier 1947, un sondage montre que 50 % des Français n'ont jamais entendu parler du Plan Monnet et seuls 19 % croient en ses vertus –, au moment où l'opinion songe avant tout à faire disparaître les séquelles de la guerre dans la vie quotidienne et regarde donc, par la force des choses, davantage vers le passé que vers l'avenir, sauf peut-être dans le domaine des institutions où l'aspiration modernisatrice rencontre l'adhésion du plus grand nombre.

Relèvement

La rénovation de la France passe, dans un premier temps, par son relèvement, car le pays sort de la Seconde Guerre mondiale exsangue. Assurément les pertes humaines ont été bien moindres qu'entre 1914 et 1918, mais c'est plus du quart de la fortune publique qui a disparu – les dommages ont été estimés à 85 milliards de francs-or –, contre un dixième seulement vingt-cinq ans plus tôt. L'ampleur du dommage explique peut-être que, contrairement au premier après-guerre qui s'était nourri d'illusions sur le rôle économique des réparations allemandes, un consensus se soit dégagé pour reconstruire et moderniser. Et la nouveauté ne s'arrête pas là. Ce double effort doit se faire sous l'impulsion et le contrôle de l'État. L'esprit de la Résistance, on l'a vu, est nourri avant tout d'une sensibilité de gauche, sans doute multiforme mais cimentée par l'anticapitalisme et le diagnostic d'une « faillite des classes dirigeantes » entre 1939 et 1945. Dès lors, les axes prioritaires retenus mêlent le souci du relèvement et de la rénovation et celui de confier à l'État les « leviers de commande », notamment le crédit et l'énergie. La Libération, avec les grandes nationalisations dans ces deux domaines, est bien une période de profondes réformes de structure qui contraste avec le quasi-immobilisme, sur ce plan, du Front populaire. Ces nationalisations, jointes à l'adoption d'un plan de modernisation et d'équipement, confèrent à l'État des moyens considérables d'initiative et de contrôle sur l'économie nationale.

Quel usage fit la IVe République de tels moyens ? La question est d'autant plus importante que cette République, on le verra, est restée globalement la « mal-aimée ». Sa douzaine d'années d'existence est bien faible au regard de l'immense espérance de la Libération dont elle est née. Cette espérance déçue et sa mort violente dans les soubresauts du printemps 1958 ont jeté l'opprobre sur un régime dont aucune formation politique ne se réclamera plus par la suite et à l'égard duquel l'opinion publique ne montrera jamais une nostalgie particulière. Or, force est de constater que cet opprobre a injustement recouvert toutes les facettes de cette République, qui assura pourtant le succès d'une reconstruction qui s'annonçait difficile et fit entrer la France dans l'ère de la croissance soutenue. Dès 1948, le niveau de 1938 est retrouvé et, deux ans plus tard, l'indice — maximum — de 1929 est à son tour dépassé. Et, à partir de cette date, le taux de croissance moyen annuel de la production industrielle se situe pour vingt ans à 5,3. Si l'économie française des années cinquante connaît un grave déséquilibre, la hausse inflationniste — notamment en 1951-1952 et en 1956-1958 —, et une « précarité de l'équilibre extérieur » (R. Girault), et si le régime est confronté, en ses dernières années, à une sérieuse crise financière, ces faits, plus directement perceptibles par l'opinion publique que le phénomène de croissance dont les dividendes ne sont pas immédiats, ne doivent pas masquer le redressement économique incontestable que géra la IVe République. Certes, c'est au cours des quinze années suivantes que les Français cueillirent réellement les fruits de la croissance, et cette période 1958-1973 est celle où la croissance a été la plus forte de l'histoire économique française, avec un taux moyen annuel qui atteint même 6,5 de 1969 à 1973. Mais cette décennie et demie est largement en gestation dans les années cinquante, et il est difficile de nier la contribution de la IVe République aux « Trente Glorieuses » : c'est sous ses gouvernements que se sont enclenchées la modernisation de l'industrie et la révolution des campagnes et que s'est ouverte sur l'Europe, puis sur le monde, l'économie française.

Épuration

Les décennies d'après-guerre vont également modifier en profondeur le champ intellectuel. Celui-ci est largement remodelé, aussi bien par l'épuration dans l'édition et la presse que par l'apparition de nouveaux clercs prônant désormais le devoir d'engagement. Une nouvelle génération, de nouveaux journaux et de nouveaux comités de lecture, autant de traits qui vont dessiner une nouvelle géographie de l'intelligentsia française.

L'épuration n'est pas seulement une cicatrice au flanc de la conscience nationale, qui prolonge et amplifie les effets de la guerre « franco-française », et suppurera à plusieurs reprises par la suite. Elle va, par ailleurs, marquer durablement les intellectuels et elle revêtira chez eux deux formes. L'une, interne à la profession, n'alla pas forcément de pair avec des poursuites judiciaires. Purement corporative, elle consista en listes noires publiées à la Libération par le Comité national des écrivains. Cet organisme, issu, on l'a vu, de la Résistance, n'avait pas, à proprement parler, de pouvoir officiel, mais il aurait été impensable à cette date que les éditeurs ou les comités de rédaction des journaux passent outre à ses observations. L'inscription sur les listes établies par le CNE équivalait donc à une interdiction de publication dans la presse ou l'édition. Une première liste publiée au début de septembre 1944 comprenait douze noms, parmi lesquels ceux de Robert Brasillach, Louis-Ferdinand Céline, Alphonse de Châteaubriant, Jacques Chardonne, Drieu La Rochelle, Jean Giono, Charles Maurras et Henry de Montherlant. Une deuxième liste, rendue publique le 19 septembre, attirait l'attention des éditeurs — auprès desquels les membres du CNE s'engageaient à n'écrire dans aucune collection ou revue qui accueillerait des écrits des « collaborateurs » — sur 44 noms, dont ceux de Pierre Benoît, Henry Bordeaux et le poète Paul Fort. Ces trois écrivains devaient disparaître de la liste définitive du CNE publiée en octobre et qui comprenait 165 noms d'écrivains, les uns « collaborateurs », les autres « collaborationnistes », sans réelle distinction entre les uns et les autres.

A cette épuration interne, qui empêcha parfois pendant des années certains auteurs d'être publiés à nouveau, s'ajouta une épuration judiciaire, qui toucha essentiellement les « collaborationnistes ». Reprenons par exemple les trois cas évoqués plus haut : Robert Brasillach, Drieu La Rochelle et Lucien Rebatet. Le premier, qui s'est constitué prisonnier le 14 septembre 1944, est condamné à mort le 19 janvier 1945, au titre de l'article 75 du code pénal (« intelligence avec l'ennemi »). Son nom est devenu le point de repère des polémiques qui secouèrent, sur le moment et par la suite, le monde intellectuel sur l'ampleur à donner à l'épuration et sur la gravité des peines encourues. A l'initiative de François Mauriac — dont une lettre lue à l'audience précisait « que ce serait une perte pour les lettres françaises si ce brillant esprit s'éteignait à jamais » — et de quelques amis du condamné, une pétition signée par 63 artistes et écrivains circula pour demander la grâce de Robert Brasillach au général de Gaulle, chef du Gouvernement provisoire. Ce dernier n'ayant pas donné suite au recours en grâce, l'ancien journaliste de *Je suis partout* fut fusillé le 6 février 1945. Drieu La Rochelle suivit sans doute avec attention, durant cet hiver 1944-1945, ces procès d'intellectuels collaborationnistes. A la même date, *Les Lettres françaises* déploraient, en effet, qu'il soit « dans la nature ». Caché dans un appartement parisien, après un premier suicide manqué en 1944, il avait vainement essayé de s'engager dans la brigade Alsace-Lorraine d'André Malraux, et il réussira une nouvelle tentative de suicide en mars 1945. Quant à Lucien Rebatet, replié en Allemagne en août 1944, arrêté en 1945, il sera condamné à mort en novembre 1946, près de deux ans après Robert Brasillach. A cette date, sans doute, les passions sont en partie retombées. Toujours est-il que Lucien Rebatet, à la différence de son ancien camarade de *Je suis partout,* est gracié quelques mois plus tard et sera libéré en 1952.

Plus encore que ces poursuites judiciaires et d'éventuelles sanctions, c'est en définitive l'épuration interne qui marqua le plus en profondeur le paysage culturel français. Car ce n'est pas, dans ce dernier cas, la seule extrême-droite qui est réduite au silence, mais une grande partie de la droite intellectuelle. D'autant que même sa frange non compromise se tait, en raison du discrédit qui pèse alors sur les idées de droite, assimilées au nazisme et à l'holocauste. Et le résultat en est que, pendant une décennie au moins, l'intellectuel de gauche va occuper seul le terrain idéologique. Mutation considérable par rapport à l'entre-deux-guerres, où les grands intellectuels présents sur les estrades du Front populaire ne doivent pas faire oublier qu'au même moment l'intelligentsia française penchait sans doute encore majoritairement à droite. La mutation a du reste d'autant plus d'ampleur qu'un autre changement, lié au précédent, est intervenu par rapport à l'avant-guerre : l'unanimité s'est faite sur la notion d'« engagement ».

Sartre et l'« engagement »

Pour les intellectuels de 1945, il y a, en effet, un « devoir » d'engagement. Certes, les années trente avaient déjà vu écrivains et artistes, les uns au nom de l'antifascisme, les autres au nom de l'anticommunisme, participer au combat politique et, sur ce plan, les années trente anticipent incontestablement sur 1945. Il reste que le devoir d'engagement était alors loin d'être partagé par l'ensemble de l'intelligentsia, et le temps n'était pas loin où Julien Benda, en 1927, avait publié *La Trahison des clercs,* ouvrage interprété souvent à tort comme faisant l'apologie de la tour d'ivoire, mais qui proclamait en fait que le clerc trahit les grandes causes que sont la Justice ou la Vérité en s'engageant trop dans le combat partisan. En 1945, la trahison du clerc serait au contraire, pour la majorité de ceux qui écrivent et s'expriment, de ne pas participer à ce combat.

Jean-Paul Sartre est resté, dans la mémoire collective, le symbole de l'engagement de l'intellectuel. Et cela pour deux raisons au moins : d'une part, il en formule à cette date les attendus ; bien plus, il en devient bientôt aux yeux de ses pairs, mais aussi à ceux de l'opinion publique, la personnification. En octobre 1945, dans la première livraison des *Temps Modernes,* la célèbre « Présentation » qu'il rédige stigmatise la « tentation de l'irresponsabilité » des écrivains. Car ces derniers, quoi qu'ils fassent, sont « dans le coup ». L'écrivain « est en situation dans son époque » et, « puisque nous agissons sur notre temps par notre existence même, nous décidons que cette action sera volontaire ». La conclusion dès lors devient claire pour l'écrivain : « Nous voulons qu'il embrasse étroitement son époque. » Toute la thématique de l'engagement de l'écrivain, développée dans *Qu'est-ce que la littérature ?,* est donc en gestation dans cette « Présentation ». Certes, déjà auparavant, l'écrivain s'était engagé en diverses occasions, mais il ne s'agit plus seulement désormais d'une mobilisation en cas d'urgence, mais d'une activité consubstantielle à la qualité d'écrivain. Le phénomène peut s'interpréter en termes de génération. La génération de 1905 arrive alors à la quarantaine et sur le devant de la scène. Et son rameau précocement inséré dans le débat politique — les « non-conformistes des années 30[1] » — avait déjà pratiqué le devoir d'engagement. Donc la théorie de Sartre est plus, sur ce plan, un point d'arrivée qu'une percée novatrice. La réalité avait largement précédé cette théorie, avant et pendant la guerre. Sartre va cependant en devenir « l'incarnateur », et son influence en quelques années deviendra considérable. Douze ans à peine après la publication du premier numéro des *Temps Modernes,* les jeunes gens de 1957, interrogés par *L'Express* à l'occasion de la célèbre enquête sur la « Nouvelle Vague », à la question : « Si vous deviez désigner l'un des auteurs suivants comme ayant plus spécialement marqué l'esprit des gens de votre âge, qui choisiriez-vous ? », plaçaient Jean-Paul Sartre largement en tête, avec, loin derrière, André Gide et François Mauriac.

En 1945, alors que, déjà âgé de quarante ans, Sartre proclame le devoir d'engagement, sa notoriété littéraire comme son engagement politique étaient pourtant, somme toute, bien récents. Dans les deux cas, il aura fallu attendre la guerre et l'Occupation pour favoriser l'éclosion. Le jeune normalien de la rue d'Ulm, vingt ans plus tôt, entre 1924 et

1928, n'avait guère semblé s'intéresser à la vie de la cité. Puis le jeune professeur de philosophie de province des années trente était resté en marge des affrontements politiques. Il n'avait même pas voté en 1936 ! Et un séjour d'un an à Berlin en 1933-1934 n'avait guère marqué le jeune agrégé de philosophie, à la différence de son ancien camarade de promotion de la rue d'Ulm, Raymond Aron, passé lui aussi par la capitale allemande l'année précédente. Ses premières œuvres, *La Nausée* et *Le Mur,* publiées à la fin de la décennie, ne recueillent guère d'écho sur le moment. Ses *Carnets de la drôle de guerre,* édités récemment, montrent un jeune mobilisé de 34 ans plein d'ambition et de projets au plan littéraire, mais demeuré incertain au plan politique. C'est à la faveur de la captivité, puis de l'Occupation – prisonnier en 1940, il est libéré l'année suivante pour troubles visuels et enseigne au lycée Condorcet entre 1941 et 1944 – que se produit, semble-t-il, l'éclosion. Le philosophe publie sa première œuvre marquante, *L'Être et le Néant ;* l'écrivain fait jouer *Les Mouches ;* le citoyen prend parti pour la Résistance et appartient, à la Libération, au C.N.E.

Mais ce n'est qu'à l'automne 1945 – premier automne de paix ! – que Jean-Paul Sartre parviendra en peu de temps à une très grande notoriété, qui en fera le symbole de « l'existentialisme ». Au moment où sort le premier numéro des *Temps Modernes,* il publie en effet les premiers tomes des *Chemins de la liberté* et prononce une célèbre conférence : « L'existentialisme est-il un humanisme ? » La presse de l'époque a tôt fait d'amalgamer cette intense production littéraire et les idées qui la sous-tendent avec l'effervescence que connaît alors le quartier autour de l'église Saint-Germain-des-Prés, devenue « la cathédrale de Sartre ». La plupart des jeunes gens qui s'entassent alors au Tabou ou au club Saint-Germain n'ont sans doute d'« existentialistes » que le nom, et le « village existentialiste » fut en grande partie une invention de *Samedi Soir* et de *France Dimanche.* Leur attitude provenait sans doute davantage d'un besoin de défoulement caractéristique des après-guerres que d'une lecture assidue de *L'Être et le*

Néant. Et le film de Jacques Becker, *Rendez-vous de Juillet,* a mieux rendu compte, quelques années plus tard, de leur sensibilité que les articles à sensation amalgamant les « caves » de Saint-Germain-des-Prés et les écrits de Jean-Paul Sartre ou de Maurice Merleau-Ponty, les Deux Magots et le Tabou, Raymond Queneau, Boris Vian et Juliette Gréco. Jean Cocteau notera avec humour dans son journal le 16 juillet 1951 : « *Les existentialistes :* jamais on ne vit un terme s'éloigner davantage de ce qu'il exprime. Ne rien faire et boire dans de petites caves, c'est être existentialiste. C'est comme s'il existait à New York des relativistes qui dansent dans des caves et qu'on croie que Einstein y danse avec eux. » Toujours est-il que les touristes afflueront et que l'« existentialisme » deviendra, comme le soulignera plus tard Simone de Beauvoir dans *La Force des choses,* un produit de terroir, au même titre que... la haute couture.

Cultures au miroir français

Rien n'est moins surprenant, en ces années d'après-guerre, avec des intellectuels aussi étroitement insérés dans l'événement, que le constat d'un art et d'une pensée largement en prise directe sur leur temps. Assurément, l'art de cette époque est plus que jamais un miroir brisé qui renvoie des images multiples et parfois contradictoires, mais certaines de ces images sont incontestablement filles des enjeux de leur temps.

La peinture échappe pourtant en grande partie à une telle lecture et les enjeux y sont surtout esthétiques. En 1945 un critique diagnostiquait une « déclaration de guerre entre l'art figuratif et l'autre qu'on a appelé subjectif ». Guerre perdue d'avance, en fait, pour les tenants du figuratif : les mois et les années qui suivent la guerre voient la consécration du « subjectif », défendu par deux générations. Les grands peintres de l'entre-deux-guerres : Picasso, Matisse, Chagall, Léger et d'autres sont alors au zénith, mais dans le même temps ces cubistes, expressionnistes et surréalistes devenus des classiques sont aux portes de la vieillesse : Kandinsky meurt en 1944 et Bonnard en 1947. Une nouvelle génération se profile, que nous avons vue apparaître sous l'Occupation, et progressivement l'art abstrait va régner en maître. Dès 1944, du reste, la tendance était indéniable. Certes, dans Paris à peine libéré, au Salon d'Automne, quelques visiteurs avaient, en signe de protestation, décroché plusieurs toiles de Picasso jugées trop provocatrices. Mais ce Salon avait surtout mis en lumière le brassage de toutes les tendances les plus typiques depuis le fauvisme : avec d'une part la rétrospective Picasso, d'autre part celle du groupe surréaliste, Ernst, Magritte, Masson, Miró, et enfin, des noms encore peu célèbres de l'école de Paris, Manessier et Bazaine notamment. Ce brassage des genres et cette confluence des générations confèrent un brillant particulier aux années d'après-guerre, mais les rendent dans le même temps inclassables, tant sont grandes la multiplication des groupes et la diversité des initiatives. Si l'influence des plus de soixante ans (Matisse, Braque, Picasso, Derain) reste grande sur nombre de cadets — ainsi, à la rétrospective Matisse de 1945, Bazaine marque publiquement sa dette envers lui —, d'autres jeunes peintres prospectent des voies nouvelles. Certains s'orientent vers la recherche de la couleur et de l'expression (Gruber, Marchand, Pignon). Une autre tendance est représentée par les peintres « subjectifs », pour lesquels il ne reste du réel que l'exploration d'un rêve intérieur mais avec une place fondamentale conservée à la couleur.

Il est, dans ces conditions, bien difficile d'établir une corrélation avérée entre ce foisonnement pictural et son environnement, la France de la fin des années quarante. Tout au plus peut-on remarquer que l'abstraction peut, dans certains cas, s'interpréter comme une fuite consciente devant la réalité d'un monde troublé. Rien de comparable, de toute façon, à d'autres moyens d'expression qui subissent au contraire, fortement, à cette époque, l'empreinte de leur temps. Ainsi en est-il de la littérature qui se veut désormais engagée et revendique donc d'elle-même cette empreinte qu'elle proclame du reste à double sens : la littérature est insérée dans son temps, elle est donc miroir ; le littérateur est engagé, il est donc acteur. Et, au sein de cette littérature de l'après-guerre se met en place une nouvelle hiérarchie des genres. Sans doute, ce type de translation ne devient-il perceptible qu'à l'échelle des décennies, et il serait artificiel d'en énumérer rétrospectivement les signes avant-coureurs qui apparaissent au cours des années d'après-guerre. Mais le phénomène est incontestable : ces années vont voir la philosophie détrôner progressivement la littérature. Jean-Paul Sartre, auteur pourtant des *Chemins de la liberté,* critique le romancier « qui se met à la place de Dieu », et le genre romanesque, notamment le roman psychologique, va effectivement, pour plus de deux décennies, connaître une dépression : d'une part, ce n'est pas dans ce genre que s'illustrent les grands écrivains français couronnés à cette époque ; d'autre part, il cesse d'être le sujet essentiel des pages culturelles des hebdomadaires ; bien plus, le « nouveau roman » occupera quelque temps l'espace laissé libre.

Espace surtout comblé, on l'a dit, par la philosophie. L'analyse des lauréats français du prix Nobel de littérature au cours des deux décennies qui suivent la guerre est, à cet égard, éclairante. En vingt ans, de 1944 à 1964, le prix est attribué à cinq Français : André Gide (1947), François Mauriac (1952), Albert Camus (1957), Saint-John Perse (1960) et Jean-Paul Sartre (1964). Notons que, pendant la même période, la Grande-Bretagne (avec Thomas Stearns Eliot, Bertrand Russell, Winston Churchill) et les États-Unis (avec William Faulkner, Ernest Hemingway, John Steinbeck) ne reçoivent chacun que trois prix. Malgré les drames de la guerre et les soubresauts de la décolonisation, la France rayonne encore à cette date par sa culture. Mais remarquons surtout le déplacement des genres couronnés. Avec André Gide, primé en 1947, quatre ans avant sa mort, et dont l'œuvre se place avant 1939 et même avant 1929, il s'agit, en fait, d'honneurs rendus à la littérature française de l'entre-deux-guerres, avec le décalage souvent nécessaire à la reconnaissance internationale. Et cela reste en partie vrai pour François Mauriac : ses grands romans sont eux aussi antérieurs au conflit et, après 1945, le journaliste – brillant – l'emporte sur l'écrivain. Au contraire, Sartre et Camus sont eux, à coup sûr, des écrivains de l'après-guerre – Saint-John Perse présentant, en quelque sorte, un cas de figure intermédiaire – et leur reconnaissance par les académiciens suédois, reconnaissance que Sartre refusa, est contemporaine de leur œuvre. Or Jean-Paul Sartre est considéré par ces académiciens et par l'opinion publique comme un philosophe. Et même si l'œuvre de Camus est davantage tournée vers le roman ou le théâtre, elle est sous-tendue par une vision philosophique, exprimée d'ailleurs dans plusieurs essais.

Au reste, si le roman cède alors du terrain devant la philosophie, le théâtre, au contraire, s'imprègne de cette philosophie et connaît alors une phase nouvelle de son histoire – tout au moins pour la branche qui n'appartient ni au « Boulevard » ni au répertoire classique – sous l'influence de deux évolutions convergentes. D'une part, certains philosophes, comme justement Jean-Paul Sartre et Albert Camus, choisissent, entre autres, le théâtre comme moyen d'expression et de vulgarisation de leurs visions du monde, assignant ainsi à la scène un rôle dévolu jusque-là à l'imprimé ou à la chaire d'enseignant et lui conférant, de ce fait, un statut auréolé de prestige. D'autre part, parallèlement à cette imprégnation directe du théâtre par la philosophie, celui-ci connaît une évolution interne qui va dans le même sens. A cette manière de classicisme qu'incarnaient par exemple, dans l'entre-deux-guerres, un auteur comme Jean Giraudoux ou un acteur-metteur en scène comme Louis Jouvet, va succéder ce que les critiques baptiseront le « théâtre de l'absurde » autour de la triade Ionesco – Beckett – Adamov. A travers ce sentiment de l'absurde, exprimé sur des registres du reste parfois différents, ce théâtre épouse pleinement son temps et reflète l'incertitude des esprits, en une époque où la plaie laissée par les horreurs du second conflit mondial reste profonde et où, les tensions internationales et l'angoisse née à Hiroshima aidant, les contemporains n'ont pas connu un véritable après-guerre, à la différence de leurs aînés des « Années folles », au cœur des années vingt. Rien d'étonnant, dans ces conditions, à ce que les scènes théâtrales, qui en d'autres temps furent surtout le lieu de batailles esthétiques, devinssent, à plusieurs reprises, le champ clos d'affrontements politiques. Sans parler de l'écho suscité alors par certaines pièces de Jean-Paul Sartre, celle de Roger Vailland consacrée à la guerre de Corée, *Le Colonel Foster plaidera coupable*, défraya ainsi la chronique en 1952. Au mois de mai, elle fut interdite par le préfet de police après deux représentations : l'extrême-droite avait organisé des manifestations contre une œuvre qui assimilait l'armée américaine aux nazis. Rappelons aussi l'affrontement demeuré le plus célèbre, et qui eut lieu une vingtaine d'années après la Libération, au lendemain, il est vrai, d'une autre guerre. La pièce de Jean Genet, *Les Paravents,* créée en avril 1966 à l'Odéon par la compagnie Renaud-Barrault et qui avait pour cadre l'Algérie, fut l'occasion de violentes manifestations du groupe d'extrême droite Occident et des anciens combattants d'Afrique du Nord, autour du théâtre et parfois dans la salle. A cette date la création théâtrale était sans doute, dans son ensemble, moins insérée dans son temps que deux décennies plus tôt, mais il demeurait encore des traces de cette époque où la création culturelle fut, en partie au moins, fille de son époque. A tel point, d'ailleurs, qu'elle ne reflétait pas alors seulement les grandes interrogations contemporaines, mais épousait aussi les coups de houle des relations internationales. Ainsi fut-elle marquée par la guerre froide.

Guerre froide

A partir de 1947, en effet, le monde entre en guerre froide et l'onde de choc du « Grand Schisme » sur la culture française eut une réelle amplitude. La concurrence des deux modèles, américain et soviétique, désormais antagonistes, y devint notamment plus sensible.

« L'américanisation » de certains secteurs culturels, déjà perceptible avant la guerre, va encore gagner du terrain, d'autant qu'elle s'exerce souvent sur des moyens d'expression de masse, tels le cinéma, dont les accords Blum-Byrnes de mai 1946 facilitèrent la pénétration en France, la musique — les « caves » de Saint-Germain résonnent de la musique New Orleans et les jeunes « existentialistes » y dansent le *be-bop* — et le roman, policier ou de science-fiction. Seule, la bande dessinée, protégée par la loi de 1949 sur les publications de la jeunesse, verra l'influence d'Outre-Atlantique fléchir par rapport à l'avant-guerre. Cette influence sera, en revanche, profonde dans le domaine scientifique. Sur les sciences humaines, par exemple, qui vont connaître un essor tel que deux décennies plus tard elles supplanteront la philosophie à la bourse des valeurs de l'intelligentsia, le crédit américain est grand, à tous les sens du terme. Le rayonnement des universités américaines est considérable dans des disciplines dont la place dans l'enseignement supérieur français est à l'époque chichement comptée : en sociologie, notamment, il n'existe alors que quatre chaires pour l'ensemble des facultés des lettres, deux à la Sorbonne — sur les seize chaires de philosophie — et deux en province, à Strasbourg et Bordeaux. D'autre part, l'influence financière des fondations américaines fut à plusieurs reprises déterminante dans l'éclosion d'institutions nouvelles : ainsi les fondations Rockefeller et Ford jouèrent-elles un rôle important dans la naissance en 1947 de la VIe section de l'École pratique des Hautes Études.

Sur le versant opposé, les principes jdanoviens de mise « au service du Parti » de la production intellectuelle et de la création gagnent, en ces premières années de guerre froide, les partis communistes occidentaux. Tâche est assignée aux artistes et aux écrivains de monter en ligne et de se vouer, « à leur créneau », à une défense et illustration de la classe ouvrière. Ce « réalisme socialiste » s'exprima notamment à travers la peinture et la littérature. Les toiles d'André Fougeron — qui s'intégraient par ailleurs dans un courant plus large, celui du néo-réalisme, né en réaction contre l'abstraction — illustrent parfaitement cet art de parti, tout comme en littérature Aragon — celui des

Communistes, publiés à partir de 1949 —, Pierre Courtade ou André Stil. Il convient toutefois de ne pas surestimer la place de cette « contre-culture communiste ». Celle-ci n'a pas fait souche, dans une société française peu disposée à une réelle acculturation. Si pour nombre d'intellectuels, membres du Parti communiste ou compagnons de route, l'Union soviétique, on va le voir, s'est peu à peu érigée en modèle concurrent et conquérant, 24 % seulement des Français interrogés par un sondage, à l'été 1947, estimaient que l'URSS était un pays démocratique, contre 57 % qui formulaient l'analyse inverse. Certes son crédit restait bien plus élevé que dans les pays politiquement ou géographiquement voisins : à la même date, 5 % seulement de l'opinion américaine considère l'URSS comme un pays démocratique, et 11 % des Néerlandais. Il demeure que le capital de sympathie dont jouissait l'Union soviétique en France à la Libération s'était en partie effrité trois ans plus tard et s'était rétracté aux militants et sympathisants communistes, et à une fraction importante des intellectuels français.

Plus que les produits du « réalisme socialiste » à la française, c'est en définitive l'existence en nombre de ces intellectuels séduits par le modèle soviétique et donc attirés par le Parti communiste français qui explique que l'onde de choc de la guerre froide ait eu quelque amplitude dans la société intellectuelle française et que celle-ci ait donc été affectée par la géopolitique. Non, d'ailleurs, que cet attrait ait été aussi massif qu'on l'a souvent dit ou écrit par la suite. Les travaux de Jeannine Verdès-Leroux ont fait justice de l'image d'une intelligentsia de guerre froide massivement pétrie de marxisme et fascinée par la grande lueur née à l'Est trente ans plus tôt. *Stricto sensu,* les intellectuels communistes n'ont alors représenté, selon les travaux de cette sociologue, qu'un « cercle restreint », composé de clercs au reste très hétérogènes dans leur formation et leurs déterminations à la fois psychologiques et sociofamiliales : entre l'agrégé de philosophie ou le peintre reconnu, « intellectuels autonomes » qui peuvent exister en dehors du parti, et les « intellectuels-de-parti », qui constituent par leur capital culturel ce que Max Weber a baptisé une « intelligentsia paria », le fossé était large malgré la passerelle apparemment essentielle de l'engagement sous la même bannière. Les recherches de J. Verdès-Leroux, en démontrant la base statistique relativement étroite de l'intelligentsia communiste dans les années qui suivent la Libération et en en établissant l'hétérogénéité, ont détruit un mythe : le parti intellectuel ne s'est jamais totalement identifié à cette date avec « le Parti ». Mais, même démythifié, l'attrait du communisme à cette époque reste un phénomène important. A cela, plusieurs raisons dont l'effet conjugué a rendu alors le modèle soviétique particulièrement attractif. Et d'abord « l'effet Stalingrad » : l'URSS, disqualifiée aux yeux du plus grand nombre par le pacte germano-soviétique, sortit du second conflit mondial disculpée. En septembre 1944, interrogés par l'IFOP, les Parisiens, à la question : « Quelle nation a le plus contribué à la défaite de l'Allemagne », avaient répondu à 61 % l'URSS, contre 29 % seulement pour les États-Unis. La participation de l'Armée rouge à la victoire contre le nazisme et le lourd tribut payé, dans ce combat, par le peuple soviétique auréolent le pays et, par contrecoup, son régime et ses réalisations. L'aspiration à la rénovation et à la justice sociale s'incarne, dès lors, pour une partie de l'intelligentsia, dans le modèle soviétique, autre type possible de développement industriel et d'organisation politique et sociale. L'URSS fascine incontestablement à cette date et, aux yeux de ses laudateurs, la révolution qu'elle incarne est désormais inéluctable et le marxisme-léninisme, dont elle devient l'application triomphante, apparaît à beaucoup comme un horizon que J.-P. Sartre qualifiera bientôt d'« indépassable ». L'ensemble rejaillit sur le Parti communiste français lui-même, auréolé par son active participation à la Résistance et par le rôle historique qu'il assigne au prolétariat. Son attrait s'exerce notamment sur une nouvelle génération de jeunes intellectuels nés entre 1920 et 1930 — appelons-la la génération de 1925 — venus pour les plus âgés au communisme par le relais de la Résistance et, pour les plus jeunes, attirés par le parti de

Maurice Thorez au cours de leurs années étudiantes de l'après-guerre. De là, sans doute, l'erreur de perspective dénoncée par J. Verdès-Leroux : la représentation d'un Parti communiste devenu à la Libération le parti de l'intelligence a été nourrie rétrospectivement par l'importance prise plus tard, dans l'Université, les comités de lecture ou les rédactions des journaux, par ces jeunes gens parmi lesquels militaient Annie Kriegel, Edgar Morin, Claude Roy, ou Emmanuel Le Roy Ladurie. Ce dernier a brossé dans *Paris-Montpellier* le portrait d'une École normale supérieure de la rue d'Ulm, à la charnière des années quarante et cinquante, où nombre d'élèves ont connu la tentation communiste. Et, si le Parti les a alors volontiers accueillis, ces jeunes gens de vingt ans n'ajoutaient rien, sur le moment, à son renom. A y regarder de plus près, il comptait, par ses militants de stricte obédience, moins de noms alors au firmament des arts et de la pensée qu'on ne l'a cru rétroactivement. Picasso, Aragon, Paul Éluard ou Frédéric Joliot-Curie sont tous les quatre dans la plénitude de leurs arts ou de leurs disciplines respectifs, mais bien plus nombreux sont leurs contemporains célèbres qui ne s'approchent ni de près ni de loin de la mouvance communiste. Et la gloire rétroactive qui entoure le Parti à l'énoncé des listes de jeunes gens qui, eux, appartinrent alors à cette mouvance est d'autant moins fondée qu'au moment où la génération de 1925 aura pignon sur rue, elle aura depuis longtemps quitté le communisme. Aucun des quatre noms cités plus haut n'est encore membre du Parti dans les années soixante, une fois la quarantaine atteinte. Ajoutons toutefois que, pour cette génération, l'expérience communiste, même si elle ne dépassa pas la plupart du temps une décennie, fut déterminante et, dans une stratigraphie du soubassement historique du milieu intellectuel des années quatre-vingt, nous touchons là une strate importante, cimentée par l'appartenance commune à une même génération et par un apprentissage politique sous le signe du Parti. Sur cette strate des « ex » viendront, on le verra, sédimenter d'autres générations marquées par d'autres expériences et d'autres solidarités.

Après la Libération et au temps de la guerre froide, cette génération de 1925 n'est pas le seul secteur de la société intellectuelle française sur lequel s'exerce l'influence communiste. En effet, si peu d'artistes ou de penseurs notoires furent alors des militants de stricte obédience, le Parti communiste a su séduire, en grand nombre, des « compagnons de route » prestigieux. L'historien britannique David Caute a bien montré que c'est la fidélité à l'esprit des Lumières — qu'ils croient reconnaître dans la lueur née à l'Est — qui les conduit le plus souvent aux lisières du Parti. Leur nombre, leur prestige, et le fait qu'ils épousèrent parfois au plus près « la ligne » sont sans doute une autre explication de la possibilité pour l'organisation communiste de se présenter en parti de l'intelligence et du fait qu'effectivement bien des contemporains en eurent alors une réelle perception. Ces « compagnons de route », qui n'appartiennent pas au premier cercle des intellectuels membres du Parti mais alimentent une large couronne extérieure, constituent un phénomène qui n'est ni spécifiquement français ni chronologiquement cantonné à ces années d'après-guerre. L'attrait exercé par la Russie soviétique depuis 1917 a suscité en d'autres pays des engagements et des attitudes identiques. Ainsi les époux Webb fournissent-ils, par exemple, un modèle britannique. Mais l'absence dans ce pays, comme du reste aux États-Unis, d'un Parti communiste puissant, et, *a contrario,* l'existence du PCF confèrent au modèle français une originalité certaine : dans son cas, il ne s'agit pas seulement d'une admiration pour l'URSS formulée publiquement, mais d'un soutien à une composante essentielle du jeu politique national. Ce modèle, par ailleurs, connut en France une singulière fortune — qui explique, du reste, son aspect multiforme — déjà avant la guerre et plus encore après 1945, en pleine guerre froide, où nombre d'écrivains et d'universitaires cheminèrent ainsi aux côtés du Parti de Maurice Thorez. Ce Parti peut donc se prévaloir d'avoir attiré sous sa bannière de grands noms de la culture française : André Gide, par exemple, dans les années trente, avant son voyage en URSS, ou Jean-Paul Sartre, de 1952 à 1956. Ce dernier, après avoir été dans un premier temps violemment attaqué par le Parti — en 1947, *La Pensée* en fait un « fossoyeur » et un « laquais » et l'année suivante *Les Lettres françaises* décréteront : « C'est Sartre qui a les mains sales » —, amorce avec la publication des *Communistes et la paix,* en 1952, une phase de compagnonnage qui durera au moins quatre ans, jusqu'aux événements de Hongrie qui le conduiront à prendre ses distances. Encore ne faut-il pas voir dans son intervention dans *L'Express* du 9 novembre 1956 la fin de ses rapports avec le communisme. En tout cas, et même si ces rapports avaient été orageux à la fin des années quarante, Jean-Paul Sartre incarnera, pendant tout ce compagnonnage, l'archétype du clerc attiré par ce que son ancien camarade de la rue d'Ulm, Raymond Aron, appellera à la même époque *L'Opium des Intellectuels.*

Les « petits camarades »

Tout au long des décennies d'après-guerre, les deux anciens « petits camarades » de l'École normale supérieure vont d'ailleurs incarner deux versants opposés de l'intelligentsia française. Destinée singulière pour deux hommes que bien des choses avaient, dans un premier temps, rapprochés. Appartenant l'un et l'autre à la promotion de 1924 et, en son sein, au petit groupe des philosophes, ils baignent tous deux dans le climat pacifiste, voire antimilitariste, de la rue d'Ulm. Durant ces années, Raymond Aron, futur « spectateur engagé » libéral, est socialiste et, futur théoricien de *La Guerre et la Paix entre les nations,* il est imprégné du pacifisme ambiant ; de son côté, le jeune Sartre, futur symbole de l'intellectuel engagé, manifeste, on l'a dit, le plus grand désintérêt pour la politique. Mais, par-delà cette insertion — déjà — différente dans le débat civique, existent bien des traits communs, cimentés par l'amitié (ils seront, en 1927, les témoins du mariage de Paul Nizan, autre normalien de la promotion de 1924) : ils sont les figures de proue des philosophes de l'École — Aron sera

« cacique » de l'agrégation de philosophie de 1928 et Sartre, après un faux pas la même année, sera à son tour premier l'année suivante, devant... Simone de Beauvoir, – ils font l'un et l'autre le classique voyage des philosophes en Allemagne – ils se succèdent à la Maison française de Berlin entre 1932 et 1934, enseignent tour à tour au lycée du Havre en début de carrière et apparaissent à cette date comme deux espoirs de l'Université française. Mais, dès cette époque, les différences vont s'accuser et les trajectoires diverger. Sur le plan institutionnel, d'abord, alors que Raymond Aron opte pour la voie universitaire, prépare une thèse de doctorat et obtient une chaire de faculté, Sartre reste professeur de lycée et choisit, parallèlement à une œuvre philosophique en gestation, de faire passer une partie de cette réflexion à travers les genres plus accessibles du roman, de la nouvelle et du théâtre : en 1938, il publie *La Nausée* et, l'année suivante, *Le Mur*. Nul doute que cet accès plus aisé pour le grand public ait joué un rôle dans la vulgarisation de certains thèmes sartriens. Mais ces années d'avant-guerre marquent une autre différence importante dans l'itinéraire d'Aron et de Sartre. Le séjour en Allemagne a marqué bien davantage le premier et détermine dès cette date chez le jeune philosophe quelques traits restés immuables : souci de sortir de sa sphère propre pour s'intéresser, notamment, à l'économie politique et aux relations internationales, réflexion sur le phénomène totalitaire ; et de là, progressivement – en 1936 encore il vote socialiste aux élections qui portent le Front populaire au pouvoir –, un infléchissement vers le libéralisme auquel il restera dès lors fidèle toute sa vie. Chez Sartre, au contraire, les années trente n'entraînent guère de maturation politique : en 1936, on l'a dit, il ne prend pas part au vote.

Mais, jusqu'au second conflit mondial – passé, par Aron, à Londres, où il écrit dans *La France libre* –, l'un et l'autre ne sont de toute façon que deux jeunes universitaires de moins de quarante ans sans grande notoriété. Au cours des décennies suivantes, ils vont devenir, au contraire, les porte-parole de deux camps que tout, apparemment, oppose. Trente-cinq années de polémiques directes ou indirectes, donc, depuis la Libération où ils figuraient ensemble dans le comité de rédaction des *Temps Modernes,* qu'Aron quittera rapidement, jusqu'à leur rencontre crépusculaire en juin 1979, quelques mois avant la mort de Sartre, lors d'une démarche commune en faveur des *Boat People.* Au long de la IVe République, Raymond Aron, très isolé et à contre-courant, ferraillera avec les intellectuels de gauche, dont Sartre était alors, on l'a vu, l'archétype, et dénoncera en 1955 *L'Opium des intellectuels,* c'est-à-dire le marxisme et l'attrait exercé sur les clercs par le Parti communiste. Une commune hostilité à la guerre d'Algérie — entraînée, il est vrai, par des analyses dissemblables et formulée en des termes et sur des registres sans réel point commun — ne parviendra pas à rapprocher les deux hommes que tout sépare au seuil des années soixante, dans une France en pleine mutation.

3. Trente glorieuses ?

En février 1964, le magazine *Newsweek* diagnostiquait, dans un article intitulé *Retour à la grandeur :* « La France actuelle est à des années-lumière de ce qu'elle était à la fin des années 40 et au début des années 50. » Par-delà l'emphase du ton, le propos n'était pas erroné ; et l'embellie était d'autant plus perceptible pour les contemporains que ce milieu des années 60 apparaît avec le recul comme le noyau central de cette période d'une trentaine d'années qui court de la Libération au premier choc pétrolier de 1973 et durant laquelle la France a connu la mutation la plus rapide de son histoire. Car cette période, que Jean Fourastié baptisera en 1979 *Les Trente Glorieuses,* a été non seulement marquée, on l'a vu, par une croissance soutenue, mais aussi par un remodelage en profondeur de la société française et par une hausse de son niveau de vie qui lui permet d'entrer rapidement dans « la société de consommation ». Et la concomitance de ces phénomènes enclencha, à la même époque, une uniformisation du comportement social et une homogénéisation culturelle croissantes.

La fin de la société rurale

Certes, l'évolution commence dès avant le second conflit mondial et, dès le recensement de 1931, la population urbaine dépasse, pour la première fois dans l'histoire nationale, la population rurale. Mais les chiffres ne changent plus guère au cours des années 30, annonçant, au moins en apparence, un changement rythmé par les décennies plus que par les années : entre 1931 et 1946, la population rurale passe de 48 à 46,8 %. Bien plus, la période de la guerre vient momentanément entraver ce processus déjà lent et peut s'interpréter, en termes sociaux, comme une « revanche des ruraux » (A. Prost). D'une part, le régime de Vichy se montre favorable à cette catégorie sociale, enracinée dans une terre qui « elle, ne ment pas ». D'autre part, en ces temps de pénurie, l'agriculture redevient la clé de voûte de l'économie : la fusion en avril 1942 du ministère de l'Agriculture et de celui du Ravitaillement symbolise cette suprématie recouvrée et la dépendance des villes, dont les habitants ont faim. De plus, les campagnes accueillent réfractaires et résistants, et le « maquis » devient bientôt un terme générique désignant les combattants de l'ombre.

C'est, en fait, au cours des vingt années suivantes qu'a lieu une incontestable redistribution de la population française, dont les citadins passent de la moitié aux deux tiers en moins d'une génération, plus précisément de 53,2 % en 1946 à 66,2 % en 1968. Et c'est à peu près à cette dernière date que le sociologue Henri Mendras, dans un ouvrage au titre volontairement provocateur, *La Fin des paysans,* analysera les transformations de la société rurale. En 1946, l'agriculture occupait, en effet, 36 % de la population active, contre 26,7 % en 1954 et 14,9 % en 1968. Quand Henri Mendras publie son livre en 1970, le poids des paysans dans la société française a donc diminué de 60 % depuis la Libération. Et ce déclin est loin de s'enrayer par la suite ; en 1975, les paysans ne sont plus que deux millions, contre près de sept millions et demi en 1946, et ne représentent plus que 9 % des actifs. Ces chiffres sont explicites :

sous la IVe République, la société rurale a cessé d'être dominante en France. Mais, ramener ce tournant capital à un simple problème de vases communicants entre campagnes et villes appauvrit et dénature singulièrement le phénomène. Celui-ci est certes constitué d'un transfert rapide — en moins d'une génération ! — d'une partie des ruraux vers les centres urbains, mais aussi décisive que ce transfert est l'interprénétration des deux milieux qui s'amorce à la même date, à la fois dans le paysage et dans le mode de vie. Les banlieues des villes vont progressivement se dilater et englober les communes suburbaines, qui deviennent autant de lieux de résidence principale pour les travailleurs soumis à des mouvements pendulaires. Par ailleurs, la ville s'étend bien au-delà de ces banlieues, le long des routes nationales qui accueillent usines et entrepôts. Or ces mêmes routes vont également attirer les trop-pleins de certains villages (ainsi, dans le Midi méditerranéen, la descente des villages de colline vers les axes routiers de plaine) et deviennent ainsi, comme les banlieues, des axes de rencontre et de fusion des deux milieux ; d'autant que le phénomène des résidences secondaires — né de l'enrichissement et réaction contre le gigantisme urbain — facilite lui aussi la fusion. Cette dernière, perceptible dans le paysage, va devenir également sensible dans le genre de vie. Jean Fourastié, dans *Les Trente Glorieuses,* a notamment étudié le cas d'un village du Quercy, Douelle, en 1946 et en 1975. En trois décennies, les traits principaux de la bourgade ont été profondément modifiés, mais les chiffres les plus frappants concernent surtout la vie quotidienne : en 1946, 3 maisons individuelles sur 163 avaient moins de vingt ans d'âge ; en 1975, les maisons « neuves » sont au nombre de 50 sur 212 ; ces maisons individuelles comptaient 5 réfrigérateurs après la guerre et 210 trente ans plus tard ; et, dans le même temps, le nombre de cuisinières à gaz a été multiplié par 68. Le téléphone est devenu un objet courant et deux appareils dominent désormais la vie de Douelle : l'automobile et la télévision. En outre, les progrès de l'hygiène et l'amélioration de l'encadrement médical ont divisé par dix la mortalité infantile.

La fin des paysans ? Le titre, on l'a dit, était provocateur. Les décennies d'après-guerre, en tout cas, ont vu une mutation saisissante des campagnes françaises, aussi bien dans leur vie quotidienne que dans leurs structures démographiques ou leur environnement technique. Revenons, à nouveau, au village de Douelle. La composition de sa population a aussi beaucoup changé. L'effondrement du secteur primaire est patent : l'agriculture employait 208 personnes sur une population active totale de 279 en 1946 ; elle n'en occupe plus que 53 sur 215 en 1975. Le tertiaire est passé au contraire du 1/9e à la moitié de cette population active et compte désormais deux fois plus de personnes que le primaire. Dans le même temps, le taux de natalité a baissé de plus d'1/3, à la fois cause et conséquence d'un incontestable vieillissement des populations des campagnes françaises. Les techniques, au contraire, ont rajeuni : à Douelle, le rendement a été multiplié par trois et le parc de tracteurs par vingt. Autant que la période de la mort d'une société rurale dominante, l'après-guerre a donc été celle d'une révolution des campagnes. Et plus que l'ampleur du phénomène, c'est sa rapidité qui frappe l'observateur. Celle-ci, à y regarder de plus près, s'explique. L'ampleur, en effet, n'est pas propre à la France et a touché toutes les nations industrialisées. La date — postérieure, par exemple, à la Grande-Bretagne et aux États-Unis — et la vitesse — bien supérieure à celle de l'Union soviétique — le sont en revanche bien davantage ; cela tient sans doute au fait que l'évolution s'était amorcée, on l'a vu, avant le second conflit mondial, mais que ce dernier l'a ensuite retardée ; puis, une fois les effets de la guerre estompés, le processus s'est au contraire accéléré, le trop-plein accumulé pendant plusieurs années s'écoulant brutalement.

Classes moyennes

Si, dans un premier temps, parallèlement à l'affaissement du nombre des paysans, la proportion des ouvriers tendait à augmenter dans la population active, on constate, au bout d'une quinzaine d'années, un tassement : ainsi, le secteur secondaire passe de 29,8 % en 1946 à 38 % en 1962 et 39,4 % en 1968. Les années soixante ont, en fait, surtout vu naître, au sein de ce monde ouvrier, de nouvelles stratifications. Si le nombre des manœuvres diminue, celui des ouvriers spécialisés sur machine augmente, en raison de la parcellisation du travail, comme celui des ouvriers qualifiés et des contremaîtres. Mais, pour ces deux dernières catégories, plus que leur augmentation (3 millions en 1954, 3 millions et demi en 1975), c'est la transformation de leur genre de vie et de leur insertion sociale qui semble essentielle. A tel point qu'on a pu parler d'une « nouvelle classe ouvrière ». Les « cols bleus » ne sont-ils pas devenus plus proches, en effet, des techniciens et cadres moyens qui constituent, quant à eux, l'une des strates des « cols blancs » ?

L'extension rapide de ces « cols blancs » constitue la transformation essentielle de la société française de l'après-guerre. Le nombre des employés de bureau a été multiplié par deux entre 1954 et 1975, et leur part dans la population active est passée de 8,5 à 14,3 %. Dans le même temps, techniciens et cadres moyens ont connu un accroissement encore plus important, passant de 3,9 à 9,3 %, tandis que les cadres supérieurs représentent en 1975 4,2 % de la population active totale contre 1,8 % vingt et un ans plus tôt. Depuis 1975, le tertiaire occupe, du reste, plus de la moitié des actifs (51 % précisément à cette date), contre 34 % en 1946. Et le « cadre », type social aux contours flous, devient la figure de proue des Trente Glorieuses : si le terme existe avant la guerre, sa réalité se dégage surtout à partir des années cinquante. Et malgré son caractère composite, cette réalité présente deux traits essentiels. D'une part, sur ses franges élevées, la présence des cadres supérieurs conduit à s'interroger sur la place des « nouvelles élites » dans les sociétés industrialisées. Dans cette catégorie, la possession d'un capital n'est plus nécessairement l'élément décisif. Le diplôme, dans certains cas, joue un rôle prépondérant et irrigue un groupe social qui dirige à la fois le secteur public et le secteur privé, brassant *mana-*

gers et hauts fonctionnaires. Ce qui, en toile de fond, pose le problème de la mobilité sociale dans la France des Trente Glorieuses et du rôle qu'y joue l'École. Cette élite du diplôme, formée dans les grandes écoles, est-elle plus fluide ou se borne-t-elle à reproduire, au fil des générations, les classes dirigeantes ?

Si l'on quitte la frange supérieure du tertiaire, on aperçoit vite un deuxième trait qui le caractérise : force est de constater, en effet, qu'une vaste classe moyenne s'y est constituée, qui dépasse, du reste, les limites de ce tertiaire. Car, par-delà la différenciation classique entre tertiaire et secondaire, on observe, à leur charnière, une uniformisation croissante des genres de vie et des aspirations, partagés à la fois par « la nouvelle classe ouvrière » et par les « cols blancs ». Deux facteurs ont sans doute poussé en ce sens. D'une part, l'extension du salariat et l'homogénéisation de sa pratique : c'est en 1970 que la mensualisation des ouvriers est généralisée et, à cette date, près de 80 % de la population active est désormais salariée. D'autre part, c'est l'entrée dans la « société de consommation » d'un corps social globalement enrichi qui a permis progressivement une uniformisation de la structure de consommation de cette classe moyenne et, donc, de ses loisirs et de ses aspirations.

Une société enrichie

En 1930, dans *Scènes de la vie future,* l'écrivain Georges Duhamel s'interrogeait sur la société en train de naître aux États-Unis. Au cours des *roaring twenties,* une civilisation urbaine déjà en gestation auparavant s'y était développée et, par bien des traits, cette civilisation était déjà entrée dans la société de consommation. Et Georges Duhamel de craindre que cette Amérique ne préfigure notre avenir : « Qu'à cet instant du débat, chacun de nous, Occidentaux, dénonce avec loyauté ce qu'il observe d'américain dans sa maison, dans son vêtement, dans son âme. »

Avant la Seconde Guerre mondiale, en fait, une telle

phrase anticipe : l'*american way of life* reste encore cantonné à son pays d'origine. En France, notamment, la mutation urbaine, on l'a dit, suit un rythme plus lent jusqu'au lendemain du conflit, tout comme la modification de la consommation des ménages. Dans les foyers ruraux aussi bien que citadins, les appareils ménagers demeurent alors quasiment inconnus et le confort y est le plus souvent inexistant : le recensement de 1946 indique par exemple, à Paris, une salle de douche ou de bain pour cinq logements. Et sur les 84 271 immeubles de la capitale, 154 avaient un vide-ordures. Dans la plupart des grandes villes de province, plus des deux tiers des immeubles n'avaient que des W.-C. collectifs. Et les statistiques et les enquêtes de l'INSEE le démontrent aisément, le milieu des années cinquante rappelle largement, sur ce plan, l'immédiat après-guerre. Si le phénomène de la modernisation s'est amorcé dès la Libération et si, rapidement, la croissance soutenue est devenue la toile de fond de la société française, cette dernière ne commence à en toucher réellement les dividendes que dans la deuxième moitié des années cinquante. En 1954, l'alimentation représente encore 40 % des dépenses d'un ménage, contre 25 % vingt ans plus tard. Et à la même date, seuls 7,5 % des foyers possèdent un réfrigérateur et 1 % un téléviseur. Mais ce milieu de décennie constitue en même temps le point de départ du plus rapide et du plus spectaculaire enrichissement qu'aient connu les Français. Le revenu par tête double presque entre 1953 et 1968. Si l'on prend comme base 100 l'année 1963, ce revenu est à 69 en 1953 et à 123 quinze ans plus tard. Et cette croissance s'accélère encore dans les années suivantes, jusqu'en 1974, année durant laquelle les effets du premier choc pétrolier se font sentir. Les travaux du Centre d'études des revenus et des coûts indiquent, en effet, que la croissance du revenu, rapide jusqu'en 1968, devient « fiévreuse » (P. Massé) entre 1969 et 1973. Vingt années, donc, d'enrichissement pour la société française. Et si cet enrichissement n'est ni spécifique, ni général, il a cependant touché le plus grand nombre.

Spécifique, il ne l'est pas, sans aucun doute, puisqu'à la

même date, avec des rythmes plus ou moins rapides qu'en France mais toujours soutenus, les grands pays industrialisés de l'Occident connaissent la même hausse du revenu par tête. Et il n'est pas non plus général, puisqu'il a laissé subsister des poches de pauvreté ; la main-d'œuvre immigrée, par exemple, a été utilisée pour les travaux les plus pénibles et les moins qualifiés, qui rebutaient les Français, constituant ainsi l'envers de la mobilité sociale dont elle comblait les vides ; certaines personnes âgées, qui cessèrent, au cours de ces vingt ans, leur activité, n'ont guère profité non plus de cet enrichissement. D'autant que celui-ci a été, par ailleurs, différentiel. Les femmes, par exemple, ont vu leur place croître au sein de la population active mais, dans bien des secteurs, leurs salaires et leur avancement n'ont pas suivi ceux des hommes. Et certaines catégories, tels les petits paysans et surtout les petits commerçants et artisans, on le verra, ont été pris à contre-pied par la croissance, qui a fait d'eux des sinistrés économiques.

Mais si cette croissance a donc eu ses soutiers et ses oubliés, il demeure qu'elle a enrichi le plus grand nombre. Laissons de côté le problème, important mais controversé, de savoir qui, des cadres, de la classe ouvrière ou des professions libérales, a le plus profité de la croissance, et constatons que le pouvoir d'achat a doublé en quinze ans, on l'a vu, et même triplé si l'on prend en considération l'ensemble des Trente Glorieuses, et que l'entrée dans la société de consommation et la civilisation des loisirs que permet une telle hausse va entraîner une standardisation croissante des classes moyennes évoquées plus haut. Leur comportement social présente progressivement bien des traits communs. L'aspiration au confort stimule la consommation, facilitée elle-même par le crédit. La hausse du niveau de vie permet de consacrer désormais une part plus importante des ressources des familles à d'autres dépenses que l'alimentation. D'où, notamment, l'amélioration de l'habitat et la modernisation de l'équipement électroménager qui personnifient ces années d'expansion et rappellent, avec trois décennies de décalage, les États-Unis de la

Prosperity. D'où, également, l'entrée de l'automobile dans la vie quotidienne des Français, que symbolisa la 4 CV Renault. Ce modèle, présenté en octobre 1946 au Salon de l'automobile, connaîtra un succès immédiat et, malgré les goulots d'étranglement qui entravent encore l'industrie automobile, plus d'un million — 1 105 499 exactement — de 4 CV seront fabriquées entre le début de sa commercialisation en 1947 et juillet 1961. L'engouement qui se manifeste pour ce véhicule dès sa présentation est révélateur : il exprime l'espoir de voir progressivement disparaître le temps de la pénurie. Après les objectifs prioritaires des premières années d'après-guerre, voici que se profile le temps de la consommation. La 4 CV incarne, dès lors, la fin des privations. Mais, par-delà cet aspect conjoncturel, plus importante encore est la signification du phénomène sur le long terme. La France, quand son appareil productif le lui permettra, va entrer de plain-pied dans l'ère de la consommation et la 4 CV Renault, comme la 2 CV Citroën lancée en 1948, manifeste, parallèlement aux modèles de Simca et Peugeot plus coûteux, qu'une part importante du corps social est conviée à la mutation. A ce titre, la date du 12 août 1947, qui voit la sortie des usines de Billancourt de la première 4 CV de série, modèle dont 38 % des acheteurs seront en 1955 des ouvriers, est une date importante de l'histoire sociale proche. Rien d'étonnant, dans ces conditions, à ce que l'automobile, encore objet de luxe au milieu des années 1950, devienne progressivement, aux yeux de bien des Français, le symbole de la promotion sociale et que se tissent peu à peu à son égard de véritables liens de dépendance. Après la 4 CV, c'est la « Dauphine » et, à un autre niveau, la « Frégate » et la « Versailles » qui incarneront ce phénomène.

Dans le même temps, l'automobile est ressentie comme un exceptionnel instrument de loisirs. En effet, la hausse du niveau de vie va également entraîner la société française dans la « civilisation des loisirs ». Si en 1956 encore, 5 Français sur 7 ne partaient pas en vacances et si les heureux élus ne s'éloignaient pas de plus de 250 kilomètres en moyenne de chez eux, vingt-cinq ans plus tard, en 1981, plus de la moitié des Français sont partis en vacances, dont 17 % à l'étranger. Cette aspiration à l'évasion d'une société enrichie fera, par exemple, la fortune du Club Méditerranée. Fondé en 1949, « le Club » atteindra, moins de trente ans plus tard, après avoir multiplié ses « villages » dans les régions de mer et de soleil du globe et plus seulement sur les pourtours du bassin méditerranéen, un chiffre d'affaires annuel d'un milliard et demi de francs (1978) ; sa cotation en Bourse en 1967 prend figure de symbole, quelques mois avant que les slogans de mai 1968 remettent en cause la « société de consommation ».

Si, dans le cas précis du Club Méditerranée, c'est seulement une frange des classes moyennes qui a été concernée, il reste que la standardisation des loisirs devient une donnée essentielle de la société française, et qu'elle est encore amplifiée par l'uniformisation culturelle.

Le temps des « Copains »

Les phénomènes culturels de masse ne surgissent pas *ex nihilo* à la Libération, tant s'en faut. L'entre-deux-guerres, on l'a noté au chapitre précédent, en avait déjà vu apparaître les supports. Le cinéma populaire transcende les classes, la radio pénètre dans les foyers et, avec la presse écrite, y facilite un brassage social. Le sport spectacle, dans les stades ou à la TSF, convie les masses masculines aux mêmes enthousiasmes. Les années trente, notamment, avaient largement enclenché le processus. Les postes radiophoniques étaient alors passés de 500 000 à plus de 5 000 000 ; des quotidiens aux tirages élevés – *Paris-Soir* avec 1 800 000 exemplaires et *Le Petit Parisien* avec 1 000 000 en 1939 – sont autant d'instruments de syncrétisme culturel ; les magazines, surtout, connaissent une expansion spectaculaire : *Marie Claire*, lancé en 1937, et *Confidences*, apparu l'année suivante et qui atteindra en 1939 un tirage d'un million d'exemplaires, introduisent un nouveau style de journal féminin qui se développera dans les années d'après-guerre et deviendra alors un véritable phénomène de société. Le cinéma, surtout, en cette même décennie, après son passage au « parlant », devient rapidement le premier des spectacles (à Paris, par exemple, il ne recueillait en 1925 que 31 % du total des recettes de spectacles, contre 72 % en 1939) et le principal vecteur culturel : en 1938, 4 500 salles accueillirent 250 millions de spectateurs. Bien des choses sont donc en place dès avant la guerre. Mais la massification de la culture n'interviendra réellement que dans les années cinquante, quand se fera sentir l'action conjuguée de l'entrée dans la société de consommation, du développement des loisirs lié à l'enrichissement et au progrès social, de l'uniformisation du genre de vie d'une vaste classe moyenne et également du progrès technique. Avant d'en analyser les effets, reportons-nous directement en aval, au début des années soixante, au moment où une nouvelle génération s'ébroue ; elle n'a pas connu les prémices et les hésitations de cette uniformisation culturelle et entre dans la vie vers 1960, au cœur des Trente Glorieuses et à égale distance de la Libération et des premiers contrecoups des chocs pétroliers, à une époque où les effets de la croissance commencent à se faire réellement sentir.

L'historien Raoul Girardet a écrit qu'il ne lui semblait « en aucune façon illégitime » d'évoquer « une génération de Salut les Copains ». Il peut paraître surprenant, en première analyse, de prendre ainsi comme point de repère un phénomène musical, somme toute culturellement limité. Pourtant, bien des éléments autorisent effectivement à souscrire à une telle remarque et à conclure à l'existence d'une telle génération. Celle qui la précède immédiatement, la génération de la guerre d'Algérie était née, nous y reviendrons, entre le Front populaire et la défaite de juin 1940, amalgame des classes creuses de la IIIe République finissante dont l'enfance s'est déroulée au temps des privations et des angoisses de l'Occupation et dont l'adolescence, dans les années cinquante, profita peu d'une croissance aux fruits encore verts. A l'automne 1957, une enquête de *L'Express* sur la « nouvelle vague » dévoile une jeunesse française qui n'est pas encore entrée dans l'ère de la consommation et des loisirs de masse. En réponse à la question : « Sur le plan matériel, y a-t-il des choses dont vous vous sentez privés ? », ces jeunes gens placent en effet en tête de leurs frustrations les vacances, les moyens personnels de transport et les distractions. Leurs cadets de quelques années, nés du *baby boom* au lendemain de la guerre, entreront au contraire dans l'adolescence à l'heure où les Trente Glorieuses commenceront à produire leurs effets et constitueront, à peine une demi-décennie après celle, démunie, de leurs aînés, la génération du Teppaz et du Solex, en d'autres termes du tourne-disque et de la mobylette. Et l'émission *Salut les Copains* lancée par Europe 1 prend, dès lors, valeur de symbole : elle est le point de confluence d'une classe d'âge, du progrès technique — le transistor, qui, à la même époque, empêchait leurs aînés, soldats en Algérie, de basculer dans le putsch algérois de 1961, était passé en trois ans, de 1958 à 1961, de 260 000 à 2 215 000 postes vendus —, et de l'enrichissement généralisé qui fait de cette classe d'âge, la plus privilégiée sans doute, au moins jusqu'en ce début des années soixante, de l'histoire de France, une catégorie pour la première fois consommatrice. Dès lors, bien des jeunes de 10 à 15 ans, au début des années soixante, écouteront de la « musique yé-yé » (le *yeah-yeah* anglo-saxon, adapté au style français), achèteront les mêmes disques et les mêmes tourne-disques et liront les mêmes journaux. C'est l'âge d'or des « copains » et de leurs « idoles » (Johnny Halliday, Sylvie Vartan, les Chaussettes noires). Le magazine *Salut les Copains,* lancé en juillet 1962, tirera rapidement à un million d'exemplaires. Et c'est pour fêter son premier anniversaire que l'équipe du journal et de l'émission organisera le 23 juin 1963, sur la place de la Nation, un concert réunissant les plus grandes vedettes « yé-yé » de l'époque et qui attira plus de 150 000 jeunes. L'ampleur de la manifestation et les quelques incidents qui l'émaillèrent donnèrent lieu à des commentaires acerbes, ce qui accrut encore davantage le fossé — au moins musical — entre générations. Le terrain était prêt pour la vague des Beatles qui allait déferler deux ans plus tard.

Il est difficile, bien sûr, de généraliser et, en ce début des années soixante, une frange seulement de la jeunesse française est touchée par le phénomène. Mais le fait que l'on puisse désormais parler de cette jeunesse au singulier est un symptôme. Jusqu'à cette date, il existe une jeunesse rurale, moins rapidement touchée par les transformations intervenues depuis la guerre et dont l'univers est resté souvent limité, sur le plan culturel comme sur le plan conjugal, à la commune ou au canton, et des jeunesses urbaines parcourues de clivages sociaux et culturels et, de ce fait, longtemps restées imperméables les unes aux autres. Le service militaire était, pour les jeunes gens, l'occasion sinon d'un brassage, tout au moins d'une découverte des différences. Le transistor puis, plus tard, la télévision entraîneront rapidement au contraire l'uniformisation de ces jeunesses, également rapprochées par une commune ouverture sur le monde : la génération des années 1960 n'est pas encore celle du *charter* et des voyages internationaux, mais elle commence déjà à parcourir l'Europe.

Une culture de masse ?

En ce début des années soixante, l'homogénéisation croissante de la jeunesse française s'inscrit d'ailleurs elle-même dans un processus d'intégration culturelle de la société française tout entière, sous-tendu par le développement de nouveaux médias, parmi lesquels l'imprimé garde, au début, un rôle prépondérant. La scolarisation de masse explique en partie cette suprématie. Le nombre des élèves du second degré a été multiplié par 22 entre 1913 (225 000) et 1972 (près de 5 millions), avec une accélération sous la Ve République : les effectifs ont sextuplé en 43 ans, de 1913 à 1956, passant à cette date à 1,5 million, puis ont triplé en quinze ans, jusqu'à l'aube des années 1970. Et l'arrivée, durant ces quinze années, des enfants du *baby boom* à l'âge de la scolarité secondaire ne suffit pas à expliquer le phénomène. Les collèges et les lycées, qui n'accueillaient dans les années vingt que les « héritiers » et un mince filet de « boursiers » — la plus grande partie des élèves du primaire s'arrêtant au niveau du certificat d'études ou se dirigeant vers l'école primaire supérieure et le « brevet » —, reçoivent désormais, au moins dans le premier cycle, l'essentiel de chaque classe d'âge. « Un CES par jour », mot d'ordre de la politique scolaire de la Vᵉ République en sa première décennie, a été plus qu'un slogan et recouvre une indéniable réalité : le personnel de l'Éducation nationale a presque quadruplé en un quart de siècle, passant de 263 000 fonctionnaires en 1952 à 912 000 en 1978. Laissons de côté les débats sur les effets fastes ou néfastes, heureux ou pervers, d'une telle massification de l'enseignement secondaire. L'essentiel, ici, est que, de même que l'alphabétisation des campagnes — réalisée dans les faits, ainsi que l'ont montré François Furet et Jacques Ozouf, avant même les grandes lois de Jules Ferry — avait permis qu'y pénètre le journal, de même le livre cesse d'être l'apanage de la clientèle réduite des lycées de la IIIᵉ République, à qui le baccalauréat, à la fois « barrière et niveau », conférait un brevet de bourgeoisie, pour gagner sinon l'ensemble des Français, du moins les classes moyennes, principales bénéficiaires de la gratuité du secondaire instaurée au début des années trente. Elles profiteront également de l'ouverture de l'enseignement supérieur, dont les effectifs, relativement stables pendant toute la première moitié du siècle, ont quadruplé en moins de vingt ans, au cœur des Trente Glorieuses, passant de moins de 140 000 en 1950 à 570 000 en 1967. Trois décennies plus tôt, à la veille de la Seconde Guerre mondiale, la France ne comptait que 75 000 étudiants !

Le livre, par ailleurs, cesse d'être, à la même époque, un produit cher, grâce notamment à la multiplication des collections de poche. Le Livre de Poche, qui fut l'initiateur d'une telle innovation, apparaît en 1947 et, dès lors, les grandes maisons d'édition vont lancer des ouvrages à bon marché et de format plus réduit, dont les prix sont souvent inférieurs des deux tiers aux éditions classiques et les tirages beaucoup plus importants que ceux de l'édition originale. A côté du livre, la presse périodique est sans doute plus encore impliquée, à la fois cause et conséquence, dans l'émergence d'une culture de masse. Ainsi les magazines féminins nés avant la guerre se développent-ils, d'autres apparaissent, et ce type de presse atteint rapidement une diffusion considérable. A la fin de la IVe République, le nombre des lecteurs — estimation différente de celle du tirage, et largement supérieure — de *L'Écho de la Mode* est d'environ quatre millions, comme celui de *Nous Deux,* tandis *qu'Elle* et *Bonnes Soirées* atteignent trois millions, et *Confidences* plus d'un million et demi. A un tel stade, il est évident que la presse féminine joue sa partition dans le processus de standardisation culturelle. D'une part, elle transcende, la simple lecture des chiffres l'atteste, les clivages sociaux et facilite ainsi un brassage sans doute assez proche de celui occasionné par l'entrée dans les foyers de la radio — un peu plus de cinq millions de postes déclarés en 1945, près de neuf millions une décennie plus tard —, qui accompagne désormais la ménagère dans ses tâches quotidiennes, avant que la télévision vienne jouer à son tour sur le même registre. D'autre part, et au même titre que ces médias, elle imprime aux catégories sociales une commune sensibilité, qui dépasse vite les recettes culinaires ou les conseils vestimentaires proposés déjà avant-guerre par *L'Écho de la Mode.* L'utilisation de la photographie et le développement des produits de beauté, lié au progrès de l'industrie chimique, véhiculent en effet une image de la beauté féminine dont *Elle* devient le symbole. Surtout, par-delà ces canons de la beauté et de la mode, qui sont eux aussi facteurs d'uniformisation, ces journaux distillent, par leur « courrier du cœur » ou leurs « photoromans », une vision des rapports sociaux et de la place de la femme qui rapproche villes et campagne, ateliers et salons bourgeois.

La presse sportive, elle aussi déjà présente avant la guerre, joue à certains égards le même rôle unificateur, suscitant dans des milieux sociaux souvent éloignés un commun engouement pour le Tour de France, le championnat de football ou les nouveautés automobiles. La manchette de *L'Équipe* dépasse aussi bien des « bleus » des ouvriers que des vestons des employés, et les uns et les autres vibrent à l'unisson dans les stades ou grâce à la radio, bientôt relayée, là encore, par la télévision. Et la diffusion de *L'Auto-Journal* – près de deux millions et demi de lecteurs à la fin de la IVe République — reflète une société dont une frange sans cesse plus large accède aux modèles de Renault, Citroën, Peugeot, Simca ou Panhard.

Le « magazine illustré » n'est pas non plus une création de l'après-guerre. Les progrès de sa reproduction avaient déjà fait, avant 1939, de la photographie de presse le support essentiel de certains hebdomadaires d'information : ainsi le *Match* de Jean Prouvost qui tire à cette date à 800 000 exemplaires. La formule sera reprise en 1949 dans *Paris Match* qui deviendra, dans les années cinquante et le début des années soixante, la plus spectaculaire réussite de la presse française : huit millions de lecteurs, à la charnière des deux décennies, avec un tirage de près de deux millions d'exemplaires. Et c'est plus tard seulement, au moment où la télévision entrera réellement dans les foyers français, que ce magazine, tout entier porté par la photographie d'actualité, connaîtra ses premières difficultés, à l'instar de *Life* qui cessera de paraître en mai 1972 : en 1970, il ne tirera plus qu'à 1 300 000 exemplaires. Le choc des images surgira moins désormais des journaux que des téléviseurs. Il reste pourtant qu'au moment de son apogée, ce type de magazine a lui aussi participé au désenclavement des mentalités : la vision du globe jusqu'aux années cinquante se nourrissait surtout des connaissances géographiques acquises à l'école, des illustrations volontairement édifiantes et stylisées de quelques périodiques, et des « documentaires » et « actualités » qui, au cinéma, constituaient la première partie de la séance. Après la guerre – durant laquelle les cartes punaisées où se suivait le destin du monde avaient sans doute ouvert un horizon qui s'arrêtait jusque-là, dans le meilleur des cas, aux limites de l'empire – *Paris Match* et quelques autres jouèrent, à coup sûr, et sur une échelle bien plus importante que les hebdomadaires spécifiquement politiques, un rôle d'ouverture sur le monde, et, en même temps, d'uniformisation de cette vision élargie. Avant le phénomène de mondialisation croissante qu'introduira l'information télévisée, ils entraînèrent, pour leur part, une « nationalisation » de l'univers mental des Français. Le rail, puis l'autocar avaient désenclavé des régions : la radio et la presse ont désenclavé des esprits. Si la guerre d'Algérie reste à ce point présente dans la mémoire française, c'est sans doute, entre autres, outre bien sûr le sillon sanglant laissé dans les corps et les consciences, aux photographies de *Paris Match* qu'on le doit. Au reste, la photographie de presse joua son rôle durant ce conflit ; en atteste l'exemple resté tragiquement célèbre de la photographie de la petite Delphine Renard, défigurée par l'explosion d'une bombe de l'OAS qui visait André Malraux : sa publication fit disparaître le capital de sympathie ou au moins de neutralité bienveillante dont bénéficiait encore à cette date l'OAS dans une partie de l'opinion publique métropolitaine.

A tout prendre, *Paris Match* joua donc, à certains égards, un rôle bien plus important que celui tenu au cours de ces années par les hebdomadaires plus directement politiques. Ceux-ci touchèrent, en effet, un public plus limité, au moins jusqu'à la transformation de *L'Express* en *news magazine* en 1964 et celle de *France Observateur* en *Nouvel Observateur* la même année. Il reste que les deux premières décennies des Trente Glorieuses furent aussi une grande période pour ces hebdomadaires qui, après la floraison des quotidiens à la Libération — dont *Combat* fut à sa manière le plus brillant surgeon —, se multiplièrent alors. Ainsi, *L'Observateur,* lancé en avril 1950 par Claude Bourdet, Roger Stéphane et Gilles Martinet, se transforma en *France Observateur* en 1954 : sa ligne s'articulait autour du « non-alignement » et du combat pour la décolonisation, et il donnera naissance au *Nouvel Observateur* en octobre 1964. *L'Express,* apparu en mai 1953, devint rapidement, par son soutien à Pierre Mendès France et son attitude durant la guerre d'Algérie, l'hebdomadaire de combat le plus lu au sein de la gauche non communiste. En octobre 1955, il se transforma même en quotidien, dans l'espoir de ramener le député de l'Eure à la présidence du Conseil, avant de retrouver sa périodicité initiale en mars 1956. A une moindre échelle, *Témoignage Chrétien,* né dans la clandestinité, figure aussi dans cette gerbe des nouveaux hebdomadaires politiques des années cinquante.

Il faudrait naturellement évoquer ici leur rôle essentiel au moment de la guerre d'Algérie : Jacques Soustelle les qualifia, en 1957, avec *Le Monde,* de « quatre grands de la trahison ». Soulignons simplement, pour l'instant, la mutation qu'ils incarnaient, par rapport à la situation de l'entre-deux-guerres : des journaux aussi différents que *Marianne* ou *Candide* avaient à cette époque en commun d'ouvrir largement leurs colonnes à la littérature et, notamment, au roman et à la nouvelle. Après la guerre, les hebdomadaires resteront largement culturels mais, dans leurs pages spécialisées, peu à peu la philosophie et les sciences humaines supplantent la littérature proprement dite : évolution, en fait, à l'unisson d'une société intellectuelle où les écrivains cèdent le devant de la scène aux philosophes, dont l'après-guerre sera l'âge d'or – non pas tant du reste au niveau de leur réflexion proprement philosophique qu'à celui de leur insertion dans le débat de la cité –, puis, plus largement, aux chercheurs des sciences humaines. Et cette vulgarisation des grands courants de pensée touchera un public progressivement plus large, au fur et à mesure qu'augmenteront les tirages. Pour *L'Express,* ceux-ci passent de 60 000 exemplaires en 1953 à 500 000 en 1967. Le premier numéro de *L'Observateur* tirait à 20 000 ; à la fin de l'année 1965, *Le Nouvel Observateur* frôlera les 100 000 exemplaires et ce tirage aura encore doublé trois ans plus tard. Dès lors sont retrouvés les tirages de *Candide* (400 000 en 1936), *Gringoire* (jusqu'à 600 000 en novembre 1936 !), et dépassés ceux de *Marianne* et *Vendredi* (100 000). Ces hebdomadaires irrigueront donc un lectorat de plus en plus large. L'évolution du public de *L'Express* est à cet égard révélatrice : lu plutôt, au début, par les intellectuels classiques – enseignants, étudiants, certaines professions libérales –, il devient, surtout après sa transformation en *news magazine* imité de *Time* et du *Spiegel,* le journal des cadres, qui y puisent à la fois l'art du *management* et les derniers acquis du structuralisme. En ce milieu des années soixante, la génération du transistor a sa propre musique et ses parents lisent *L'Express*. Au même titre que la DS 19 Citroën et la 404 Peugeot, les programmes de résidences de la banlieue Ouest, Élysée 2 et Parly 2, *L'Express* est alors le reflet des strates supérieures des classes moyennes.

« B.D. » et « étranges lucarnes »

L'imprimé joue également un rôle culturel dans un autre domaine, celui de la bande dessinée. Certes, celle-ci est déjà largement présente dans la première partie du siècle, mais sa place s'accroît dans la France des années cinquante, à l'ombre de « l'école belge ». Bien plus, la fin de la décennie suivante lui donnera ses lettres de noblesse. La « B.D. », désormais, ne sera plus, à tort ou à raison, considérée comme un art mineur.

L'essor s'était accompli, il est vrai, sur un terreau « lavé » de toute concurrence anglophone, à la différence de l'avant-guerre. Avant 1939, en effet, malgré le grand succès de quelques personnages créés en France — ainsi Bécassine, de Caumery et Pinchon, apparue dans *La Semaine de Suzette* en 1905, les Pieds nickelés de Louis Forton, dans *L'Épatant* à partir de 1908, Bibi Fricotin, du même, en 1924, Zig et Puce, créés en 1925 par Alain Saint-Ogan, Tintin, à qui Georges Remi, dit Hergé, donne le jour en 1929 mais qui restera jusqu'à la guerre essentiellement lu par le public belge — la production américaine dominait : *Le Journal de Mickey,* lancé en 1934, et dans lequel on trouve, outre le héros éponyme, Pim, Pam, Poum et Jim la Jungle, atteint bientôt un tirage de 400 000 exemplaires ; *Robinson* de son côté accueillait Guy l'Éclair, Mandrake et Popeye. Après 1945, au contraire, la tendance s'inverse. La loi de 1949 sur les publications de la jeunesse a des effets largement dissuasifs sur cette production d'outre-Atlantique. La création francophone va s'épanouir autour, notamment, de ce qu'il est convenu d'appeler « l'école belge » : deux hebdomadaires, *Tintin* et *Spirou,* diffusent les séries d'Hergé, Franquin, Morris et Edgar P. Jacobs, et leurs héros, Tintin, Spirou, Lucky Luke, Blake et Mortimer, vont nourrir la sensibilité de centaines de milliers de jeunes Français qui retrouvent leurs aventures chaque semaine et qui, à la différence du public américain constitué surtout d'adultes, composent alors la majeure partie de la clientèle des « illustrés ». Et cette suprématie allait perdurer tout au long des années soixante. Un troisième titre, *Pilote,* vint s'ajouter à partir de 1959 aux précédents avec, comme séries vedettes, Astérix de Goscinny et Uderzo et Achille Talon de Greg. Mais, l'évolution de cet hebdomadaire annoncera bientôt une nouvelle mutation de la « B.D. ». C'est, progressivement, autant aux adultes qu'au public jeune qu'elle s'adressera. Et le graphisme de certains dessinateurs y laisse deviner une révolution de cette « B.D. » française, qui se produira à la fin des années soixante.

L'imprimé, dans sa diversité, — à laquelle il faudrait encore ajouter, parmi les supports qui lui permettent de diffuser une culture uniforme, le roman policier et le roman de gare — a donc continué à tenir un rôle prédominant, dans une France qui, vers 1960 encore, est bien plus celle de Gutenberg que celle de McLuhan, et dont l'univers n'est alors en train de s'élargir aux dimensions du « village planétaire » que par le magazine illustré et le transistor, beaucoup plus que par la télévision. Celle-ci ne pénétrera, en effet, dans les foyers français que dans la deuxième partie des Trente Glorieuses. Mais le phénomène, dès lors, sera fulgurant et irréversible. A la fin de 1954, il n'y avait encore en France que 125 000 récepteurs déclarés — contre près de neuf millions de postes de radio — et cinq ans plus tard, au seuil des années soixante, si le « parc » a été multiplié par onze, il ne comprend toujours que 1 368 000 récepteurs ; chiffre encore faible, dans une France qui compte une vingtaine de millions de foyers. Certes, la sociabilité villageoise a un effet multiplicateur, le seul téléviseur du bourg se trouvant souvent au café et entrant déjà ainsi indirectement dans la vie des habitants, sinon des habitantes ; à un degré peut-être moindre, le phénomène joue du reste également à la ville. Mais il s'agit encore d'un phénomène de curiosité plus que de société. Dans le domaine de l'image, le support qui concurrence le plus l'imprimé jusqu'à cette date reste le cinéma. Le cinéma « forain » des campagnes, fixe ou ambulant, ne sera remplacé par la télévision que dans le courant des années 1960. Surtout, à la ville, le cinéma familial du samedi soir reste alors lui aussi un loisir essentiel des Français.

Tout change, en fait, dans les années qui suivent : en cinq ans, le nombre des appareils quadruple, puis il double encore dans la deuxième partie de la décennie ; décennie au terme de laquelle les dix millions de téléviseurs sont dépassés. A cette date, plus de 50 % des foyers sont équipés d'un téléviseur. La décennie suivante portera le taux à 80 % et introduira la couleur dans l'univers télévisuel des Français mais, dès 1970, l'essentiel est joué. Même si, à cette date, le pourcentage de foyers possédant la télévision est bien plus important aux Pays-Bas (88 %) ou au Japon (94 %), les « étranges lucarnes » sont devenues un élément familier de la vie quotidienne sur laquelle elles retentissent de multiples manières. Certains de leurs effets ne sont pas spécifiquement français et ne doivent donc être rappelés ici que pour mémoire. La standardisation ne s'exerce plus seulement à l'échelon national, on peut parler au contraire d'une mondialisation croissante. Les Français, de plus en plus, se font spectateurs sur ce grand parvis que devient le globe. Si chaque pays conserve, par exemple, ses « classiques » sportives qui passionnaient déjà les foules à la radio et qui gardent cet attrait à l'âge de l'image — ainsi, on l'a vu, le championnat de football ou le Tour de France ou, à une échelle géographique moindre, le rugby —, les manifestations internationales, tels les Jeux Olympiques ou la Coupe du monde de football, ont pris une importance bien plus grande que par le passé. Et l'information, déjà quasi instantanée à travers les transistors, prend, par l'image, un plus grand retentissement encore. Si seuls un peu plus de quatre millions de téléviseurs ont ainsi permis à leurs propriétaires d'assister presque « en direct » en 1963 à la mort du président Kennedy, puis au meurtre de son assassin présumé, Oswald, dix millions d'appareils retransmettent aux Français les premiers pas de l'homme sur la lune le 21 juillet 1969 et quinze millions la visite du président Sadate en Israël. L'univers mental du pays s'est désormais réellement dilaté aux dimensions de la planète ! Avec le risque peut-être que s'étiole la culture nationale. Dès les années soixante, en effet, les héros des feuilletons américains apparaissent sur les écrans français et Mannix et Eliott Ness, notamment, envahissent désormais l'imaginaire des téléspectateurs de l'hexagone. Au cours de la décennie soixante, les « séries » américaines seront encore plus nombreuses du fait de l'apparition de plusieurs chaînes et la télévision française connaîtra aussi la vogue des films d'animation japonais. La télévision est ainsi devenue d'une certaine manière la matrice d'une culture de masse mondiale, produit hybride de la civilisation urbaine et du « village planétaire ».

Le développement de cette télévision, comme support culturel, dépasse donc le seul cadre français. Il reste qu'avant d'avoir de telles retombées extra-hexagonales, l'irrésistible ascension du téléviseur dans la société française a eu d'abord, dans les années soixante, des conséquences proprement nationales essentielles et qui, comme pour les autres médias antérieurement, allaient dans le sens d'une plus grande uniformisation culturelle des Français. D'autant qu'en ces années une seule chaîne existait et que l'effet de masse en était accru. Certaines émissions disparues depuis plus de vingt ans sont d'ailleurs restées célèbres et la nostalgie qu'elles ont longtemps suscitée témoigne de l'impact qu'elles eurent en leur temps. Ainsi, l'émission de reportages *Cinq Colonnes à la une* fit sans doute autant pour l'ouverture sur le monde de ses spectateurs que l'avait fait *Paris Match* pour ses lecteurs, et on a pu parler à son sujet de « pédagogie consensuelle ». Une émission comme *La Caméra explore le temps* façonna, de son côté, la vision de l'histoire de nombre de téléspectateurs autant que les manuels scolaires de la IIIe République : au « catéchisme républicain », elle ajouta une sorte de légendaire télévisuel qui s'amalgama au premier et constitua avec lui une sensibilité historique commune au plus grand nombre.

L'imprimé fut d'ailleurs touché à son tour, en ces années

soixante, par cette mutation audiovisuelle et rapidement ce seront les magazines de programmes de télévision qui atteindront les plus forts tirages de la presse française. C'est le cas notamment de *Télé 7 jours* qui, fondé en 1960, deviendra rapidement le périodique le plus lu, avec un tirage approchant les trois millions d'exemplaires. Certes, la radio avait déjà entraîné, dans les années trente, la naissance d'une presse spécialisée, mais le phénomène, quoique important, n'avait jamais alors revêtu une telle ampleur : *Mon Programme,* publié par *Le Petit Parisien,* fut tiré à 500 000 exemplaires, et *La Semaine radiophonique à* 300 000.

Classes moyennes en politique

L'homogénéisation culturelle croissante n'est pas la seule conséquence de l'essor des classes moyennes. Le paysage politique en est lui aussi altéré. L'importance prise par ces classes moyennes n'est pas, en effet, sans retombées politiques, qu'un colloque consacré en 1980 à « l'univers politique des classes moyennes » a tenté de mesurer. Sous la IIIe République, la nébuleuse que constituent ces catégories intermédiaires avait pour canal d'expression politique le Parti radical, qui réussissait alors à faire coexister en son sein les classes moyennes indépendantes (petits commerçants, artisans) aussi bien que salariées. Après la guerre, l'hétérogénéité profonde entre ces deux composantes, l'une en déclin, l'autre en pleine expansion, éclate. Les années cinquante marquent, nous le verrons, un ancrage à droite des petits commerçants. Au contraire, les cadres moyens et supérieurs, qui forment l'ossature des nouvelles classes moyennes ascendantes, ne sont guère réductibles à une seule tendance politique et composeront tout au long des deux Républiques un électorat fluctuant, dont la conquête deviendra de ce fait un enjeu. L'une des faiblesses de la IVe République sera justement de n'avoir pu capter l'appui de l'ensemble des classes moyennes, qui avaient été le fondement social du régime précédent. Tandis que nombre de petits travailleurs indépendants, en détresse économique, l'attaquent rudement, les couches moyennes salariées, davantage éprises de modernité, ne se reconnaissent pas dans cette république jugée inefficace et chancelante ; de là, un ralliement, dans un premier temps, de nombre de « cadres » au gaullisme. Mais, vingt ans plus tard, ce sera au tour du Parti socialiste de réussir momentanément une O.P.A. sur ces classes moyennes qui, en rejoignant la classe ouvrière, assureront en 1981 la victoire de la gauche, mais dont le reflux partiel débouchera sur l'échec de cette même gauche aux élections municipales de 1983. Ce caractère politiquement volage d'une frange au moins des classes moyennes est donc une donnée importante du jeu : par leur place centrale dans l'espace social et leur rôle charnière dans le paysage politique, elles peuvent, par leurs écarts, entraîner des changements du centre de gravité politique.

Peut-être ce caractère fluctuant plonge-t-il ses racines dans la représentation ambivalente qu'ont ces classes moyennes de la société, représentation faite à la fois d'un souci de stabilité – perceptible par exemple dans l'aspiration à la sécurité de l'emploi –, et d'un désir de promotion, soit intragénérationnelle, sur le plan professionnel, soit intergénérationnelle, à travers le système scolaire. Ce désir de promotion est lui-même sous-tendu par la vision d'une société fluide, dont l'école serait l'instrument essentiel de mobilité sociale. Le comportement et l'univers mental des classes moyennes sont donc à la fois individualistes et imprégnés de conformisme, ce dernier, on l'a vu, étant particulièrement sensible dans le domaine culturel.

Pierre Poujade et Pierre Mendès France

Au cœur des années cinquante, la société française se remodèle, tandis qu'en dehors de l'hexagone la décolonisation s'amorce, après l'indépendance de la péninsule indochinoise et le début des « événements » d'Algérie. A cette double mutation qui ébranle la communauté nationale, des catégories de Français tenteront de s'opposer. Pendant que les guerres coloniales alimentent une résurgence du nationalisme et de l'antiparlementarisme, les transformations socio-économiques s'accompagnent de tensions nées dans la partie du tissu social qu'elles déchirent. Géographiquement, ces tensions apparaissent au sud de la ligne Saint-Malo-Genève, c'est-à-dire dans une France qui profite moins directement et moins rapidement des effets de la croissance et dans laquelle certains groupes sociaux se retrouvent à contre-courant de l'évolution en cours : sont ainsi sinistrés certains paysans et, surtout, les petits commerçants, dont l'âge d'or dans la décennie précédente s'estompe avec la disparition de la pénurie et la concurrence croissante des nouveaux moyens de distribution. L'Union de défense des commerçants et des artisans (UDCA) est, à cet égard, très caractéristique. On y trouve à la fois les revendications propres à ces professions — la guerre déclarée aux agents du fisc, les « polyvalents » — et une cristallisation de leur désarroi autour de thèmes antiparlementaires et nationalistes. Fondée en 1953 par Pierre Poujade, papetier à Saint-Céré dans le Lot, l'UDCA se voulait d'abord, en effet, antifiscale. Mais la lecture de son journal, *Fraternité française,* et l'observation de l'action menée par son leader démontrent que le mouvement déborde rapidement de sa sphère initiale. Pierre Poujade se lance dans le combat politique, avec pour slogan principal « Sortez les sortants ! », et cet antiparlementarisme est électoralement payant. Aux élections de janvier 1956, l'UDCA obtient 2,5 millions de voix qui permettent à 52 de ses candidats, dont certains seront invalidés par la suite, d'entrer au Parlement. Certes la vague poujadiste se retira ensuite rapidement, mais de cette période troublée date un incontestable et durable ancrage à droite des petits commerçants.

Si le mouvement Poujade peut donc s'interpréter, au moins en partie, comme la tentative de sursaut de Français lésés par la mutation sociale en cours et inquiets des lézardes de l'Empire et de l'amorce de décolonisation, qu'ils assimilent à un danger de perte d'identité, l'expérience Mendès France apparaît, par certains aspects, comme son antithèse. Elle incarne le choix d'une politique coloniale libérale et le souci d'assumer et d'accélérer la modernisation du pays. Le désengagement en Indochine est entériné à Genève en juillet 1954, tandis qu'en Tunisie est mis en place à la même date un processus qui conduira deux ans plus tard à l'indépendance. Surtout, ce gouvernement qui ne dura que 230 jours marqua par son style et son action et, durant l'année suivante, le passage au pouvoir de Pierre Mendès France, auquel les parlementaires eurent tôt fait de mettre fin en février 1955, engendra un courant mendésiste, au contenu multiforme et aux contours flous, mais cimenté par une commune aspiration moderniste. L'apparition d'un nouveau courant dans le paysage politique ou intellectuel français naît toujours de la rencontre d'une génération et d'un événement fondateur. Ainsi, l'affaire Dreyfus a-t-elle en son temps marqué toute une classe d'âge d'intellectuels pour qui le combat aux côtés du capitaine condamné resta l'expérience décisive d'une vie et, de ce fait, le guide de toute l'action ultérieure. De même, sur un autre registre, le premier conflit mondial imprima-t-il au cœur de la génération des tranchées un pacifisme qui transcendait les clivages politiques. Or, le mendésisme, sans jamais prendre assurément au niveau de la conscience nationale la dimension de ces deux ébranlements, joua pourtant un rôle d'événement fondateur pour une partie des jeunes gens nés entre 1930 et 1940 et parvenus en 1954 à l'âge des années étudiantes ou, pour les moins jeunes, des débuts de la vie professionnelle. Certes, ces jeunes gens ne furent pas les seuls touchés par le phénomène et plusieurs classes d'âge se reconnurent dans le mendésisme, de François Mauriac aux normaliens de vingt ans, de certains contemporains du maire de Louviers hantés depuis les années trente par le thème de la décadence aux élèves de l'École nationale d'administration. Mais la place des jeunes apparaît déterminante dans chacun des groupes sociaux ou politiques qui soutinrent Pierre Mendès France : les intellectuels, les cadres de l'économie et les hauts fonctionnaires, par exemple. Ces derniers, notamment, se reconnurent dans le « gouverner, c'est choisir » érigé en méthode de gouvernement, car une telle formule, apparue dans le discours prononcé devant l'Assemblée nationale le 3 juin 1953, à la suite duquel Mendès France échoua de peu à l'investiture, marqua plusieurs promotions d'énarques. Et bien des dirigeants économiques, des secteurs public ou privé, se reconnurent dans cette manière de saint-simonisme qu'ils crurent alors distinguer à travers le président du Conseil investi un an plus tard.

Mais l'alliage entre cette nouvelle génération et le mendésisme n'aurait pas existé sans ce catalyseur qu'a été la dépression idéologique installée sur la France au milieu des années cinquante. L'apparition du mendésisme n'a en effet joué le rôle d'événement fondateur que parce qu'il venait combler le vide créé à gauche par la crise des idéologies. Le marxisme, en ces temps de guerre froide où le Parti communiste était enfermé dans la « seconde glaciation stalinienne », n'avait plus la force attractive qu'il avait eue au lendemain de la Libération. La SFIO, depuis l'échec en 1946 de la tentative de Léon Blum et de Daniel Mayer d'insuffler au courant socialiste les thèmes défendus dans *A l'échelle humaine,* s'était enfermée dans des contradictions insurmontables et donc dans l'impuissance et le déclin, et sa cure d'opposition depuis 1951 n'avait pas permis de combler ce vide doctrinal. Le parti radical, avant que « PMF » s'en empare momentanément, ne présentait pas non plus une armature intellectuelle très séduisante. La gauche française se cherchait donc à travers publications — ainsi, on l'a vu, *Témoignage chrétien, France Observateur* et, bientôt, *L'Express* – et « clubs ». Cette nouvelle forme de sociabilité politique alors en gestation — le club des Jacobins est fondé en 1950 — attestait du reste, à sa manière, la désaffection qui commençait à toucher les partis de gauche et qui s'amplifiera dans la deuxième moitié de la décennie. Or cette crise idéologique était d'autant plus durement ressentie qu'elle surgissait à une date où la France était à la croisée des chemins, confrontée à une crise d'identité : le début des Trente Glorieuses rendait caduques ou, pour le moins, en partie dépassées la plupart des analyses politiques et sociales antérieures. Le mendésisme, dans ce contexte, venait combler un vide. A cet égard, il n'est pas sans rappeler le rôle joué, un quart de siècle plus tôt, par « l'esprit des années trente » auquel, du reste, le jeune militant radical Pierre Mendès France, alors membre des Jeunes Turcs, peut être d'une certaine façon rattaché : vers 1930, nous l'avons signalé, une nouvelle génération, née autour de 1905, cherchait une troisième voie entre communisme et libéralisme, dans une France mal remise de la Première Guerre mondiale ; et le mouvement a fini par féconder aussi bien certains aspects de la Révolution nationale que « l'esprit de la Résistance ».

Tout comme le mendésisme, de son côté, irriguera aussi bien la gauche que la droite française. Car, de cette fonction de remblayage du vide idéologique, il a tiré son aspect principal, celui d'une nébuleuse. Pierre Mendès France, en effet, a été un point de cristallisation, autour duquel des hommes, venus d'horizons divers mais qui avaient tous en commun la hantise de l'enlisement, ont conflué quelque temps. Peu de choses, sinon ce constat de carence de la IVe République, rapprochaient, par exemple, le jeune énarque soucieux d'industrialisation et de modernisation des structures sociales, et le catholique à qui le mendésisme offrait une alternative au MRP, peu à peu passé à droite en une décennie, et pouvait fournir une structure d'accueil pour se maintenir à gauche, voire une passerelle pour y accéder. Assurément, ces préoccupations n'étaient pas incompatibles et convergeaient même, le plus souvent, dans cette aspiration un peu floue à une *République moderne*. Mais l'ordre des priorités divergeait et Pierre Mendès France, en devenant l'aimant de ces différents courants, les a momentanément réunis. Puis les courants ont repris leur autonomie et du mendésisme ne subsista plus qu'un homme, dont le capital résista d'autant mieux au temps que grande avait été la diversité des investissements sur sa personne, et que parmi les investisseurs figurait une génération saisie à son point de départ et appelée, de ce fait, à jouer un rôle d'avenir. Car si cet épisode mendésiste, malgré sa brièveté, a laissé en définitive un sillon aussi large dans la vie politique, c'est qu'il a joué non seulement le rôle de lieu d'apprentissage politique pour une nouvelle génération de hauts fonctionnaires et d'intellectuels, mais surtout celui de carrefour : cette génération ne s'est pas cantonnée par la suite dans un seul secteur de l'échiquier mais s'est distribuée, au contraire, vers les deux pôles du jeu politique. Certes, l'itinéraire le plus classique des jeunes mendésistes les conduisit vers la « nouvelle gauche » puis, au début des années 60, vers le PSU ou les clubs, avec, entre-temps, on le verra, l'engagement contre la guerre d'Algérie ; et ce courant a donc nourri en priorité la gauche française. Mais l'éclatement ultérieur s'est fait aussi, dans certains cas, au profit de la droite, dont certains membres avaient gravité dans la mouvance mendésiste. La « nouvelle société » de Jacques Chaban-Delmas y puisa plusieurs de ses inspirateurs et, quelques années plus tard, l'entourage du président Valéry Giscard d'Estaing compta également d'anciens mendésistes. Raymond Barre, dans les années cinquante, jeune professeur de sciences économiques en début de carrière, fut lui aussi séduit par son lointain prédécesseur à l'hôtel Matignon. Le mendésisme, pour la fraction moderniste de la nouvelle génération parvenue à l'âge d'homme vers 1955, fut donc à la fois un sas d'accès vers l'engagement militant et une plaque tournante.

Émergence d'une France aspirant à la modernisation d'un côté, dernier soubresaut d'une France en train de mourir de l'autre ? Archaïsme contre modernité ? Le parallèle est tentant entre poujadisme et mendésisme. Et il est vrai que si ces deux courants dominent ainsi de façon concomitante l'année 1955, c'est bien qu'à cette date l'envol économique donne ses premiers fruits et que sa réalité, devenant perceptible dans la vie quotidienne, influe dès lors, avec le décalage habituel de quelques années, sur le débat politique. Aux élections législatives de janvier 1956, les amis politiques du papetier de Saint-Céré recueillent les suffrages des victimes de la croissance, tandis que le rameau mendésiste du Front républicain réunit autour du député de l'Eure un courant moderniste au plan économique et politique et émancipateur au plan colonial. Mais ce parallèle, pour didactique qu'il soit, est en même temps une illusion d'optique : les premiers sont sur une courbe qui va vite décliner et leurs succès électoraux du début de l'année 1956 apparaissent, en fait, avec le recul, comme un chant du cygne ; les seconds, au contraire, s'intègrent dans un courant qui s'ébroue à peine. Et, même si ce courant fut absorbé par le jeu des partis de la IVe République, puis neutralisé politiquement par l'obstination de Pierre Mendès France à refuser le cadre institutionnel de la Ve République, il fécondera, à sa manière, à travers la génération de hauts fonctionnaires et de jeunes gens qu'il a marquée, et la droite et la gauche, dont certains mots d'ordre de mai 1981 résonnaient un peu comme l'écho de l'été 1954.

Le drame algérien

La guerre d'Indochine n'avait guère secoué la conscience nationale. A l'exception des communistes, qui dénonçaient la « sale guerre », les partis et l'opinion publique ne prêtèrent réellement attention au conflit qu'après le coup de tonnerre de Diên Biên Phu, quand tout ou presque était consommé. L'éloignement géographique, l'absence d'une colonisation de peuplement, le fait surtout que seuls les soldats de métier s'enlisaient et tombaient dans le bourbier indochinois, autant de raisons de ce manque d'intérêt. Autant de facteurs, aussi, qui joueront en sens exactement inverse à partir de 1954 en Algérie. L'autre rive de la Méditerranée, que l'avion et le bateau plaçaient à quelques heures de Paris ou de Marseille, abritait plus d'un million d'habitants d'origine européenne ; l'armée du contingent y fut bientôt envoyée : dès lors, bien des familles auront là-bas un fils, un frère, un mari ou un fiancé. Dans ce contexte, les intellectuels qui s'engagèrent alors ne furent-ils que la caisse de résonance de ce trouble des esprits ou, au contraire, furent-ils à son origine, en dégageant, par leurs polémiques, les enjeux et en clarifiant ainsi la portée des débats ? Problème classique, réactivé à chaque crise en profondeur de la communauté nationale et qui souvent n'est pas sans arrière-pensées. Pour les uns, en effet, les « chers professeurs » — ainsi Bourgès-Maunoury qualifiera-t-il l'historien Henri Marrou, qui avait publié un article dans *Le Monde* contre la torture — ont saboté délibérément l'effort de guerre français et sapé toute possibilité d'une victoire sur le terrain. Pour d'autres, les intellectuels ont sauvé l'honneur du pays, gangrené par huit années de guerres coloniales et entaché par la violence de la répression et par l'usage de la torture. Là encore, la réponse est une affaire de conscience, et les plaies ne sont pas encore refermées.

Les choix, il est vrai, furent souvent déchirants. Ainsi l'écrivain Albert Camus, originaire d'Algérie, se cantonnera-t-il à partir de 1956 dans un silence douloureux. Il avait pourtant publié dans *Combat* en 1945, au moment de la répression des émeutes de Sétif et de Constantine, des éditoriaux appelant à plus de justice. Bien plus, il avait soutenu la revendication formulée par Ferhat Abbas d'une « République algérienne » fédérée à la France. Onze ans plus tard encore, en janvier 1956, il lança un « Appel pour une trêve civile en Algérie ». Mais ce sera là son avant-dernière déclaration publique sur l'Algérie. Son aversion pour le terrorisme et pour la violence à l'égard des civils l'empêcheront désormais de s'engager entièrement dans l'un ou l'autre des deux camps d'un conflit en train de se radicaliser. Lui qui, pendant plus d'une décennie avait été la cible des ultras de l'Algérie française, sera dès lors, pendant quatre ans, jusqu'à sa mort dans un accident de la route en janvier 1960, également apostrophé par les intellectuels « progressistes » qui souvent avaient déjà mal compris *L'Homme révolté* en 1952 et avaient alors conclu que Sartre, intervenu dans le débat, avait raison contre lui. Et, ces intellectuels seront scandalisés, en décembre 1957, quand Camus, venu à Stockholm recevoir son prix Nobel de littérature, déclarera à propos de la guerre d'Algérie : « Je crois à la justice, mais je défendrai ma mère avant la justice. » Le propos, souvent déformé ou mal interprété, ne se voulait que l'aveu, intellectuellement courageux, d'une incertitude et d'un désarroi. Camus, mal compris et attaqué, retourna à son silence.

A cette date, pourtant, le débat s'était fait de plus en plus tumultueux. Et il transcendait les générations et, dans une certaine mesure, les clivages politiques. Des intellectuels classés à droite prirent ainsi position pour une solution libérale en Algérie, voire, tel Raymond Aron, pour l'indépendance. François Mauriac passa, après les affaires du Maroc, du *Figaro* à *L'Express.* Et Pierre-Henri Simon, dans les colonnes du *Monde* et dans son livre *Contre la torture,* mena un combat sans ambiguïtés. Il demeure pourtant que la gauche française fut plus largement représentée dans ce combat, que l'on a pu comparer à celui qu'elle livra, soixante ans plus tôt, au moment de l'Affaire Dreyfus. Trois traits communs, au moins, incitent à la comparaison. C'est au nom des grands principes – justice et vérité en 1898, droits de l'homme et droit des peuples à disposer d'eux-mêmes dans la deuxième partie des années cinquante – que la bataille dans les deux cas fut menée. Ce sont les intellectuels qui, à deux reprises, se portèrent à l'avant-garde de cette bataille. Ils s'opposèrent en particulier, comme en 1898, à l'institution militaire, le sabre et la plume s'affrontant au moment des débats sur *La torture dans la République.* En 1958, par exemple, les Éditions de Minuit publient *La Question,* ouvrage dans lequel le journaliste communiste Henri Alleg racontait son arrestation et comment il avait été torturé par des parachutistes français. Le livre fut bientôt saisi et l'éditeur Jérôme Lindon inculpé d'atteinte au moral de l'armée. Rien d'étonnant, donc, à ce que de tels déchirements aient profondément ébranlé la conscience nationale et laissé notamment son empreinte sur les jeunes gens dont l'éveil au débat civique se fit en ces années troublées. Il n'est, du reste, pas excessif de considérer que la guerre d'Algérie a elle aussi contribué à l'émergence dans le champ politique d'une nouvelle génération.

Cette notion de génération, il est vrai, est délicate à utiliser. Son usage, en effet, reste artificiel si l'on se contente de dénombrer des classes d'âge et si l'on ne considère leur insertion dans l'histoire nationale que sous l'angle d'un débit régulier et quasi biologique : traditionnellement, trois générations en un siècle ! La notion devient au contraire un concept opératoire dans deux cas précis. D'une part, nous l'avons déjà noté au sujet du mendésisme, la rencontre de jeunes gens sensiblement du même âge et d'une crise entraîne une empreinte commune dans les sensibilités, engendrant ainsi une semblable perception de cette crise et des aspirations identiques. D'autre part, une génération peut être prise dans une acception plus culturelle que politique ; il ne s'agit pas seulement, dans ce cas, de regrouper les « générations littéraires » chères au critique Albert Thibaudet, mais de sonder ce qui, dans l'air du temps, dans la musique, dans le vêtement, dans le langage, cimente une classe d'âge en la distinguant de la précédente. Nous avons vu qu'il n'était pas illégitime de parler d'une « génération de Salut les Copains », née au lendemain de la guerre et parvenue à l'adolescence vers 1960. A peine plus âgés de quelques années, ses aînés appartiennent à une génération distincte, correspondant plutôt à la première définition.

Il y eut, en effet, une génération de la guerre d'Algérie, née aux alentours du Front populaire. Mobilisés au moment des événements d'Afrique du Nord, ces jeunes gens y passèrent plusieurs années, et bien des « appelés », des « rappelés » ou des « maintenus » en gardent une marque profonde, mais qui, à la différence de celle des combattants de 1914-1918, est restée largement dans le domaine du non-dit. Le milieu étudiant fut, en raison des sursis, moins directement touché par le départ en Algérie, mais pour lui cette guerre fut tout aussi décisive : en 1956, les « minos » l'emportent au sein de l'UNEF, et la nouvelle équipe qui préside désormais aux destinées de l'organisation étudiante prend position contre la politique menée en Algérie. Derrière ce changement de direction se profilait une nouvelle strate de militants, constituée notamment de jeunes gens issus de la JEC et dont l'apprentissage politique se fera à l'ombre de la guerre d'Algérie et en référence explicite à elle.

Déjà, l'épisode mendésiste avait canalisé vers la gauche non communiste nombre de jeunes intellectuels, dont les aînés avaient été davantage sensibles à l'attrait du communisme. Les événements d'Afrique du Nord constituèrent donc, à leur tour, quelques années plus tard, une nouvelle dérivation qui court-circuita, chez cette génération, l'attrait du pôle communiste. La « nouvelle gauche » de 1956, par exemple, qui recruta en particulier en milieu étudiant, est née d'une désaffection envers la SFIO, accusée de prendre en charge les guerres coloniales, mais aussi à l'égard du Parti communiste. Certes, les ébranlements de l'année 1956 ont joué un rôle décisif dans ce dernier phénomène : les chocs conjugués du rapport Khrouchtchev, puis de l'intervention soviétique en Hongrie ont entraîné, au cours des dix-huit mois qui ont suivi, de nombreux départs, notamment chez les intellectuels, sans compter les départs différés de ceux qui, demeurés au sein du Parti, s'y conduiront désormais en « oppositionnels ». Mais l'accusation de tiédeur dans les luttes contre la guerre d'Algérie, fondée ou non, mais perçue comme telle par beaucoup de jeunes gens, porta également un rude coup à l'attrait du PCF, au moment même où il était déjà remis en cause dans sa propre sphère d'influence. Coup d'autant plus rude que la dérivation ne facilita pas seulement la naissance d'une « nouvelle gauche » — greffée elle-même sur le rameau mendésiste et destinée à alimenter quelques années plus tard le PSU, puis à connaître, à partir de 1974, une résurgence au sein du Parti socialiste —, mais aussi la renaissance d'une extrême-gauche sur les flancs du Parti communiste, qui faisait ainsi perdre définitivement à ce dernier son hégémonie de fait sur les milieux intellectuels de gauche. Et l'on peut légitimement considérer le *Manifeste des 121* comme le symbole de cette renaissance. Ce texte est célèbre : en septembre 1960, 121 écrivains, universitaires et artistes proclament « le droit à l'insoumission dans la guerre d'Algérie » et concluent : « Nous respectons et jugeons justifié le refus de prendre les armes contre le peuple algérien. » Or, ce manifeste, qui avait entraîné les réserves les plus explicites du PCF, trouva à gauche des dizaines — au noyau initial des 121 s'ajoutèrent de nouveaux noms — de signatures souvent célèbres. Et plus largement, c'est le courant « gauchiste » dans son acception la plus large, tel qu'il se développera au cours des années soixante et que mai 1968 révélera en pleine lumière, qui est ainsi indirectement en gestation dans ces débats de la guerre d'Algérie, même si la plupart des classes d'âge qui y baigneront au moment de son acmé n'ont pas été touchées directement par cette guerre.

Mort d'une république

La génération née au lendemain de la guerre et issue du *baby boom* s'éveillera, en effet, à la politique au cœur des années soixante, dans une France guérie du syndrome algérien et qui vient de remodeler ses institutions, la IVᵉ République n'ayant pas survécu au 13 mai 1958, « 6 février qui a réussi » (A. Siegfried). Et depuis cette mort violente, bien des autopsies du régime défunt ont été faites, par des médecins légistes qui n'étaient pas toujours sans arrière-pensées. Diagnostiquer, par exemple, une déficience des institutions revenait à légitimer le traitement de choc que fut, d'une certaine manière, le changement de régime. Sans entrer dans un débat qui est loin d'être clos, bornons-nous à constater que si cette déficience institutionnelle est, au moins en partie, avérée — plus, d'ailleurs, au niveau de l'esprit que de la lettre de la constitution de 1946 —, des jours paisibles auraient sans doute permis au régime de survivre. Le drame de ce régime est qu'une telle cure de repos lui fut interdite : il fut attaqué dès l'enfance sur deux fronts, et son adolescence fut soumise au choc conjugué de deux secousses mondiales. Dès 1947, le Parti communiste, exclu du pouvoir et placé en porte-à-faux par l'apparition de la guerre froide, devint un adversaire irréductible : dès lors, le compromis politique entre le PCF, la SFIO et le MRP, qui constituait le fondement politique du jeu institutionnel, s'écroulait. D'autant qu'à la même époque, la naissance du RPF soumettait la IVᵉ République à une autre opposition résolue. C'était déjà beaucoup pour un régime qui eut vite, en outre, à affronter de plein fouet les deux ondes de choc de la guerre froide et de la décolonisation.

Dès lors, la République sombra peu à peu dans l'engourdissement, qui lui aliéna de plus, progressivement, le soutien réel d'une population lassée par tant de faiblesse et peu encline à créditer le régime du décollage économique, pourtant indéniable, on l'a dit. De la « mal-aimée », on retint « l'impuissance », et « l'expansion » fut portée à l'actif de son héritière. Cette dernière, pourtant, à bien des égards, touchait les dividendes d'actions entreprises avant sa naissance et pouvait alors d'emblée installer la France au cœur de la croissance.

4. Au cœur de la croissance

Les années 1962-1968 constituent une période durant laquelle la conscience nationale, ébranlée par les événements de l'Algérie, referme lentement ses plaies. Dès 1962, la large défaite du « cartel des non » atteste qu'un consensus s'est dégagé sur les nouvelles institutions sinon déjà dans la classe politique, du moins dans l'opinion publique. Et, au cours des années qui suivent, le « gaullisme de gestion » (Jean Touchard) gère une croissance conquérante : c'est à cette époque que se situe en effet le cœur des Trente Glorieuses, ces décennies d'expansion qui remodèlent le visage de l'hexagone. Jusqu'aux hommes qui donnent à cette période son unité, Georges Pompidou étant Premier ministre d'avril 1962 à juillet 1968, et le général de Gaulle se trouvant investi d'un nouveau mandat présidentiel en décembre 1965 !

Genèse du « quadrille bipolaire »

Ces élections de 1965 introduisent plusieurs modifications en profondeur dans la pratique politique. D'abord, elles ont lieu au suffrage universel. Le fait, déjà important par son caractère inédit — si on laisse de côté l'élection de décembre 1848 —, l'est surtout par une évolution rapide du jeu partisan. Déjà le scrutin majoritaire à deux tours, rétabli en 1958, tendait, d'une certaine manière, à la bipolarisation des partis, en les contraignant à *se* réunir en deux blocs en vue du deuxième tour. Les nouvelles règles électorales pour l'accès à la magistrature suprême ne pouvaient que radicaliser encore davantage cette bipolarisation. Et, par-delà les modifications entraînées par ces règles dans les tactiques des états-majors des partis, c'est en fait le paysage politique tout entier qui va se trouver bouleversé, dans ses acteurs comme dans son ordonnance.

La IVe République avait été l'âge d'or pour les petits partis-charnières, appoint nécessaire de coalitions gouvernementales à géométrie variable : l'UDSR, par exemple, petit parti du centre gauche, avait acquis une force hors de proportion avec son poids électoral et ainsi assuré, durant une dizaine d'années, la fortune politique de sa figure de proue, François Mitterrand, onze fois ministre ou secrétaire d'État jusqu'en 1958 ; à une autre échelle, le Parti radical, bien que sorti très affaibli du second conflit mondial, et sans jamais retrouver la place qui fut la sienne sous la IIIe République, a pourtant dû à sa position centrale de multiplier les portefeuilles ministériels. Sous la Ve République, c'est le centre tout entier qui va progressivement faire les frais des modifications électorales. Celles-ci permettant de dégager des majorités puissantes et stables, c'en est fini désormais des coalitions politiques du régime précédent, plus fragiles et éphémères. Or, c'est de ces dernières que les centristes, appoint nécessaire de la plupart des combinaisons, tiraient leur force. Ajoutons que si la coalition était le fondement de cette force, l'Assemblée nationale en était son lieu d'expression politique par excellence. Mais, les changements constitutionnels de 1958 et 1962, en renforçant l'exécutif, ont diminué d'autant le prestige et le pouvoir réel de cette Assemblée. Rien d'étonnant, dans ces conditions, à ce que les quinze dernières années aient vu le laminage progressif de ce centre. Certes, les élections présidentielles de 1965 attestent encore l'existence d'un centre d'opposition, non rallié au gaullisme et demeuré hostile au rapprochement des forces de gauche qui s'amorce alors. Le candidat de ce centre, Jean Lecanuet réussit à drainer près de

4 millions de voix, soit 15 % des suffrages exprimés. Mais ce résultat n'est qu'un chant du cygne, et le centre ne survivra que quelques années à cette victoire à la Pyrrhus. Dès l'élection présidentielle de 1969, le Centre démocrate, héritier du MRP, se scinde, une partie de ses membres se ralliant au président Georges Pompidou, le reste les rejoignant cinq ans plus tard aux élections présidentielles de 1974 et l'ensemble se ressoudant en un centre démocrate et social qui deviendra une composante de l'UDF. Au centre gauche, les radicaux n'ont pas non plus résisté à cette évolution. En 1972, une partie d'entre eux s'associent à l'Union de la gauche regroupée autour du programme commun de gouvernement. Ces radicaux de gauche, malgré la défection de leur président Robert Fabre en 1978, resteront unis aux autres forces de gauche et accéderont au pouvoir en 1981. Le reste des radicaux, le Parti radical valoisien, s'était rallié pour sa part au président Valéry Giscard d'Estaing en 1974 et avait été dès lors associé au pouvoir, jusqu'en 1981 ; comme le CDS, il s'était intégré au sein de l'UDF.

Le champ politique s'est donc progressivement aimanté autour de deux pôles et, les forces centrifuges l'emportant désormais, le centre a été refoulé vers la périphérie. La vie politique s'est peu à peu ordonnée autour de quatre grandes formations, réunies deux à deux en un « quadrille bipolaire » (Maurice Duverger). A droite, les deux grandes composantes gaulliste et libérale — héritières des courants bonapartiste et orléaniste, selon la distinction devenue classique de René Rémond — vont s'allier, sans pour autant que cesse une rivalité historique qui les fera tour à tour accéder à la présidence de la République. A gauche, après bien des hésitations et des retours en arrière entre 1962 et 1972, communistes et socialistes s'unissent en juin 1972 et, malgré la rupture de septembre 1977 au moment de la réactualisation du Programme commun, c'est l'alliance qui a, à nouveau, prévalu en 1981, après le premier tour de l'élection présidentielle. Et l'analyse de Valéry Giscard d'Estaing d'une France aspirant à être gouvernée au centre était pour le moins paradoxale en un septennat bordé de deux élections où la bipolarisation fut extrême.

Assurément, à gauche comme à droite, cette coagulation en deux blocs depuis 1958 a été tributaire d'autres facteurs que le seul jeu des institutions et des pesanteurs électorales : à droite, on l'a dit, ce sont en fait deux courants historiquement typés et concurrents qui sont unis par l'attachement à des valeurs communes et par une semblable opposition à la gauche, mais sans que disparaisse pour autant leur rivalité électorale. L'élection de François Mitterrand en mai 1981 fut sans doute facilitée par cette rivalité. A gauche, le congrès de Tours, en décembre 1920, a tracé dans le mouvement ouvrier français une césure qui, sans jamais s'estomper, n'a pas empêché un soutien des communistes en 1936, au moment du Front populaire, ni une cohabitation gouvernementale à la Libération ou après mai 1981. Mais, sur ces rapprochements a toujours pesé la conjoncture internationale et les périodes de guerre froide ou de crise entre l'Est et l'Ouest ont toujours été porteuses de rupture. Il serait donc illusoire de ramener l'analyse du jeu politique français aux seules institutions.

Il reste que ces institutions y ont imprimé une trace déterminante et que 1965, date de la première élection présidentielle au suffrage universel de la Ve République, a été pour cette raison une année politique tournante. D'autant que, pour la première fois dans une élection française, l'audiovisuel va jouer un rôle important. C'est notamment le cas de la télévision. Une loi du 6 novembre 1962 prévoyait en effet que « tous les candidats bénéficient de la part de l'État des mêmes facilités, en vue de l'élection présidentielle », et l'ORTF accorda donc des temps de passage aux différents candidats. Outre qu'une telle procédure désenclavait un support jusque-là solidement contrôlé par le pouvoir en place, elle ouvrait surtout une phase irréversible de la vie politique française : désormais, la télévision jouerait un rôle essentiel. Neuf ans après cette « première », du reste, le débat télévisé entre François Mitterrand et Valéry Giscard d'Estaing entre les deux tours de l'élection présidentielle fut un événement national, suivi par plus de vingt millions de téléspectateurs ; il avantagea plus, semble-t-il, le second, qui introduisit dans le débat quelques formules destinées à frapper l'opinion : « l'homme du passé » assené à son adversaire ainsi que le « vous n'avez pas le privilège du cœur » sont restés célèbres. Autre support pour la première fois largement utilisé en 1965, la publicité, notamment par voie d'affiche — le candidat Jean Lecanuet utilisa les services d'une agence de publicité —, vit son usage se généraliser rapidement et ce fut, semble-t-il, François Mitterrand qui, à son tour, fut avantagé en 1981 par le slogan « la force tranquille », forgé par un homme de publicité et massivement répercuté et popularisé par voie d'affiches.

1965, année tournante ?

L'année 1965 n'eut-elle pour autant qu'une signification politique ? On pourrait le croire, et Jean Fourastié fait légitimement parvenir ses Trente Glorieuses jusqu'au milieu des années soixante-dix. Analyse fondée, puisqu'à cette date, ce n'est pas seulement la conjoncture économique qui s'infléchit, mais c'est le tissu d'une société nourrie de la croissance et habituée au plein emploi qui se déchire en partie, sous la poussée de la crise et du chômage, et c'est la croyance dans le progrès qui s'effrite ; jusqu'à l'horizon intellectuel, aux points de repère idéologique pourtant apparemment bien ancrés, qui, « l'effet Soljenitsyne » aidant, connaîtra une mutation décisive. Il demeure que ces trois décennies qui courent de la Libération à la crise offrent elles-mêmes des faciès très contrastés. A la « décennie du réveil » a succédé, dans les années cinquante et soixante, à des dates différentes pour l'expansion économique, le niveau de vie ou les institutions, une période centrale marquée par la croissance et entraînant une mutation sociale sans précédent. Mais, si cette croissance et la hausse du niveau de vie se poursuivent jusqu'au renversement de conjoncture de 1974, le dernier tiers de la période chère à Jean Fourastié introduit de nouveaux changements, le plus souvent annonciateurs d'évolutions ultérieures, et 1965, sans égaler 1944-1945 ou 1974, revêt sans doute, avec le recul, une réelle signification dans le domaine des mentalités collectives et dans celui du comportement social.

Ainsi, du reste, que dans un autre domaine qui constitue le soubassement de l'ensemble, la démographie. Car si la France des décennies qui suivent la Libération est une France plus jeune, 1965 y introduit un changement en profondeur. L'entre-deux-guerres avait vu la mortalité (16 0/00) l'emporter sur la natalité (15 0/00). Après la guerre, la tendance s'inverse et la natalité l'emporte même largement sur la mortalité, ce qui assure un accroissement naturel de 8 0/00. La population augmente du tiers entre 1946 et 1976, gagnant, en effet, treize millions d'habitants. Mais, après le *baby boom* durant lequel, jusqu'au début des années cinquante, le taux de natalité était resté supérieur à 20 0/00, on constate un infléchissement de cette natalité et l'accroissement ne se maintient que grâce à la baisse du taux de mortalité. Bien plus, on note à partir du milieu des années soixante une baisse de la fécondité, surgie au cœur de la société d'abondance. L'observation a de quoi déconcerter les démographes, surtout si l'on ajoute que le précédent renversement de conjoncture — la reprise de la fécondité — avait eu lieu au cœur des années noires, en 1942 !

Cette baisse de la fécondité à partir de 1964 ne se répercute pas immédiatement sur la natalité car, à cette date, les enfants du *baby boom* vont commencer à former à leur tour des couples dont le nombre, logiquement plus important que par le passé, occulte pour une décennie le phénomène. Ce n'est qu'aux alentours de 1975 que la natalité est à son tour touchée, et de façon inquiétante : désormais, chaque année, il y aura moins de quinze naissances pour mille habitants. La pyramide risquant d'être bientôt déséquilibrée, s'achemine-t-on vers le *papy boom* ?

La démographie, d'ailleurs, n'est pas le seul domaine où les évolutions sont lentes et, le plus souvent, décalées par rapport aux rythmes politiques et aux cycles économiques. Les mentalités collectives et le comportement social enregistrent les mêmes écarts. De fait, si la France, à partir de la Libération, était entrée dans l'ère de la croissance soutenue et avait commencé à connaître la mutation sociale la plus rapide de son histoire, les valeurs qui sous-tendaient le comportement individuel comme la vie relationnelle restaient celles héritées d'un âge où la nation était encore rurale et où régnait une relative pénurie ou, tout au moins, une situation économique sans comparaison avec l'après-1945.

Dans cette France, comme dans toutes les sociétés parvenues à un semblable niveau de développement, les valeurs dominantes demeuraient « l'endurance, la frugalité et la prévoyance, bref le report de la satisfaction » (Jean-Daniel Reynaud). Le rentier, par exemple, y était un type social respecté, l'usage du crédit était pratiquement inconnu, et les économies étaient bien davantage de subsistance que de consommation. Et dans cette société à maints égards plus dure que celle d'aujourd'hui, les grandes institutions — telles l'Église ou la famille — fonctionnaient comme gardiennes de l'autorité et des normes. Or, dans la France industrialisée et urbaine d'après 1945, bientôt entraînée par une croissance inconnue jusque-là et par le plein emploi, et dans laquelle, de ce fait, la sécurité se fait plus grande, ce ne sont pas seulement la stratification sociale et le mode de vie qui changent — comme c'est le cas, on l'a vu, entre 1945 et 1965 — mais aussi, justement, les valeurs et les normes. Le phénomène est lent, longtemps souterrain, il connaît des à-coups, mais il est incontestable. Deux symptômes sont, à cet égard, significatifs : dans une société qui avait longtemps eu la frugalité et la prévoyance comme vertus cardinales émergent progressivement des valeurs et un comportement hédonistes : le patrimoine, dès lors, y devient moins prisé que le gain rapide qui permet la satisfaction immédiate des besoins matériels ; par ailleurs, dans un univers mental où l'aspiration à l'assimilation par la ressemblance et, donc, un incontestable conformisme social cimentaient en partie le corps social, vont bientôt apparaître le thème et la revendication du droit à la différence. On ne peut guère parler, dans un premier temps, de contestation généralisée mais, déjà, d'une attitude nouvelle face à l'autorité — et donc aux normes — et aux tabous — et donc aux valeurs.

Or, en ce sens, 1965 apparaît bien comme l'année des premières lézardes, elles-mêmes annonciatrices du grand ébranlement de la fin de la décennie. C'est à cette date, a noté le sociologue Henri Mendras, « que l'on note un premier décrochement dans le taux de la pratique religieuse chez les jeunes... le nu apparaît dans les magazines et dans les films. Les enquêtes de motivation et d'opinion permettent de préciser et de dater cette " crise des valeurs ", dont on commençait à parler à l'époque ». Par-delà la diversité des symptômes, en effet, une chose est sûre : mai 1968, plus qu'un événement fondateur, apparaît davantage comme un révélateur et un catalyseur. Depuis plusieurs années déjà, il y avait discordance entre le vieux système d'autorité et la société née des Trente Glorieuses. Et les nouveaux comportements, dans la famille et sur le lieu de travail, vis-à-vis des différentes institutions traditionnellement régulatrices, dont on fera de mai 1968 un point de départ et que symboliseront, au cours de la période suivante, pour certains observateurs, Lip et le Larzac, plongent en fait leurs racines dans les craquements des années antérieures et puisent à des sources en partie souterraines et nourries par cette discordance. Les événements du printemps 1968, il est vrai, par la secousse qu'ils entraînèrent au sein de la société française, furent bien plus qu'un miroir, ils hâtèrent une évolution.

Mai 1968

On a souvent comparé la crise de mai 1968 à une fusée à trois étages. L'image est en partie pertinente : trois crises — universitaire, sociale, puis politique, dans son sens le plus large — s'y succédèrent en effet, chacune servant d'allumage à la suivante. Mais elle fausse en même temps la réalité historique : à la différence d'un étage de fusée qui, sa tâche effectuée, se détache des étages supérieurs, aucune des trois crises ne disparut quand la suivante la relaya. Plus qu'un phénomène de relais, il s'est agi d'une crise qui s'est progressivement amplifiée, pour devenir globale. L'image de la fusée conserve pourtant ses vertus didactiques, car elle permet de décrire les étapes de cette amplification, qui partit effectivement des universités et dont le milieu étudiant fut le terreau. La faculté des lettres et la cité universitaire de Nanterre avaient été agitées, depuis la rentrée d'octobre 1967, de soubresauts qui, pris séparément, revêtaient une faible importance, mais dont l'ensemble attestait un malaise réel. Tout au moins avec le recul, car les cours interrompus, les examens boycottés, le règlement de la résidence universitaire contesté, l'activisme de quelques groupes d'extrême-gauche peu nombreux mais très remuants, les ministres en visite pris à partie, les leaders communistes venus faire une conférence interdits de parole, tous ces faits n'ont jamais constitué sur le moment, aux yeux de l'opinion comme à ceux des autorités de tutelle, les signes avant-coureurs d'une crise brutale pour le printemps. A ce moment pourtant, le mécanisme s'enclencha. Déjà, avant les vacances de Pâques, les incidents du 22 mars avaient entraîné une première fermeture de la faculté de Nanterre. C'est une seconde fermeture, le 2 mai, qui va mettre le feu aux poudres. Dès lors, tout s'enchaîne. Un meeting de protestation contre cette décision, tenu le lendemain dans la cour de la Sorbonne, est troublé par l'arrivée de la police et de violents affrontements ont lieu le soir même sur le boulevard Saint-Michel. Des incidents plus graves s'étant déroulés à nouveau le lundi 6 mai, en quelques jours l'Université française est paralysée, en ondes concentriques, par la grève générale et l'occupation des locaux ; le Quartier latin connaît, dans la nuit du 10 au 11, sa première « nuit des barricades » et la Sorbonne, investie par les étudiants, devient une manière de symbole de ce que certains observateurs commencent à appeler « la Commune étudiante ».

Pour protester contre la « répression policière », les syndicats ouvriers appellent à la grève générale pour le lundi 13 mai, et ce jour-là leaders étudiants et chefs syndicalistes défilent d'un même pas. Extrême-gauche et Parti communiste, syndicats étudiants et CGT sont apparemment unis contre le régime gaulliste, et la date est du reste symbolique, en ce dixième anniversaire du 13 mai 1958. Les deux décades suivantes prouveront qu'il n'en était rien mais, en ce milieu de mai, l'essentiel est ailleurs : la grève générale, initialement prévue pour la seule journée du 13 mai, va au contraire, au cours de la semaine suivante, faire tache d'huile et bientôt les entreprises françaises sont occupées. La situation n'est pas sans rappeler les grèves du printemps 1936 après la victoire du Front populaire, dont l'espérance ouvrière et la « fête » décrites notamment par la philosophe Simone Weil sont encore présentes dans la mémoire de vieux militants à nouveau en grève. Mais le mouvement de 1968 fut d'une tout autre ampleur : en 1936, les acteurs sont avant tout les ouvriers tandis que, trente-deux ans plus tard, ce sont tous les salariés ou presque qui, en cette deuxième quinzaine de mai, ne travaillent plus, les uns volontairement, les autres parce que l'essence ne coule plus dans les pompes et que les transports en commun sont eux aussi en grève. Mai 1968 reste en cela le mouvement le plus important de l'histoire sociale française. Mais, contrairement à l'attente des étudiants, la base ouvrière, encadrée par la CGT qui craint d'être débordée, s'en tient surtout à des revendications salariales, et le courant ne passe guère entre le « bateau ivre » de la Sorbonne et les slogans de Billancourt. Pourtant, si le front révolutionnaire dont rêvaient certains militants ne s'est jamais constitué, le pays, dans la dernière décade de mai, est paralysé. Et la situation est apparemment bloquée. L'opposition politique a tenté de la canaliser à son profit, en déposant une motion de censure, mais celle-ci est repoussée le 22 mai ; il s'en était fallu, il est vrai, de onze voix. Quant au général de Gaulle, il semble durant quelques jours ne plus avoir prise sur les événements devenus, avouera-t-il plus tard, « insaisissables ». Le vendredi 24 mai, sa proposition d'un référendum sur la participation ne produit pas l'effet escompté. Et le soir même, Paris et plusieurs grandes villes françaises vivent une seconde « nuit des barricades », beaucoup plus violente — un commissaire de police trouve la mort à Lyon — et qui relance l'effervescence étudiante.

La crise est donc devenue politique. La Sorbonne et l'Odéon occupés, les entreprises paralysées et un chef de l'État qui ne contrôle plus la situation : c'est souvent dans ces conditions de vide politique apparent que des régimes, dans l'histoire française, ont basculé. Le pouvoir était-il réellement à prendre au cours de ces journées ? La question, on s'en doute, a été, depuis, bien souvent débattue, sans qu'il soit vraiment possible de trancher. Il semble cependant que le fait que la principale force d'opposition de l'époque, le Parti communiste français, n'ait jamais envisagé au cours de ces journées d'exploiter, seul ou au sein d'un front plus large, la conjoncture incite à répondre par la négative. Les communistes tentèrent au contraire de canaliser le mouvement, de peur qu'il leur échappe totalement ; et la CGT, sur le plan syndical, adopta la même attitude. Ce qui permit alors au Premier ministre Georges Pompidou, en « jouant » apparemment la CGT contre la CFDT, d'obtenir à l'aube du lundi 27 mai, après deux jours de négociations, la signature des « accords de Grenelle » entre le patronat et les syndicats ouvriers. Mais, ce même jour, les accords, qui prévoyaient notamment de substantielles hausses de salaire, sont rejetés par la base ouvrière, y compris aux usines Renault de Boulogne-Billancourt, alors citadelle cégétiste. Et, le même 27 mai, un meeting réunissant plusieurs dizaines de milliers de personnes au stade Charléty, en présence de Pierre Mendès France, montre que, de son côté, l'opposition d'extrême gauche n'a pas désarmé. Plus encore que la semaine précédente, la situation paraît alors « insaisissable » et le régime, dans un pays engourdi par la grève générale et dont les administrations et les ministères sont désertés, est, pour certains observateurs, en train de se décomposer. Le lendemain, le leader de la gauche non communiste, François Mitterrand, dans une conférence de presse, constate qu'« il n'y a plus d'État », propose la constitution d'un « gouvernement provisoire de gestion » dirigé par Pierre Mendès France et, attitude qui lui sera par la suite reprochée, indique qu'il serait candidat à l'élection présidentielle en cas de démission du chef de l'État. Mais, dès le lendemain, le pouvoir n'est plus à conquérir — s'il l'a jamais été — et le général de Gaulle va prendre à contre-pied ses adversaires et redresser la conjoncture à son avantage en 36 heures. Le mercredi 29 mai, après avoir conféré avec le général Massu à Baden-Baden, il annonce une déclaration radiodiffusée pour le lendemain. Et à 16 heures 30, ce jour-là, il fait connaître qu'il reste à son poste, qu'il conserve son Premier ministre et qu'il dissout l'Assemblée. La fermeté du ton galvanise ses partisans qui, en fin d'après-midi, se retrouvent en un défilé qui rassembla plus d'un demi-million de personnes et fut sans nul doute le plus imposant du mois de mai.

Ce sursaut va inverser une situation qui, du reste, était en train de se modifier en raison de la lassitude de l'opinion publique, d'abord en partie favorable au mouvement étudiant, mais bientôt inquiète de l'ampleur et de la durée de la crise. Dans la première quinzaine de juin, ce mouvement étudiant va se désagréger et la Sorbonne et l'Odéon sont évacués ; dans les entreprises, le travail reprend et les accords de Grenelle sont finalement acceptés. La France, en fait, est entrée, après l'annonce de la dissolution, en campagne électorale et aucune des grandes formations en lice n'a intérêt à ce que la crise s'éternise. La droite doit montrer qu'elle a la situation en main, la gauche qu'elle n'est en aucun cas responsable de l'incendie et qu'elle n'entend pas souffler sur les braises. D'autant que le Premier ministre concentre toute sa campagne sur le Parti communiste, qu'il accuse d'avoir été à l'origine de la crise, ce qui, on l'a vu, est historiquement faux. Mais l'argument a porté, et c'est à la gauche tout entière que la « majorité silencieuse » impute l'explosion de mai. Cette gauche pour qui les élections législatives de l'année précédente avaient été l'occasion de gains substantiels connaît alors un échec grave et sort finalement affaiblie des mois de mai et juin. La FGDS ne retrouve plus que 57 sièges contre 118 en 1967 et le Parti communiste connaît une érosion encore plus grave, avec 33 députés élus contre 73. Du côté de la majorité, la peur du désordre provoque un raz de marée de l'UDR qui, avec 294 sièges sur 485, détient à elle seule la majorité absolue.

Sur le plan politique, on le voit, mai 68 n'a pas débouché sur une révolution. Tout au contraire, le régime, ébranlé par de précaires résultats électoraux l'année précédente, se voit désormais nanti d'une véritable « Chambre introuvable ». Les conséquences des événements sont donc à rechercher ailleurs, et leur évaluation s'intègre dans une interprétation globale de la crise qui analyserait à la fois les causes et les effets. Or, cette interprétation a varié avec les observateurs. Épiphénomène pour certains, mai 68 a été, au contraire, pour les autres une secousse tectonique qui a révélé les failles de la société française. Dans un article de la *Revue française de science politique,* deux ans après les événements, Jean Touchard avait recensé près d'une dizaine d'hypothèses, depuis le complot subversif jusqu'à la crise de civilisation en passant, entre autres, par une crise de l'Université, un accès de fièvre de la jeunesse, un conflit social traditionnel ou au contraire de type nouveau, et un enchaînement de circonstances. Il est probable, ainsi qu'il concluait lui-même au terme de cet inventaire, qu'il n'existe pas de clé unique pour décrypter mai 68 ; la plupart des hypothèses, en effet, contiennent au moins une part de vérité, et c'est l'alliage de ces causes multiples qui a donné à cette crise sa substance particulière ; et parfois sa cacophonie : à y regarder de plus près, en effet, certains thèmes apparaissent comme réactionnaires, au sens étymologique du terme, et sont davantage porteurs d'un refus de l'innovation sociale que d'un consentement à la mutation alors en cours. Pour s'en tenir ici aux retombées sur la civilisation française, deux traits paraissent essentiels : la crise — et donc ses interprétations — dépasse, en fait, largement les limites de l'hexagone et, sur le plan du comportement politique et du soubassement idéologique, son ambivalence est frappante.

Une seconde « révolution atlantique » ?

Certes, certains aspects du mai français sont spécifiques. En Allemagne, par exemple, l'effervescence étudiante, qui avait commencé dès 1967, s'amplifie bien en avril 1968, après la tentative d'assassinat dont est victime le leader de la Sozialistischer Deutscher Studentenbund, Rudi Dutschke, mais, malgré de violents affrontements, elle ne débouchera à aucun moment sur une crise sociale. En Italie, au contraire, la crise étudiante de 1968 prolonge une agitation sociale et politique antérieure. Le cas français est donc une crise d'un troisième type : à la différence de l'Allemagne de l'Ouest, il y a crise sociale et politique, mais contrairement à l'Italie, c'est la crise étudiante qui la déclenche et lui sert de catalyseur. Mais cette spécificité reste mineure au regard de l'essentiel, c'est-à-dire la constatation que mai 68 s'intègre dans cette contestation multiforme qui naît et se développe, dans le courant des années soixante, au sein des sociétés industrielles enrichies. Certes, le mouvement touchera aussi d'autres régions du globe, à l'Est par exemple, où les jeunes participent la même année au « printemps de Prague », ou dans certains pays en développement, tel le Mexique confronté en 1968 à une agitation étudiante qui sera réprimée dans le sang. Mais l'aire géographique de la « révolte » restera, si l'on excepte le Japon, circonscrite à l'Amérique du Nord et à l'Europe occidentale. Une seconde « révolution atlantique », en quelque sorte, mais d'une tout autre nature que celle qui enflamma les sociétés riveraines de l'Atlantique dans les dernières décennies du XVIIIe siècle. Et même si les slogans de la contestation étudiante sont apparemment éteints et si les thèmes de la contre-culture — qui conservaient, malgré les apparences, un optimisme messianique fondé sur la prospérité économique contestée — ont été en partie rendus anachroniques par la crise économique et par ses retombées morales et sociales, les uns et les autres ont dans le même temps fait leur chemin et ils ont ensemble remodelé le mode de vie des sociétés occidentales. Cela s'est fait surtout à travers une imprégnation diffuse du corps social — qui a montré, en définitive, une grande capacité d'adaptation en intégrant une part de la « contestation » — et aussi par le renouvellement des générations : les jeunes gens des années 1965-1970, en d'autres termes la génération du *baby boom* de l'après-guerre, sont devenus les adultes et les acteurs des années quatre-vingt.

En France, ce ne sont pas seulement, dans les années qui suivent mai 68, la musique et le vêtement qui évoluent mais aussi, on y reviendra, le comportement social, en famille ou sur le lieu de travail. Dans *Le Communisme utopique,* Alain Touraine diagnostiquait l'émergence de nouvelles formes de lutte sociale sécrétées par l'avènement d'une société « postindustrielle », et Stanley Hoffmann dans *Essais* sur *la France* y décelait « la révolte contre le système français d'autorité ». Cette révolte fut-elle mimée — le « psychodrame » de Raymond Aron — ou réelle ? Toujours est-il que les tentatives d'autogestion aux usines Lip et les actions des paysans du Larzac, dans la première partie des années soixante-dix, sont largement filles de mai, en même temps, on l'a vu, que des craquements de l'avant-mai. Bien plus, il n'est pas excessif d'écrire que l'un des rameaux du socialisme vainqueur en 1981, parallèlement à d'autres strates comme celle du mendésisme, est incontestablement issu de mai 1968. Et, déjà, le projet de la « nouvelle société » de Jacques Chaban-Delmas, Premier ministre entre 1969 et 1972, tout en se nourrissant des analyses de Michel Crozier sur la « société bloquée » et en puisant, par le choix comme conseillers de Simon Nora et de Jacques Delors, dans l'héritage mendésiste, prenait acte à sa manière de 1968 : c'est l'apparition, à l'occasion de la crise de mai, de la contestation d'un certain style d'autorité et la mise en lumière des transformations de la société française qui ont alors, au moins pour partie, entraîné des réformes ou des projets aussi importants que la libéralisation de l'information, le développement d'une politique salariale contractuelle et la législation sur la formation professionnelle continue. Et dans cette filiation — même lointaine — se trouve sans doute l'une des clés du peu d'enthousiasme et de soutien que le programme de la « nouvelle société » trouva dans la majorité gaulliste de l'époque, élue en réaction contre les événements de mai 1968, et de la facilité avec laquelle cette majorité accepta l'arrêt de l'expérience par le président Georges Pompidou et ses conseillers en juillet 1972, malgré un vote de confiance au gouvernement Chaban-Delmas quelques semaines plus tôt.

Un paysage idéologique transformé ?

Ce printemps agité, répétons-le, a moins été un événement fondateur qu'un révélateur et un catalyseur. Il a sans doute accéléré une évolution, mais celle-ci avait commencé auparavant, dans le courant des années soixante. La fusée à trois étages a donc été bien davantage qu'un pétard mouillé ; sans être l'explosion que certains y ont vue ou qu'ils ont appelée de leurs vœux, elle a été, pour le moins, une fusée éclairante, dévoilant brusquement, dans une société enrichie et apparemment cimentée par un consensus sur les valeurs de la civilisation industrielle et urbaine, une mutation en cours, jusque-là demeurée invisible.

Reste un dernier aspect, essentiel non pas tant pour la compréhension des événements eux-mêmes que pour l'analyse du paysage idéologique de l'après-mai. Car si la marque imprimée dans ce paysage par mai 1968 est profonde, elle est en même temps difficile à déchiffrer, en raison de son ambivalence, à la fois marxiste-léniniste et libertaire. 1956 avait marqué, on s'en souvient, le début d'un recul de l'attrait du modèle soviétique sur les intellectuels ; et, en milieu étudiant, la guerre d'Algérie avait hâté la naissance d'une « nouvelle gauche » hors de la mouvance communiste. Le phénomène s'étant encore amplifié au cours des années soixante, le mai des étudiants et des intellectuels avait été, en fait, largement anticommuniste. Les incidents de l'année 1967-1968 à Nanterre visaient aussi bien les leaders communistes de passage que « l'administration » de la faculté. Et les incidents n'étaient pas rares entre gauchistes et militants de l'UEC. Au reste, durant la crise elle-même, le fossé entre les uns et les autres apparut au grand jour et, loin de se combler, s'agrandit encore à cette époque. Est-ce à dire pour autant que le marxisme-léninisme ait été le grand accusé de la Commune étudiante ? Pour quelques-unes des organisations gauchistes, tel le Mouvement du 22 mars de Daniel Cohn-Bendit, la critique du régime capitaliste se doubla effectivement d'une critique non seulement de l'URSS ou du PCF, mais aussi de l'idéologie sous-jacente. Et bien des thèmes de ce mois de mai lui donnent une connotation libertaire, qui irriguera l'évolution des mœurs et du comportement décrite plus haut : se dessine en filigrane toute une généalogie « gauchiste », dont nous avons localisé les premiers signes durant la guerre d'Algérie et dans le Manifeste des 121 et qui prendra en écharpe les vingt-cinq années suivantes avec une acmé entre 1968 et 1972.

Mais l'imprégnation marxiste-léniniste de la société intellectuelle française ne s'était pas tarie pour autant au début des années soixante. Si d'autres modèles prennent alors le relais, ils se situent souvent dans la même mouvance idéologique. Certes, le tiers-mondisme remplace peu à peu l'Union soviétique dans les cœurs de l'intelligentsia française, et les jeunes nations décolonisées incarnent à ses yeux l'espoir révolutionnaire longtemps identifié à la classe ouvrière des nations industrialisées. Mais cet espoir conserve le même soubassement idéologique : le Tiers-Monde est révolutionnaire car composé de nations « prolétaires », et le prolétariat conserve son rôle rédempteur. A l'antagonisme prolétariat-bourgeoisie se substitue, en effet, peu à peu l'opposition entre « l'impérialisme » et un Tiers-Monde constitué de « nations prolétaires » et investi d'une mission révolutionnaire trahie par les démocraties populaires : « l'Europe est foutue » (Sartre), mais l'Algérie indépendante doit être « socialiste » et La Havane pourrait être l'épicentre d'une bourrasque révolutionnaire sur l'Amérique latine. Les déclarations de Jean-Paul Sartre sur l'une et l'autre attestent l'ampleur de cet espoir au début de la décennie, et les textes de Régis Debray sur le continent sud-américain, un peu plus tard, confirment le transfert géographique et affectif des intellectuels français. La Chine, surtout, va cristalliser une partie de leurs aspirations. Par une curieuse translation, elle n'incarnera pas seulement un modèle de « communisme des pauvres » et de décollage économique pour des pays comme elle essentiellement agricoles et devant lutter contre le déficit alimentaire en préservant leur indépendance politique et économique, mais aussi un type de construction socialiste adaptable aux réalités occidentales. Un an avant mai 1968,

La Chinoise de Jean-Luc Godard avait, d'ailleurs, bien décrit cet attrait du modèle chinois au sein de l'extrême gauche française. Signe des temps, à l'École normale supérieure certains disciples du philosophe Louis Althusser deviennent maoïstes. Vingt ans plus tôt, bien des élèves de la rue d'Ulm étaient, au contraire, attirés par l'engagement aux côtés du Parti communiste français, ainsi qu'en témoigne, par exemple, l'historien Emmanuel Le Roy Ladurie dans *Paris-Montpellier,* son autobiographie politique. Glissement politique, donc, mais sans abandon du marxisme-léninisme ; tout au contraire : les deux petits partis prochinois qui existent en 1968 ont des noms révélateurs, l'Union des jeunesses communistes marxistes-léninistes et le Parti communiste marxiste-léniniste de France.

Si l'on ajoute que, de leur côté, les jeunes gens qui rompent avec l'Union des étudiants communistes au milieu des années 1960, tel Alain Krivine, évoluent alors vers le trotskysme, il devient évident que bien des acteurs de mai 1968 étaient encore à cette date d'obédience marxiste-léniniste. D'où cette question essentielle pour la compréhension de la décennie suivante : dans les rapports complexes entretenus par les intellectuels français avec le marxisme, le printemps 1968 a-t-il constitué un tremplin, où cette idéologie a rebondi après ses déceptions venues de l'Est de l'Europe, ou un butoir, sur lequel elle est venue mourir ? Apparemment, dans l'immédiat après-mai, le marxisme continue à imprégner le vocabulaire et semble donc avoir parfaitement utilisé le tremplin. Mais la décennie suivante montrera qu'il n'en était rien. D'une part, dans l'évolution du comportement et des consciences que connaît alors la société française, c'est la composante « libertaire » de mai 1968 beaucoup plus que son autre versant qui a tracé un sillon. Surtout, ce second versant d'abord marxiste engendrera en fait, on le verra, une génération de « nouveaux philosophes » parricides : c'est dans le vivier des anciens maoïstes que se recruteront, à partir de 1975, les plus actifs détracteurs du marxisme. Directement ou indirectement, la crise de mai 1968 est donc aussi une date importante de l'histoire intellectuelle française.

5 — Adieu les « années faciles » ?

A cet ébranlement de 1968, le général de Gaulle survivra — politiquement — moins d'une année. Neuf mois et vingt-sept jours exactement après la victoire électorale du 30 juin, il est, en effet, mis en minorité lors du référendum sur la régionalisation et la réforme du Sénat. Certes, dans les semaines qui suivent c'est un gaulliste, Georges Pompidou, qui est élu à la présidence de la République, mais son quinquennat marque, d'une certaine manière, la seconde mort du général de Gaulle, décédé le 9 novembre 1970.

De Charles de Gaulle à François Mitterrand

Non que Georges Pompidou ait été responsable d'une telle évolution et, à bien des égards, durant les cinq années de sa présidence, la continuité l'emporta sur le changement. Mais si l'on entend par phénomène gaulliste l'aptitude du rameau bonapartiste, entre autres, à drainer, comme ce fut le cas au cours de la première décennie de la Ve République, plusieurs millions de voix traditionnellement ancrées à gauche, force est de constater qu'un certain gaullisme est mort entre 1969 et 1974 et que le président de la République élu en juin 1969 a vu un changement politique fondamental apparaître, amorcé peut-être dès 1967 : au bout de quelques années, cet électorat capté à gauche avait largement réintégré la mouvance socialiste ou communiste. Bien plus, dès 1974, le candidat de la gauche unie, François Mitterrand, avait manqué de peu la victoire.

Car à l'effritement des positions électorales du gaullisme a correspondu la remontée du Parti socialiste. Remontée d'autant plus saisissante que les législatives de juin 1968 avaient semblé encore accélérer l'affaiblissement de la gauche française, et notamment de sa branche socialiste. C'est pourtant cette même branche qui l'emporte en mai-juin 1981. Sans doute cette remontée a-t-elle des causes proprement politiques : sens tactique de François Mitterrand dans sa conquête du pouvoir, baisse très sensible de l'influence du Parti communiste et rééquilibrage, de ce fait, au sein de la gauche au profit du Parti socialiste, qui supprima au moment décisif du second tour un blocage psychologique responsable jusque-là de la rétention à droite de certaines voix centristes, opposition croissante dans les dernières années du septennat de Valéry Giscard d'Estaing, et plus encore au moment des élections présidentielles de 1981, entre le RPR et l'UDF, que nous n'analyserons pas ici mais dont l'évaluation exacte sera fondamentale quand l'historien disposera de quelque recul. Mais n'est-il pas possible de mettre aussi cette remontée de la gauche non communiste en parallèle avec la mutation profonde qu'a connue la France au cours des Trente Glorieuses ? Les politologues français en ont largement débattu après le 10 mai 1981 et surtout après le succès socialiste aux élections législatives du mois suivant. L'appréciation de ce succès a varié, il est vrai. François Goguel, par exemple, estime que l'exceptionnel pourcentage de voix socialistes à ces élections – 37,8 %, avec les radicaux de gauche – était surtout une défaite par omission de la droite, qui se serait largement abstenue après l'échec du mois précédent. Jérôme Jaffré a écrit, au contraire, que le succès de la gauche était le résultat d'une « progression continue qui devait conduire tôt ou tard au succès » et que « l'historien pourra conclure sans goût excessif du paradoxe que la vraie surprise n'est pas la victoire de la gauche en 1981, mais sa défaite en 1978 » ; et d'énumérer les facteurs, selon lui, d'une telle progression, parmi lesquels figurent, aux côtés des causes spécifiquement politiques évoquées plus haut et couramment admises, des « transformations sociologiques » et des « changements culturels ». La droite n'aurait pas compris qu'une France de cadres citadins avait succédé à un pays constitué en majorité de ruraux et de petits commerçants. En d'autres termes, le salariat et l'urbanisation auraient enfanté une France de gauche ; et la réussite de François Mitterrand serait fille des Trente Glorieuses… et de la baisse de la pratique religieuse, qui aurait permis notamment une percée socialiste dans l'Ouest. Ce dernier point n'est guère contestable : historiens et politologues s'accordent, en effet, pour considérer la pratique religieuse comme une variable essentielle du vote en France. Les autres facteurs appellent, en revanche, discussion.

Sans aucun doute, Valéry Giscard d'Estaing a été confronté, à la fin de son septennat, à une fracture multiple de la société française : économique, à la suite du premier choc pétrolier, politique, avec une concurrence réactivée entre les deux rameaux de la droite, et sociologique, avec l'urbanisation croissante et l'extension du salariat. Mais ces deux derniers traits constituaient déjà le décor de la France gaulliste des années soixante. Bien plus, les résultats de l'opposition dans les villes de plus de 30 000 habitants, aux élections municipales de 1983, rendent relative l'hypothèse de l'urbanisation, paramètre explicatif essentiel du vote à gauche. Et les effets politiques induits par les Trente Glorieuses sont sans doute à rechercher davantage dans la vie quotidienne et sur le lieu de travail que dans une évolution des rapports de force, somme toute statistiquement peu évidente. D'autant que si la mutation sociologique a eu lieu, son socle, l'expansion économique, s'est lézardé à partir de 1973. Dans les années soixante-dix, la France devient orpheline de sa croissance rapide des trois décennies précédentes. Et la crise économique n'a pu que contribuer à l'usure des équipes dirigeantes en place et « accréditer les thèses socialistes sur les nationalisations et l'intervention accrue de l'Etat » (J. Jaffré).

La croissance cassée

La croissance économique avait fécondé les Trente Glorieuses. Et si, dans le bouillonnement de la fin des années soixante et du début de la décennie suivante, elle était devenue l'une des cibles privilégiées de la contestation — notamment de la part du mouvement écologique naissant —, elle était restée haut placée à la bourse des valeurs de la société française. Selon un sondage de l'IFOP, 66 % des Français estimaient en avril 1972 qu'elle était indispensable à la qualité de la vie.

C'est donc une croissance plébiscitée par l'opinion publique qui va connaître un affaissement après le premier choc pétrolier de 1973. Les indices économiques sont, à cet égard, sans appel. Pour s'en tenir ici à la seule décennie qui précède cet ébranlement et en prenant comme base 100 l'année 1962, l'indice de la production industrielle avait exactement doublé de la fin de la guerre d'Algérie à 1974 (indice 200). Si l'on prend en revanche pour indice 100 l'année 1970, on ne retrouve que 126 en 1977, soit à peu près le même indice qu'en 1974. Entre ces deux dernières dates, en effet, la récession des années 1974-1975 a considérablement ralenti la croissance. Et par rapport au même indice, 1983 n'enregistrait que 132 : le second choc pétrolier avait à son tour sévi. Une progression de 100 %, donc, en douze ans. de 1962 à 1974, et de moins de 10 % en une dizaine d'années, de 1974 à 1983. Entre ces deux dates, la stagnation a donc succédé à l'expansion. Et la « croissance zéro » est devenue une réalité.

Ce tassement de l'expansion ne pouvait rester sans incidences sociales. Depuis 1974, le marché de l'emploi s'est rapidement dégradé jusqu'à dépasser, dix ans plus tard, deux millions de chômeurs. Outre les drames individuels inhérents à une telle situation, cette dégradation s'est traduite sur le plan collectif moins par une commotion brutale que par l'inquiétude croissante d'une société placée longtemps sous le signe du quasi plein-emploi et qui croyait avoir banni à jamais l'insécurité sociale. En son sein s'est insinué progressivement le sentiment que la crise avait entraîné « la fin des années faciles » (J. Fourastié) ; et la publication des *Trente Glorieuses* en 1979 apparaît, avec le recul, davantage comme une oraison funèbre que comme un magnificat.

Français, avez-vous changé ?

Ces années écoulées depuis 1973 ont-elles pour autant bouleversé la vie quotidienne du plus grand nombre ? En 1983, *L'Express,* tirant les conclusions d'une enquête sur la période 1973-1983, titrait : « Français, comme vous avez changé ! » Et, de fait, bien des indicateurs sociaux se sont profondément modifiés en l'espace d'une décennie, et le changement est indéniable. Mais ce changement ne semble pas s'être traduit jusque-là par une dégradation matérielle. En dix ans, par exemple, la proportion des ménages possédant un téléviseur est passée de 60 à 93 % ; et la télévision en couleurs touchait en 1983 52 % des foyers. Dès 1976, 91 % des ménages avaient un réfrigérateur et 72 % une machine à laver le linge. Et depuis cette dernière date, l'équipement en chaînes haute fidélité est passé d'une pour dix foyers à une pour trois. Le nombre des postes de radio a été multiplié par deux en dix ans, atteignant cinquante millions en 1983, et celui des combinés de téléphone a quadruplé, passant de cinq à vingt millions pendant la même période.

Autant de facteurs qui ont encore accru, malgré le choc de la crise, la standardisation du genre de vie largement amorcée, on l'a vu, au temps de la croissance conquérante. Cette standardisation a notamment concerné les loisirs — *a contrario,* le poste alimentaire, au milieu des années quatre-vingt, ne représente plus qu'un cinquième du budget des ménages français —, le vêtement et la vie quotidienne. C'est en d'autres domaines, notamment celui de l'habitat, que les clivages sociaux restent davantage apparents. La « sarcellite » en fut, en son temps, le symbole. Dans les années cinquante, en effet, à la périphérie des grandes villes commencèrent à apparaître des programmes d'urbanisme prévoyant une utilisation du sol particulièrement dense : avant même l'apparition des tours, les « barres » fleurirent donc. Elles eurent alors le mérite incontestable de faciliter l'absorption dans le tissu urbain d'une population grossie par l'exode rural ; et elles marquaient souvent, pour les habitants, un progrès de confort et d'hygiène. Mais les inconvénients surgirent rapidement : la « ville-dortoir » — dont on fit de Sarcelles l'archétype — engendrait dépaysement, ennui et dépression. Or, un quart de siècle après, le problème des « grands ensembles » a resurgi sous une autre forme. La dégradation des immeubles, le chômage de nombre de ses habitants et notamment des jeunes, les difficultés d'intégration des enfants de travailleurs immigrés souvent logés dans ces quartiers, autant de facteurs qui ont créé tensions et incidents ; à Vénissieux, par exemple, le quartier des Minguettes a été depuis l'été 1981 le théâtre, à plusieurs reprises, d'affrontements entre adolescents et policiers.

Les Français, en définitive, ont-ils donc réellement changé sur le plan matériel depuis 1973 ? L'irruption de la micro-informatique, la prolifération des moyens de communication (autorisation des « radios libres », télématique, magnétoscopes) ont sans aucun doute encore modifié la vie quotidienne, mais l'essentiel s'était joué auparavant : de la 4 CV à la vidéo, la continuité l'emporte sans aucun doute et le village du Quercy dont nous avons observé plus haut les principaux traits en 1975 avait déjà connu à cette date les mutations décisives, qui n'ont fait que se poursuivre au cours des années suivantes ; le rapprochement des modes de vie des ruraux et des citadins, notamment, n'a fait depuis que gagner en ampleur.

Des « Bastilles » écroulées ?

Si ces modifications matérielles sont quantifiables et, de ce fait, relativement aisées à cerner, l'analyse de l'évolution des mentalités et du comportement est beaucoup plus délicate à mener : les données statistiques sont plus rares et plus difficiles à interpréter, et les courbes impossibles à établir. Nous avons en outre déjà constaté que ce domaine n'était pas réductible aux mêmes rythmes que le politique ou l'économique, et que des mécanismes d'inertie y jouaient. Pour cette raison, c'est seulement aux alentours de 1965 qu'une mutation avait commencé à s'y manifester. Dans cette perspective, la coupure de 1973-1974 revêt une signification bien moindre que sur le plan économique, et la question de la permanence ou du changement de part et d'autre de cette charnière apparaît comme un faux problème. L'important est ailleurs et réside dans le fait que la période qui débute au milieu des années soixante a vu le déclin ou la modification de plusieurs institutions qui constituaient jusque-là le fondement du comportement social. En ce domaine, les vingt années qui viennent de s'écouler ont vu s'abattre ou se lézarder bien des « Bastilles ».

C'est vers 1965, au moment du vaste *aggiornamento* de Vatican II, que l'Église catholique connaît, en France, plusieurs symptômes d'une crise profonde. Laissons de côté la concomitance des deux phénomènes, dont l'interprétation a naturellement varié avec le jugement porté sur le Concile. Plus décisive est la simultanéité entre l'accélération de la baisse de la pratique religieuse et la crise interne de l'institution religieuse. On observe à la fois, en effet, une baisse du nombre des fidèles et un trouble de l'Église elle-même. L'un des signes les plus visibles de ce trouble est la diminution du clergé, due à la chute des vocations. Le nombre d'ordinations est passé de 567 en 1959 à 370 dix ans plus tard et 125 en 1979. Si une telle évolution se confirmait, le nombre des prêtres passerait d'un peu plus de 30 000 actuellement à 12 000 à la fin du siècle. Quant aux fidèles, ils ont commencé alors à déserter certains sacrements et le fléchissement de la pratique cultuelle est dû aussi bien à l'augmentation du nombre des « détachés » qu'à la distance prise par certains pratiquants, troublés par les modifications liturgiques introduites par Vatican II. La crise est d'autant plus profonde que l'attitude religieuse de la nouvelle génération, au sein de laquelle le nombre des baptêmes a beaucoup reculé, n'annonce pas, tout au contraire, un redressement de cette pratique. Au début des années quatre-vingt, seuls 15 % des élèves du primaire et 8 % de ceux du secondaire avaient des rapports suivis avec les aumôniers dans les établissements scolaires. Le vieillissement de la population des fidèles fait donc surgir une interrogation majeure : les Français seront-ils encore catholiques dans vingt ans ? Quelle que soit la réponse que l'on peut apporter à une telle question, et sans préjuger d'une revanche éventuelle du sacré, une donnée est incontestable : l'Église catholique est, en France, une institution qui connaît une crise d'identité.

En est-il de même pour l'institution familiale ? Le verdict, en fait, ne peut être que nuancé. Il est apparemment négatif si l'on étudie la clé de voûte de l'ensemble, c'est-à-dire le mariage : celui-ci se noue plus difficilement et se dénoue plus aisément. Sans atteindre l'ampleur qu'elle a prise dans les pays scandinaves, la « cohabitation prénuptiale » s'est développée : elle avait concerné 44 % des mariés en 1977 contre 17 % en 1968. Mais ces chiffres peuvent aussi être interprétés de façon inverse, et l'on peut considérer que la « cohabitation juvénile » est donc « prénuptiale » et qu'il ne s'agit alors que d'un mariage différé. Dans ce cas, nous avons moins affaire à la contestation d'une institution qu'à un changement de comportement social. Plus menaçante pour cette institution est la multiplication des « couples sans alliance », au nombre de près d'un demi-million dans la société française du milieu des années quatre-vingt. Et, en 1980 déjà, un bébé français sur dix était né hors mariage, et un sur cinq à Paris. Dans certains cas le mariage n'est donc plus seulement différé, il est ignoré. Ou bien il se rompt plus facilement : la montée du divorce est une réalité incontestable de la société française des quinze dernières années. Mais à y regarder de plus près, il se peut que ces mariages refusés ou défaits procèdent de la même logique que ceux qui sont simplement différés. Les « couples sans alliance » ne conçoivent guère, le plus souvent, la vie commune autrement que les couples mariés, et en 1978 la sécurité sociale a reconnu le droit aux concubins. Et si le divorce progresse, l'idéal de l'union durable n'a pas changé : c'est le constat que les conditions n'en sont plus réunies qui fait rompre les couples. Là encore, l'institution en tant que telle n'est pas remise en cause. Dans un sondage réalisé en septembre 1982 sur la confiance ou l'absence de confiance à accorder aux « valeurs », 72 % des Français de plus de dix-huit ans « avaient confiance » dans le mariage — contre 33 % seulement, par exemple, qui éprouvaient le même sentiment à l'égard de « l'idéal politique ».

Par-delà le seul problème du mariage, peut-on parler aujourd'hui d'un déclin de la famille ? Certes, beaucoup de ses défenseurs comme de ses détracteurs répondent par l'affirmative. Rien, pourtant, n'est moins sûr. Le même sondage de 1982 plaçait, du reste, en tête la famille, à laquelle 88 % des Français consultés accordaient leur confiance, 9 % seulement demeurant méfiants, et l'historien André Burguière, en commentant ce sondage, concluait que la famille apparaissait à la fois comme une « valeur stable et une valeur refuge ». De fait, à examiner les deux structures auxquelles s'applique communément le vocable « famille », la parentèle et le groupe domestique, il est difficile de conclure à leur affaiblissement. La parentèle, c'est-à-dire l'ensemble des individus unis par les liens du sang, semble au contraire jouer à nouveau un rôle important. Ses membres, parents, grands-parents et même arrière-grands-parents, sont présents plus longtemps, du fait de l'allongement de la durée moyenne de la vie. Par ailleurs, les servitudes de la vie urbaine et le travail des femmes redonnent aux aïeux un rôle important dans la garde et l'éducation des enfants. Les problèmes économiques, enfin, font que les jeunes ménages demeurent plus longtemps dans la cellule familiale et sont souvent aidés encore par elle après en être partis. Même si elle n'a pas retrouvé la cohésion et le rôle qu'elle avait dans la France rurale, la parentèle n'a donc pas connu pour autant la désagrégation que l'on a trop souvent décrite. Quant au groupe domestique, en d'autres termes le ménage, nous avons constaté qu'il était beaucoup moins instable qu'il n'y paraissait en première analyse. Il faut plutôt conclure à nouveau à un changement de comportement social.

Changement de comportement que l'on retrouve aussi dans le domaine de la condition féminine et dans celui de la sexualité. Dans l'un et l'autre, la diffusion des moyens contraceptifs modernes et l'autorisation de l'interruption volontaire de grossesse ont marqué un tournant déterminant. Alors qu'en 1972 on jugeait encore, lors d'un procès retentissant devant le tribunal de Bobigny, des prévenues inculpées de complicité d'avortement, deux ans à peine plus tard, le 20 décembre 1974, sur proposition du ministre de la Santé, Simone Veil, l'Assemblée nationale adoptait la loi autorisant, sous certaines conditions, l'avortement. Cela ne s'était pas fait sans polémiques ni débats, et le problème continue à diviser les consciences. Tout comme, du reste, le problème de la « société permissive ». Mais y a-t-il eu réellement modification de la morale sexuelle dans un sens plus libéral ? Il est difficile, faute d'enquêtes vraiment fiables, d'évaluer précisément l'ampleur des rapports sexuels préconjugaux — pour lesquels, on l'a vu, le changement s'était produit dans le courant des années soixante — et de dire si la liberté sexuelle proclamée concerne autant la pratique que les mœurs affichées. Autant que son comportement c'est, en tout état de cause, l'imaginaire de la société qui a été bouleversé : le degré de tolérance de cette société face à la sexualité a connu en vingt ans une mutation en profondeur, et apparemment irréversible ; la notion de transgression, notamment, a largement reflué.

On doit donc conclure à l'érosion de certaines institutions traditionnelles, mais plus encore à une modification du comportement et des mœurs. Et là, sans doute, est l'essentiel : un changement de mœurs et une attitude nouvelle face aux temps forts et aux valeurs d'une société, la naissance, la mort, le travail, la sexualité, le mariage. Plus qu'à une crise des institutions, tout se passe comme si l'on avait assisté, depuis deux décennies, à « la crise des régulations traditionnelles » (Michel Crozier). Longtemps avaient prédominé, nous l'avons vu, des modes de régulation astreignants, liés à une civilisation de relative pénurie économique et d'insécurité sociale et fondés de ce fait sur la frugalité et la prévoyance. Dans la France enrichie des Trente Glorieuses, où la sécurité du statut est solidement établie pour un bien plus grand nombre d'habitants que par le passé, ces vertus qui constituaient en elles-mêmes autant de régulations ont progressivement perdu leur raison d'être, le desserrement des contraintes économiques ayant entraîné celui des contrôles sociaux, par une dilution de l'autorité aux différents niveaux de la société. Mais si ce rapport de causalité est à ce point prégnant, que deviendra cette nouvelle sociabilité dans une France durablement touchée par la crise économique et atteinte profondément dans son tissu social, et qui, en outre, a perdu entre-temps une partie de ses points de repère idéologiques ?

Les paradigmes perdus

En 1978, Jean-Claude Guillebaud observait, dans *Les Années orphelines 1968-1978,* un paysage intellectuel jonché de « mythologies évaporées », de « certitudes en ruine » et de « combats loupés » et concluait : « Quoi d'étonnant si, en 1978, la mode de printemps est au pessimisme élégant et aux " nouveaux philosophes " ! » Quelques mois plus tôt, en effet, quelques jeunes philosophes étaient apparus sur le devant de la scène. Replacé dans une perspective chronologique, leur mouvement fut incontestablement éphémère. Bien plus, il a alors réuni sous la même étiquette des penseurs aux analyses parfois éloignées, comme le montreront leurs itinéraires politiques ultérieurs. D'ailleurs, cet effet de groupe n'avait été rendu possible que par un lancement médiatique qui le rendait plus artificiel encore.

Il reste que ce mouvement, aussi artificiel et éphémère qu'il ait été, fut un symptôme et un catalyseur. Symptôme, tout d'abord, de la remise en cause du marxisme dans le milieu intellectuel français des années soixante-dix. Celle-ci ne débuta pas en 1977, mais a d'autant plus frappé les esprits à cette date que nombre de « nouveaux philosophes » avaient d'abord baigné quelques années plus tôt aux sources du marxisme. Mais ce courant n'a pas seulement été le révélateur d'un phénomène beaucoup plus large. Il en a été l'un des facteurs, cristallisant autour de lui un débat sur le totalitarisme qui, là encore, avait surgi avant lui, mais dont il a favorisé, par le succès public de ses auteurs, l'émergence hors du cercle étroit de la haute intelligentsia. *La Barbarie à visage humain* de Bernard-Henri Lévy et *Les Maîtres penseurs* d'André Glucksmann, notamment, connurent des tirages inhabituels pour ce type d'ouvrages. Symptôme et catalyseur à la fois, la « nouvelle philosophie » est aussi pour l'analyste des milieux intellectuels un observatoire de premier choix, qui permet de regarder en amont : elle se situe, en effet, à la confluence de plusieurs courants qui ont tour à tour nourri la sensibilité politique d'une partie de la jeunesse étudiante dans les années soixante. Car nous y retrouvons un phénomène de génération : nombre des « nouveaux philosophes » ont eu vingt ans vers 1965 et furent en khâgne et souvent à l'École normale supérieure dans les années qui précédèrent 1968. C'est dans cet établissement que Jacques Lacan tenait alors son célèbre séminaire et le thème du « Maître » qu'il y développera sera par la suite l'un des ferments de cette « Nouvelle Philosophie ». Rue d'Ulm s'exerça aussi l'influence du philosophe Louis Althusser, membre du Parti communiste mais dont certains élèves se tournèrent vers le maoïsme ; avec, dix ans plus tard, le choc de la remise en cause de ce modèle et, entre-temps, l'ébranlement de mai 1968 dont les retombées, on l'a dit, furent ambiguës en ce qui concerne la place du marxisme dans le débat intellectuel.

Mais cette génération est surtout fille de « l'effet Soljenitsyne ». Le modèle soviétique, qu'avaient déjà érodé l'intervention de l'URSS en Hongrie en 1956 et celle du pacte de Varsovie en Tchécoslovaquie en 1968, va connaître un profond effritement dans les années soixante-dix. Et dans ce phénomène, *L'Archipel du Goulag* a joué, comme dans d'autres pays, un rôle décisif. Son premier tome, publié en France en 1974, y est tiré à 600 000 exemplaires rapidement vendus. Un tel tirage va amplifier la portée de l'ouvrage et l'effet produit touchera immédiatement, de ce fait, une large frange de l'opinion publique et plus seulement les milieux intellectuels. Effet massif, donc, par l'auditoire touché, et aussi par le double aspect que cet ouvrage revêt. D'une part, il unit rétroactivement le phénomène stalinien et l'univers concentrationnaire. Ce lien avait déjà été évoqué auparavant, mais l'œuvre de Soljenitsyne le rend, dès lors, difficilement contournable. D'autre part, l'expulsion d'URSS de l'écrivain en février 1974, après que le gouvernement soviétique l'eut déchu de sa nationalité, focalise l'attention de l'opinion française sur le sort des « dissidents ». *L'Archipel du Goulag* a donc rompu une digue en ce qui concerne le modèle soviétique, et dès cette date certains des futurs « nouveaux philosophes », portés par la vague, se sont engouffrés dans la brèche et l'ont élargie. Ainsi, en 1975, André Glucksmann avait publié *La Cuisinière et le Mangeur d'hommes :* le Goulag, y écrivait-il, n'est pas un « accident » et descend en droit fil du marxisme-léninisme. Le débat gagna alors le terrain idéologique. La critique du marxisme réactiva notamment la réflexion sur le phénomène totalitaire.

D'autant qu'à la même époque, la suspicion à l'égard des modèles proposés en exemple au cours des décennies précédentes touche peu à peu la Chine. Ce pays désormais ne peut plus servir de valeur refuge pour l'extrême gauche française déçue par l'URSS. Le retour de balancier est d'autant plus brutal que l'intérêt pour la Chine avait, au début des années soixante-dix, débordé des cénacles étroits pour toucher un auditoire beaucoup plus large. A cette époque, de nombreux intellectuels avaient effectué des voyages en Chine et le « retour de Chine » était devenu un thème prisé, dont la teneur, le plus souvent, était sinon favorable, au moins bienveillante. Cette production avait nourri la curiosité de l'opinion publique française qui prêta de plus en plus d'attention au pays le plus peuplé du monde, ainsi qu'en témoigne, par exemple, l'extraordinaire succès d'édition de *Quand la Chine s'éveillera,* publié en 1973 par Alain Peyrefitte. La désaffection qui touche le modèle chinois à la fin de la même décennie n'en sera que plus spectaculaire. Et sa rapidité s'explique par la convergence en quelques années de plusieurs facteurs. La lenteur du décollage chinois jette tout d'abord le doute sur la réussite d'un pays jusque-là présenté comme le prototype d'un type d'organisation économique et sociale adapté au Tiers-Monde et capable de vaincre la misère, de lutter contre la dépendance extérieure et de favoriser un envol industriel adapté aux réalités des pays pauvres. Dans une société intellectuelle française encore profondément imprégnée de tiers-mondisme, le doute ainsi jeté sur la capacité pour la Chine d'incarner une voie originale pour les pays en voie de développement dilapide incontestablement une partie du capital de sympathie accumulé. D'autant que la rentrée dans le concert des nations amorcée à la même époque banalise l'expérience, bientôt également entachée aux yeux de l'extrême gauche par un rapprochement avec l'Occident capitaliste. Surtout, la mort de Mao Tsé-tung et l'amorce d'une critique interne du Grand Timonier mettent en lumière les rouages de l'organisation politique chinoise. Certains récits, tel *Dans les prisons de Mao* de Jean Pasqualini, ou les informations qui commencent à filtrer sur ce que fut réellement la révolution culturelle, à l'époque citée en exemple par les maoïstes français, portent un coup de grâce à une certaine vision épique de l'expérience chinoise.

Le discrédit toucha également d'autres pays qui, eux aussi, avaient relayé le modèle soviétique. Cuba, considérée dix ans plus tôt comme l'épicentre d'une libération du continent latino-américain et auréolée de la mort au service de cette cause du « Che », a vu son image se ternir au cours des années soixante-dix. Son alignement sur Moscou ne pouvait qu'entraîner pour elle un choc en retour de l'érosion du modèle soviétique. La révélation de la présence, dans ses prisons, de prisonniers politiques lui a également aliéné la sympathie d'une grande partie de l'intelligentsia française. Mais celle-ci, comme du reste plus largement l'opinion publique, a été surtout profondément troublée par les événements survenus dans la péninsule indochinoise après avril 1975. Beaucoup de Français hostiles à l'intervention américaine dans le Sud-Est asiatique avaient accueilli avec sympathie l'issue à cette date des guerres du Viêt-nam et du Cambodge ; aussi furent-ils, au cours des années suivantes, bouleversés par le sort des réfugiés vietnamiens fuyant leur pays par la mer. Surtout, la révélation de « l'utopie meurtrière » des Khmers rouges au Cambodge marqua un tournant décisif dans l'appréciation de certaines guerres de libération du Tiers-Monde. Et avec la corrosion de ces modèles de rechange, ce sont, en fait, autant de paradigmes, ces mots types qui, en grammaire, sont donnés comme exemples pour une conjugaison, qui ne se prêtent plus dès lors à la déclinaison révolutionnaire.

Fin de partie

En d'autres pays européens, le désarroi entraîné par cette mise en accusation des modèles qui avaient exercé une attraction durable sur l'extrême gauche, joint à l'échec du militantisme « gauchiste » des années 1968-1972, entraîna des dérives meurtrières et alimenta une flambée terroriste. La France échappa alors à cette forme radicale du désenchantement politique. La différence réside-t-elle dans une situation économique et sociale moins troublée qu'en Italie ? L'argument, en tout cas, ne pourrait être appliqué au terrorisme ouest-allemand. La stabilité des institutions fut-elle, dans ce cas, davantage déterminante ? Là encore, l'existence de la « Bande à Baader » dans une Allemagne aux rouages politiques bien huilés rend peu convaincante une explication par les institutions. Si certains gauchistes n'ont pas basculé à cette époque dans l'action armée, c'est plutôt, semble-t-il, à cause d'un environnement intellectuel différent. Bertrand Poirot-Delpech, par exemple, a proposé d'analyser le phénomène « en termes de culture ». Jean-Paul Sartre, alors très proche des leaders maoïstes, aurait ainsi pesé de toute son influence contre le recours au terrorisme. Jacques Lacan aurait joué lui aussi, mais indirectement, un rôle de paratonnerre. Son enseignement a peut-être, en effet, persuadé certains de ces jeunes intellectuels de la vanité de la libération collective, toujours entravée par un « Maître ». On retrouve du reste dans cette influence l'une des racines du mouvement des « nouveaux philosophes », dont l'éclosion surviendra trois ou quatre ans plus tard, et, plus largement, l'une des matrices du mouvement des droits de l'homme. La très forte imprégnation culturelle du « gauchisme » français a donc, au bout du compte, constitué un garde-fou et a fait déboucher ce gauchisme sur le terrain éthique bien plus que sur celui de l'activisme.

Accompagnés ou non de terrorisme, le débat sur le totalitarisme et la remise en cause des modèles ont, de toute façon, constitué une « révolution copernicienne » pour l'intelligentsia française. C'est, en effet, toute la voûte idéologique qui a perdu alors ses points de repères habituels, et il fallait désormais penser le monde autrement. D'autant que le regain de la tension internationale au seuil des années quatre-vingt a encore accru la dégradation du modèle soviétique dans l'opinion française tout entière. La progression de l'URSS dans le Tiers-Monde à l'époque de la détente et sa supériorité dans le domaine des armements conventionnel et nucléaire sur le théâtre européen ont non seulement terni son image — en 1980, on ne trouvait plus, selon les sondages, que 24 % des Français pour estimer que « l'Union soviétique est sincèrement attachée à la paix » contre 58 % en 1975 —, mais ont aussi fait renaître une inquiétude et le sentiment d'une menace qui s'étaient progressivement estompés au temps de la « coexistence pacifique ». Et le succès de librairie d'un ouvrage comme *L'Empire éclaté* d'Hélène Carrère d'Encausse est sans doute le reflet de cette inquiétude.

Le vide ainsi créé par l'affaissement des grands espoirs des décennies précédentes est-il à l'origine de ce que l'on baptisa en 1983 « le grand silence des intellectuels de gauche » ? La réponse à une telle question défraya la chronique d'un été. Observons seulement ici que ce vide entraîna un appel d'air qui permit à des courants de pensée jusque-là en lisière de s'engager dans le champ idéologique français. Ces courants, divers et parfois opposés, n'ont en commun que le fait de n'avoir pas été, des années durant, dans l'air du temps intellectuel et de s'y trouver brusquement réinsérés. Ainsi, la « nouvelle droite », née à la fin des années soixante et donc bien avant la crise des grandes idéologies de gauche, ne commença réellement à faire parler d'elle que dix ans plus tard ; quand ces idéologies de gauche étaient dominantes, il aurait été impensable que certains thèmes de la « nouvelle droite » — tels la hiérarchie génétique et l'élitisme social, notamment — sortent des lisières. Reste à savoir s'ils prendront réellement racine dans le tissu culturel français. Leur diffusion demeure, pour l'instant, bien plus un indice du bouleversement né des « années orphelines » qu'une fracture intellectuelle. De portée immédiate et d'importance bien plus grande est le chassé-croisé qui a permis en quelques années à la pensée libérale de s'assurer des positions solides. La faveur dont a joui Raymond Aron dans les dernières années de sa vie, après des décennies de relatif ostracisme, est, à cet égard, révélatrice. Certes, il existe une souche libérale dans l'histoire française des idées mais, à l'inverse des pays anglo-saxons ou de l'Allemagne, ce libéralisme, au XXe siècle, n'est jamais devenu une idéologie dominante. Bien au contraire : les années qui suivent la guerre, on l'a vu, avaient accru l'isolement du courant libéral, sur le plan intellectuel tout au moins.

Cette amorce de chassé-croisé, au profit du courant libéral, ne fut du reste pas seulement facilitée par l'érosion de certains modèles qui brouilla des visions politiques jusque-là apparemment intangibles. La concomitance des disparitions de plusieurs penseurs français qui avaient marqué les décennies précédentes rendit l'effet de perspective encore plus saisissant. Une partie de la culture française se trouvait brutalement orpheline à la fois de ses espérances déçues et de ses penseurs reconnus. En moins d'un an, en effet, du printemps à l'hiver 1980, il y eut en mars la dissolution par Jacques Lacan de son « École », en avril la mort de Jean-Paul Sartre et de Roland Barthes, et en novembre l'internement du philosophe Louis Althusser.

Le recul des grands « modèles » de la gauche intellectuelle, la tâche que celle-ci s'est assignée de discerner de nouvelles voies et d'intégrer dans sa réflexion les mutations profondes de la société française, la renaissance d'un courant libéral qui s'est glissé dans la lézarde, autant de traits qui ont conféré à ce premier versant des années quatre-vingt moins l'apparence d'un crépuscule que celle d'une période de mutation intellectuelle, comme la France en a connu plusieurs depuis l'affaire Dreyfus. Les contours de cette mutation restent pour l'instant incertains, et l'historien doit se contenter, à cet égard, de recenser les craquements et les remises en cause des années soixante-dix et les points d'interrogation au milieu de la décennie suivante. L'extrapolation lui étant chose interdite, il se bornera à constater que par-delà les clivages partisans des débats intellectuels en cours, c'est peut-être à une renaissance de l'humanisme que l'on assiste, dans ces débats comme dans la création culturelle. Est-ce un phénomène nouveau que de faire de l'homme et de son épanouissement la fin dernière de l'art comme du combat politique ? Non, sans doute, mais force est également d'observer que ces valeurs humanistes s'étaient progressivement altérées. Les grandes philosophies récentes en avaient décrété le caractère obsolète ou réactionnaire – même si Jean-Paul Sartre, dans une conférence qui fit grand bruit, avait proclamé que « l'existentialisme est un humanisme » –, et l'esprit du temps concluait à la mort de l'homme. L'art abstrait en disloquait l'apparence, et le « nouveau roman », qui bannissait le « personnage », était peu qualifié pour le remembrer, non plus que le théâtre de Beckett ou d'Ionesco. Trente-cinq ans plus tard, la réapparition de l'art figuratif et le retour en force du roman, et notamment du roman historique, indiquent-ils une réhabilitation de l'humanisme ? Ils ne sont pas sans analogies en tout cas avec, dans le débat politique, la défense des droits de l'homme, qui transcende, chez les intellectuels français, le traditionnel clivage droite-gauche. A ce titre, les retrouvailles de Jean-Paul Sartre et de Raymond Aron dans une campagne commune en faveur des réfugiés vietnamiens venaient clore à leur manière des décennies de tempêtes idéologiques : la rencontre en juin 1979 des deux clercs qui avaient, depuis la guerre, incarné les deux versants opposés de l'intelligentsia française frappa les observateurs par son caractère symbolique et revêtit à ce titre une importance beaucoup plus grande qu'elle n'en eut sans doute pour les deux intéressés.

ORIENTATION BIBLIOGRAPHIQUE

Raymond ARON, *Mémoires,* Paris, Julliard, 1983.

Jean-Pierre AZÉMA, *De Munich à la Libération 1938-1944*, Paris, Le Seuil, 1979.

Claude BELLANGER *et alii, Histoire générale de la Presse française,* tomes 4 et 5, Paris, P.U.F., 1975 et 1976.

Dominique BORNE, *Petits bourgeois en révolte ? Le mouvement Poujade,* Paris, Flammarion, 1977.

Fernand BRAUDEL et Ernest LABROUSSE (dir.), *Histoire économique et sociale de la France,* tome IV, volume 3, « années 1950 à nos jours », Paris, P.U.F., 1982.

Jacques CHAPSAL, *La Vie politique en France de 1940 à 1958,* Paris, P.U.F., 1984.

Jacques CHAPSAL, *La Vie politique sous la V*[e] *République,* Paris, P.U.F., 1984.

Jean FOURASTIÉ, *Les Trente Glorieuses,* Fayard, 1979, Hachette, coll. Pluriel, 1980.

Jean-Claude GUILLEBAUD, *Les Années orphelines 1968-1978,* Paris, Le Seuil, 1978.

Stanley HOFFMANN, *Essais sur la France. Déclin ou renouveau ?,* Paris, Le Seuil, 1974.

Jacques JULLIARD, *La Quatrième République,* Paris, Calmann-Lévy, 1968, Hachette, coll. Pluriel, 1981.

Jean LACOUTURE, *Pierre Mendès France,* Paris, Le Seuil, 1981.

Georges LAVAU, Gérard GRUNBERG et Nonna MAYER (dir.), *L'Univers politique des classes moyennes,* Paris, Presses de la Fondation nationale des sciences politiques, 1983.

Henri MENDRAS (dir.), *La Sagesse et le désordre. France 1980*, Paris, Gallimard, 1980.

Antoine PROST, *Histoire générale de l'enseignement et de l'éducation en France* (dir. Louis-Henri PARIAS), tome 4, *L'École et la famille dans une société en mutation,* Paris, G.-V. Labat, 1982.

René RÉMOND, *Les Droites en France,* Paris, Aubier Montaigne, 1982.

Table des cartes

Table

Deuxième partie

La France moderne *(suite)*

IX. La « FRANCE CATHOLIQUE » ET L'HOMME MODERNE

X. L'ÉPOQUE CLASSIQUE : « LE SIÈCLE DE LOUIS XIV »

XI. LA RÉVOLUTION ÉCONOMIQUE ET DÉMOGRAPIQUE DU XVIIIe SIÈCLE

XII. FÊTES GALANTES ET LUMIÈRES, LE SIÈCLE DE L'EUROPE FRANÇAISE

TROISIÈME PARTIE
La France contemporaine
XIXe-XXe siècles

XIII. LA BOURGEOISIE TRIOMPHANTE 1789-1845

XIV. LES RÉVOLTÉS ROMANTIQUES

XV. LA FRANCE POSITIVISTE 1850-1900

XVI. L'AUBE D'UNE CIVILISATION SCIENTIFIQUE 1895-1914

XVII. LE PREMIER XXe SIÈCLE FRANÇAIS : SCIENCES, ARTS ET TECHNIQUES 1919-1939

XVIII. À LA RECHERCHE DE LA FRANCE CONTEMPORAINE

Composition réalisée par EUROCOMPOSITION

IMPRIMÉ EN FRANCE PAR BRODARD ET TAUPIN
Usine de La Flèche (Sarthe).
LIBRAIRIE GÉNÉRALE FRANÇAISE - 6, rue Pierre-Sarrazin - 75006 Paris.

ISBN : 2 - 253 - 06356 - 8 42/0409/5